Le plus des Editions ENI

1 livre imprimé acheté

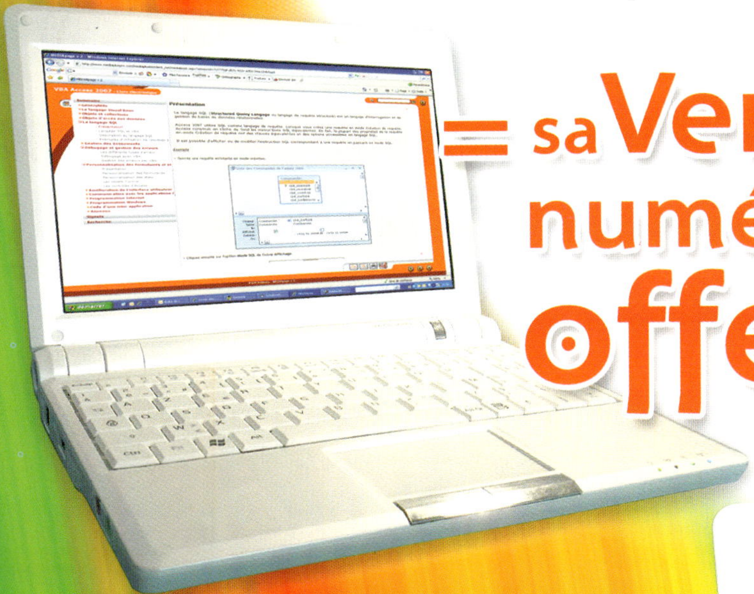

= sa Version numérique offerte*

Demandez votre code d'accès au l … que

1. **Consultez la liste des livres bénéficiant de cette offre** dans la rubrique « Livres numériques » sur www.editions-eni.fr
2. Si votre livre fait partie de cette liste, vous avez un mois à compter de votre date d'achat pour nous **envoyer vos coordonnées complètes accompagnées de votre preuve d'achat** par e-mail à : editions@eni.fr ou par courrier à : Editions ENI – Offre Livre Numérique – BP 80009 – 44801 Saint-Herblain Cedex
3. **Vous recevrez par e-mail votre accès** à votre livre numérique.

Nom ______________ **Prénom** ______________

Adresse ______________

____

E-mail ______________

N° ISBN du livre ______________ (voir au dos du livre ex : 978-2-7460-XXXX-X)

*Voir conditions complètes de l'offre sur le site : www.editions-eni.fr, page «Offres promotionnelles»

www.editions-eni.fr/livres

eni éditions

SAP BusinessObjects Web Intelligence

(version XI 3)

ISBN : 978-2-7460-5380-9
ISSN : 1627-8224
Imprimé en France

Editions ENI

ZAC du Moulin Neuf
Rue Benjamin Franklin
44800 St HERBLAIN
Tél. 02.51.80.15.15
Fax 02.51.80.15.16

e-mail : editions@ediENI.com
http://www.editions-eni.com

Auteur : Thierry PETIBON
Collection **Ressources Informatiques** dirigée par Joëlle MUSSET

Les exemples cités tout au long de cet ouvrage sont téléchargeables à l'adresse suivante : **http://www.editions-eni.fr**
Saisissez la référence ENI de l'ouvrage **RI3WXIBUSO** dans la zone de recherche et validez. Cliquez sur le titre du livre puis sur le lien de téléchargement.

Introduction : présentation de la Business Intelligence

Chapitre 1

L'environnement : Infoview — Chapitre 2

Interroger : la gestion des requêtes sous InfoView

Chapitre 3

Reporter : l'utilisation des rapports — Chapitre 4

Reporter : les diagrammes   Chapitre 5

Analyser les données

Chapitre 6

Utilisation de plusieurs fournisseurs de données

Chapitre 7

Problèmes et solutions : fonctions avancées

Chapitre 8

Nouveautés XI 3

Chapitre 9

Chapitre 1 : Introduction : présentation de la Business Intelligence

A. Outils de Business Intelligence

BusinessObjects fait partie des logiciels appelés les outils de Business Intelligence.

Qu'est-ce que la Business Intelligence ? La traduction littérale est l'intelligence des affaires, avec le mot intelligence pris dans le sens d'intelligence et de recherche d'informations. La BI (*Business Intelligence*) peut être définie, dans un langage plus courant, comme l'ensemble des outils d'aide à la décision ou encore les outils décisionnels.

Cette gamme d'outils acquiert une importance croissante pour l'organisation et pour la stratégie de l'entreprise. En effet, les entreprises ont de plus en plus de données informatiques correspondant non seulement à leurs données internes mais aussi, souvent, à des données de leurs fournisseurs et de leurs clients.

Toutes ces données, les outils d'aide à la décision visent à les transformer en informations intelligibles par des utilisateurs afin qu'ils puissent prendre des décisions bénéfiques pour le bon fonctionnement d'un service, d'un département ou d'une entreprise. Ces informations, résultats des données de base, deviennent à leur tour de la connaissance. Et c'est en connaissance de cause que l'utilisateur peut ensuite prendre des décisions. Ces outils de Business Intelligence (BI) apportent une aide précieuse aux utilisateurs.

Les logiciels de BI couvrent un large spectre d'outils informatiques, de la collecte des données issues des systèmes transactionnels mais aussi des données plus informelles, à la diffusion d'informations aux utilisateurs sous forme de reporting, d'outils d'analyse et de pilotage.

Les grandes lignes d'un projet de BI seront décrites ultérieurement.

B. Historique des logiciels décisionnels

De tout temps, à condition de faire démarrer le temps non au Big Bang mais à l'utilisation de l'informatique dans les entreprises, les applications informatiques ont produit des données informatiques. Très rapidement, les utilisateurs non informaticiens ont voulu tirer parti de ces données. Ils ont souhaité interroger les données des applications informatiques à l'aide de requêtes libres car les requêtes prédéfinies ne les satisfaisaient pas toujours.

Malheureusement pour eux et heureusement, ou pas, pour les informaticiens, seuls les services et départements informatiques pouvaient interroger les données des systèmes informatiques. Les équipes informatiques ont alors créé pour ces utilisateurs, des applications informatiques appelées "infocentre". Ces outils permettaient aux utilisateurs, même néophyte en informatique, d'interroger les données facilement et sans erreur. Toutefois, deux écueils limitaient le bon usage des applications d'infocentre :

- Les langages d'interrogation ou de requête pouvaient être proches du langage naturel mais, le plus souvent, étaient techniques et nécessitaient une bonne connaissance de la structure des données interrogées.
- Les interrogations effectuées par les utilisateurs perturbaient le bon fonctionnement des systèmes informatiques utilisés en production.

Pour remédier à ce deuxième problème, les données et les logiciels ont été copiés, les copies étant destinées uniquement aux utilisateurs interrogeant les données. La copie était en général, une photographie de l'état des données en fin de dernière période ; jour-1, semaine-1 ou mois-1 et ne reflétaient pas l'état des données en "temps réel". Ces copies de gros volumes de données étant assez coûteuses en terme de ressources informatiques (temps processeur, espaces mémoires, espaces disques, mise à jour des versions, etc.), les structures des infocentres furent parfois utilisées pour archiver les données de production.

À leur tour, ces données archivées permettaient de mieux tenir compte de l'historique des informations. Dans un système informatique de production, ce sont surtout les données en "temps réel" qui sont utiles, les nouvelles données effacent les anciennes ou, au mieux, ces dernières sont enlevées de la base de production après une certaine période.

Les données destinées à être interrogées par les utilisateurs furent structurées peu à peu de façon à optimiser les consultations. En particulier, des données ont été agrégées. Ceci n'est pas conforme aux règles de normalisation (ces règles interdisent les redondances d'informations). Avec le temps, la multiplicité des sources de données alimentant ces nouvelles structures a augmenté et ces structures furent appelées des entrepôts de données, Datawarehouse en anglais.

Parallèlement à cette évolution vers les entrepôts de données, sont arrivés, avec les PC pour tous les utilisateurs, les logiciels d'aide au pilotage ; les EIS (*Executive Information System*) firent leur apparition au début des années 90. Ce sont des logiciels donnant aux dirigeants d'entreprise des informations de haut niveau sous forme d'indicateurs, souvent graphiques.

Les outils actuels de BI (BusinessObjects en est un des plus beaux fleurons) naissent dans le milieu des années 90 et essayent de réunir tout ou partie des différents pôles de l'informatique décisionnelle. Les utilisateurs peuvent interroger des données de façon conviviale et ce, sans avoir à connaître la structure physique des données interrogées. Ils peuvent analyser les données en faisant tourner les informations sous différents angles de vue, en descendant dans les détails ou en remontant vers des données plus agrégées. De plus, la présentation des reporting, des tableaux de bord, bénéficie de tous les avantages et facilités de mise en oeuvre propres aux environnements graphiques.

Les tendances actuelles de la BI sont à l'intégration de données plus informelles comme celles récupérées sur internet ou encore utiliser des données (presque) en temps réel.

D'un point de vue structure physique des données, là aussi, de grands progrès ont été réalisés ; des nouvelles bases de données, les bases de données multidimensionnelles, s'appuyant sur le modèle OLAP (*On Line Analytical Processing*) ont vu leur utilisation se généraliser.

C. La suite de logiciels BusinessObjects

1. Qu'est-ce que BusinessObjects ?

BusinessObjects est une société, à l'origine française, qui édite des outils logiciels d'aide à la décision par l'analyse des données de l'entreprise. Elle a été créée en 1994 et est devenue le leader des logiciels de Business Intelligence. Business Objects a été racheté début 2008 par l'éditeur d'ERP, SAP.

La solution principale de l'éditeur est une suite d'outils communément appelée **BusinessObjects**. La dernière version de cette suite (BO XI 3) est disponible depuis début 2008.

BusinessObjects c'est donc aussi un progiciel ou plutôt une suite de logiciels dont nous citerons, un peu plus loin, certains de ses produits.

Enfin, **BusinessObjects** est aussi un terme illustrant le mécanisme de transfert du savoir-faire des informaticiens vers les utilisateurs pour que ces derniers puissent consulter et analyser leurs objets métiers.

Citons quelques produits de l'éditeur **SAP BusinessObjects**. Tout d'abord les produits destinés aux utilisateurs.

2. Web Intelligence

Web Intelligence permet d'accéder aux informations des systèmes d'information au moyen d'un intranet ou d'un extranet, puis d'exécuter des requêtes en libre-service ou des analyses interactives complexes. Comme pour le **Desktop Intelligence** (cf. paragraphe suivant), le service informatique est chargé de la gestion des rôles et des privilèges des utilisateurs.

L'objectif de cet ouvrage est la présentation de **Web Intelligence**. Beaucoup de fonctionnalités de cet outil sont communes à celles de **Desktop Intelligence**.

Une rapide présentation de la version **Web Intelligence Rich client** sera aussi proposée dans un chapitre.

En abréviation, nous utiliserons souvent le vocable **Webi** pour désigner **Web Intelligence**.

3. Desktop Intelligence

Desktop Intelligence est l'équivalent de **Web Intelligence** en solution client-serveur. Ce logiciel permet de construire et d'exécuter des requêtes et des analyses avec toutes les fonctionnalités d'interrogation mais aussi de mise en forme et d'exploration des données stockées dans plusieurs sources (y compris celles extérieures à l'entreprise). Ce produit est le logiciel anciennement appelé **BusinessObjects** (version 6 et précédentes).

Le vocable **Deski** est parfois utilisé pour le **Desktop intelligence**.

4. SAP BusinessObjects Voyager

Voyager est un outil d'analyse OLAP, il permet de faire de l'analyse multidimensionnelle. Avec cet outil, les utilisateurs expérimentés peuvent explorer les données OLAP des grands éditeurs de bases de données produisant des données multidimensionnelles. Les utilisateurs occasionnels disposent de fonctions simplifiées de navigation et de traitement.

5. Xcelsius

Cette application permet de construire des tableaux de bord de haut niveau, de type **Dashboard**. **Xcelcius** offre une bibliothèque de modèles et un outil de développement permettant d'enrichir cette bibliothèque. Dans cette bibliothèque il est proposé une interface permettant de définir des tableaux de bord sophistiqués avec des objets type diagramme élaborés, boutons, tableaux mis en forme, etc.

6. Crystal Report

Pour les reporting de masse pour lesquels l'interactivité a moins d'importance, l'éditeur propose le logiciel **Crystal Report**. La conception de rapports avec cet outil est plus particulièrement destinée aux développeurs (cf. Crystal Reports dans la collection Ressources Informatiques aux Éditions ENI...).

Ensuite, les produits de conception et d'administration de la Business Intelligence.

7. Designer

Application destinée aux concepteurs/développeurs, permettant de créer les "univers" qui seront exploités par les utilisateurs finaux. Ce sont les univers qui permettront de représenter les données des bases de données sous forme d'objets métier compréhensibles par les utilisateurs.

8. Central Management Server (CMS)

Anciennement **Supervisor** complètement remanié.

Application destinée aux administrateurs permettant à travers un "référentiel" (ensemble de données centralisées dans une base de données), d'administrer les utilisateurs, de contrôler et diffuser les univers, de partager des documents, gérer les déploiements, etc.

Enfin, en amont, la société propose un outil d'intégration des données, **Data Integrator**. Cet outil permet d'alimenter les données de l'entrepôt de données (*Datawarehouse*) ou les bases multidimensionnelles, à partir des données de production ou d'autres sources. C'est ce que l'on appelle un outil d'ETL (*Extraction-Transformation-Loading*).

9. Comparaison Web Intelligence et Desktop Intelligence

Web Intelligence est une technologie permettant d'utiliser BusinessObjects via un simple navigateur Web.

L'intérêt principal de **Webi** est de minimiser considérablement les problèmes de déploiement usuels.

Webi fait partie des logiciels fonctionnant en ce qu'il est coutumier d'appeler "client léger".

Cet avantage de **Webi** sur **Deski** se paye par une moins grande souplesse en terme de conception de documents.

Deski étant une application "client lourd" il bénéficie de toute la richesse des fonctionnalités offertes aux applications Windows.

Toutefois, cet avantage est peu à peu comblé par les évolutions de **Webi** et, s'il existait un fossé important entre les premières versions de **Webi** et les versions analogues Business Objects, la version actuelle **Webi XI 3** est très proche fonctionnellement de la version **Desktop XI 3**.

L'application **Web Intelligence Rich Client** permet de combiner les avantages de ces deux applications.

D. Objectif de cet ouvrage

Cet ouvrage a pour objectif de présenter **Web Intelligence** un des logiciels utilisateurs de la suite BusinessObjects.

À l'issue de la lecture de cet ouvrage, vous serez en mesure de créer des documents **Web Intelligence** :

- simples ou complexes ;
- composés d'un ou de plusieurs rapports ;
- combinant une ou plusieurs sources de données (univers, fichier Excel, etc.) ;
- présentant les données sous différentes formes (tableau simple, tableau croisé, diagramme).

Cet ouvrage s'adresse à des personnes familiarisées avec l'environnement graphique Windows et l'utilisation de navigateur comme **Internet Explorer** ou **Firefox**.

E. Les concepts de BusinessObjects

1. Univers

a. Définition

L'objectif de BusinessObjects est de permettre à des utilisateurs non informaticiens d'extraire des informations d'une base de données en vue de constituer des rapports.

Normalement, pour extraire des informations d'une base de données, il est nécessaire de :

- Connaître dans le détail la manière dont les données sont organisées dans la base.
- Savoir utiliser le langage SQL (*Structured Query Language*), langage standard d'interrogation des bases de données relationnelles.

Ces compétences sont rarement maîtrisées par des utilisateurs non informaticiens.

Pour résoudre ce problème, BusinessObjects utilise une couche intermédiaire qui masque les aspects techniques pour présenter à l'utilisateur une vision métier des données, en utilisant des termes professionnels et non des termes techniques. Cette couche intermédiaire est appelée **univers** :

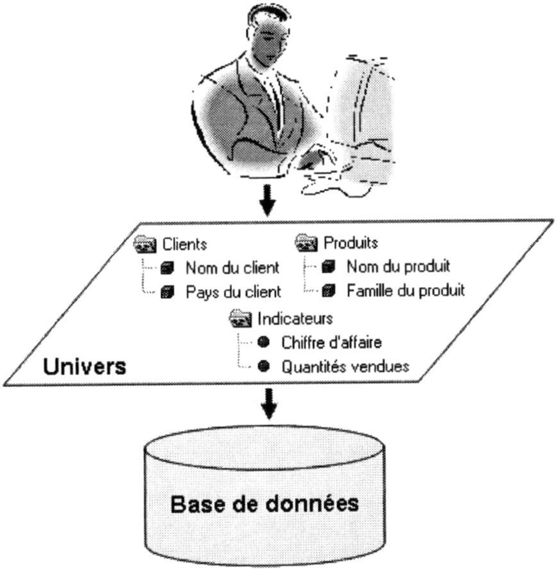

Généralement, un univers correspond à un domaine fonctionnel précis (les ressources humaines, la gestion commerciale, le contrôle de gestion, etc.).

Chaque univers est composé d'**objets** regroupés en **classes** et **sous-classes**.

C'est par cette couche sémantique, l'univers, que l'utilisateur via **Web Intelligence** pourra consulter les données qu'il désire interroger.

b. Objet

Un univers est composé de plusieurs **objets** qui correspondent aux différentes informations de la base de données que les utilisateurs vont pouvoir manipuler. Ces objets sont nommés en utilisant le vocabulaire professionnel de l'utilisateur et non un quelconque jargon technique.

Exemples :

- dans un univers **Ressources humaines**, sont regroupés des objets tels **Nom Salarié**, **Salaire net**, **Charges sociales**, **Nombre de jours de congés**, **Libellé emploi type**, etc.
- dans un univers **Gestion commerciale**, sont regroupés des objets comme **Nom du client**, **Date de commande**, **Article**, **Quantité commandée**, **Chiffre d'affaires**, **Marge brute**, etc.

Il existe trois types d'objets :

- les objets indicateurs, plus simplement appelés **indicateurs** ;
- les objets dimensions, plus simplement appelés **dimensions** ;
- les objets informations, plus simplement appelés **informations**.

Un **indicateur** est un objet qui retourne une information qui peut être analysée. Cette information est très souvent numérique et résulte d'un calcul de type cumul, comptage, maximum, minimum, moyenne. Exemples : **Chiffre d'affaires**, **Quantité commandée**, **Nombre de clients**, **Quantité commandée moyenne**, etc.

Une **dimension** est un objet qui retourne une information qui servira d'axe d'exploration ou de synchronisation. Cette information est très souvent de type alphanumérique ou de type date. Exemples : **Nom du client**, **Nom du produit**, **Pays de vente**, **Année de vente**, etc.

Une **information** est un objet qui est rattaché à une dimension et qui donne une information supplémentaire (de détail) sur la dimension. Ces objets n'ont pas vocation à servir d'axe d'exploration ou de synchronisation. Exemples : la dimension **Nom du client** peut contenir les informations **Numéro de téléphone** et **Adresse**.

Par construction, les indicateurs sont "sémantiquement dynamiques" : les valeurs retournées dépendent des dimensions utilisées dans la requête. C'est l'association d'un indicateur et d'une dimension (ou de plusieurs) qui donne un sens précis à l'indicateur dans une requête. Ainsi par exemple, avec l'indicateur **Chiffre d'affaires** et les dimensions **Nom du client** et **Nom du produit** :

- Indicateur **Chiffre d'affaires** seul = chiffre d'affaires cumulé pour tous les clients et tous les produits.
- Indicateur **Chiffre d'affaires** + dimension **Nom du client** = chiffre d'affaires cumulé par client.
- Indicateur **Chiffre d'affaires** + dimension **Nom du produit** = chiffre d'affaires cumulé par produit.
- Indicateur **Chiffre d'affaires** + dimension **Nom du client** + dimension **Nom du produit** = chiffre d'affaires cumulé par client et par produit.
- etc.

Les possibilités d'interrogation sont quasiment illimitées...

Dans **Web Intelligence**, les objets sont représentés graphiquement par une icône différente selon le type de l'objet :

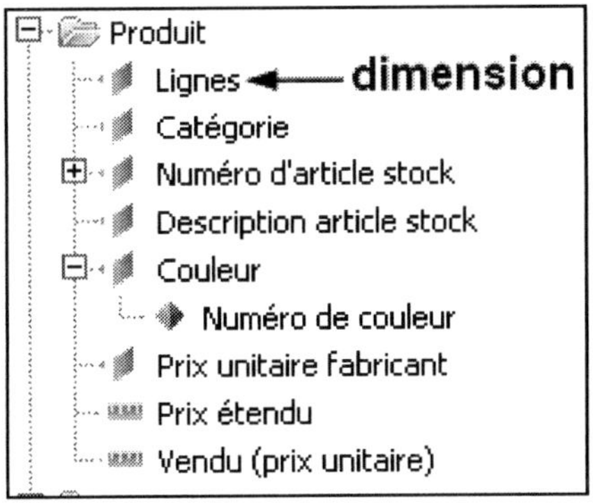

c. Classes et sous-classes

Un univers peut contenir plusieurs centaines d'objets. Pour faciliter la recherche d'un objet dans l'univers, ceux-ci sont regroupés par thème dans des **classes** et des **sous-classes**. Le principe est similaire à l'organisation en dossiers et sous-dossiers des documents stockés dans un ordinateur. Par exemple, dans l'univers **Gestion commerciale**, nous pourrons trouver une classe **Client** regroupant les différents objets relatifs au client : **Code du client**, **Nom du client**, **Région du client**, etc.

Dans Web Intelligence, les classes et les sous-classes sont représentées graphiquement par une icône de dossier.

d. Liste de valeurs

Une liste de valeurs est une liste associée à un objet, la plupart du temps de type dimension, et donne les valeurs possibles de l'objet. Exemples :

- liste de valeurs de l'objet **Pays de vente** : France, Italie, Espagne ;
- liste de valeurs de l'objet **Année de vente** : 2004, 2005, 2006, 2007, 2008, 2009.

Une liste de valeurs n'est pas forcément figée ; en effet, son contenu peut évoluer au cours du temps, selon les valeurs saisies dans les données sources.

2. Document

a. Définition

Un **document** est un fichier créé avec l'application **Web Intelligence**. Ce document peut contenir plusieurs **fournisseurs de données** et comporter plusieurs **rapports**, eux-mêmes composés de plusieurs **blocs**.

b. Rapport

Le **rapport** est l'espace de travail central dans **Web Intelligence**, dans lequel vous allez afficher, analyser et mettre en forme les données.

Un document **Web Intelligence** peut contenir plusieurs rapports, et chaque rapport peut comporter plusieurs pages. Le rapport dans un document **Web Intelligence** est similaire à la notion de feuille dans un classeur **Excel**.

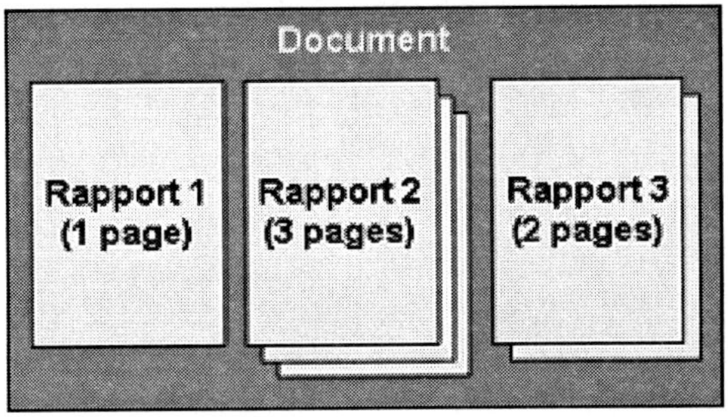

Par exemple, le premier rapport du document peut contenir une analyse de synthèse (ventes annuelles) et les deux autres rapports présenter des analyses plus détaillées (détail des ventes par familles de produits et par produit, détail des ventes par pays, etc.).

Comme dans **Excel**, les différents rapports d'un document seront accessibles par des onglets :

Un rapport peut contenir plusieurs **blocs** et **cellules** en provenance d'un ou plusieurs **fournisseurs de données**.

c. Bloc et cellule

Nous reviendrons plus en détail sur les objets utilisables dans les documents **Webi** dans un chapitre ultérieur. Citons rapidement quelques définitions.

Les **blocs** et les **cellules** sont des éléments d'un rapport qui contiennent des données en provenance d'un ou plusieurs **fournisseurs de données**.

Il existe trois types de blocs :

- Les tableaux (parfois appelés tableaux simples par opposition aux tableaux croisés).

Nom du magasin	Ville	Année	Revenu des ventes
e-Fashion Austin	Austin	2004	561 123 €
e-Fashion Austin	Austin	2005	1 003 071 €
e-Fashion Austin	Austin	2006	1 135 479 €
e-Fashion Boston N	Boston	2004	238 819 €
e-Fashion Boston N	Boston	2005	157 719 €
e-Fashion Boston N	Boston	2006	887 169 €

- Les tableaux croisés.

	2004	2005	2006
e-Fashion Austin	561 123 €	1 003 071 €	1 135 479 €
e-Fashion Boston Newbury	238 819 €	157 719 €	887 169 €
e-Fashion Chicago 33rd	737 914 €	1 150 659 €	1 134 085 €
e-Fashion Colorado Springs	448 302 €	768 390 €	843 584 €
e-Fashion Dallas	427 245 €	739 369 €	803 421 €
e-Fashion Houston 5th	529 079 €	863 653 €	910 451 €
e-Fashion Houston Leighton	682 231 €	1 126 796 €	1 335 747 €
e-Fashion Los Angeles	982 637 €	1 581 616 €	1 656 676 €

- Les graphes.

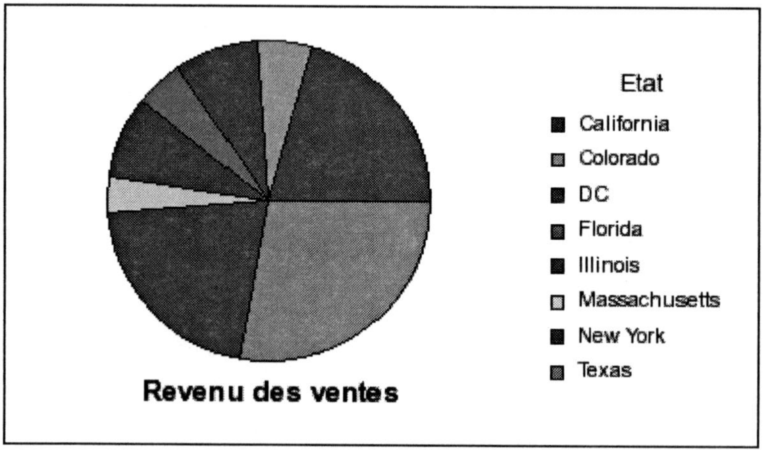

La cellule est destinée à contenir une information individuelle, par exemple un titre.

Un **fournisseur de données** est un mécanisme qui permet d'aller chercher des données de l'entreprise ou des données personnelles pour les inclure dans un document. Un document peut utiliser plusieurs fournisseurs de données pour constituer les différents blocs.

Une **requête** est un fournisseur de données particulier qui utilise les objets d'un univers. C'est le seul fournisseur de données utilisé dans les documents **Webi**. Par contre, il est possible d'en utiliser d'autres avec le Web Rich Client (cf. chapitre Nouveautés XI 3).

Pour l'application **Web Intelligence Rich Client**, il existe d'autres types de fournisseurs de données, les plus fréquemment utilisés étant les fichiers de données personnels (Excel ou autre).

Lorsqu'un fournisseur de données est exécuté, les données correspondantes sont chargées et stockées dans le document Web Intelligence, dans une structure interne appelée **microcube**.

d. Référentiel

Très souvent, **Web Intelligence** est utilisé par plusieurs personnes au sein de l'entreprise et il devient alors nécessaire d'assurer la diffusion des univers, le partage de documents **Webi** et la gestion des droits.

Pour cela, l'administrateur BusinessObjects met en place un **référentiel** dans lequel il pourra définir des utilisateurs, leur attribuer des droits, et mettre en place des structures pour la diffusion des univers et le partage des documents. Ceci se fait avec le CMS (voir le point La suite de logiciels BusinessObjects - Central Management Server (CMS) de ce chapitre).

e. L'univers de démonstration

BusinessObjects est livré avec plusieurs univers de démonstration, installés par défaut.

Dans cet ouvrage, nous utiliserons l'univers **eMode** pour construire les différents exemples qui illustreront les fonctionnalités du produit. L'univers que nous avions était en anglais et nous l'avons donc traduit en français.

Nous supposerons dans l'ouvrage que nous sommes une société ayant un certain nombre de magasins de mode à travers différents états des États-Unis.

Nous nous placerons selon les exemples d'un point de vue financier, marketing ou gestion des ventes.

Cet univers permet d'analyser les ventes de produits dans des magasins à travers les États-Unis. Cet univers comporte 5 classes :

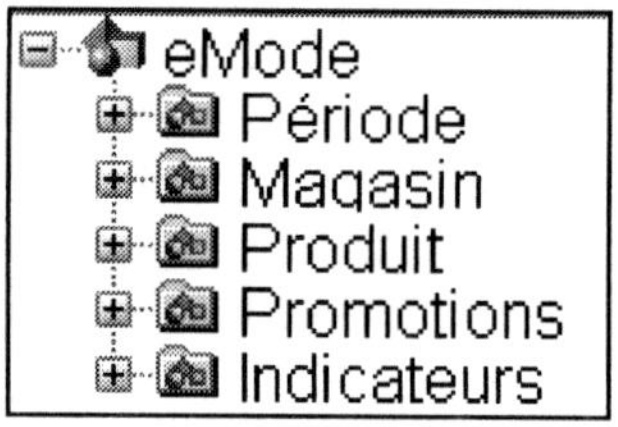

Période

Dimensions relatives aux périodes de ventes de produits (année, trimestre...).

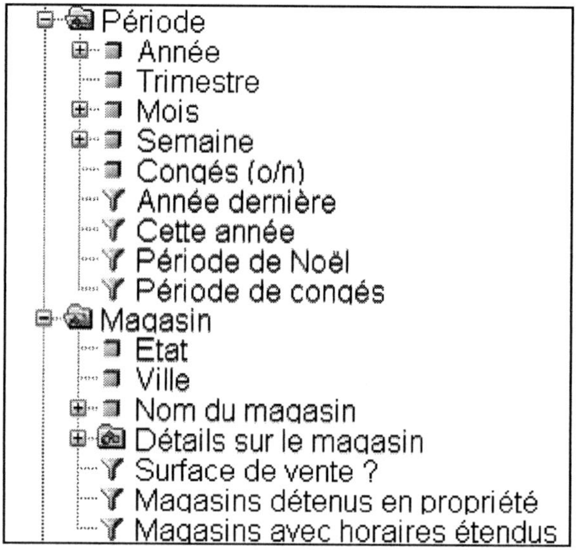

À noter que, contrairement à **Deski** (l'outil BusinessObjects en client lourd), les conditions ou filtres sont directement intégrés à la classe correspondante et non pas affichés dans un autre écran.

Magasin

Dimensions relatives aux lieux de ventes (magasins).

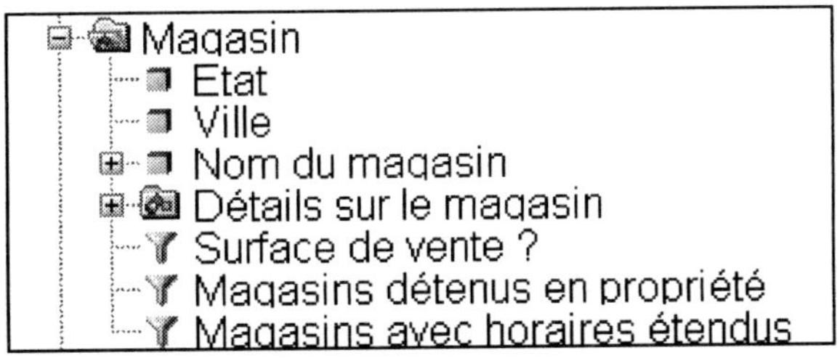

Produit

Dimensions relatives aux produits (lignes, prix...).

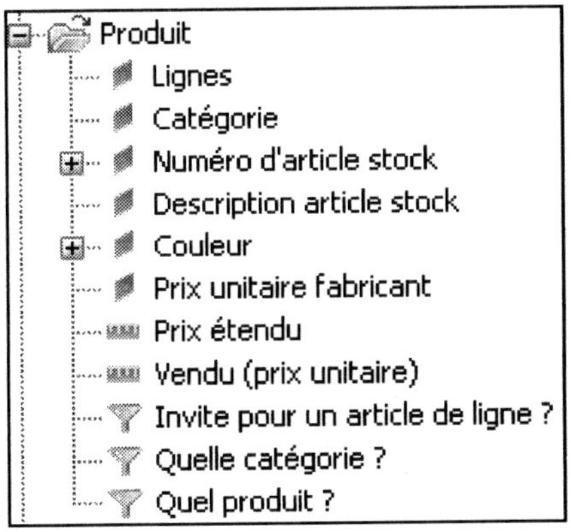

Promotions

Dimensions relatives aux promotions (période, coût...).

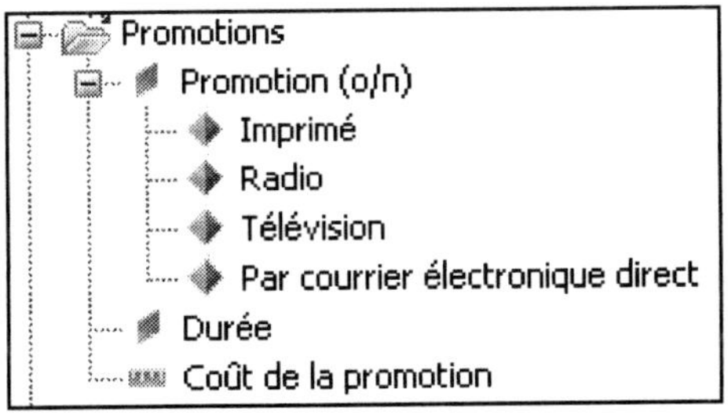

Indicateurs

Indicateurs relatifs aux ventes de produits : chiffre d'affaires, quantité de produits vendus...

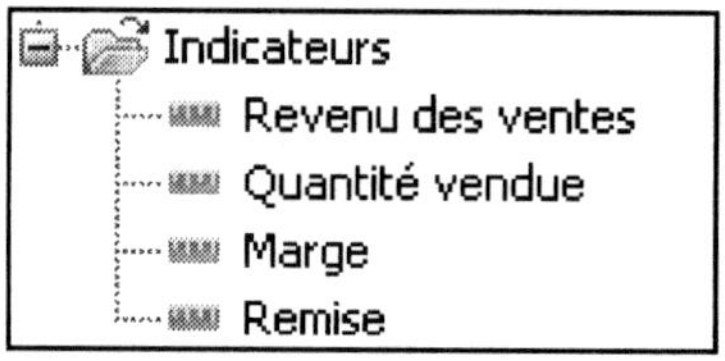

Dans cet univers, presque tous les indicateurs sont regroupés dans la dernière classe ; les quatre premières classes contiennent essentiellement des dimensions et des informations. Cette organisation montre bien que les indicateurs sont sémantiquement dynamiques ; ils peuvent être croisés avec n'importe quelle dimension pour produire tout type d'analyse :

- Revenu des ventes par ville, état ;
- Revenu des ventes par produit
- Quantité vendue par produit et par année ;
- etc.

Le nombre de combinaisons est très important.

Par ailleurs, dans les différentes classes, certaines dimensions sont hiérarchiquement liées entre elles et constituent ainsi un axe d'analyse. Exemples :

- Dans la classe **Période**, les dimensions **Année**, **Trimestre**, **Mois**... constituent un axe d'analyse temporel.
- Dans la classe **Magasin**, les dimensions **Etat**, **Ville** constituent un axe d'analyse géographique.

Dans cet ouvrage, nous verrons que ces axes d'analyses hiérarchiques peuvent être très facilement utilisés pour faire de l'analyse multidimensionnelle.

F. Présentation de Web Intelligence

Web Intelligence est une technologie permettant d'utiliser BusinessObjects via un simple navigateur Web. Cela minimise considérablement les problèmes de déploiement usuels. La phase principale de déploiement se fait lors de l'installation du serveur BusinessObjects et de la première utilisation de l'outil.

G. Créer un premier document

L'objectif de cette partie est de se familiariser avec l'ergonomie et la terminologie de Web Intelligence en créant un premier document simple.

Dans ce paragraphe nous nous proposons de montrer brièvement comment créer un document. Un chapitre ultérieur reprend les choses plus en détail. Les étapes sont les suivantes :

Infoview est une application Web qui fonctionne dans un simple navigateur Internet.

→ Lancez l'application **Infoview** à partir du menu **démarrer** de Windows : **Démarrer - BusinessObjects XI 3.1 - BusinessObjects Edge Series - InfoView**.

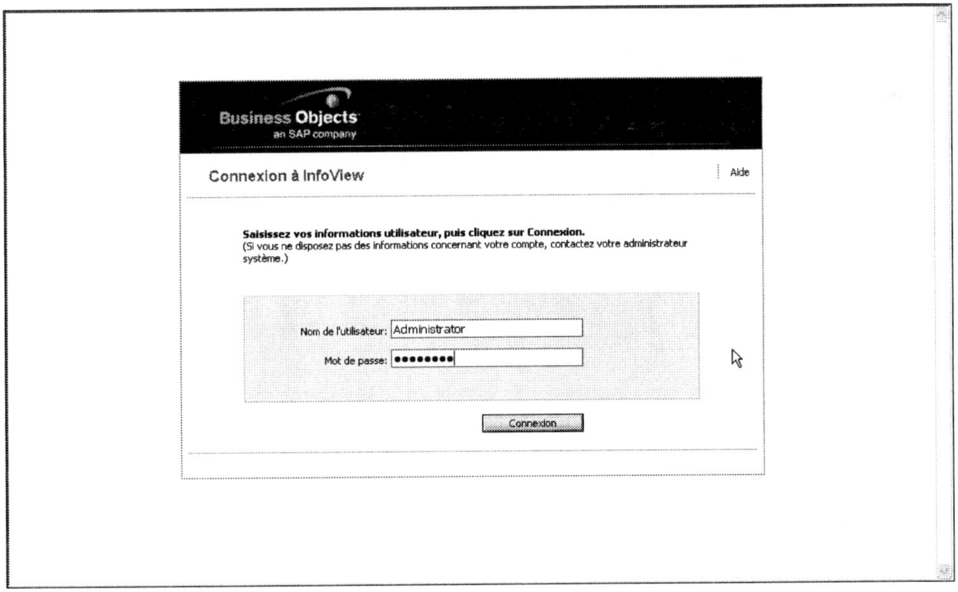

Figure 1 - Écran de connexion à Infoview

- Entrez votre nom d'utilisateur et votre mot de passe. Si vous ne les avez pas, contactez votre administrateur. Après la connexion apparaît un écran d'accueil :

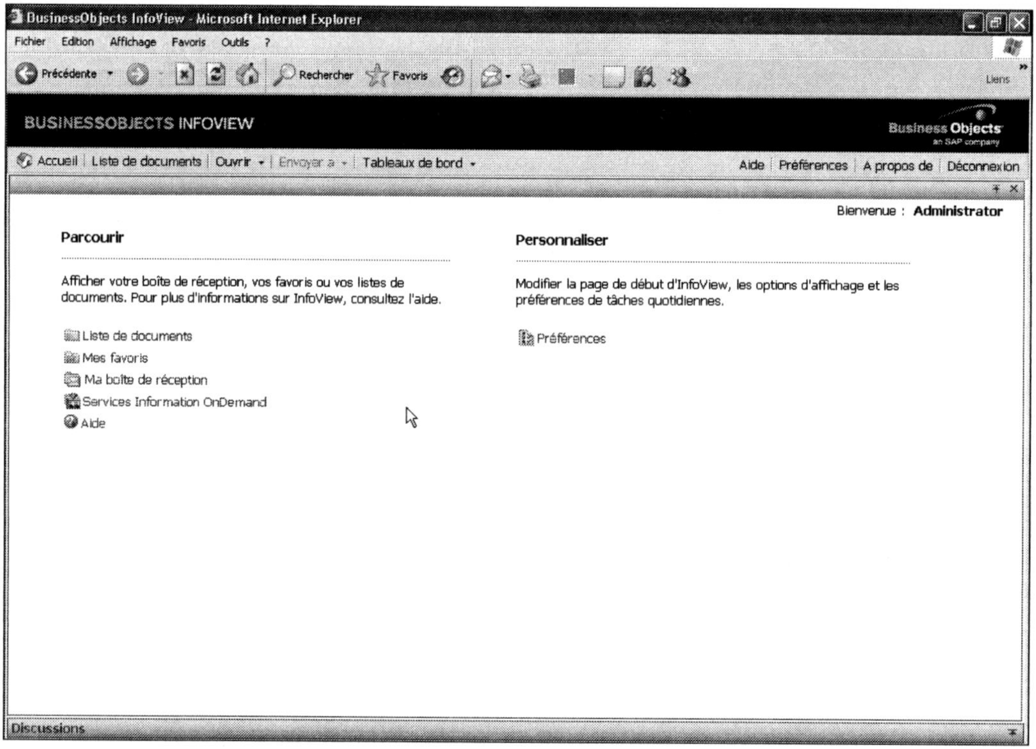

Figure 2 - Écran d'accueil Infoview

- Cliquez sur le menu **Liste de documents**.
- Déroulez le menu **Nouveau** et sélectionnez l'option **Document Web Intelligence**.

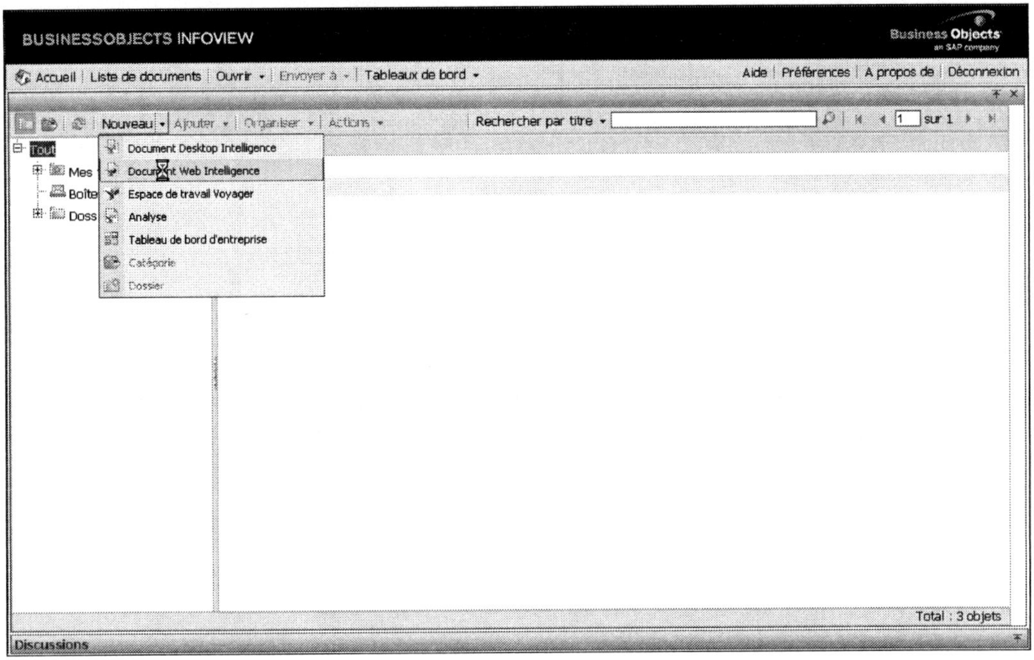

Figure 3 - Création d'un document Web Intelligence

On aboutit à l'ouverture de l'éditeur de requêtes **Webi** :

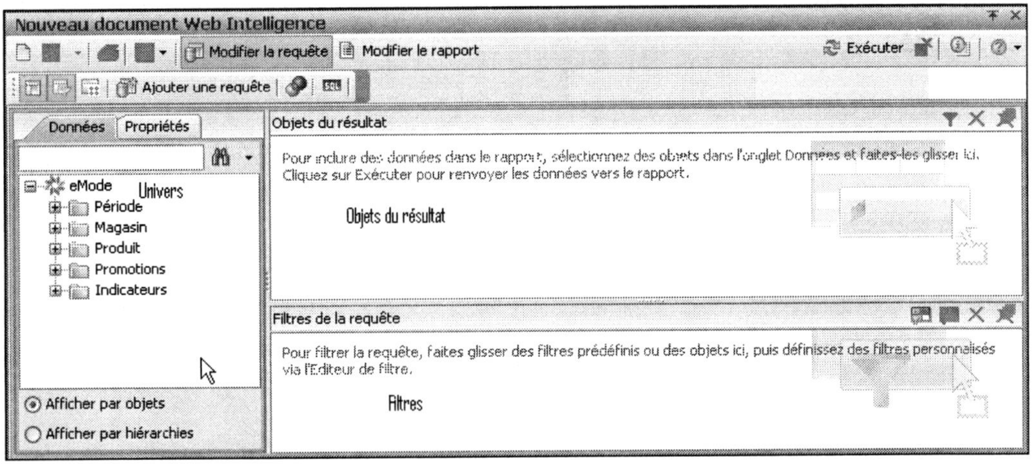

L'éditeur de requêtes contient trois zones importantes :

- Le panneau **Univers** contenant les classes et objets de l'univers courant.
- Le panneau **Objets du résultat** contenant les données résultant de l'exécution de la requête.
- Le panneau **Filtres** qui contient des filtres sur le résultat de la requête.

→) Dans l'onglet **Données**, développez les noeuds **Magasin** et **Indicateurs** en cliquant sur le symbole + en regard de ces éléments puis faites un double clic sur les objets **Etat** et **Revenu des ventes** :

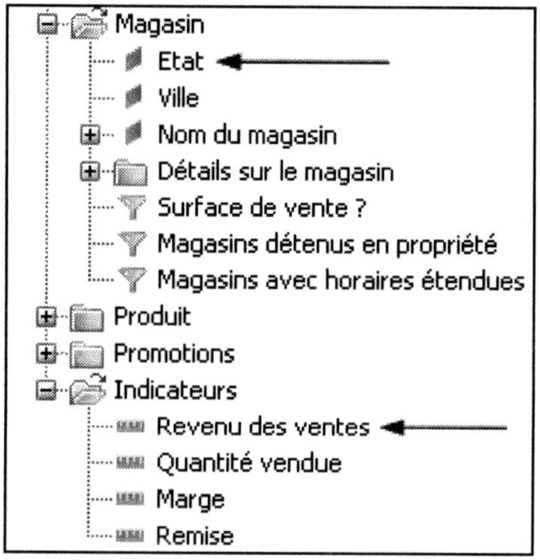

Figure 4 - Choix des objets de la requête

Ces deux objets se retrouvent dans le panneau **Objets du résultat** :

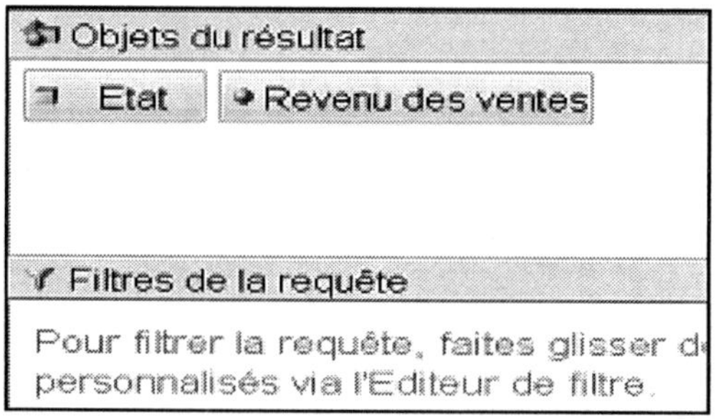

Figure 5 - Objets du résultat

Exécutez la requête en cliquant sur le bouton **Exécuter** de la barre d'outils principale.

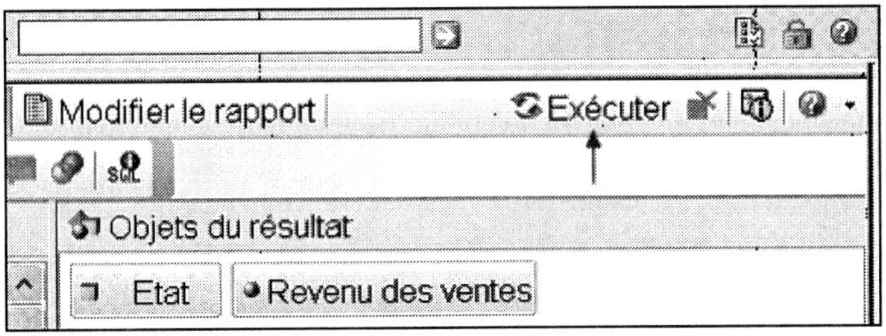

Figure 6 - Exécuter la requête

Webi crée un tableau qui affiche le résultat de la requête :

Etat	Revenu des ventes
California	7 479 569 €
Colorado	2 060 275 €
DC	2 961 950 €
Florida	1 879 159 €
Illinois	3 022 968 €
Massachusetts	1 283 707 €
New York	7 582 221 €
Texas	10 117 664 €

Figure 7 - Résultat de la requête

1. Enregistrer le document

Pour enregistrer le document courant, cliquez sur l'icône **Disquette** dans la barre d'outils principale **d'Infoview**.

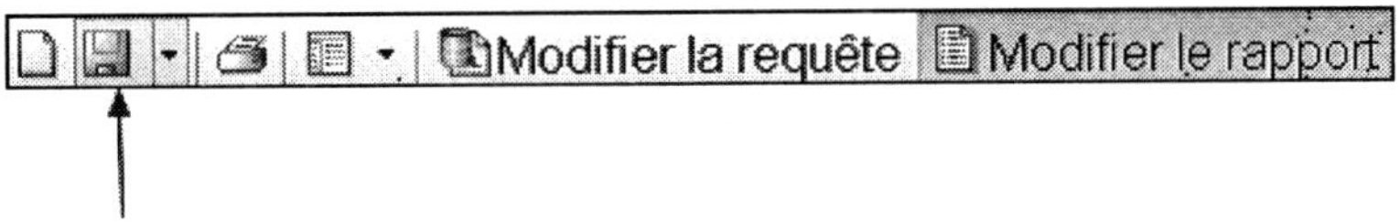

Une boîte de dialogue affiche les options disponibles.

2. Imprimer le document

Pour imprimer le document, cliquez sur le bouton **Imprimante** dans la barre d'outils principale :

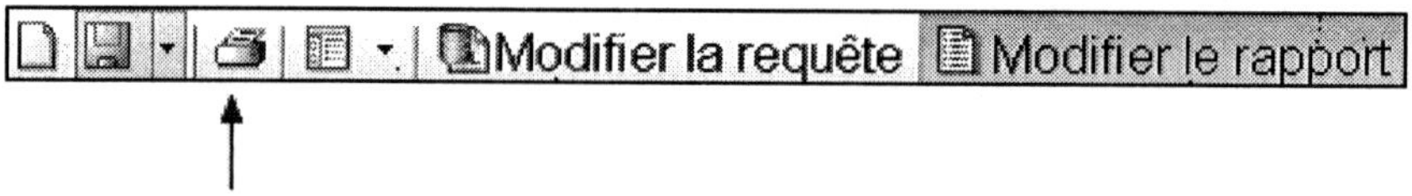

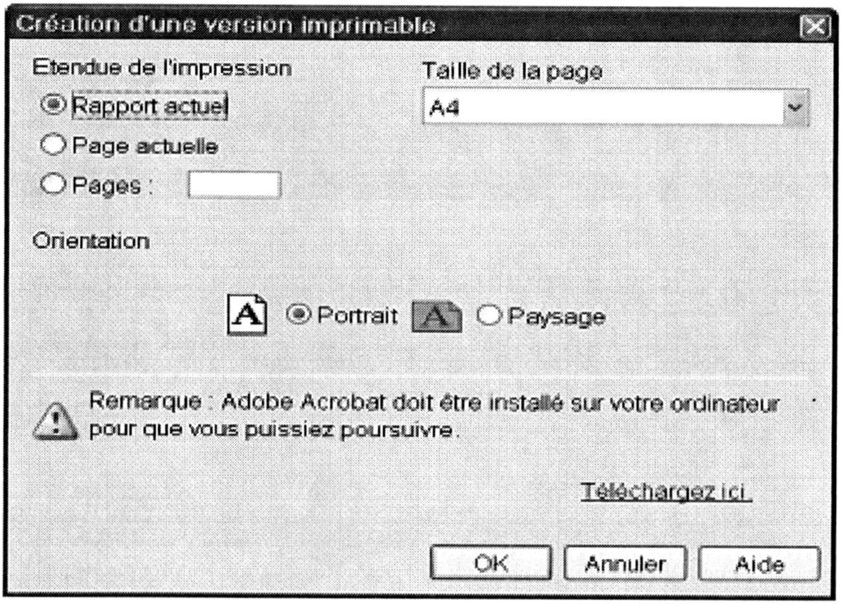

Figure 8 - Paramètres d'impression

Une fois les paramètres d'impression choisis, cliquez sur le bouton **OK** pour imprimer puis quittez.

3. Obtenir de l'aide

Une aide en ligne ainsi que plusieurs manuels sont accessibles dans le menu **Aide**.

En complément, des informations sont accessibles sur le site Web de **SAP BusinessObjects**.

Chapitre 2 : L'environnement : Infoview

A. Web Intelligence : généralités sur les rapports Web Intelligence

L'utilisation de rapports BusinessObjects, l'aspect des pages Web de l'interface et les modalités d'utilisation de **Web Intelligence** via un navigateur Web sont influencés par les éléments suivants :

- Le profil de sécurité de l'utilisateur qui définit les possibilités d'interaction de l'utilisateur avec les documents d'entreprise. Les documents accessibles, leur visualisation et leur modification sont déterminés de manière fine par l'administrateur.
- L'aspect des documents **Web Intelligence** est lié à une option du mode de visualisation comme nous le verrons plus loin.
- La création ou la modification des documents **Web Intelligence**. En effet, BusinessObjects offre trois éditeurs différents, chacun ayant ses avantages et ses inconvénients.

B. InfoView

1. Présentation

InfoView est un portail Web permettant l'accès aux documents de l'entreprise. **InfoView** permet l'accès à différents éléments de BO : rapports **Crystal Reports**, espace de travail **Voyager** (OLAP Analyse), documents **Web Intelligence**, documents **Desktop Intelligence**. **Infoview** facilite l'organisation des éléments de BO. **Web Intelligence** n'est qu'un des éléments accessible à **InfoView**. La majorité des modules de BusinessObjects est accessible via **Infoview** dans un navigateur.

2. Se connecter à Infoview

Pour accéder aux documents Web il faut au préalable se connecter à **Infoview**. Vous avez au moins deux possibilités pour le faire :

- La première est de taper l'url adéquate dans votre navigateur Internet. Cette url vous est fournie par votre administrateur. Il est conseillé de la sauvegarder dans vos favoris ou dans un raccourci sur le bureau pour éviter de la retaper à chaque fois. À titre d'exemple voici une telle url :
  http://q-5a67eb8201974:6405/InfoViewApp/logon.jsp
- La deuxième consiste à passer par le menu **Démarrer** de votre ordinateur : **Démarrer - Tous les programmes - BusinessObjects XI 3.1 - BusinessObjects Edge Series - InfoView**.
- En fait cela revient indirectement à utiliser la première méthode.

La fenêtre de connexion apparaît :

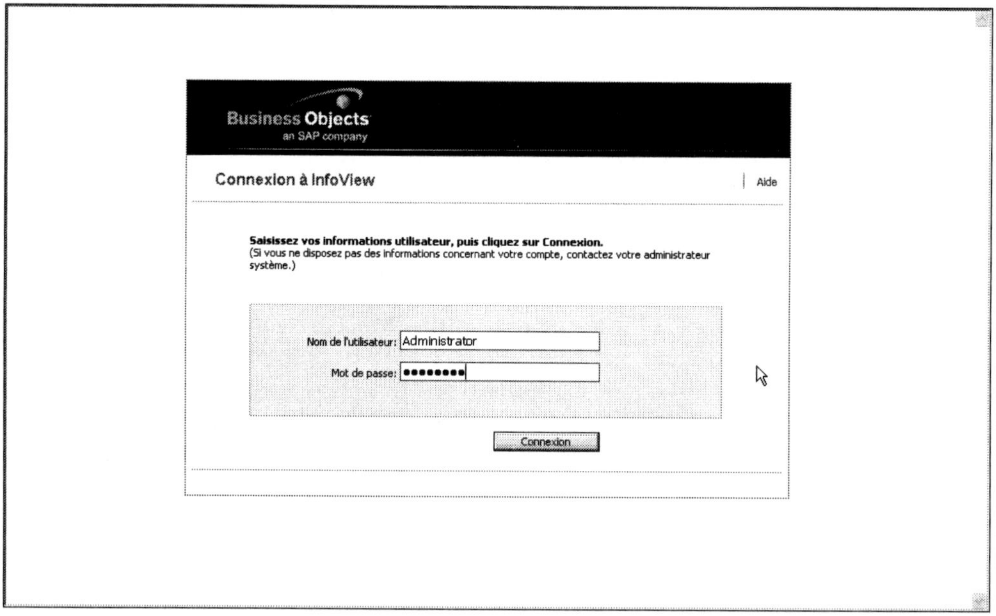

Figure 1 - Fenêtre de connexion à Infoview

→ Saisissez votre identifiant et votre mot de passe fournis par votre administrateur puis cliquez sur le bouton **Connexion**.

C. La page d'accueil Infoview

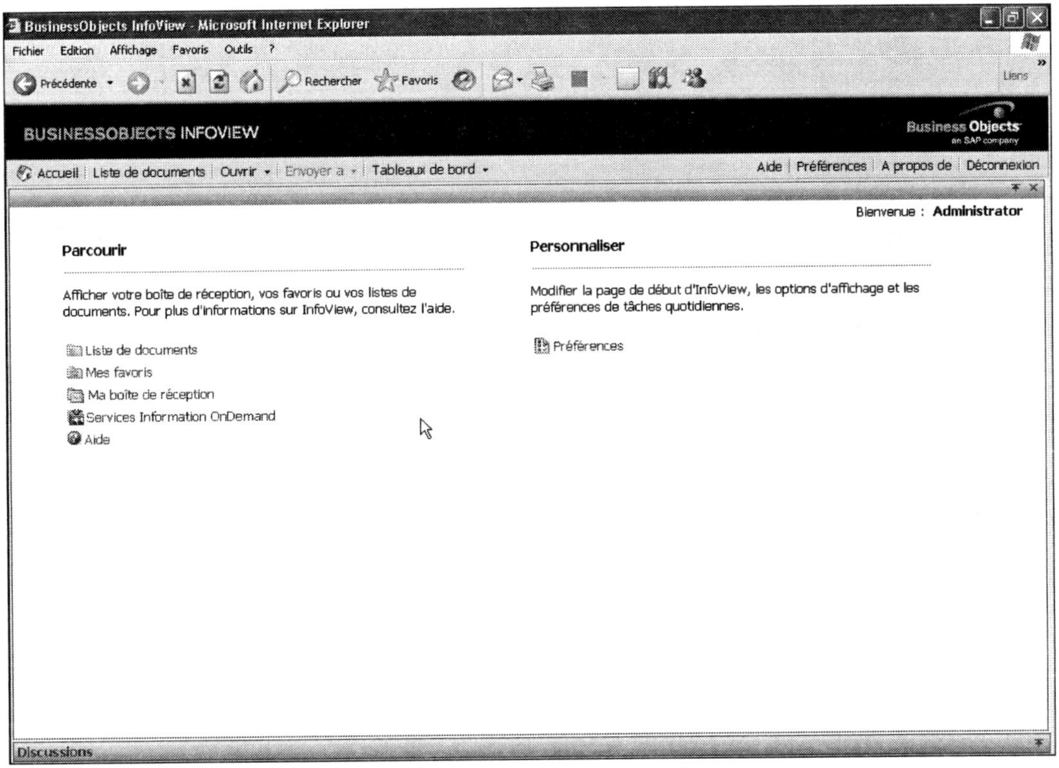

Figure 2 - Page d'accueil Infoview

Il faut noter que la page d'accueil est la page de bienvenue par défaut. Il est possible de modifier cela à l'aide des préférences comme nous le verrons plus loin. En particulier, il est possible de choisir comme page d'accueil une page affichant les objets situés dans un dossier BO particulier.

D. Généralités sur l'utilisation des objets Web Intelligence

Une fois connecté à **Infoview** et selon les possibilités offertes par le profil de sécurité, vous pouvez effectuer les opérations suivantes sur les rapports de **Web Intelligence**.

1. Visualisation et navigation

Selon votre profil, vous pouvez accéder à tout ou à une partie des documents **Web Intelligence**. Par ailleurs l'aspect des rapports **Web Intelligence** est influencé par le mode de visualisation choisi. Vous trouverez des boutons de navigation qui permettent de passer d'une page à l'autre, d'un rapport à un autre. Des invites permettent à l'utilisateur de spécifier les données avec lesquelles il souhaite filtrer les valeurs du rapport.

2. Impression

Lorsque l'utilisateur demande d'imprimer un rapport, celui-ci est converti au format PDF, ce qui assure une bonne qualité d'impression.

3. Exploration des rapports Web Intelligence

L'exploration des rapports Web Intelligence permet d'approfondir et d'analyser les données d'un rapport et d'obtenir des données plus fines que celles du rapport initial. L'exploration peut se faire sur le rapport directement ou sur une copie de ce rapport afin de conserver l'initial inchangé. Cette option peut être définie par défaut dans les préférences comme nous le verrons plus tard.

4. Sauvegarde et partage

Après avoir obtenu le résultat recherché, l'utilisateur peut enregistrer le document, envoyer un instantané du document à d'autres utilisateurs. Il peut également faire une sauvegarde au format PDF ou Excel ou bien encore l'imprimer.

5. Analyse en direct

Cette expression désigne la mise en évidence de données que l'utilisateur souhaite faire ressortir le plus clairement possible. Cette possibilité est utile lorsque vous voulez approfondir des rapports créés par d'autres utilisateurs sans devoir recréer les éléments sous-jacents au rapport (requête...). L'analyse en direct permet :

- de trier et filtrer les résultats ;
- de mettre en forme les tableaux et les diagrammes du rapport ;
- de créer de nouveaux tableaux et de nouveaux diagrammes ;
- d'ajouter des formules et des variables.

L'analyse en direct n'est possible que lorsqu'on utilise le mode de visualisation **interactif** dans les préférences que nous avons vues plus haut.

E. Définir les préférences de l'utilisateur

Via l'utilisation de préférences d'**Infoview**, l'utilisateur peut paramétrer la façon dont il interagit avec les documents BusinessObjects. Pour définir les préférences, cliquez sur le bouton **Préférences** de la barre d'outils principale d'**Infoview** :

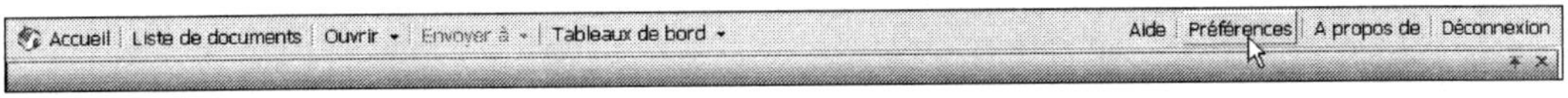

Infoview affiche alors une fenêtre avec différentes rubriques.

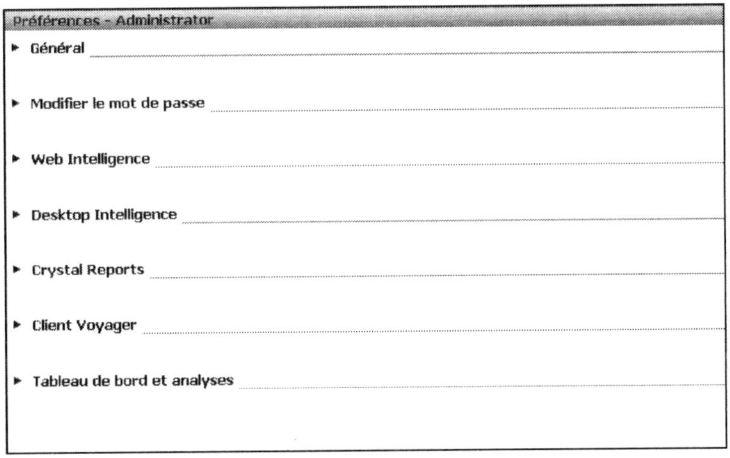

Ces rubriques permettent de paramétrer l'apparence et une partie de fonctionnement des différentes applications Business Objects.

L'objectif de cet ouvrage n'est pas de présenter de manière exhaustive toutes les fonctionnalités du portail.

Nous nous bornerons donc à présenter celles qui nous paraissent les plus significatives pour l'utilisation de **Webi**.

La première rubrique traite, comme son nom l'indique, des généralités du portail BO comme le choix de la page d'accueil, les propriétés affichées pour les documents, la manière de visualiser les documents, les paramètres régionaux.

Intéressons-nous tout d'abord à la rubrique **Web Intelligence**.

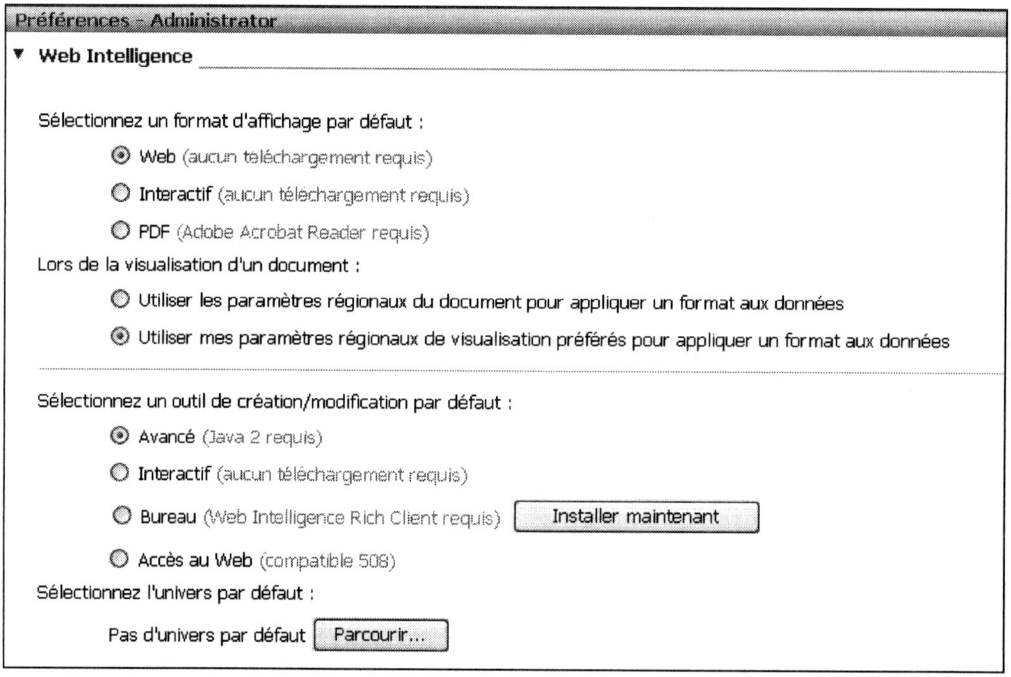

Les options les plus importantes sont :

Mode de visualisation des documents

Trois formats sont disponibles :

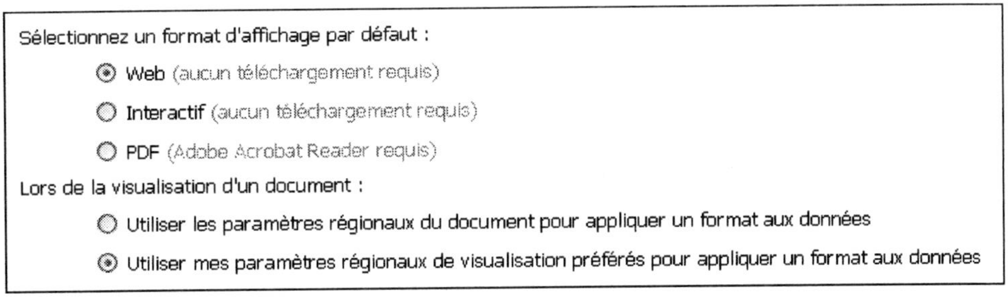

- Le format **Web** permet d'ouvrir les documents, de répondre aux invites et d'effectuer une analyse d'exploration (nous verrons ces notions dans des chapitres ultérieurs).
- Le format **Interactif** permet, en plus d'effectuer des tris, filtres, des calculs et de modifier le format des données dans les tableaux et les graphiques. Ce format n'est possible que si Web Intelligence a été déployé en mode JSP.
- Le format **PDF** permet une simple consultation des documents sous forme de fichier lisible par le logiciel **Acrobat Reader**. Il est utile surtout pour l'impression et pour la distribution de documents à des utilisateurs n'ayant pas BO.

Voici un aperçu des différences d'affichage selon les préférences choisies.

Si vous avez enregistré le document créé au chapitre Introduction : présentation de la Business Intelligence, vous pouvez l'ouvrir avec **Liste de documents** et double cliquer sur le nom de ce document dans le dossier dans lequel il a été enregistré, par exemple :

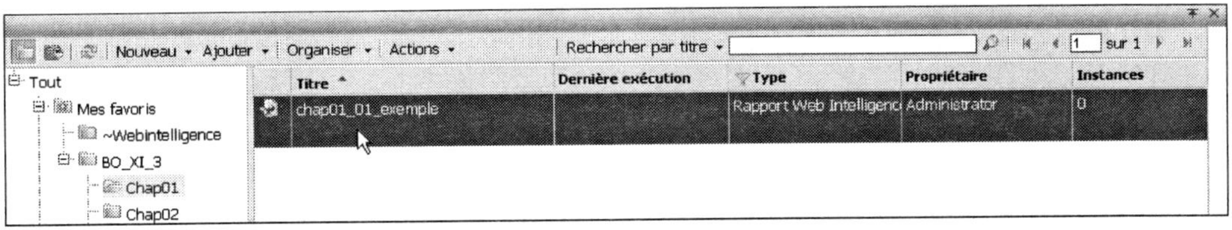

Option **Web** :

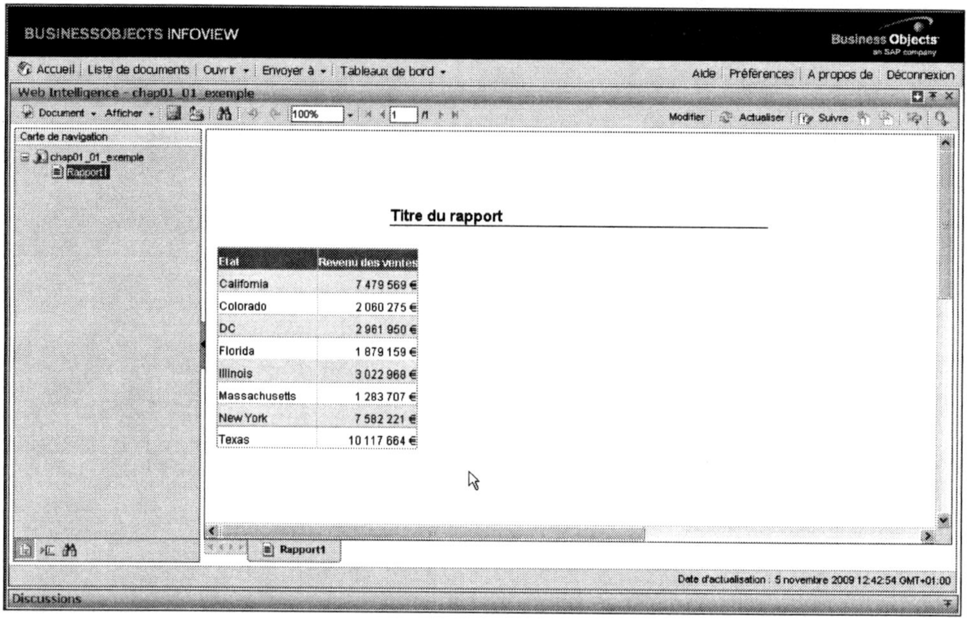

Option **Interactif** :

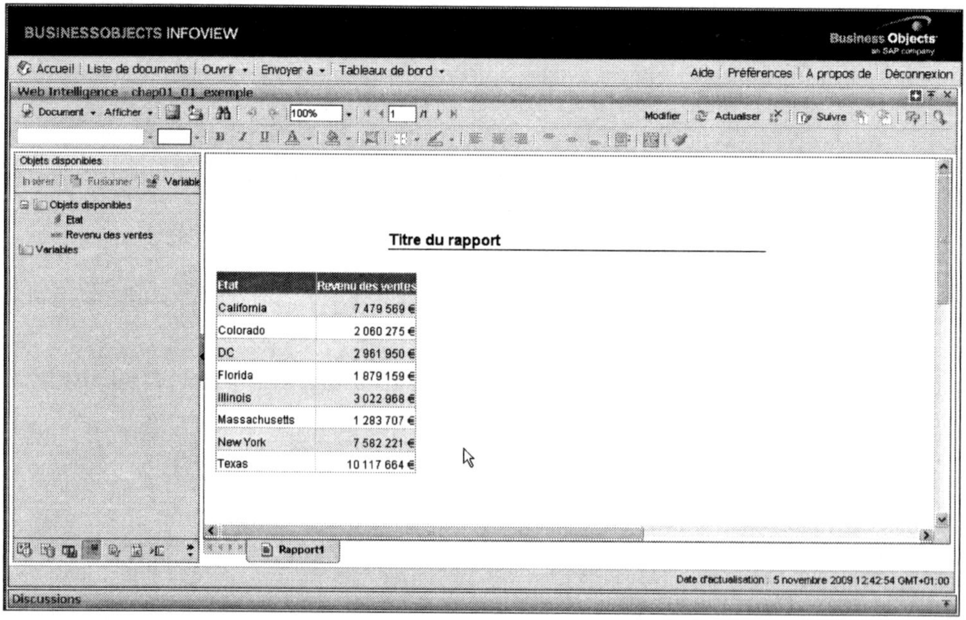

Option **PDF** :

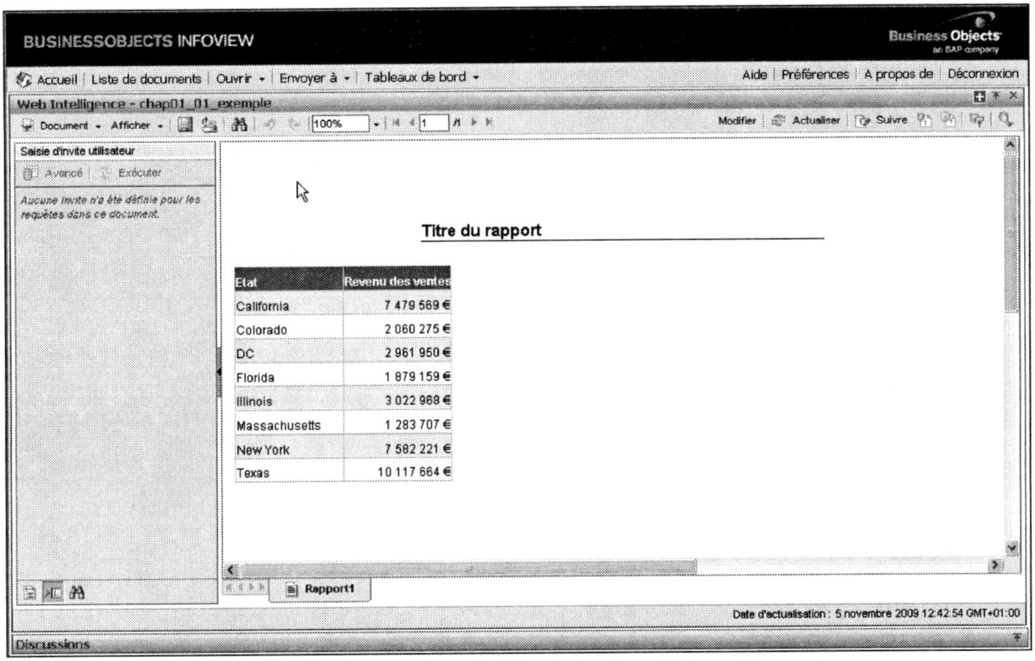

Choix d'un éditeur Web Intelligence

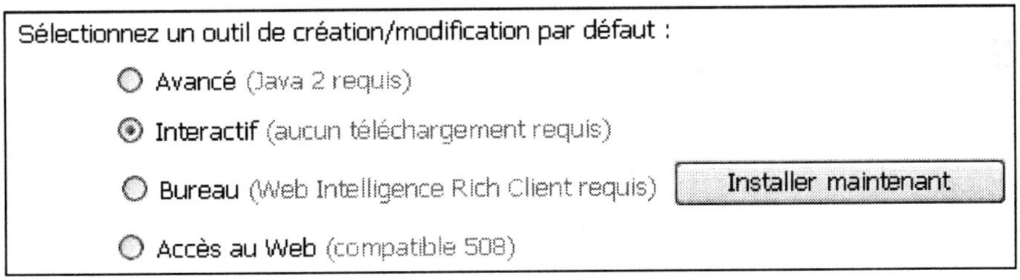

Ces options permettent de définir le type d'éditeur pour concevoir et modifier des documents **Web Intelligence**.

- **Avancé** : applet Java éditeur de rapports qui permet de disposer d'un puissant environnement graphique et offre également un éditeur de formule permettant de créer des formules par simple glisser-déposer de variables.
- **Interactif** : éditeur de requête HMTL, permet de créer et modifier les requêtes.

- **Bureau** : nécessite l'application **Web Intelligence Rich Client**. Cette option permet de travailler dans un environnement proche de l'environnement Windows (application client lourd **Desktop Intelligence**) en mode déconnecté. Ce module sera présenté en fin de livre.
- **Accès au Web** : l'éditeur de rapports HTML permet de travailler dans un environnement entièrement HTML. Il offre un assistant et est compatible 508 (norme d'accessibilité des pages Web).

De même que pour l'affichage, voici un aperçu des différences entre ces modes sur l'exemple du chapitre Introduction : présentation de la Business Intelligence.

Vous pouvez visualiser les différences entre ces modes en ouvrant en modification le document créé au chapitre Introduction : présentation de la Business Intelligence puis **Liste des documents** - clic droit sur le nom du document et action **Modifier** dans le menu contextuel.

Option **Avancé**

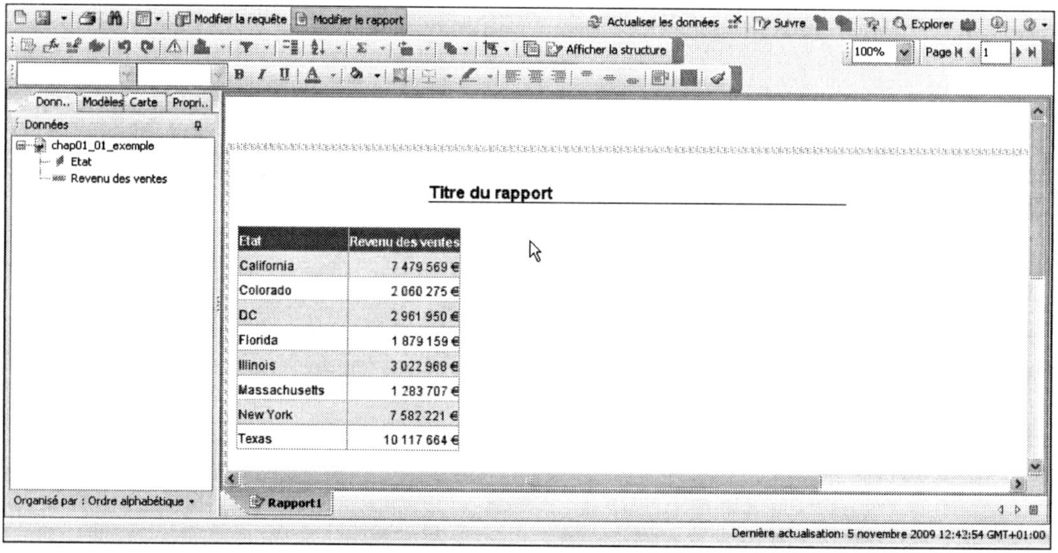

Option **Interactif**

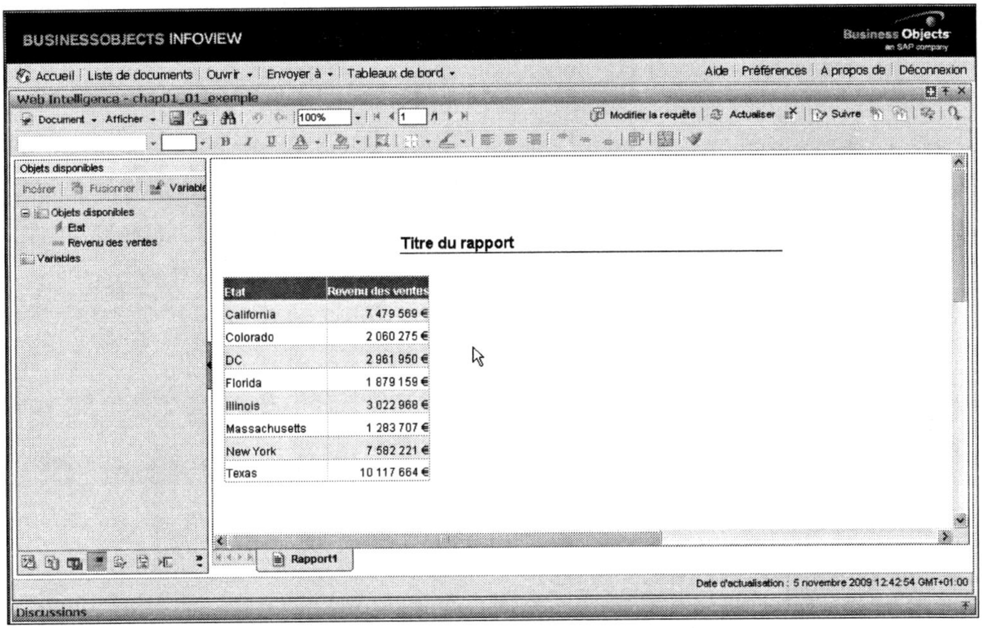

Option **Bureau**

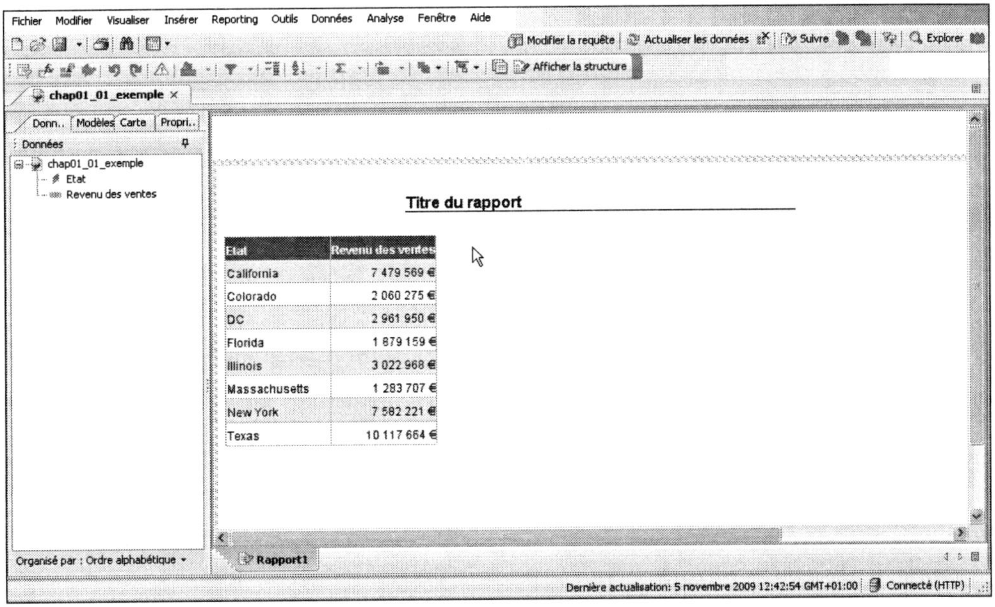

Option **Accès au Web**

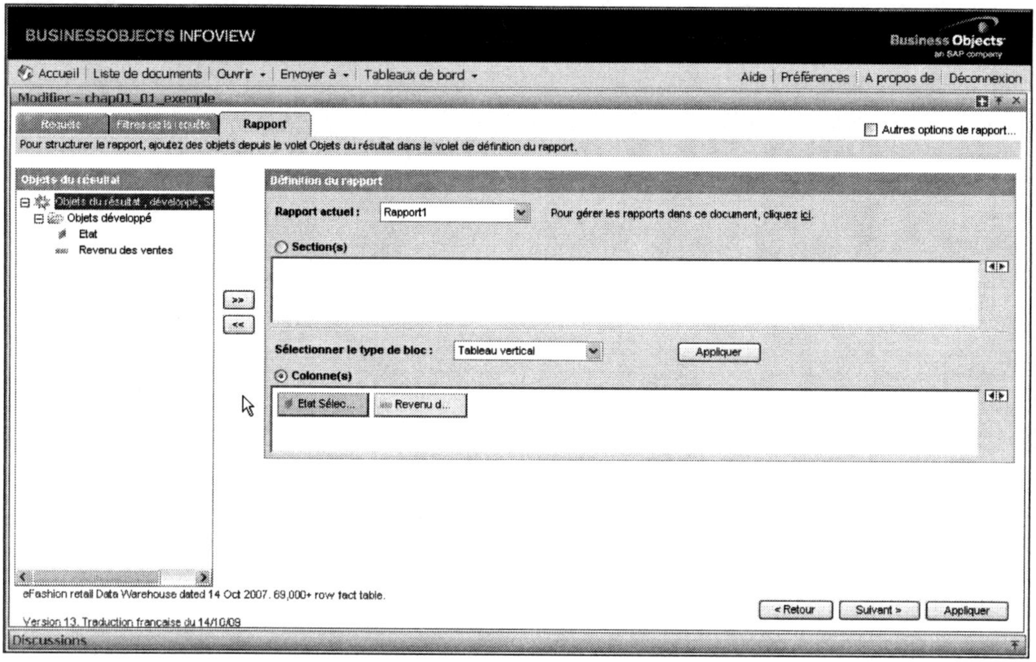

Univers par défaut

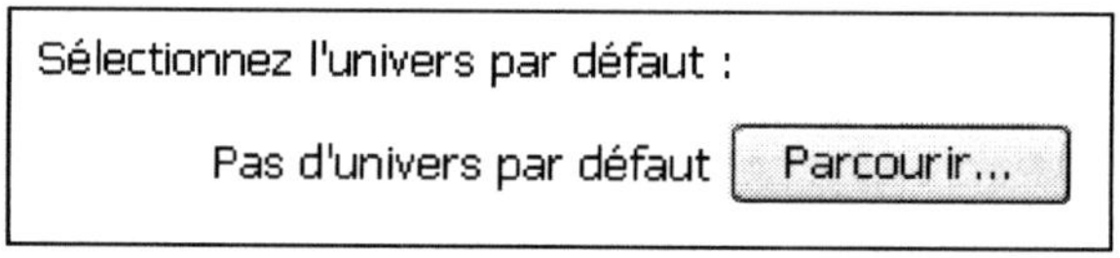

Toute nouvelle requête **Webi** se base sur un univers.

Cette option permet de définir un univers par défaut lors de cette création.

Cet univers par défaut sera utilisé de manière implicite pour tout nouveau document **Webi** créé.

→ Cliquez sur le bouton **Parcourir** pour choisir l'univers qui vous convient. Les différents univers disponibles sont affichés :

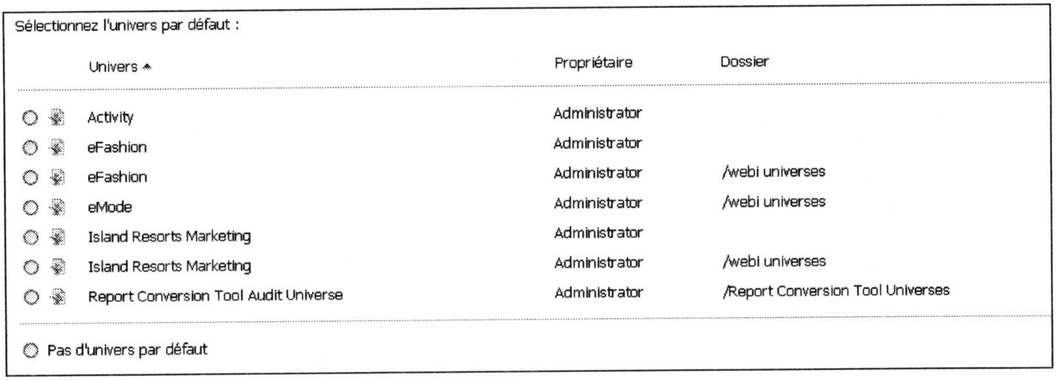

→ L'essentiel des documents conçus dans cet ouvrage sera basé sur l'univers **eMode**. Vous pouvez donc cliquer sur l'option qui correspond à cet univers puis valider avec le bouton **OK**. Il est possible de ne sélectionner aucun univers par défaut. Dans ce cas lors de la création d'un document une étape vous proposera le choix d'un univers (cf. chapitre Interroger : la gestion des requêtes sous InfoView).

Options d'exploration

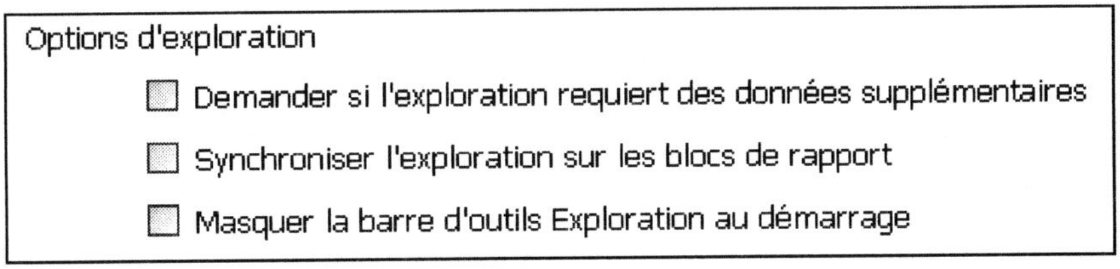

Demander si l'exploration requiert des données supplémentaires :

Nous verrons dans un chapitre ultérieur la notion d'exploration des données. Cette option nous permet de préciser si, en cas d'exploration entraînant un rapatriement de données supplémentaires, un message de validation de l'exécution de ces nouvelles requêtes est présenté ou pas.

Synchroniser l'exploration sur les blocs de rapport

Toujours en cas d'exploration, si cette option est cochée alors l'exploration concerne tous les blocs contenant les mêmes données. Par exemple, si une exploration permet de « descendre » au niveau magasins à partir de l'objet **Ville**, alors les autres tableaux ou graphes contenant les données **Ville** seront aussi explorés de façon descendante. Dans le cas contraire, seul le bloc exploré est modifié.

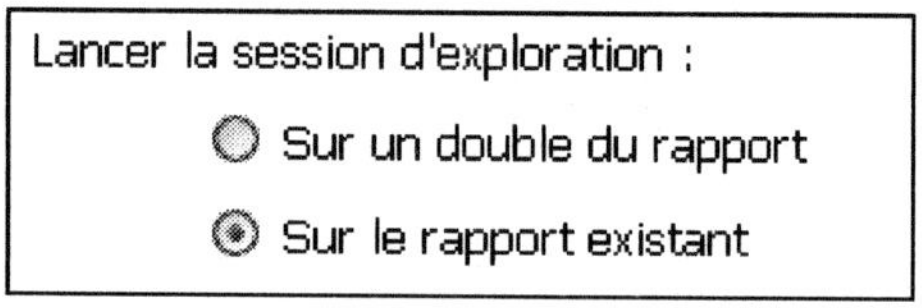

Sur un double du rapport

Lorsque vous lancez une exploration, cette option entraîne la création d'un nouveau rapport (dans le même document) copie du précédent dans lequel les données pourront être explorées.

Sur le rapport existant

Avec cette option les données sont directement explorées dans le rapport actif. Lorsque vous quittez le mode **Exploration**, le rapport reste avec les valeurs explorées.

Les autres préférences définissent les paramètres régionaux dans **Webi** et les priorités de l'enregistrement sous Excel (priorité au format ou facilité d'accès aux données).

Les autres préférences seront décrites plus loin (Général).

Examinons quelques éléments de la rubrique **Général**.

Les options les plus importantes sont les suivantes :

- La page de début d'Infoview permet de choisir la vue qui sera affichée après connexion à **Infoview** :

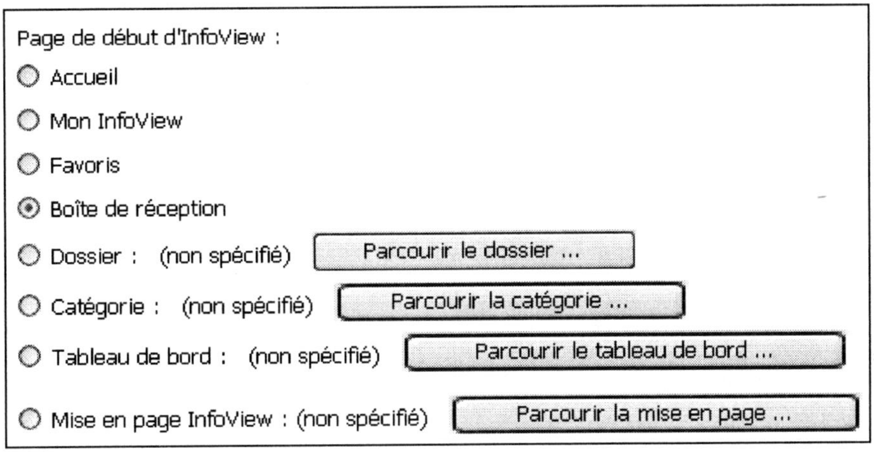

Le cas **Mon infoview** permet de démarrer la session sur une mise en page personnalisée. Les autres cas permettent de définir la localisation par défaut des objets affichés (Favoris, Boîte de réception...).

- Navigation par dossier ou par catégorie :

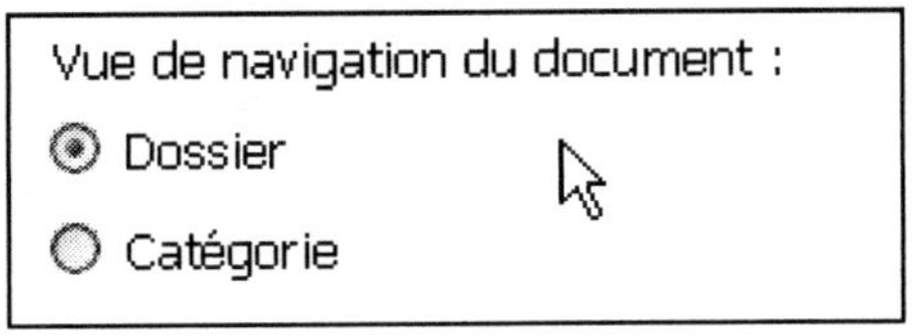

Par défaut, les objets sont présentés par dossier ou par Catégorie.

- Nombre maximal d'objets affichés sur une même page :

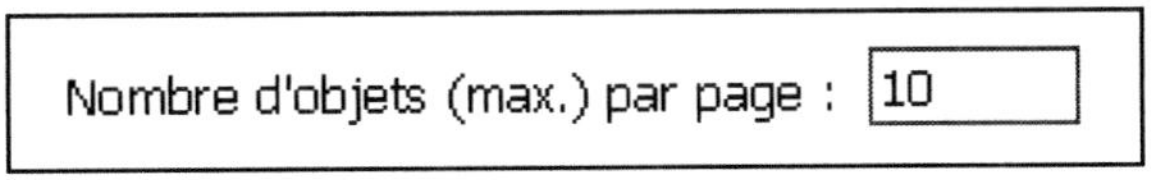

- Colonnes affichées dans une liste de documents :

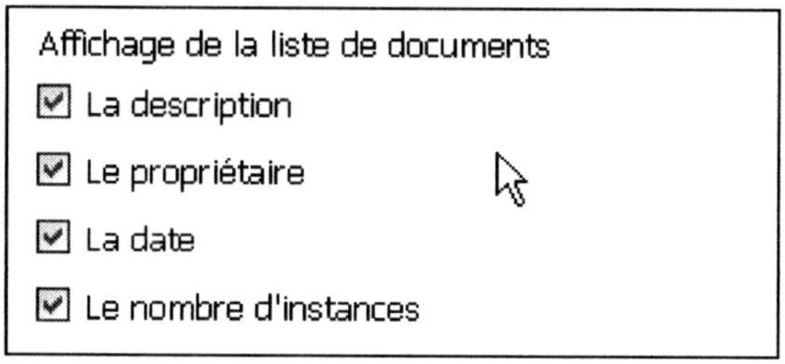

- Mode d'affichage des documents :

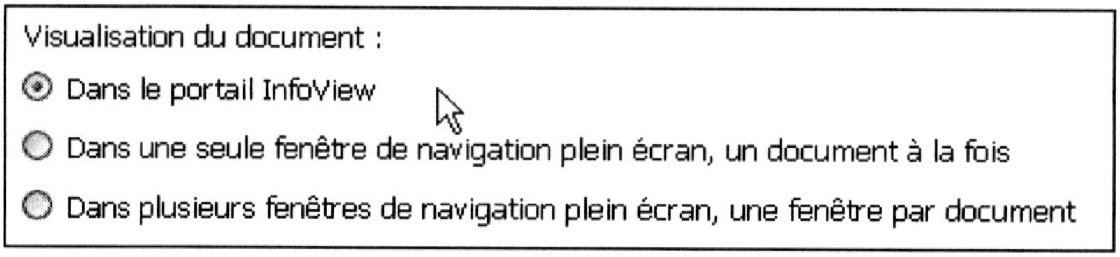

L'option **Dans le portail InfoView** n'utilise qu'une seule instance du navigateur Web et une seule et même page appelée **Portail Infoview**. C'est l'option par défaut.

L'option **Dans une seule fenêtre de navigation plein écran, un document à la fois**, affiche le document ouvert dans une autre fenêtre en mode plein écran et seuls les panneaux et barres d'outils servant à gérer le document sont présents. De plus l'ouverture d'un autre document remplace le précédent dans cette fenêtre secondaire.

L'option **Dans plusieurs fenêtres de navigation plein écran, une fenêtre par document** est semblable au cas précédent mais l'ouverture d'un autre document se fait dans une nouvelle instance du navigateur.

- Paramètres régionaux :

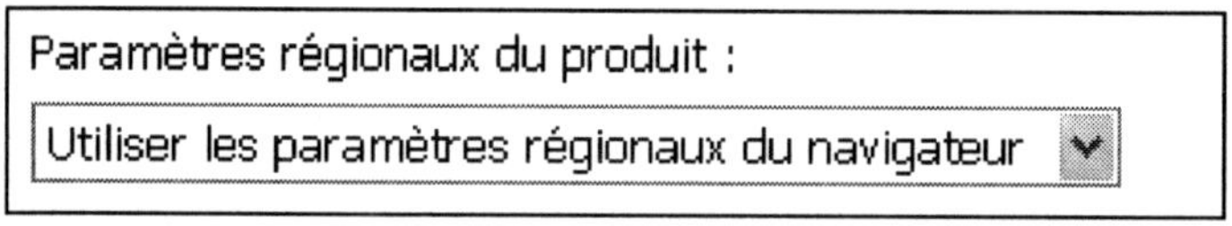

- Choix du fuseau horaire :

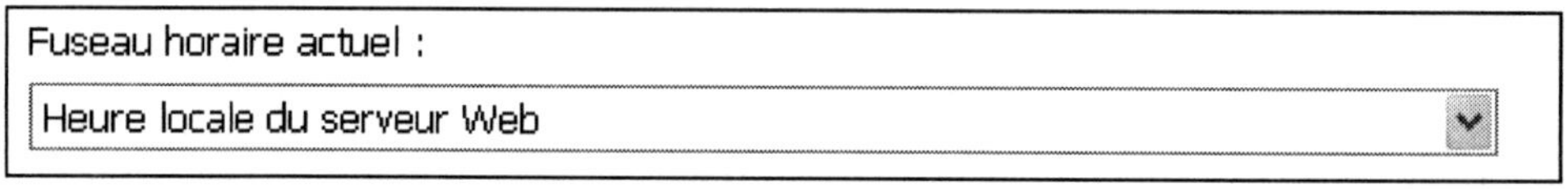

- Paramètres régionaux de visualisation :

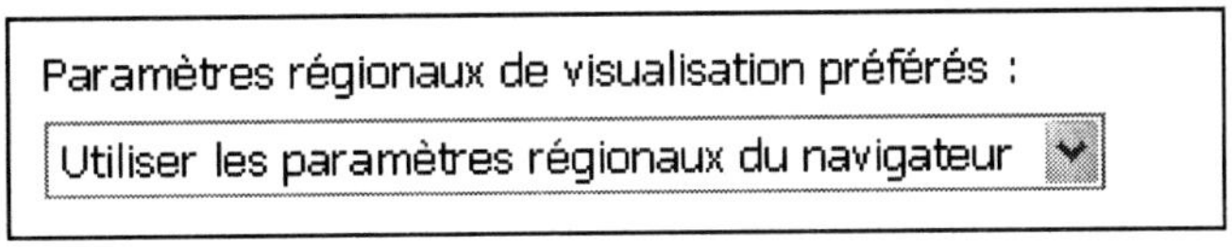

F. L'interface Infoview

Une fois connecté à **Infoview** vous pouvez gérer vos documents Web.

Après la page d'accueil vous avez accès à la page donnant accès aux documents en cliquant sur le bouton **Liste de documents** :

La page **Infoview** contient principalement les éléments suivants :

- un panneau de navigation ;
- une zone de travail ;
- un panneau des en-têtes ou barre d'outils.

Voici l'écran qui en résulte après avoir déroulé le dossier **Mes favoris** :

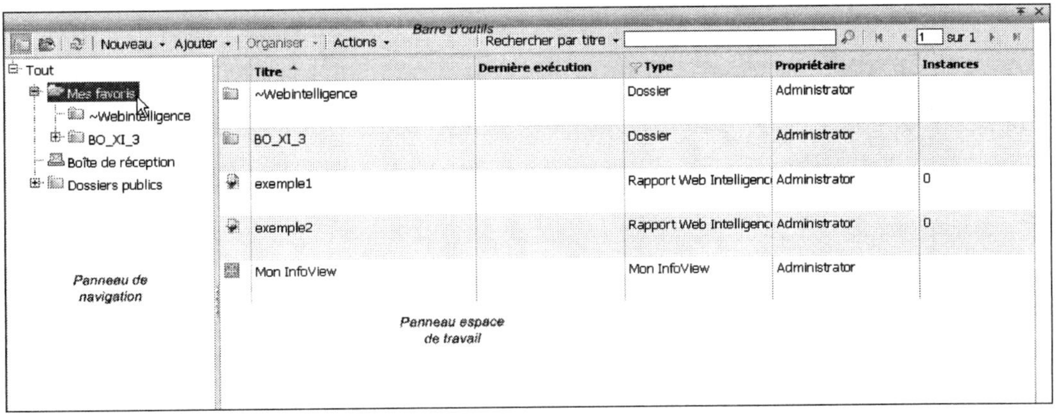

1. Le panneau de navigation

BO XI stocke les objets dans deux types d'entités : les **dossiers** et les **catégories**.

Les dossiers BO sont semblables à des dossiers du système de fichiers. La racine de ces dossiers est le dossier **Accueil**. Initialement **Accueil** contient trois sous-dossiers **Mes favoris**, **Boîte de réception** et **Dossiers publics**. **Mes favoris** est un dossier spécifique à l'utilisateur qui s'est connecté à **Infoview** alors que **Dossiers publics** contient des objets que l'utilisateur rend disponibles à d'autres membres de l'entreprise.

Comme son nom l'indique le dossier **Mes favoris** contient des objets qui présentent un intérêt particulier pour l'utilisateur ou qui sont fréquemment utilisés.

Le dossier **Boîte de réception** contient des objets transmis par d'autres utilisateurs. L'utilisateur peut effectuer un certain nombre d'opérations sur les dossiers : création, suppression, etc. Nous verrons cela en détail plus loin.

Les catégories constituent une autre manière d'organiser les objets. Les catégories constituent une manière sémantique de structuration des objets et il est important de bien choisir le nom d'une catégorie. Nous n'aborderons pas la notion de catégorie dans cet ouvrage.

Le panneau de navigation est accompagné d'une barre d'outils qui se trouve juste au-dessus.

Elle contient des boutons qui permettent d'effectuer les opérations ci-dessous :

Les deux premiers permettent de passer de l'affichage des dossiers à l'affichage des Catégories et réciproquement.

Le troisième permet d'actualiser le panneau de navigation.

Le bouton déroulant **Nouveau** permet de créer un nouvel objet.

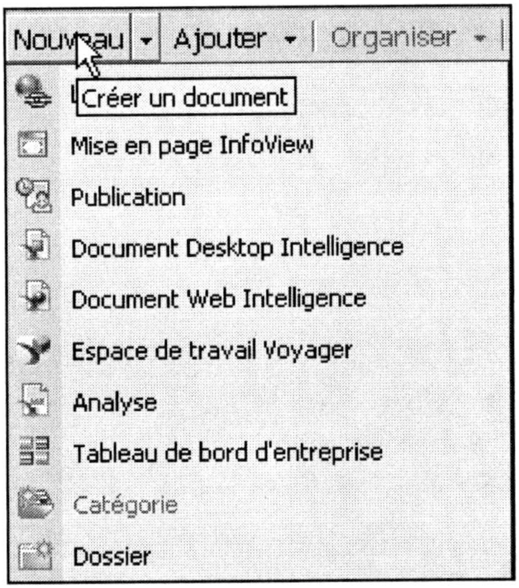

Le nouvel objet peut être un document **Web Intelligence** comme nous l'avons déjà vu mais aussi un document **Desktop intelligence**, une mise en page **Infoview** ou encore un nouveau dossier.

Le bouton déroulant **Organiser** permet de copier, déplacer ou supprimer le dossier ou la catégorie sélectionné.

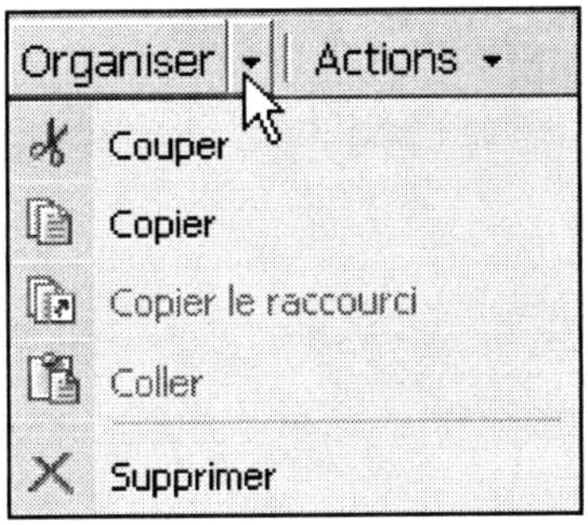

Le bouton déroulant **Actions** permet d'afficher les propriétés de l'objet sélectionné.

Il est à noter qu'un clic droit sur l'objet sélectionné donne accès aux mêmes fonctions que les 3 derniers boutons explicités.

Ces boutons s'appliquent aussi aux objets du panneau **Espace de travail**, c'est-à-dire qu'il est possible de copier, supprimer, etc. un document ou plusieurs documents sélectionnés.

2. Le panneau espace de travail

La zone de travail a deux rôles distincts :

- Afficher la liste des objets du dossier ou de la catégorie sélectionné dans le panneau de navigation.
- Travailler avec un objet : création ou modification d'un objet BO. Dans ce cas, la zone de travail permet de manipuler un objet particulier en mode création ou modification.

Les colonnes du panneau espace de travail

En mode **Liste**, la zone de travail contient une liste d'objets se trouvant dans un dossier ou une catégorie :

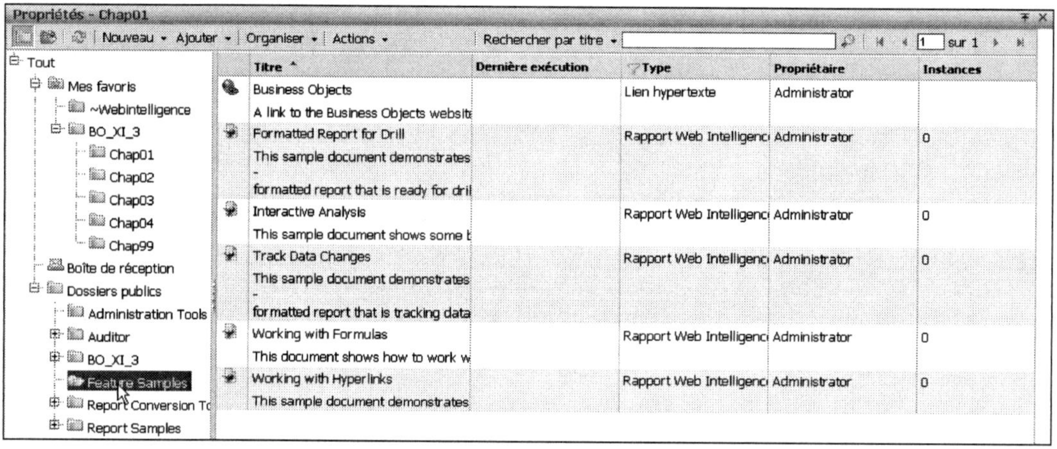

Les colonnes affichées sont les suivantes :

- Une icône pour identifier le type d'objet BO : Objet **Web Intelligence**, objet **Excel**...
- **Titre** : libellé permettant de nommer un objet. Ce nom est essentiellement attribué lors de la sauvegarde de l'objet. Dans l'idéal ce titre doit être significatif sans être trop long.
- **Dernière exécution** : donne la date et l'heure de la dernière exécution de l'objet. En effet certains types d'objets (comme les objets **Web Intelligence** qui nous intéressent) doivent être exécutés pour extraire les données relatives à la requête sous-jacente.

- **Type** : chaîne de caractères identifiant le type d'objet.
- **Propriétaire** : nom de l'utilisateur auquel l'objet appartient. En principe le créateur de l'objet.
- **Instances** : nombre d'instances de l'objet actuellement exécutées. Un document pouvant être consulté par plusieurs utilisateurs simultanément.

Les colonnes précédentes sont affichées par défaut. Comme nous l'avons vu précédemment, les colonnes affichées font partie des préférences utilisateur et peuvent donc être modifiées. Là encore un clic droit sur l'objet sélectionné affiche toutes les actions possibles sur cet objet.

À noter, en particulier, l'option de création d'un raccourci :

- par le bouton **Organiser - copier le raccourci** ;
- par clic droit **Organiser - créer un raccourci**.

Cette opération permet d'accéder à un objet à partir de plusieurs dossiers. Un raccourci est préférable à une copie sauf raison spéciale.

Chapitre 3 : Interroger : la gestion des requêtes sous InfoView

A. Vue d'ensemble

Comme nous l'avons évoqué dans un chapitre précédent, la requête sur un univers est le fournisseur de données le plus souvent utilisé pour créer des rapports **Web Intelligence**.

Dans ce chapitre, nous allons étudier en détail les fonctionnalités de l'éditeur de requêtes.

Cet éditeur comporte trois zones principales :

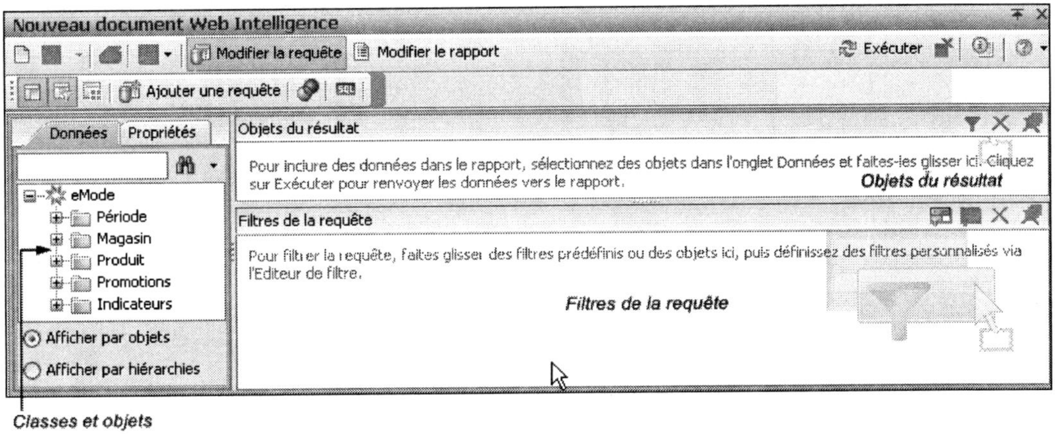

- La zone **Classes et objets** présente les différents objets de l'univers regroupés en classes et sous-classes.
- La zone **Objets du résultat** est destinée à contenir les objets qui constituent le résultat de la requête.
- La zone **Filtres de la requête** permet de définir des conditions sur le résultat de la requête.

La taille de chaque zone peut être modifiée très facilement à l'aide de la souris. Lorsque le pointeur de la souris survole la limite entre deux zones, il se transforme en pointeur de redimensionnement et il est possible de déplacer la limite par un cliquer-glisser.

En bas de la zone **Classes et objets** est indiqué le type d'affichage des objets de l'univers : soit, par défaut, par classes et objets comme indiqué dans la figure ci-dessus, soit par hiérarchie d'objets.

Les hiérarchies sont définies un peu plus loin dans ce chapitre.

B. Généralités sur l'utilisation des requêtes

Une requête, en terme général, est une demande d'information. Par exemple demander le chiffre d'affaires des magasins pour une année particulière. Une requête SQL fait exactement la même chose sauf qu'un certain formalisme est nécessaire pour respecter les règles d'interrogation en SQL.

SQL (*Structured Query Language*) désigne le langage d'interrogation des données informatiques stockées dans des bases relationnelles inventé dans les années 1970.

Ce langage n'est pas évident à maîtriser pour qui ne connaît pas les notions fondamentales associées aux bases de données relationnelles. Des logiciels comme BusinessObjects avec ses différentes déclinaisons comme **Webi** permettent de s'affranchir de cette connaissance.

Dans la suite de cet ouvrage, nous utiliserons explicitement l'expression "Requête **Webi**" pour désigner l'entité bâtie sous **Infoview** à partir d'un univers et comprenant les objets, classes, filtres, etc. utilisés sous **Infoview**.

De même, nous utiliserons l'expression "Requête SQL" pour désigner la requête respectant le formalisme du langage SQL.

C. Construction d'une requête Web Intelligence

1. Le principe

L'utilisateur, en se basant sur l'univers choisi, construit sa requête **Webi** dans l'éditeur de requête. Cette requête **Webi** est traduite en une requête SQL qui est soumise au moteur de base de données. Ce dernier renvoie le résultat qui est ensuite visualisé dans un rapport.

2. Étapes de création d'une requête

Nous allons voir comment créer en pratique une requête **Webi**. Dans un premier temps et pour faire ressortir l'essentiel nous travaillerons sur un cas simple. Par la suite des éléments supplémentaires seront abordés.

Les étapes de création d'une requête **Webi** sont les suivantes :

- Se connecter à **Infoview**.
- Choisir un univers (optionnelle si un univers par défaut a été défini dans les préférences).
- Créer un document **Web Intelligence**.
- Choisir les objets de la requête.
- Exécuter la requête.
- Définir éventuellement un périmètre d'analyse.
- Paramétrer si besoin la requête (valoriser les propriétés de la requête).
- Enregistrer le document contenant la requête.

Nous allons illustrer ces étapes avec un exemple concret.

En tant que directeur des ventes, j'aimerais savoir quel est le revenu des ventes ainsi que les quantités vendues dans les magasins par année et par état.

3. Se connecter à InfoView

Cette étape est évidemment obligatoire. Si ce n'est pas déjà fait, il faut vous connecter à **InfoView**. Pour plus de détail, reportez-vous à la section InfoView - Se connecter à InfoView, du chapitre L'environnement : InfoView.

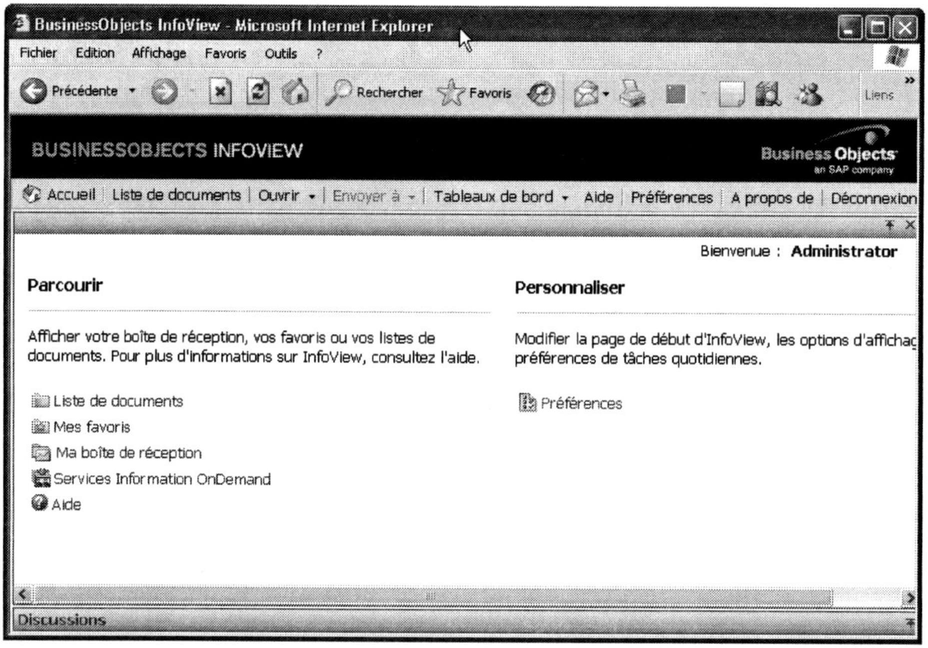

→) Cliquez sur le bouton **Liste de documents**.

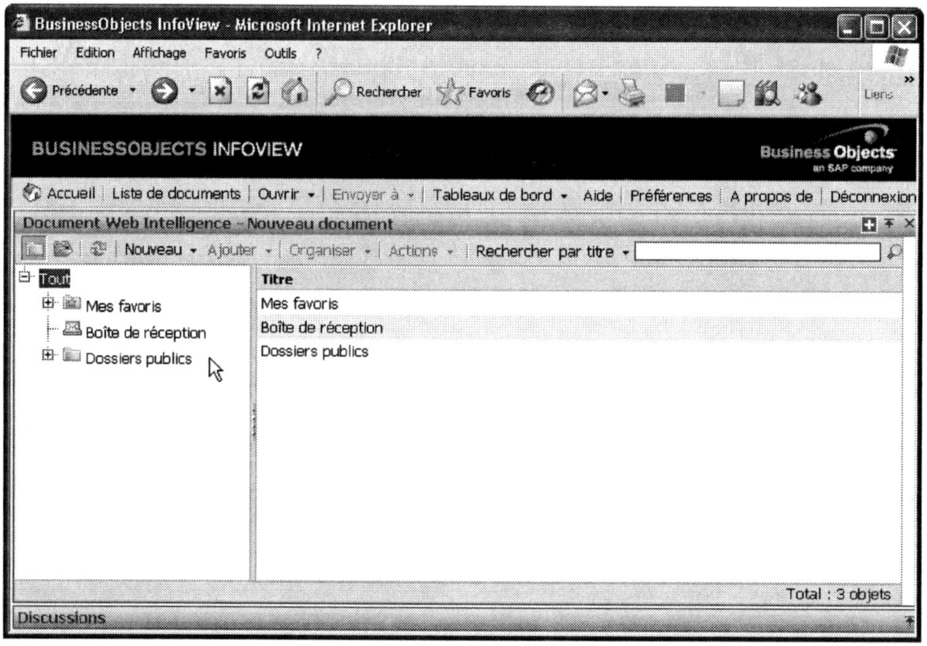

4. Créer un nouveau document Web Intelligence

→ Cette étape est obligatoire. Dans la barre d'outils principale, cliquez sur le bouton **Nouveau**. La liste des différents types d'objets à créer s'affiche sous forme d'un menu déroulant :

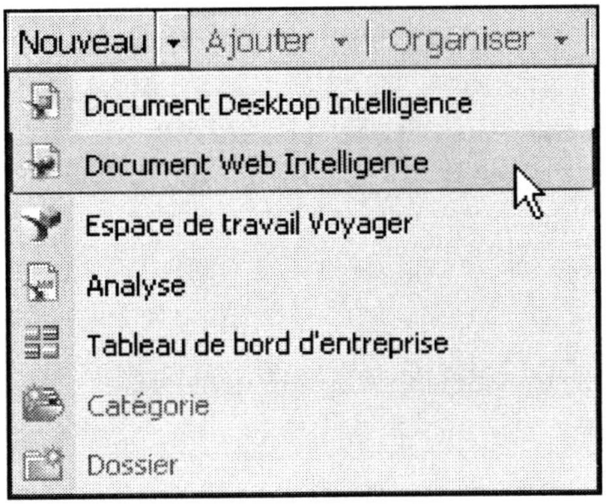

→ Choisissez l'option **Web Intelligence**.

L'éditeur de requêtes Java présenté à la section Vue d'ensemble s'ouvre.

5. Choisir un univers

Cette étape est optionnelle. En effet, l'univers par défaut peut être défini dans les préférences de l'utilisateur comme nous l'avons vu au chapitre précédent. Il est aussi possible de ne pas avoir d'univers par défaut, dans ce cas il est alors nécessaire de passer par le choix d'un univers.

Comme nous avons déjà indiqué que l'univers par défaut était **eMode**, cette étape n'a pas lieu d'être dans notre exemple.

6. Choisir les objets de la requête

Il s'agit des objets qui doivent figurer dans le résultat de la requête.

Ce choix se fait dans l'éditeur de requête. Les explications se feront sur un exemple de requête : rechercher le chiffre d'affaires et les quantités vendues par état et par an.

Pour qu'un objet fasse partie d'une requête, il faut le faire figurer dans la zone **Objets du résultat**. Un seul objet peut être ajouté ou bien tous les objets appartenant à une classe.

a. Ajouter un objet

Un objet peut être ajouté de deux manières :

- glissez-déposez un objet ou tous les objets d'une classe depuis le panneau **Classes et Objets** vers la zone **Objets du résultat** ;
- double cliquez sur un objet du panneau **Données**.

→) Dans notre exemple, nous cherchons toujours à déterminer le revenu des ventes par année et état, ainsi que les quantités vendues.

→) De façon assez évidente nous pouvons ouvrir les dossiers (les classes) et voir si un objet ne correspondrait pas à notre besoin.

→) Par exemple pour l'objet **Année**, il semble naturel de le chercher dans le dossier **Période**.

Le panneau **Univers** a l'aspect suivant :

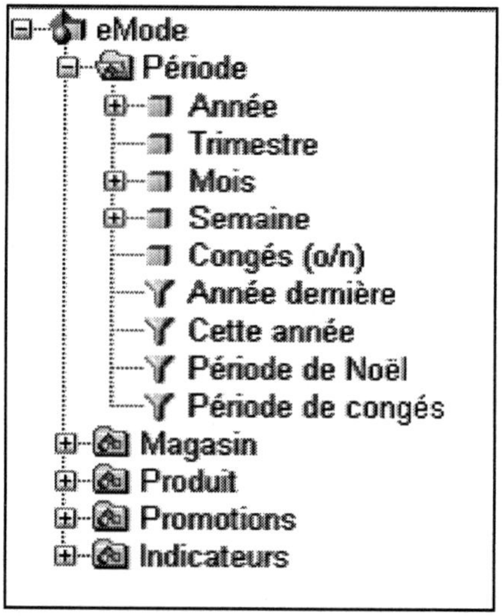

→) Ajoutez **Année** à l'éditeur de blocs. Pour cela double cliquez sur cet élément ou faites le glisser-déposer dans l'éditeur de blocs.

→) De même développez le dossier **Magasin** et transférez l'objet **Etat** dans l'éditeur de blocs.

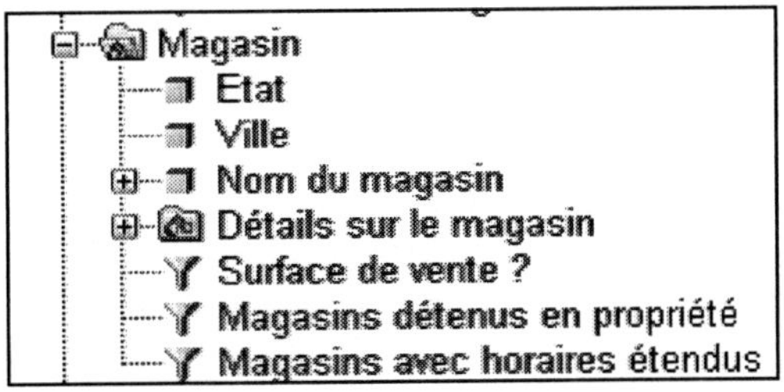

→) Ensuite développez le noeud **Indicateurs** :

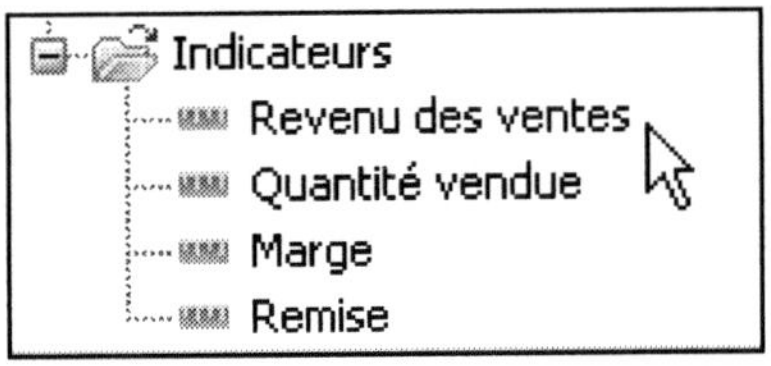

→) Transférez les objets **Revenu des ventes** et **quantité vendue** dans l'éditeur de blocs :

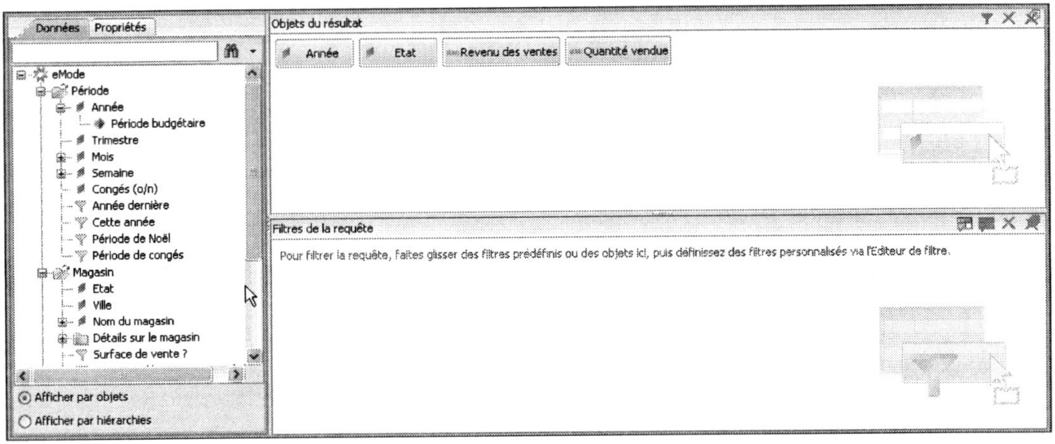

b. Ajouter une classe

Pour ajouter tous les objets d'une classe, faites un glisser-déposer de la classe depuis le panneau **Données** vers le panneau **Objets du résultat**. Tous les objets contenus dans la classe sont ajoutés à la zone des résultats en une seule opération.

Lorsqu'une classe contient des sous-classes les objets de la sous-classe figurent aussi dans la zone des résultats.

c. Supprimer un objet

Pour supprimer un objet de la zone **Objets du résultat**, vous disposez de plusieurs méthodes : vous pouvez sélectionner un objet puis taper sur la touche [Suppr] du clavier ou encore faire un glisser-déposer d'un objet du panneau **Objets du résultat** vers le panneau **Données** contenant les classes et les objets de l'univers.

7. Exécuter la requête

Pour voir le résultat de la requête, activez l'option **Exécuter** de la barre d'outils principale.

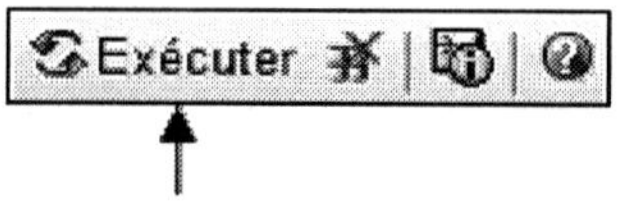

Voici le résultat de la requête sous forme d'un tableau :

Titre du rapport

Année	Etat	Revenu des ventes	Quantité vendue
2004	California	1 704 211 €	11 304
2004	Colorado	448 302 €	2 971
2004	DC	693 211 €	4 681
2004	Florida	405 985 €	2 585
2004	Illinois	737 914 €	4 713
2004	Massachusetts	238 819 €	1 505
2004	New York	1 667 696 €	10 802
2004	Texas	2 199 677 €	14 517
2005	California	2 782 680 €	17 001

Nous avons donc le résultat (ce tableau n'est qu'un extrait du résultat total) de notre demande en quelques clics.

Il reste bien sûr à le mettre en forme.

Nous verrons plus loin comment améliorer la présentation du rapport mais avant la présentation revenons sur certains points de définition de la requête.

8. Paramétrer la requête

Paramétrer la requête permet de contrôler un certain nombre de propriétés qui seront utilisées lors de son exécution. Par exemple, le nombre de lignes renvoyées par une requête peut ainsi être limité. Pour accéder aux propriétés de la requête, il faut d'abord revenir à la définition de la requête. Pour ceci il faut cliquer sur le bouton **Modifier la Requête** de la barre de menu.

Vous revenez alors à l'écran de l'éditeur de requêtes.

→ Activez l'onglet **Propriétés** dans l'éditeur de requêtes :

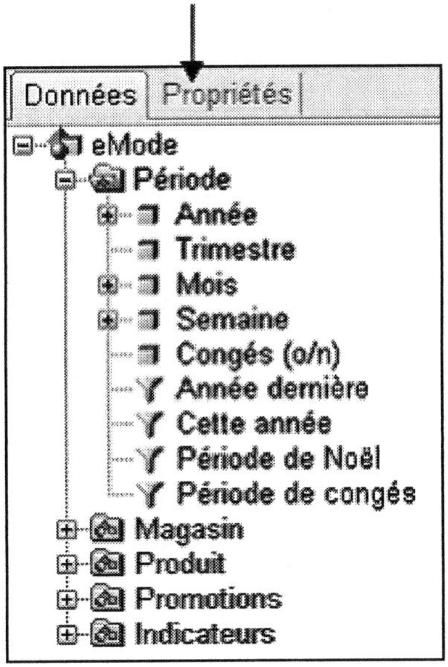

Cela affiche l'éditeur de propriétés :

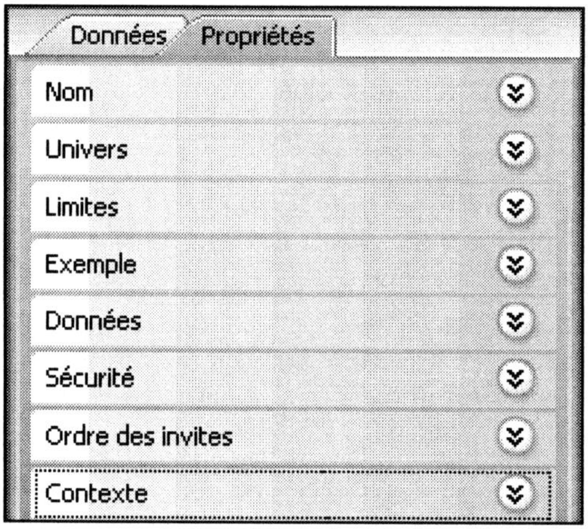

Le bouton qui se trouve à droite de chaque propriété permet de déplier ou replier la propriété (les rubriques des propriétés peuvent être déjà dépliées lors de l'activation de cet écran).

Par exemple un clic sur ce bouton pour la propriété **Nom** affiche :

Un deuxième clic nous ramène à la première situation.

Les propriétés sont les suivantes :

- **Nom** : nom de la requête. Ce nom doit être saisi dans une zone de texte. Attention ce nom ne doit pas être confondu avec le nom du rapport ou bien le nom du document que nous verrons plus tard. Par exemple nommons cette requête : **Req_1**.
- **Univers** : l'univers sur lequel s'appuie la requête. Cette propriété doit être valorisée avant de définir les colonnes de la requête. C'est par cette option que l'univers sur lequel est basée la requête peut être modifié.
- **Limites** : détermine le nombre maximal de lignes acceptées ainsi que le temps maximal utilisé pour extraire les données.
- **Exemples** : définit le nombre maximal de lignes mais en tenant compte de l'échantillonnage si la base de données le permet. Cela peut être un échantillonnage fixe (case à cocher **Fixe** cochée) ou aléatoire. Si la base de données le permet, cette propriété est plus efficace que la propriété précédente qui extrait d'abord toutes les lignes avant de couper au nombre maximal de lignes.
- **Données** : détermine si les doublons sont autorisés.
- **Sécurité** : indique si les autres utilisateurs sont autorisés à modifier la requête.
- **Ordre des invites** : une invite permet de définir des conditions sur les valeurs attribuées à une colonne de la requête. Cette propriété est utile dans les cas où l'ordre des invites influe sur le résultat de requête. Nous verrons l'utilisation des invites un peu plus loin.
- **Contexte** : dans certains cas une requête est ambiguë. Les objets de la requête peuvent être interprétés de plusieurs manières. Un contexte permet de choisir une de ces interprétations. Nous reviendrons plus loin sur cette notion.

9. Définir le périmètre d'analyse

a. Hiérarchie d'objets

Les objets d'un univers peuvent être organisés sous la forme d'une hiérarchie. Un exemple est la classe **Période** :

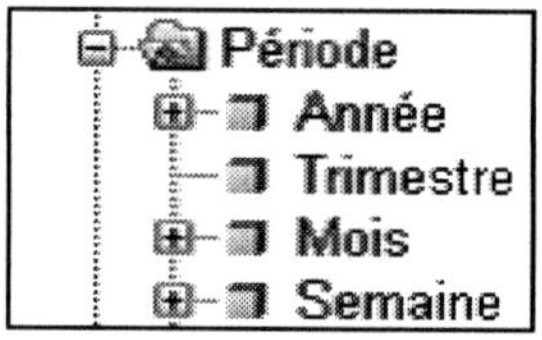

Les objets **Année**, **Trimestre**, **Mois** et **Semaine** constituent une hiérarchie.

Un autre exemple se trouve dans la classe **Magasin** :

Etat et **ville** constituent une hiérarchie d'objets.

Les hiérarchies d'objets sont définies au niveau des univers par le concepteur de l'univers avec l'outil **Designer** (cf. chapitre Introduction : présentation de la Business Intelligence - La suite de logiciels BusinessObjects). Par simplification le terme **Designer** désignera aussi bien le concepteur de l'univers que l'outil informatique. Il est à noter que l'ordre des objets d'une hiérarchie ne correspond pas forcément à l'ordre dans lequel ils apparaissent dans l'éditeur de requêtes Java. En effet c'est le designer de l'univers qui définit cet ordre hiérarchique.

b. Rôle du périmètre d'analyse

Le périmètre d'analyse permet d'inclure des données qui ne seront pas visibles dans le rapport initial mais qui seront accessibles ultérieurement pour une analyse descendante. Par exemple si on inclut l'objet **Etat** dans la zone **Objets des résultats**, l'objet **Ville** ne sera pas visible dans le résultat de la requête mais reste disponible pour une analyse ultérieure. Nous verrons dans le chapitre Analyser les données - Explorer les données comment descendre dans les données pour avoir une vision plus détaillée. Contentons-nous pour le moment de préciser le mode opératoire du périmètre d'analyse.

Comment définir le périmètre d'analyse ?

→) Dans la barre d'outils Web Intelligence, cliquez sur l'outil **Périmètre d'analyse**.

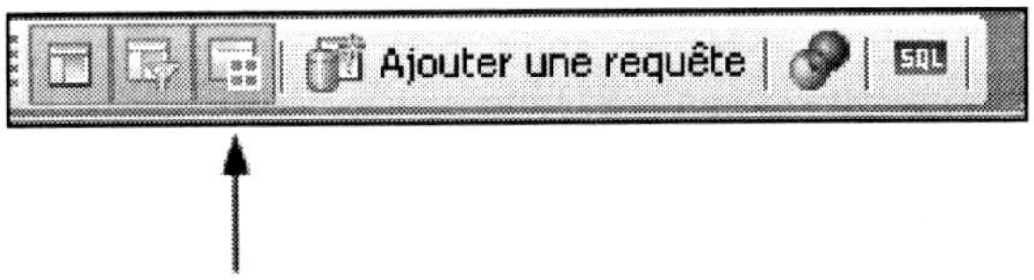

Cet outil permet d'afficher ou de masquer le panneau **Périmètre d'analyse** :

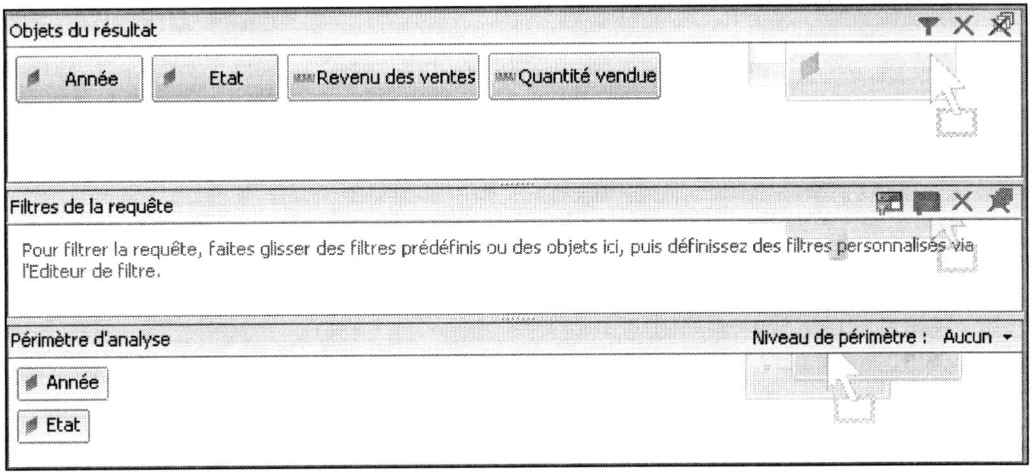

Les objets de la zone **Objets du résultat** qui font partie d'une hiérarchie sont automatiquement repris dans la zone **Périmètre d'analyse**.

Niveaux du périmètre d'analyse

Dans la liste déroulante du périmètre d'analyse on trouve les options suivantes :

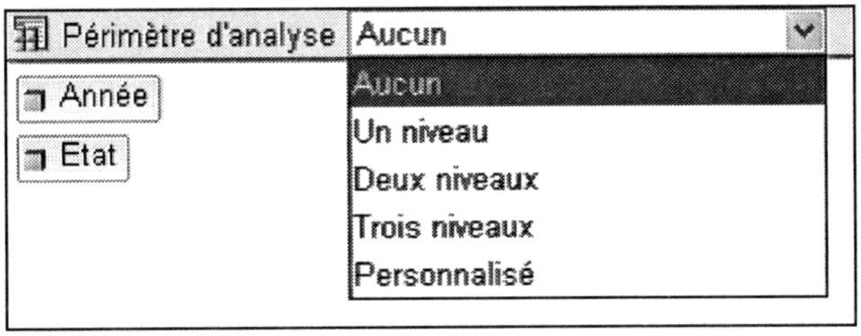

- **Aucun** : le résultat de la requête ne contiendra pas de données pour une analyse descendante.

- **Un, deux ou trois niveaux** : les données supplémentaires incluses pour une analyse ultérieure correspondent aux objets de la hiérarchie jusqu'au niveau choisi. Par exemple si trois niveaux sont souhaités.

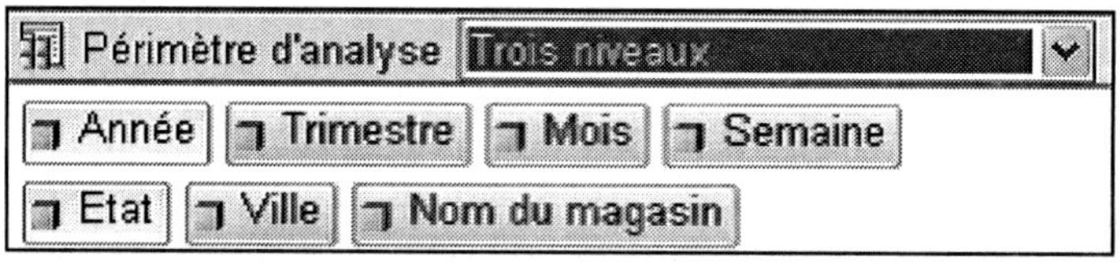

Les données des objets **Trimestre**, **Mois** et **Semaine** seront automatiquement incluses dans la hiérarchie chronologique même si elles n'apparaissent pas initialement. De même, les objets **Ville**, **Nom du magasin** sont ajoutés dans l'autre hiérarchie.

- **Personnalisé** : les objets ajoutés manuellement depuis le panneau **Données** seront retenus pour une analyse ultérieure.

Attention : dans le cas où vous utilisez le périmètre d'analyse, les données stockées dans le document associé à la requête peuvent être très volumineuses. Par conséquent, évitez l'utilisation du périmètre d'analyse si cela ne s'impose pas.

10.Enregistrer le document

→ Pour enregistrer le document, vous devez repasser en mode rapport en cliquant sur le bouton **Modifier le Rapport** (bouton complémentaire à **Modifier la requête** qui passe en mode éditeur de requête).

→ Cliquez sur l'option **Enregistrer** de la barre d'outils **Gestion des rapports** :

Une boîte de dialogue apparaît :

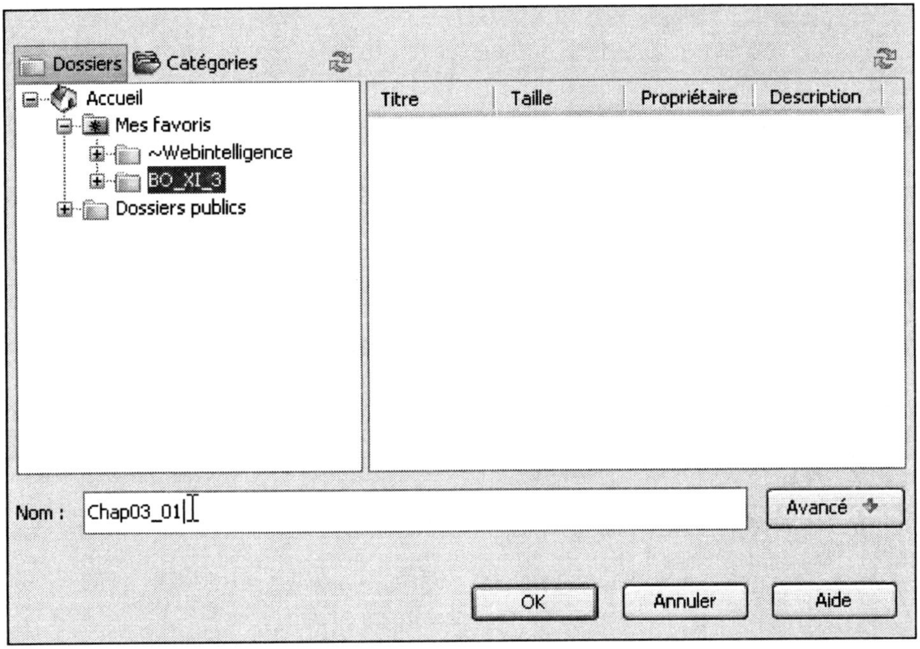

- Choisissez le dossier dans lequel vous souhaitez enregistrer le document, par exemple dans **Mes favoris/BO_XI_3**.
- Saisissez un titre.
- Vous pouvez ajouter une description en cliquant sur le bouton **Avancé**. Vous pouvez également associer des mots clés à ce document.
- Vous pouvez aussi attribuer une catégorie à ce document. Les catégories sont définies par les administrateurs de Business Objects.

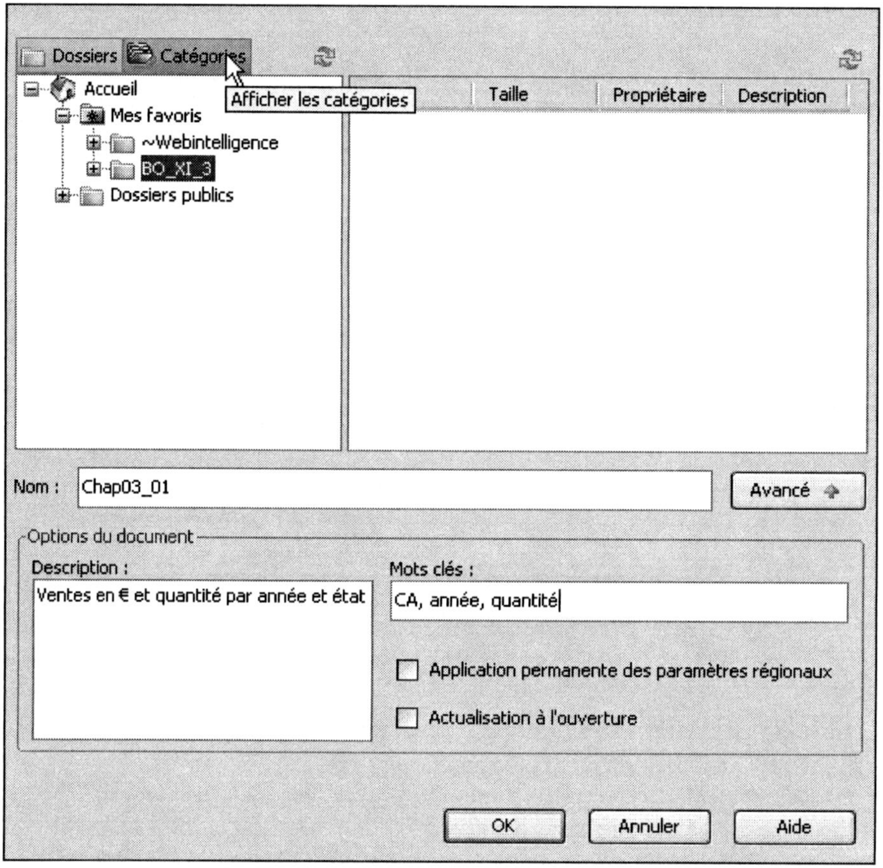

Nous verrons dans un autre chapitre comment changer le libellé du rapport.

Nous pouvons aussi enregistrer le document en local (hors de l'environnement géré par la CMS) sous différents formats : Excel, PDF, CSV.

Pour ceci, il faut dérouler la liste du bouton **Enregistrer** et choisir le format voulu.

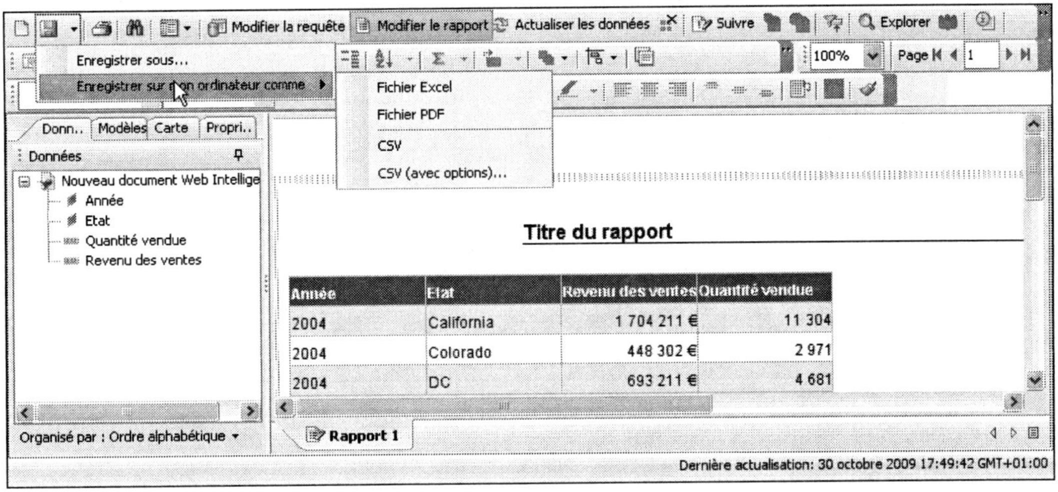

D. Utilisation des filtres

1. Qu'est-ce qu'un filtre ?

Supposons maintenant que notre utilisateur désire afficher les données de la requête précédente mais seulement pour les ventes de cette année.

Le moyen le plus simple est d'utiliser un filtre et plus particulièrement un filtre prédéfini.

Un filtre permet de limiter les données renvoyées par une requête. Les filtres peuvent être utilisés pour plusieurs raisons.

Sans filtrage, le volume des données est trop important pour être appréhendé correctement par un utilisateur. Par exemple si la requête renvoie 100 000 lignes il est évident que l'utilisateur ne peut consulter un tel volume de données. Un filtre permet de limiter le résultat à une quantité raisonnablement consultable par un être humain. De plus, un volume important de données grève les performances du moteur de base de données.

Un filtre peut être utile pour des raisons sémantiques. Un utilisateur souhaite connaître les données répondant à un critère particulier. Par exemple trouver les magasins dont le chiffre d'affaires dépasse un certain seuil.

Le designer de l'univers souhaite limiter les réponses consultables par tous les utilisateurs. Ainsi, certains rapports utilisent des filtres en relation avec le profil de l'utilisateur qui consulte un rapport particulier. Par exemple dans un univers de gestion commerciale, un commercial ne pourra consulter que les données se rapportant à ses seuls clients.

2. Filtres de requêtes et filtres de rapports

Dans un document **Web Intelligence** un filtre peut être utilisé à deux niveaux :

- **Au niveau des requêtes** : le filtre est implémenté au niveau de la requête sous-jacente au document. Ce type de filtre s'utilise en particulier au niveau de la clause `Where` de la requête SQL source des données du document. Ce type de filtre est qualifié de filtre de requêtes.
- **Au niveau des rapports** : le rapport n'affiche pas la totalité des données renvoyées par la requête. Le filtre permet de masquer une partie des données contenues dans le document. Ce genre de filtres est désigné par l'expression filtre de rapport.

Les filtres au niveau des rapports seront étudiés dans un prochain chapitre.

L'avantage des filtres au niveau des requêtes est de diminuer le volume des données rapatriées. A contrario dans les filtres au niveau des rapports si le volume des données est plus grand, une plus grande liberté de choix de filtre est possible dans le document.

Dans les paragraphes suivants nous présenterons les différents types de filtres au niveau des requêtes.

3. Catégories de filtres

Plusieurs types de filtres peuvent être définis. Une brève description est donnée ici. Des précisions seront apportées plus tard.

- **Filtres prédéfinis** : filtres élaborés par le designer et disponibles dans l'univers.
- **Filtres personnalisés** : filtres construits par l'utilisateur contrairement aux filtres prédéfinis construits par le designer.

- **Invites** : filtres interactifs qui sont activés au moment de l'exécution de la requête en demandant à l'utilisateur de fournir certaines valeurs utilisées par le filtre.
- **Filtres avancés** : nécessitent un certain niveau de connaissance. Ils seront étudiés plus tard.

Ces catégories de filtres ne sont pas forcément disjointes. Ainsi un filtre prédéfini peut utiliser des invites. Nous avons seulement mis l'accent sur la caractéristique de base de chaque catégorie de filtre.

4. Filtres prédéfinis

Les filtres prédéfinis sont créés dans l'univers par le designer de l'univers et utilisables directement dans la construction d'une requête Web Intelligence. Dans **Infoview** ils sont repérables par une icône particulière :

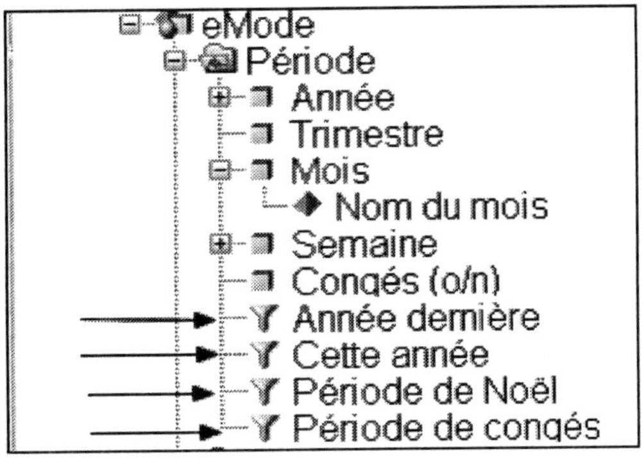

Les filtres prédéfinis sont utiles pour plusieurs raisons : Il peuvent être délicats à élaborer et par conséquent leur inclusion dans l'univers est un gain de temps. Par exemple le Designer peut élaborer un filtre nommé Top5 qui trouve les 5 magasins ayant le plus haut chiffre d'affaires. Quand ce filtre est utilisé, il est possible de faire ensuite une analyse plus poussée qui permettra éventuellement de dégager des corrélations particulières entre le chiffre d'affaires de ces magasins et le type de produits vendus, etc. Des filtres prédéfinis sont aussi utiles en raison de leur fréquence d'utilisation (par exemple le filtre **Année dernière** ou **Période de Noël**).

Les filtres prédéfinis ne peuvent être créés et modifiés que par le Designer. De plus, ils ne peuvent être utilisés que dans les requêtes et non dans les rapports.

Pour répondre à la question que se posait le directeur des ventes sur les revenus des ventes et les quantités vendues par état pour cette année, il suffit d'ajouter le filtre prédéfini **Cette année** de la classe période (reconnaissable à l'entonnoir jaune comme tous les filtres) dans la requête au niveau de la zone **Filtres de la requête** qui devient alors :

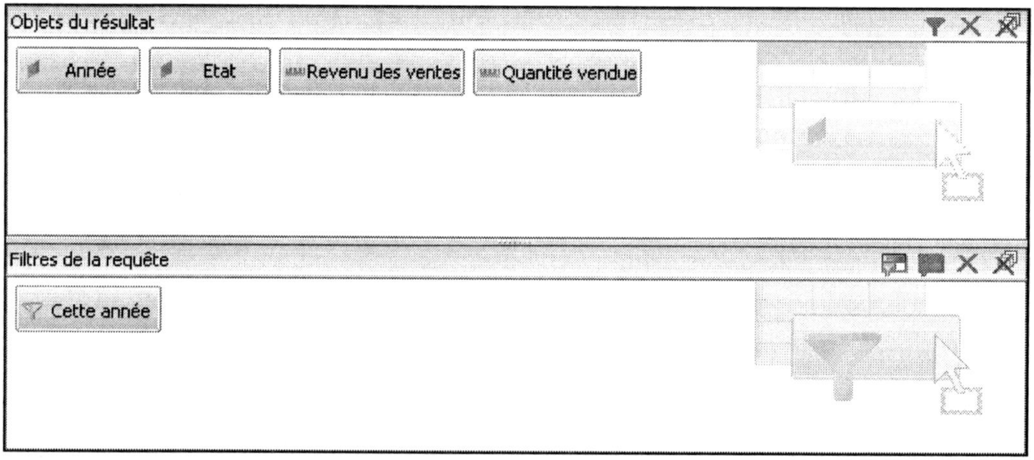

Illustrons la manière dont sont utilisés les filtres prédéfinis par un autre exemple.

Supposons maintenant que ce même utilisateur souhaite avoir les données pour cette année et l'année dernière.

Dans ce cas, contrairement à la phrase littérale en français, il faut traduire le « et » par un « ou ».

Il faut donc mettre les filtres **Cette année** et **Année dernière** reliés par un **Ou**.

Pour ceci, glissez-déplacez le filtre **Année dernière** dans la zone **Filtres de la Requête**.

Si l'opérateur entre les 2 filtres est **Et**, double cliquez dessus pour le changer en **Ou**.

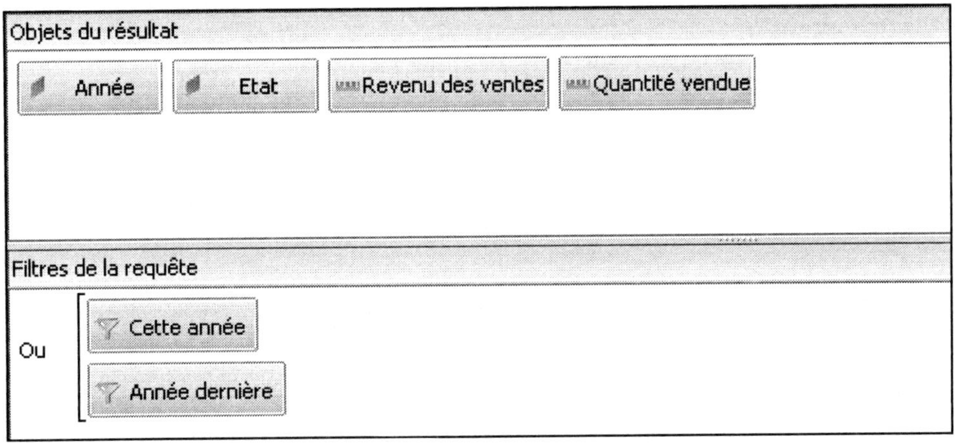

5. Filtres personnalisés

Remarque préliminaire : dans ce paragraphe les filtres présentés sont toujours des conditions permettant de filtrer les données lors de l'exécution de la requête et non une fois les données rapatriées comme pour les filtres de rapport présentés plus loin (Création de filtres dans **Infoview**).

Contrairement aux filtres prédéfinis, les filtres personnalisés sont créés lors de l'élaboration de la requête et ne sont pas créés dans le module **Designer**. Un filtre personnalisé permet de sélectionner des données répondant à un critère précis.

Par exemple, l'utilisateur souhaite connaître les magasins appartenant à une ville particulière ou encore ceux dont le chiffre d'affaires dépasse un seuil donné.

Dans **Infoview** un filtre personnalisé peut être créé de deux manières différentes :

- en utilisant un filtre express ;
- en passant par l'éditeur de filtres.

a. Filtres express

Un filtre express peut être considéré comme un assistant qui permet de construire un filtre simple en aidant l'utilisateur choisir une ou plusieurs valeurs pour un objet de la requête.

Pour illustrer l'utilisation du filtre express, prenons le cas où l'utilisateur souhaite connaître les quantités vendues pour un ou plusieurs produits.

→) Dans un premier temps, placez les objets de la requête.

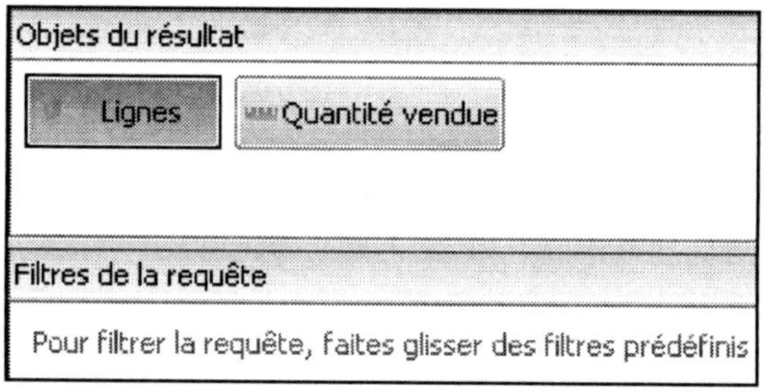

→) Cliquez ensuite sur l'objet à filtrer (dans notre cas l'objet **Lignes**) puis sélectionnez l'option **Filtre express** de la barre d'outils :

Webi affiche la liste des lignes de produits :

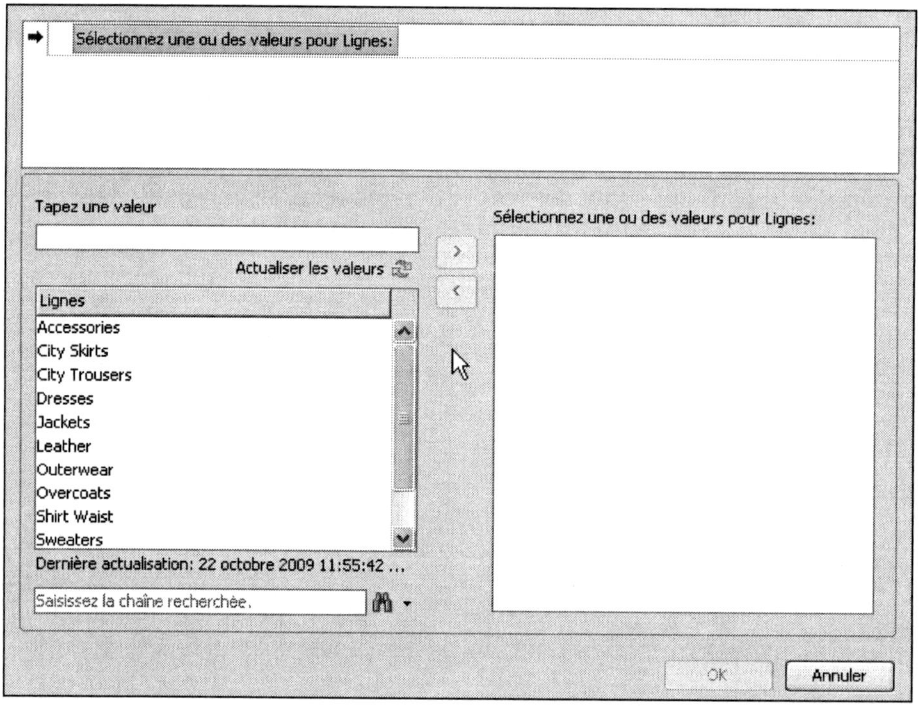

C'est une liste à sélections multiples. Pour sélectionner plusieurs lignes, cliquez sur les valeurs qui vous intéressent tout en maintenant la touche [Ctrl] enfoncée. Si tous vos éléments sont contigus vous pouvez y parvenir plus rapidement en sélectionnant le premier et le dernier élément tout en maintenant la touche [Shift] enfoncée.

Puis, cliquez sur le bouton [>].

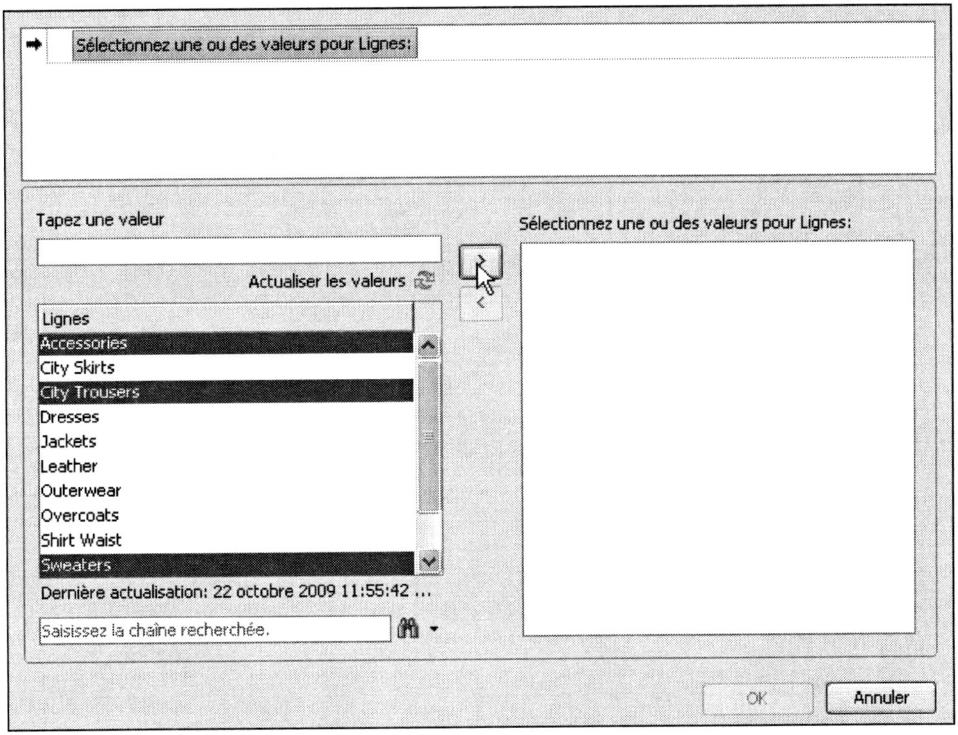

→ Sélectionnez ensuite le bouton **OK**. **Webi** crée alors le filtre de la requête dans la zone **Filtres de la requête** :

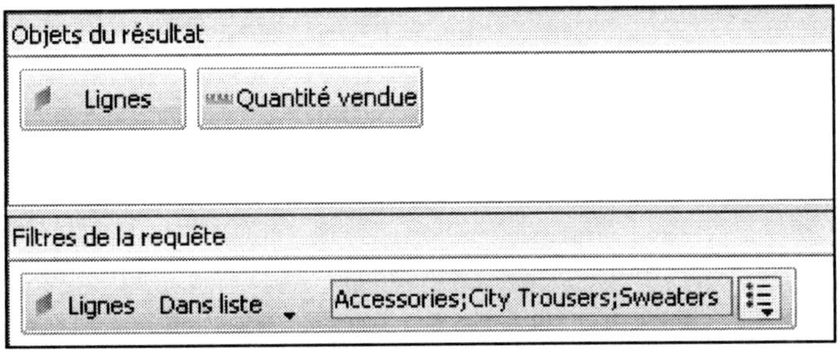

→ Cliquez sur le bouton **Exécuter** pour visualiser le résultat de cette requête.

b. Filtre élaboré avec l'éditeur de filtres

Les filtres sont parfois plus complexes que le choix d'une ou de plusieurs valeurs dans la liste des valeurs possibles de l'objet.

Pour ceci il faut utiliser l'éditeur de filtres.

Nous allons, dans un premier temps, refaire le filtre précédent en utilisant l'éditeur de filtre.

→ Faites glisser dans la zone **Filtres de la requête** l'objet à filtrer depuis la zone **Données**. Vous pouvez faire un glisser-coller depuis la zone **Objets du résultat** si l'élément y figure déjà. **Webi** fait apparaître la ligne suivante dans la zone **Filtres de la requête** :

Comme nous le verrons plus en détail plus loin un filtre simple se présente sous la forme d'un triptyque Objet/Opérateur/Opérande.

Dans notre cas le premier élément est l'objet **Lignes**.

Le deuxième élément est l'opérateur **Dans liste** qui signifie que l'objet **Lignes** sera recherché dans une liste de valeurs de type **Lignes**. Cet opérateur se trouve dans une liste déroulante contenant les opérateurs disponibles dans **Infoview** (voir plus bas pour les détails).

Le troisième élément est la liste des valeurs de type **Lignes** possibles. Cette liste est initialement vide. Pour spécifier son contenu, cliquez sur la flèche à gauche de l'opérande :

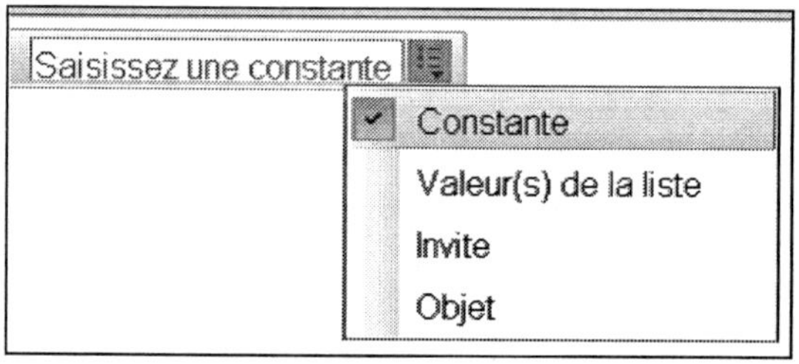

➔ Sélectionnez ensuite l'élément **Valeur(s) de la liste**. Cela affiche la boîte de dialogue vue précédemment qui permet de sélectionner une ou plusieurs valeurs :

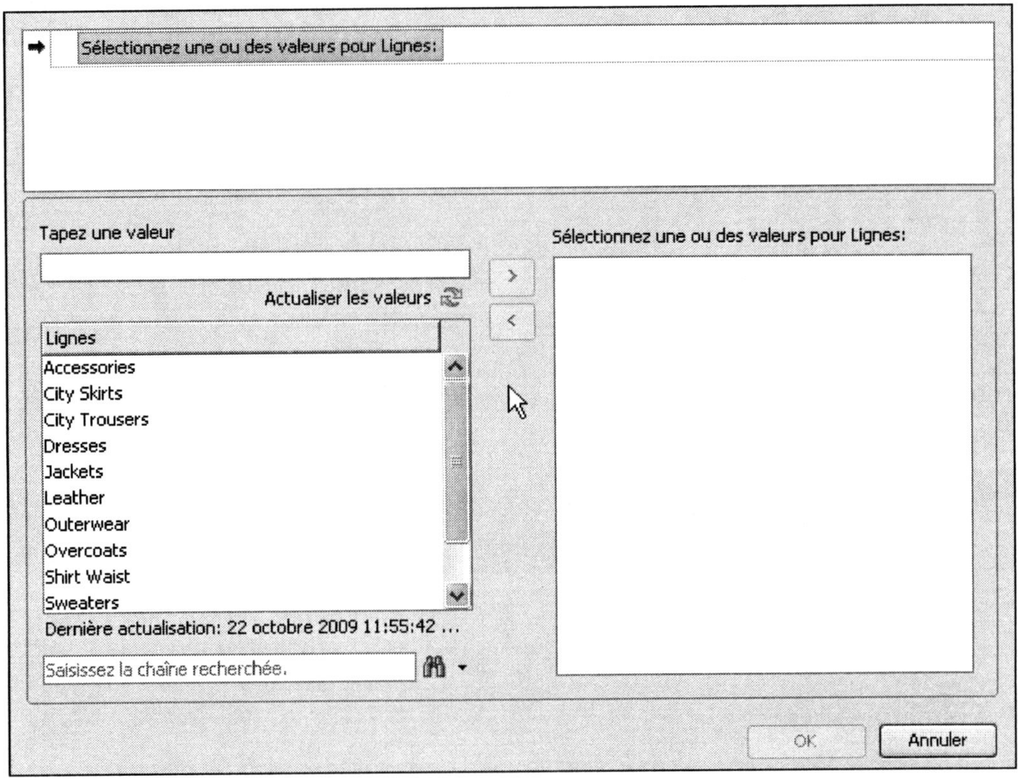

Pour obtenir les produits à prendre en compte pour le filtre il faut d'abord les sélectionner dans la liste de gauche qui est de type sélections multiples. Ensuite cliquez sur le bouton .

Cela transfère les sélections de la liste de gauche vers la liste de droite. Si l'on désire supprimer un ou plusieurs éléments de la deuxième liste, commencez par les sélectionner (c'est aussi une liste à sélections multiples) puis cliquez sur le bouton .

➔ Cliquez sur le bouton **OK**.

Le résultat sera le même que dans le cas du filtre express :

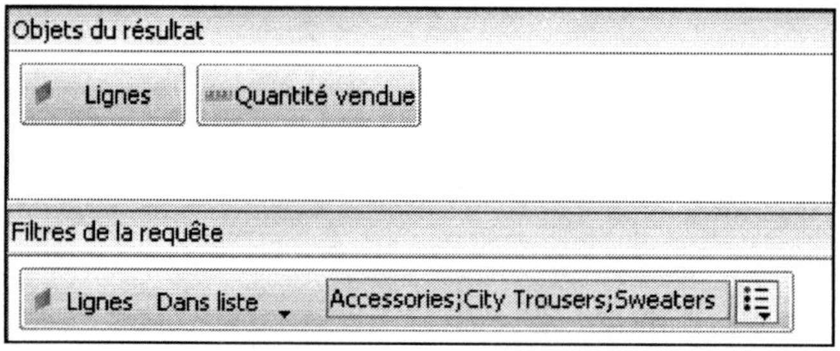

Vous pouvez exécuter puis enregistrer le document.

Dans **Webi** un filtre simple ou filtre unitaire utilise trois types d'éléments :

- un objet à filtrer ;
- un opérateur ;
- un opérande (valeur).

Pour illustrer les choses, supposons que nous souhaitons connaître les magasins (et les villes dans lesquelles ils sont) dont les revenus annuels dépassent 100 000 euros.

→ Pour cela, créez un document **Web Intelligence**. Dans la zone **Objets du résultat**, placez les informations qui permettent d'identifier les magasins (par exemple le nom et la ville). Dans la zone **Filtres de la requête** mettre l'objet **Revenu des ventes** :

Le résultat à obtenir sera celui-ci avec l'objet filtré, l'opérateur et l'opérande.

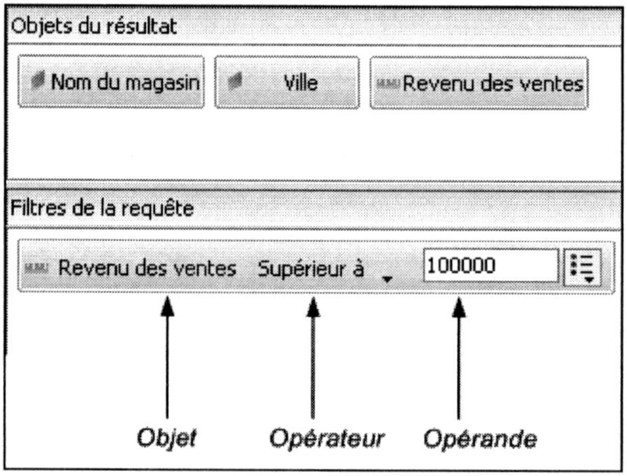

Lorsqu'un objet est placé dans la zone **filtres de la requête**, **Webi** affiche une ligne constituée des éléments invoqués :

- l'objet à filtrer (dans notre cas l'objet **Revenu des ventes**) ;
- une liste contenant l'opérateur à appliquer à l'objet :

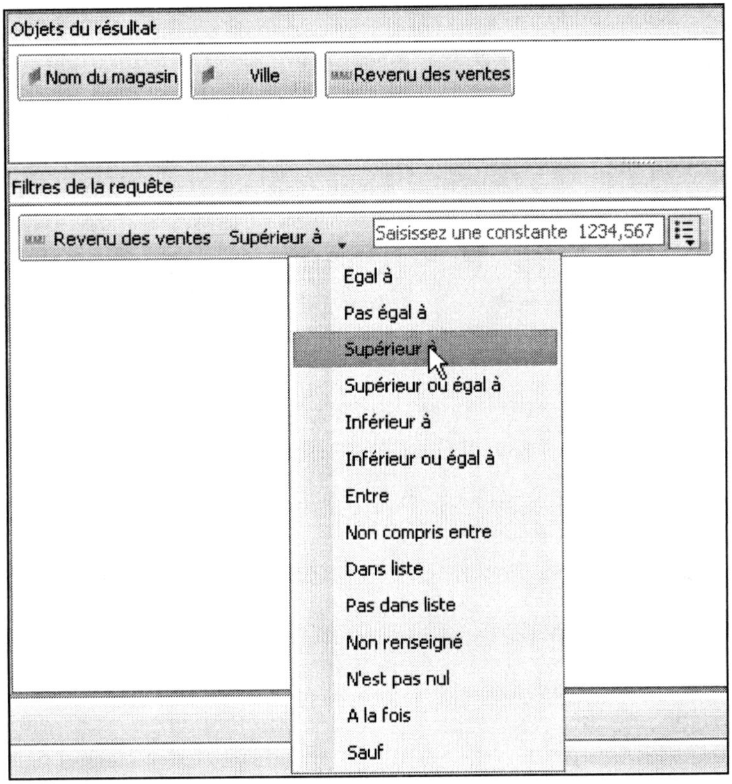

- Une liste modifiable permettant de choisir un opérande.

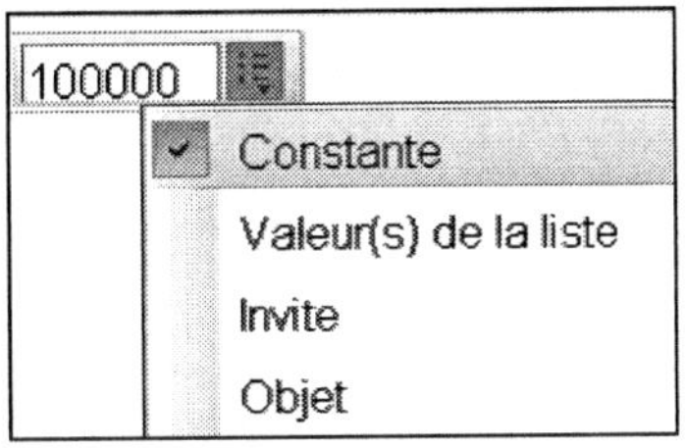

Dans notre cas vous choisissez **Constante** et dans la zone d'édition tapez 100000.

Plusieurs filtres unitaires peuvent être appliqués à une requête. Par exemple, supposons que notre directeur des ventes s'intéresse aux magasins ayant dégagé un CA de plus de 100 000 € en 2006, le filtre donnerait :

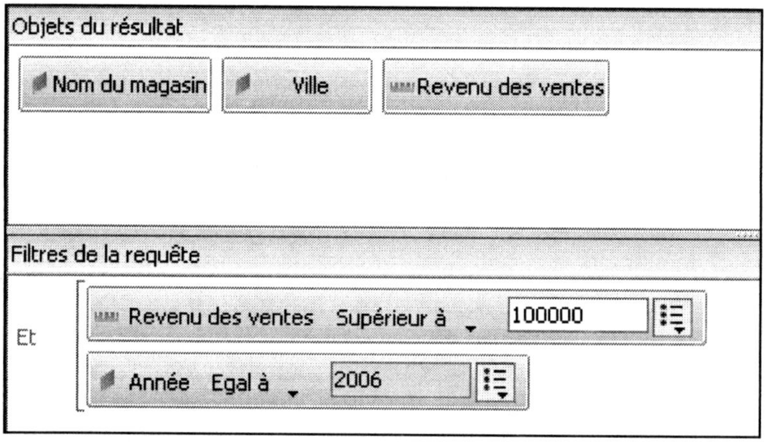

Si l'opérateur entre les 2 filtres est un **Ou**, double cliquez dessus pour le faire passer en **Et**.

Il est tout à fait possible de mélanger des filtres prédéfinis avec des filtres définis par l'utilisateur, par exemple :

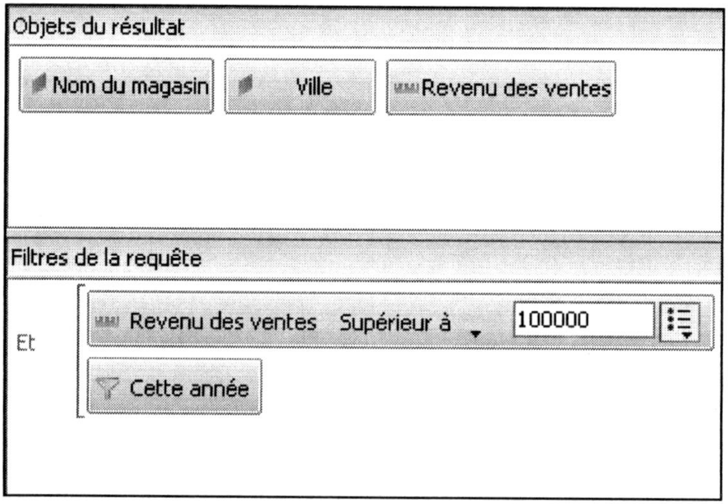

Revenons un peu sur les différents opérateurs possibles en **Webi**.

Choix d'un opérateur

Les opérateurs disponibles dans **Infoview** sont les suivants :

Egal à

L'objet de la condition est égal à l'opérande.

Pas Egal à

L'objet de la condition est différent de l'opérande.

Supérieur à

L'objet de la condition est strictement supérieur à l'opérande.

Supérieur ou égal à

L'objet de la condition est supérieur ou égal à l'opérande.

Inférieur à

L'objet de la condition est strictement inférieur à l'opérande.

Inférieur ou égal à

L'objet de la condition est inférieur ou égal à l'opérande.

Entre

L'objet de la condition est compris entre deux opérandes (bornes incluses).

Pas entre

L'objet de la condition n'est pas compris entre deux opérandes (bornes exclues).

Dans liste

L'objet de la condition est égal à une ou plusieurs des valeurs de l'opérande (qui est une liste de valeurs).

Pas dans liste

L'objet de la condition est égal à aucune des valeurs de l'opérande (qui est une liste de valeurs).

Non renseigné

L'objet de la condition est vide (aucune valeur).

N'est pas nul

L'objet de la condition n'est pas vide (n'importe quelle valeur).

Correspond au modèle

L'objet de la condition correspond à un modèle défini par l'opérande. Le modèle peut être construit en utilisant deux caractères spéciaux : le caractère souligné (_) marque la présence d'exactement un caractère. Le caractère pourcent (%) marque la présence d'au moins un caractère. Cet opérateur est particulièrement utile pour poser des conditions du type "commence par" ou "contient". Par exemple, "commence par BOS" s'écrit "correspond au modèle "BOS%"" et "contient STON" s'écrit "correspond au modèle '%STON%'".

Différent du modèle

L'objet de la condition ne correspond pas au modèle défini par l'opérande.

A la fois

Cet opérateur est un cas particulier de combinaison de requêtes. C'est équivalent à une requête ensembliste INTERSEC. Nous verrons ce type de requêtes dans le chapitre sur les fonctions avancées.

Sauf

Cet opérateur est un cas particulier de combinaison de requêtes. C'est équivalent à une requête ensembliste MINUS. Nous verrons ce type de requêtes dans le chapitre sur les fonctions avancées.

Choix d'un opérande

Les différents opérandes sont les suivants :

Constante

Permet de saisir une constante comme opérande dans la condition.

Liste des valeurs

Permet d'afficher la liste de valeurs associée à l'objet pour sélectionner une ou plusieurs valeurs comme opérande dans la condition. Ces valeurs sont extraites de la base de données par **Webi**. Sélectionner plusieurs valeurs dans la liste n'est possible que lorsque l'opérateur utilisé est **Dans liste** ou **Pas dans liste**.

Invite

L'utilisation d'une invite permet de construire un filtre dynamique qui permettra à l'utilisateur de choisir une valeur au moment de l'exécution de la requête.

Cela permet notamment à un utilisateur d'avoir un filtre dynamique qu'il n'a pas besoin de modifier dans l'éditeur de requête après sa création.

Supposons que, en tant que responsable de stock, nous désirions connaître, pour cette année, les quantités vendues des articles de certaines lignes, ces lignes étant choisies à chaque exécution. Sélectionnez les objets ci-dessous avec comme filtres :

Le filtre prédéfini **Cette année** et un filtre personnalisé sur l'objet **Lignes**.

Pour ce dernier objet, choisir l'opérateur **Dans Liste** et l'opérande **Invite**.

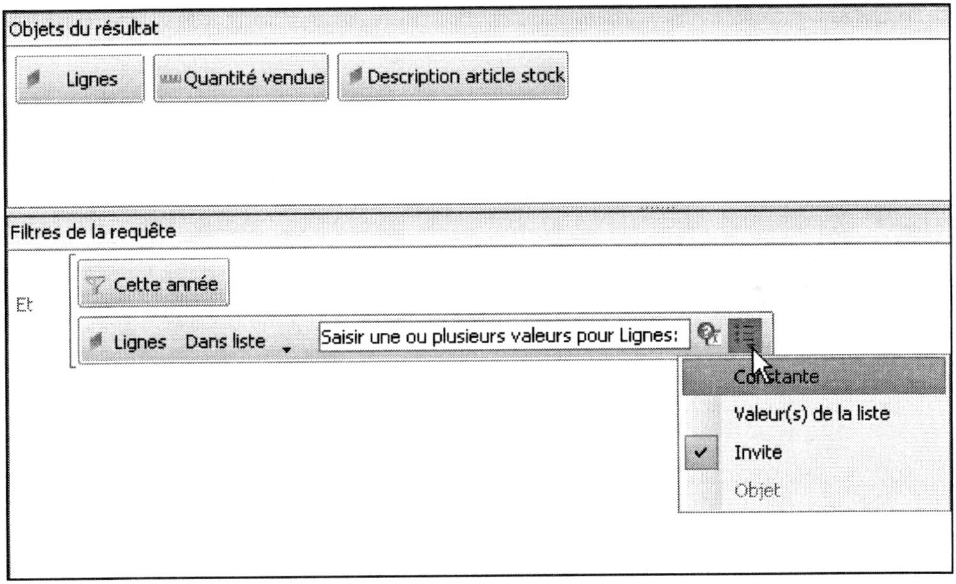

Vous pouvez éventuellement modifier le texte dans la zone d'édition. Ce sera ce texte qui sera affiché lors de l'exécution de la requête, comme vous pouvez le voir en exécutant cette requête.

Il est naturellement conseillé de renseigner avec un libellé compréhensible par les utilisateurs en ajoutant éventuellement un pluriel si le choix est multiple.

Par exemple *Client ?* si l'opérateur est **Egal à**, *Client(s) ?* si l'opérateur est **Dans Liste**.

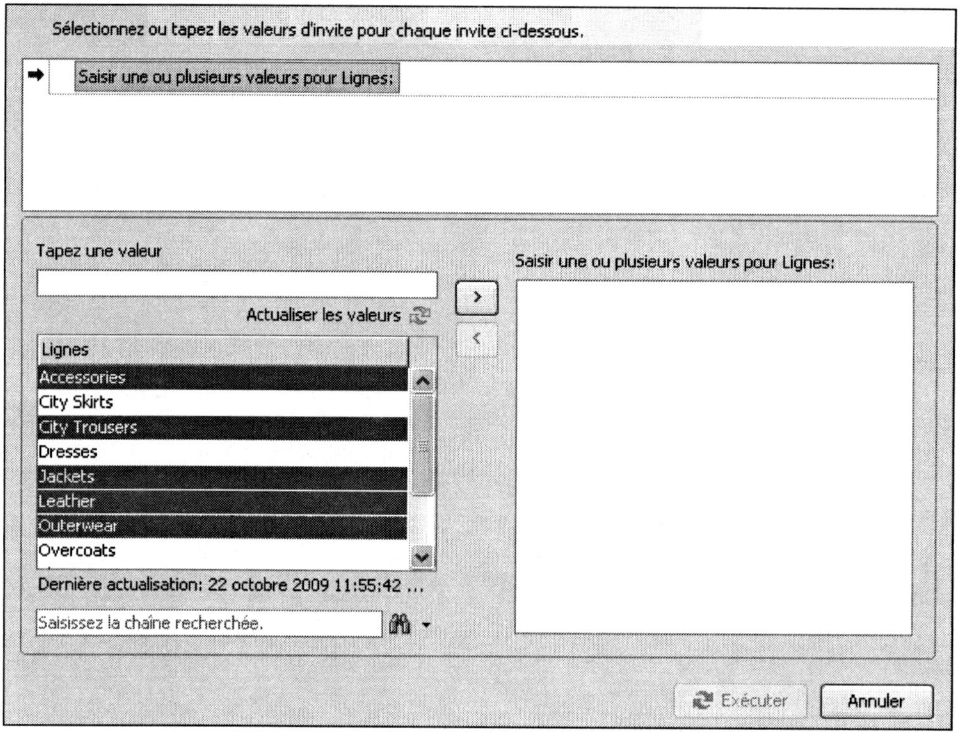

Vous choisissez alors, comme dans un filtre express (dans l'édition de la requête), la ou les lignes que vous souhaitez.

Voici un extrait du résultat de notre sélection.

Titre du rapport

Lignes	Description article stock	Quantité vendue
Accessories	2 Row Pearl Necklace	198
Accessories	Alaska Satin Belt	255
Accessories	Belt Buckle	21
Accessories	Black Pearl Necklace	2
Accessories	Business Travel Bag	11
Accessories	Chain and Pearl Necklace	2
Accessories	Chenille Astro Hat	54
Accessories	Chenille Leotard T-Shirt	471

Certains filtres prédéfinis peuvent déjà intégrer une invite (par exemple le filtre **Catégorie ?**) qui sera affichée lors de l'exécution de la requête.

Objet

Permet d'utiliser un autre objet comme opérande dans la condition. Nous verrons un exemple de ce type de filtre un peu plus loin.

Le Designer peut empêcher de filtrer certains objets, en particulier ceux de type libellé car l'affichage d'un très grand nombre de valeurs de type texte peut être très long.

6. Inclure l'objet filtré dans le résultat

L'objet utilisé dans un filtre peut être inclus ou non dans le résultat de la requête. Selon les cas cela peut être utile ou pas. Par exemple si vous construisez une requête permettant de lister les magasins d'une ville donnée, il est tout à fait inutile de reporter le champ ville dans les résultats. Cela est même déconseillé car ce champ aura la même valeur pour toutes les lignes. Il est toutefois possible de visualiser le contenu du filtre dans l'en-tête de l'état par exemple. Nous verrons ceci dans le chapitre de présentation des rapports. Par contre, si vous voulez une requête qui liste les magasins dont le chiffre d'affaires est supérieur à un seuil donné il est utile d'inclure cet objet (le CA) dans les colonnes du résultat afin de faire des tris sur cet objet.

7. Suppression d'un filtre

Pour supprimer un filtre cliquez sur le filtre dans la zone **Filtres de la requête** puis appuyez sur la touche [Suppr] ou encore faites un clic droit sur le filtre et sélectionnez l'option **Supprimer** qui apparaît dans le menu.

8. Modifier un filtre

Modifier un filtre dans **Infoview** dans la zone **Filtres de la requête** consiste à modifier soit l'opérande soit l'opérateur. Il n'est pas possible de modifier l'objet à filtrer. Si vous tenez à modifier l'objet à filtrer, il faut supprimer tout le filtre puis en créer un nouveau.

Pour modifier l'opérande, sélectionnez un autre opérande dans la liste des opérandes. Pour modifier l'opérande utiliser l'une des possibilités offerte : **Constante**, **Valeurs de liste**, **Invite** ou **Objet**.

Par ailleurs, la modification des filtres de requêtes est généralement limitée pour des raisons de sécurité. Les documents sont souvent exécutés par les utilisateurs avec éventuellement une sélection de valeurs par un filtre avec invite mais sans possibilité pour eux de modifier la requête et donc les filtres.

Par contre les filtres de rapports sont généralement modifiables par tout utilisateur. Dans ce cas les données masquées par le filtre restent dans le document même si elles ne sont plus visibles. Ultérieurement un filtre de rapport peut être supprimé pour laisser apparaître toutes les données initialement masquées par le filtre de rapport. Nous verrons ces filtres dans le chapitre Analyser les données.

9. Combinaison de filtres

De manière générale, l'utilisation d'un seul filtre dans une requête n'offre qu'un intérêt limité. Utiliser plusieurs filtres est le cas le plus fréquent dans la pratique. C'est pourquoi **Web Intelligence** permet de prendre en compte plusieurs filtres dans une même requête et ces filtres peuvent être combinés de plusieurs façons.

Nous venons de voir quelques exemples sur des filtres combinés mais explicitons un peu plus précisément.

Par défaut si vous créez plusieurs filtres dans une requête, ceux-ci sont reliés par un opérateur ET. Cela veut dire que seules les données qui satisfont à TOUS les critères contenus dans les filtres sont pris en compte dans le résultat de la requête.

Supposons maintenant que le directeur Marketing de notre société désire évaluer l'impact des fêtes de fin d'année sur le chiffre d'affaires des magasins et ceci pour cette année et l'année précédente. Pour cela, créez un nouveau document **Web Intelligence**.

Dans la zone **Objets du résultat** inclure les champs **Nom du magasin**, **Ville**, **Année** et **Revenu des ventes** (par glisser-déposer ou par un double clic).

Pour indiquer la période de Noël, incluez dans la zone **Filtres de la requête** l'objet **Période de Noël** et pour l'année en cours **Cette Année**, et pour l'année précédente **Année dernière**. Cela donne quelque chose comme ceci :

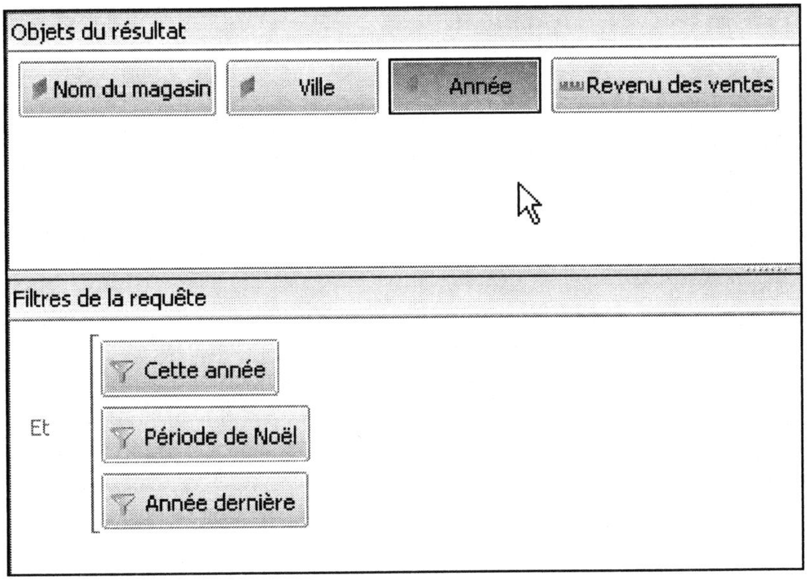

Si vous exécutez cette requête vous remarquez qu'il n'y a aucune donnée dans le résultat. C'est logique dans la mesure où une vente ne peut pas être faite à la fois cette année et l'année dernière.

Il faut donc combiner différemment les filtres (encore appelés conditions).

La requête peut se traduire par les ventes par magasin, ville, année pour cette année période de Noël ou pour l'année dernière période de Noël.

Ou, écrit dans un langage un peu plus mathématique : (**Période de Noël** et **Cette Année**) ou (**Période de Noël** et **Année dernière**).

Nous allons faire ceci dans l'éditeur de requêtes.

Dans un premier temps, ajoutez le filtre **Période de Noël**.

Cela devrait donner à peu près ceci (à l'ordre près du choix initial).

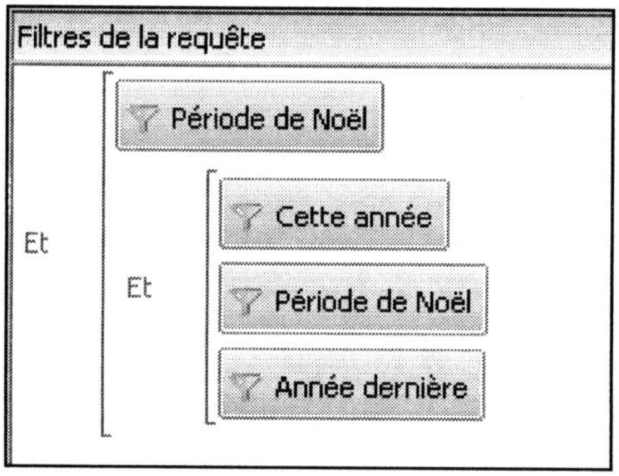

Vous allez déplacer le filtre **Période de Noël** au-dessus des autres filtres.

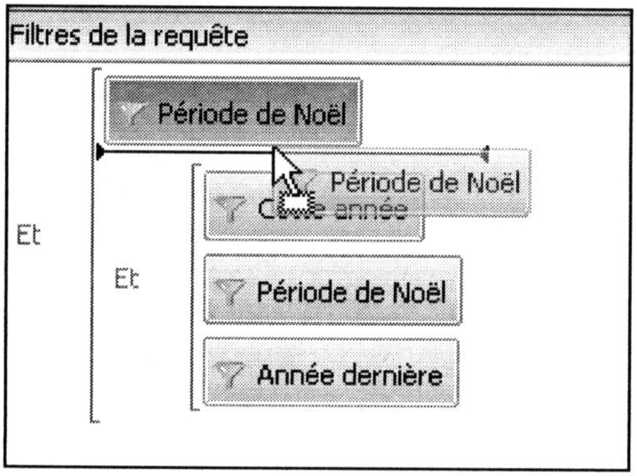

Les quatre conditions sont reliées par des ET au même niveau.

Vous allez déplacer maintenant le filtre **Période de Noël** au-dessus du filtre **Cette Année**.

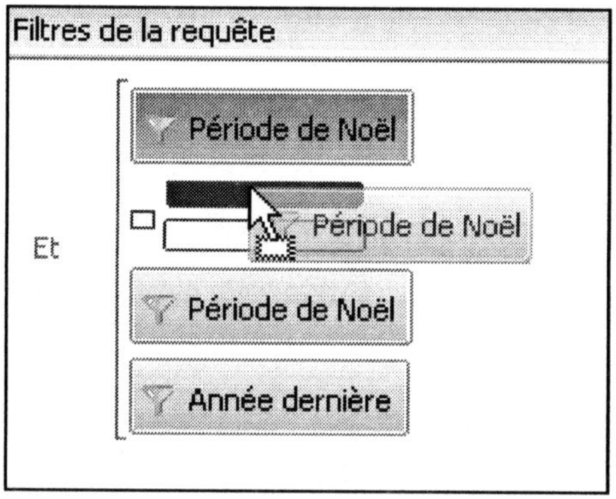

Ce qui donne :

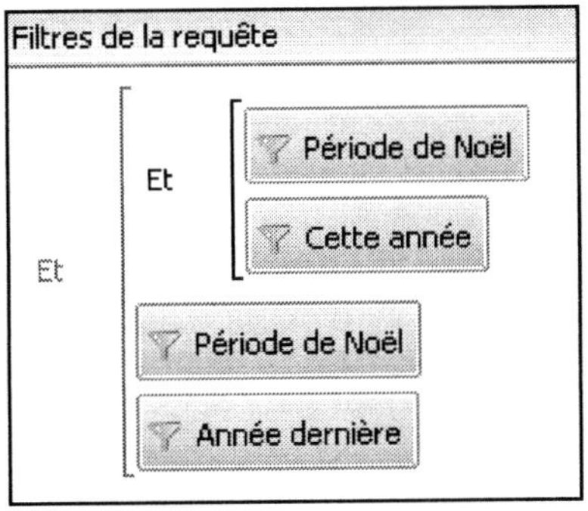

Ensuite, il vous faut faire la même chose avec les conditions **Période de Noël** et **Année dernière** :

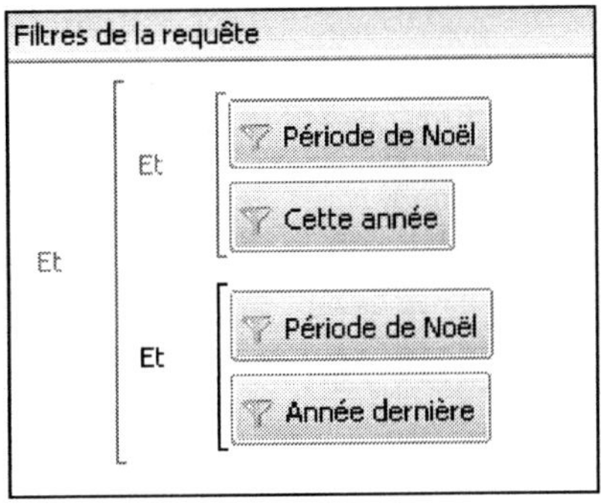

Enfin, il ne reste plus qu'à double cliquer sur le ET entre les 2 groupes de conditions pour avoir :

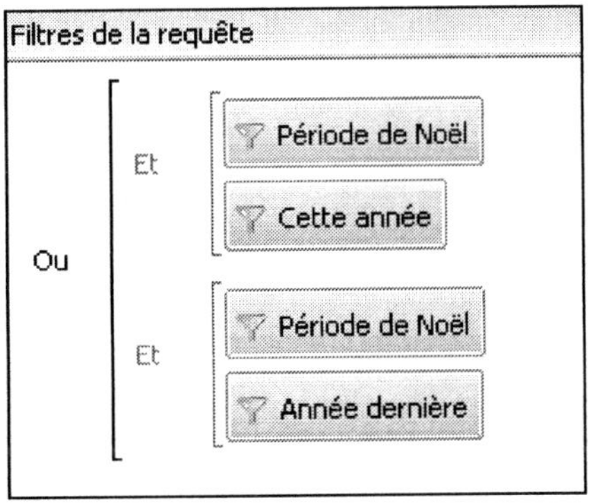

Exécutez cette requête et vous obtiendrez :

Titre du rapport

Nom du magasin	Ville	Revenu des ventes	Année
e-Fashion Austin	Austin	167 209 €	2005
e-Fashion Austin	Austin	125 759 €	2006
e-Fashion Boston N	Boston	157 719 €	2005
e-Fashion Boston N	Boston	106 654 €	2006
e-Fashion Chicago	Chicago	163 949 €	2005
e-Fashion Chicago	Chicago	157 896 €	2006
e-Fashion Colorado	Colorado Springs	122 743 €	2005
e-Fashion Colorado	Colorado Springs	103 697 €	2006

Ne pas oublier que dans les données de la base exemple, nous sommes en 2006 !

E. Compléments

1. Requêtes ambiguës et contextes

Qu'est-ce qu'une requête ambiguë ?

Une requête ambiguë est une requête pour laquelle plusieurs résultats peuvent être obtenus, chacun d'eux pouvant recevoir une interprétation différente. C'est le designer d'univers qui détermine ces différentes interprétations et **Webi** les propose lors de la construction d'une requête.

Chacune des interprétations possibles est appelée contexte.

Lorsqu'un utilisateur utilise ces objets dans une requête, **Webi** tente de déterminer une interprétation cohérente en utilisant les autres objets employés par le constructeur de la requête. Si cette interprétation est non ambiguë, Webi accepte la requête sinon il demande à l'utilisateur de choisir un des contextes possibles en affichant une boîte de dialogue contenant les choix possibles.

Pour puiser un exemple dans un autre univers que notre univers de démonstration, supposons qu'un univers d'objets de commande et de facturation contienne des objets **Produit** et **Client** et que l'utilisateur fasse une requête avec seulement ces deux objets.

Webi ne sait pas si l'utilisateur désire avoir les produits commandés par les clients ou les produits qui ont été facturés aux clients car il lui manque l'information sur le lien qui existe entre ces deux objets.

Mise en œuvre des contextes

L'utilisateur peut paramétrer la manière avec laquelle les contextes sont pris en compte dans sa requête. Pour cela, ouvrez la requête en mode création puis sélectionnez l'onglet **Propriétés**.

Les différents contextes sont définis par le designer de l'univers. Le paramétrage de cette propriété utilise les éléments suivants :

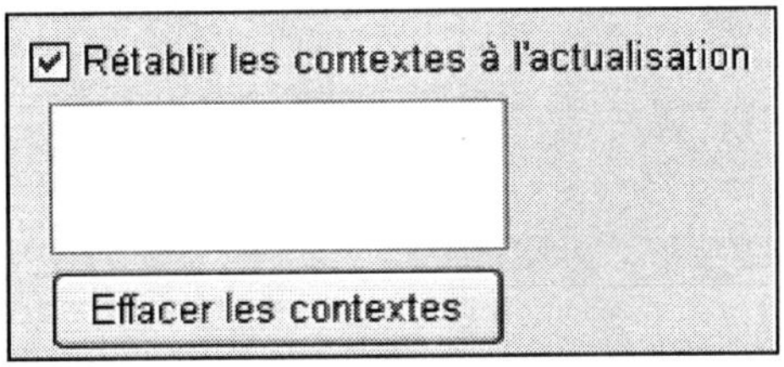

- **Rétablir les contextes à l'actualisation** : la première fois que la requête est exécutée, une boîte de dialogue permet de choisir un contexte. Si cette option est activée, le même comportement se répète. Sinon le dernier contexte choisi sera automatiquement pris en compte.
- **Effacer les contextes** : la liste contenant les contextes est vidée. Le dernier contexte choisi sera utilisé et il n'est pas possible d'en changer.

Illustrons ceci avec un exemple tiré d'un autre univers.

Fermez le document en cours.

Comme nous allons changer d'univers, il vous faut, avant de créer un nouveau document, modifier l'univers par défaut dans les préférences **Infoview**.

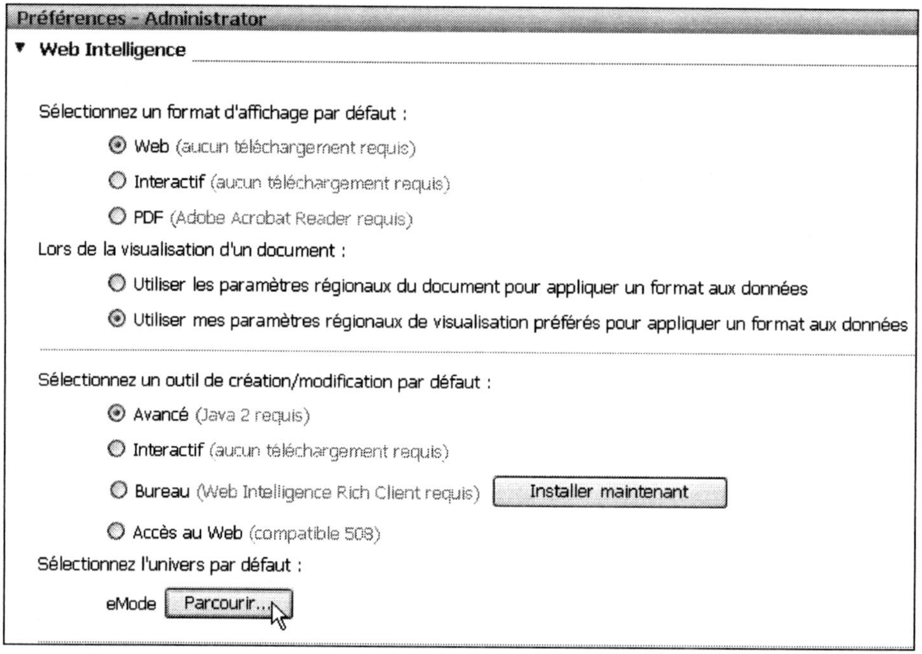

→ Choisissez **Pas d'univers par défaut**.

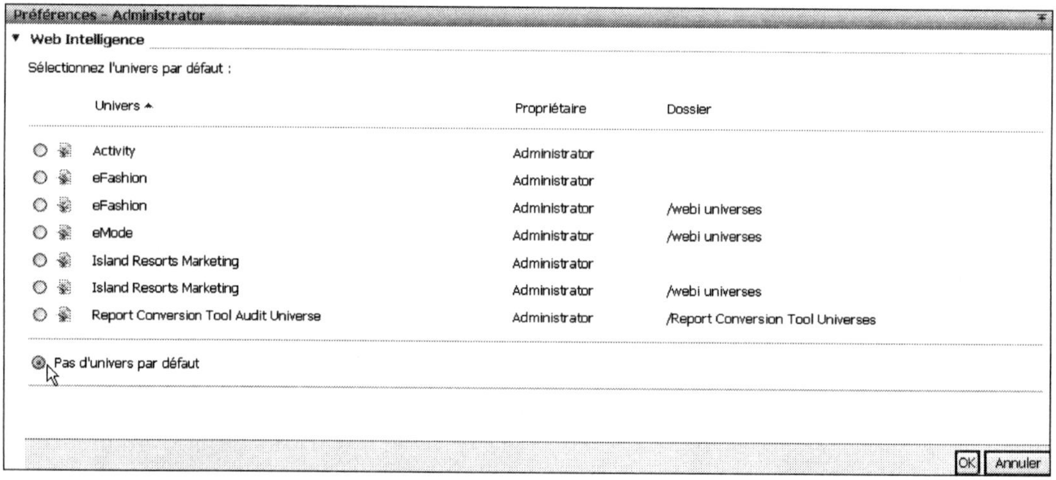

→ Validez en cliquant sur le bouton **OK**.

→ Créez ensuite un nouveau document : **Liste des documents - Nouveau - Document Web Intelligence**.

➔ Choisissez l'univers **Island Resorts Marketing**.

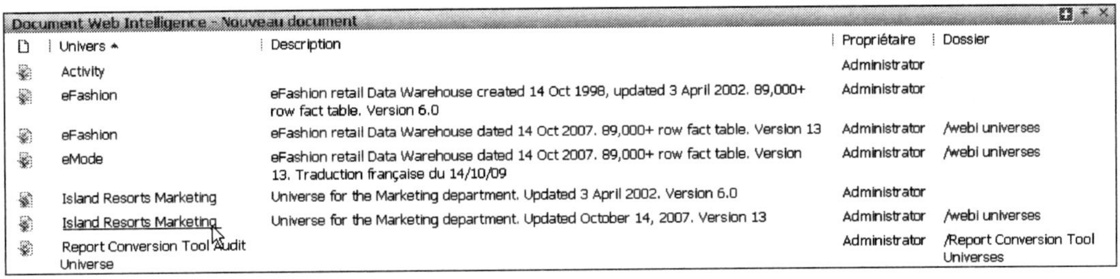

➔ Créez une requête avec les objets **Resort** et **Customer**.

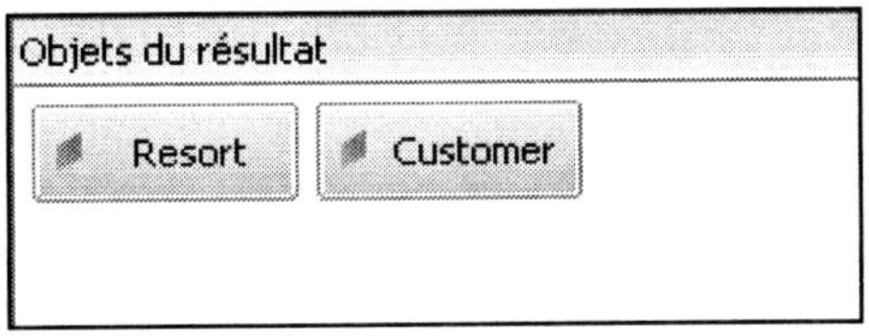

➔ Exécutez la requête.

Une boîte de dialogue vous demande de choisir un contexte :

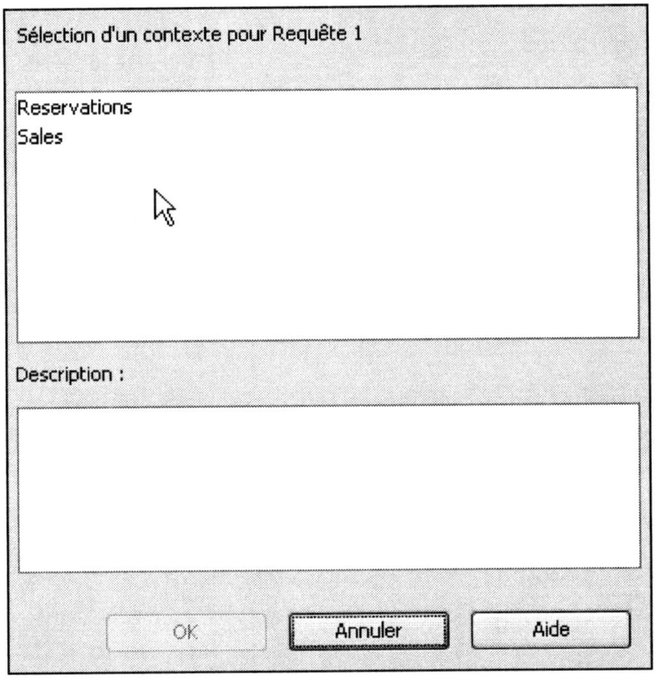

Explication : entre l'objet **Resort** (lieu de séjour) et **Customer** (le client) il peut y avoir deux contextes (deux chemins) différents. Cela peut être les lieux de séjour réservés par les clients (contexte **Reservations**) ou les lieux de séjour payés par les clients (**Sales**).

Le choix de ces contextes génère donc des requêtes SQL différentes.

➔ Choisissons, par exemple, le contexte **Reservation**.

Cela donne le résultat (partiel) suivant :

Resort	Customer
Bahamas Beach	Baker
Bahamas Beach	Dupont
Bahamas Beach	Durnstein
Bahamas Beach	Marlow
Bahamas Beach	Martin
Bahamas Beach	McCartney
Bahamas Beach	Piaget
Bahamas Beach	Robert
Bahamas Beach	Schultz

➔ Si vous actualisez la requête.

La boîte de dialogue demandant de préciser le contexte sera de nouveau affichée et vous devrez choisir un contexte.

Par contre, si vous modifiez les paramètres de mise en œuvre des contextes, le comportement sera différent.

➔ Cliquez sur le bouton **Modifier la requête**.

➔ Cliquez sur l'onglet **Propriétés**.

➔ Décochez la case **Rétablir les contextes à l'actualisation** dans la rubrique Contexte.

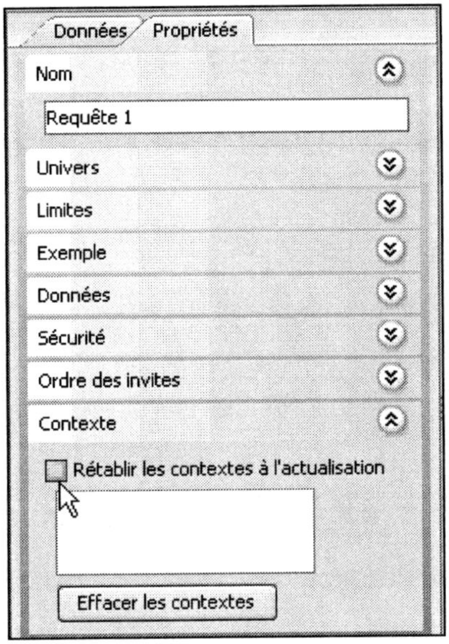

→ Cliquez sur le bouton **Modifier le rapport** pour revenir aux données affichées.

→ Actualisez la requête.

La boîte de dialogue de choix de contexte est présentée mais elle ne le sera qu'une fois à l'initialisation de cette requête après la mise à jour des paramètres de contexte.

→ Choisissez le contexte **Sales**.

Resort	Customer
Bahamas Beach	Arai
Bahamas Beach	Baker
Bahamas Beach	Brendt
Bahamas Beach	Diemers
Bahamas Beach	Durnstein
Bahamas Beach	Goldschmidt
Bahamas Beach	Kamata
Bahamas Beach	Kamimura
Bahamas Beach	Larson
Bahamas Beach	Makino
Bahamas Beach	McCarthy

Si vous réactualisez les données, il ne vous sera pas demandé de choisir un contexte, ce sera le contexte **Sales** qui sera utilisé. Si vous voulez de nouveau avoir le choix du contexte, vous devez revenir dans les propriétés de la requête et cocher la case **Rétablir les contextes à l'actualisation** dans la rubrique Contexte.

En règle générale il n'est possible de ne choisir qu'un contexte à la fois lors de l'exécution d'une requête mais certains univers (paramètres définis dans le Designer) permettent le choix multiple de contextes.

Pour la suite de ce chapitre, nous utiliserons l'univers **eMode**.

Vous pouvez donc enregistrer ce document, le fermer et ouvrir un nouveau document **Webi** basé sur l'univers **eMode** (soit en modifiant les préférences de l'infoview en le déclarant comme univers par défaut soit en choisissant cet univers lors de la création du nouveau document).

2. Interrompre une requête

Il est possible d'interrompre l'exécution d'une requête. Lorsqu'une requête est exécutée, **Webi** affiche une boîte de dialogue avec une estimation du temps nécessaire. Si vous trouvez que ce temps est trop long vous pouvez interrompre l'exécution.

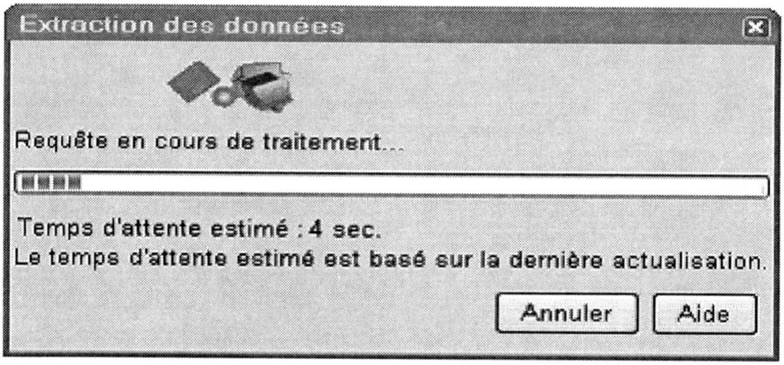

→ Cliquez sur le bouton **Annuler**.

Ce calcul d'estimation est basé sur la précédente exécution de la même requête (donc du même document). Les données ayant pu changer entre-temps, cette évaluation peut être très éloignée de la vérité.

Si vous interrompez l'exécution, Webi affiche une boîte de dialogue :

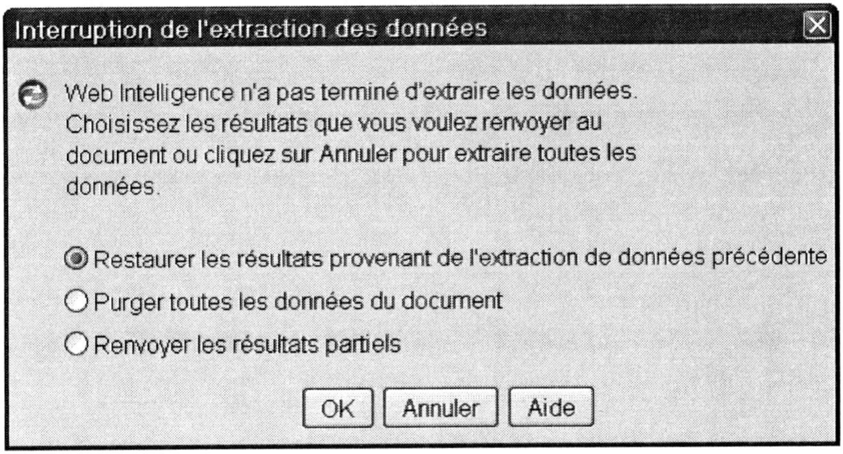

Au lieu d'annuler purement et simplement l'exécution, **Webi** offre les options suivantes :

- **Restaurer les résultats provenant de l'extraction de données précédente** : si vous avez déjà exécuté cette requête précédemment, Webi restaure les valeurs qui ont été extraites la dernière fois que la requête a été exécutée.
- **Purger toutes les données du document** : le document Web Intelligence sera expurgé de toute donnée. Cependant sa structure et sa présentation seront préservées. Une exécution ultérieure permettra d'extraire des données et de les garder dans le document.
- **Renvoyer les résultats partiels** : seules les données extraites avant l'interruption seront conservées, cependant si le document contient plusieurs blocs indépendants, les blocs non encore sollicités par la requête seront préservés.

→ Sélectionnez votre option puis cliquez sur **OK**. Les données seront affichées conformément à votre choix.

3. Objets incompatibles

Définition

Lors de la création d'une requête **Webi**, il faut faire attention à ne pas inclure des objets incompatibles. Des objets sont dits incompatibles lorsqu'il n'y a aucune relation naturelle entre eux. De tels objets ne peuvent pas être reliés via des jointures ou appartiennent à des contextes incompatibles. C'est en quelque sorte l'inverse de ce qui se passe dans le cas des requêtes ambiguës dans lesquelles des objets peuvent être reliés de plusieurs manières possibles. Nous avons vu que dans ce cas l'utilisation des contextes permettait de résoudre le problème.

Traitement des objets incompatibles

→ Pour illustrer concrètement la notion d'objets incompatibles, créez un nouveau document Web Intelligence et insérez dans la zone **Objets du résultat** les objets **Etat** de la classe **Magasin** et **Durée** de la classe **Promotions**.

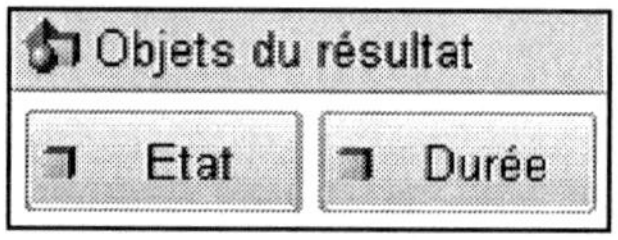

Il n'y a aucune relation naturelle entre ces deux objets. Lorsque la requête est exécutée, le résultat suivant est obtenu :

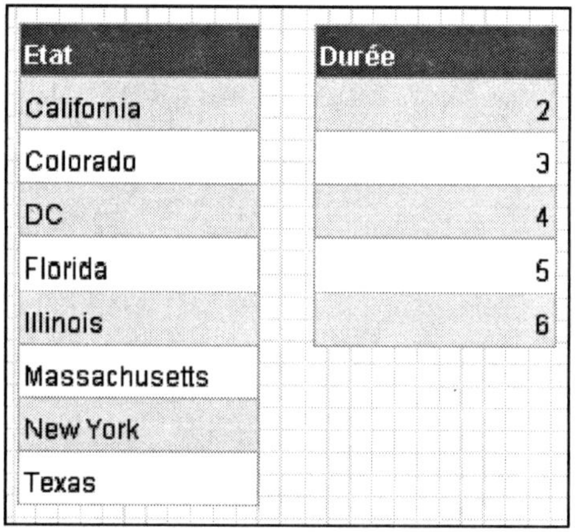

Etat
California
Colorado
DC
Florida
Illinois
Massachusetts
New York
Texas

Durée
2
3
4
5
6

Webi utilise des blocs distincts pour les deux objets. Il en sera toujours ainsi lorsque des objets incompatibles sont placés dans la même requête.

Le code SQL généré par cette requête est le suivant :

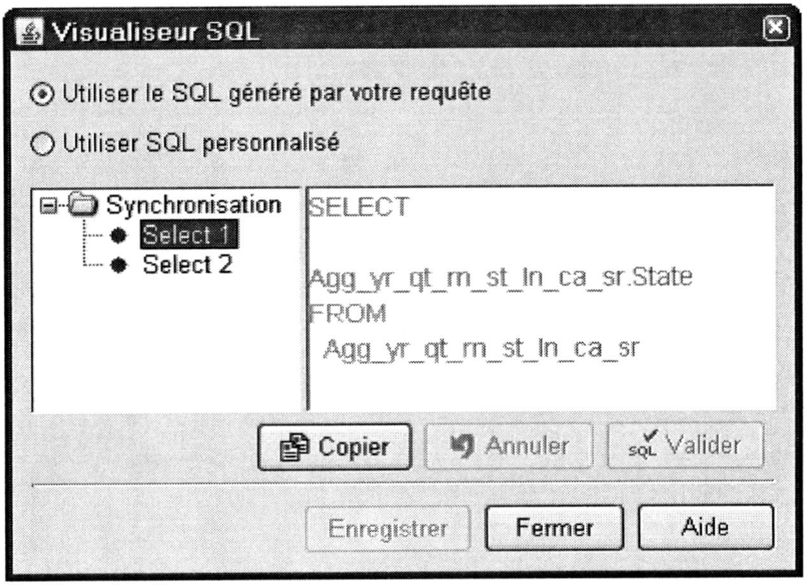

Webi utilise deux requêtes Select distinctes, une pour chaque bloc de résultat.

Chapitre 4 : Reporter : l'utilisation des rapports

A. Modes de travail avec un document Web

Il y a deux manières de travailler avec un document :

- le mode conception ;
- le mode exploitation ou mode lecture.

Dans le mode conception, l'utilisateur (concepteur) crée les requêtes, tableaux, graphiques et autres éléments d'un rapport en utilisant les objets disponibles dans un univers.

Dans le mode exploitation, l'utilisateur exploite les éléments (tableaux, graphiques...) qui lui sont fournis par le concepteur en personnalisant éventuellement ces éléments par des tris et des filtres, si cela est possible selon les paramètres définis dans les préférences (mode de visualisation interactif, cf. chapitre L'environnement Infoview). Mais il ne peut créer de nouvelles requêtes, tableaux ou graphiques... à moins que certains droits ne lui soient octroyés par l'administrateur.

Dans la suite de ce chapitre, nous nous placerons dans la situation de conception de rapports. Nous verrons dans un chapitre suivant quelles sont les possibilités offertes pour l'utilisateur en mode lecture.

B. Présentation

Lorsqu'un l'utilisateur conçoit un document **Web Intelligence**, BusinessObjects crée un tableau issu de la requête sous-jacente avec une présentation standard. Cependant l'utilisateur a la possibilité de transformer ce tableau avec une nouvelle mise en forme. Il peut également créer dans le même document un diagramme ou encore un autre tableau.

C. Types de tableaux

Web Intelligence permet de créer plusieurs types de tableaux :

- tableaux verticaux ;
- tableaux horizontaux ;
- tableaux croisés ;

- formulaires.

Chacun de ces modèles va être examiné.

Avant tout, un petit rappel : pour créer un nouveau document il faut cliquer sur le bouton **Nouveau** et choisir **Document Web Intelligence**.

Pour modifier un document existant vous pouvez :

- soit cliquer sur le nom du document avec le bouton droit et faire **Modifier** ;
- soit double cliquer sur le document puis passer en mode modification.

Pour ceci, bien sûr, vous devez avoir les droits de modification sur les documents.

1. Tableaux verticaux

C'est le type de tableau généré par défaut lorsqu'on crée une requête **Webi**. Les en-têtes de colonnes contiennent le nom de chaque objet de la requête sous jacente. Les cellules du corps du tableau contiennent les valeurs correspondantes.

Exemple :

Nom du magasin	Ville	Année	Revenu des ventes
e-Fashion Austin	Austin	2004	561 123 €
e-Fashion Austin	Austin	2005	1 003 071 €
e-Fashion Austin	Austin	2006	1 135 479 €
e-Fashion Boston N	Boston	2004	238 819 €
e-Fashion Boston N	Boston	2005	157 719 €

Ce tableau est le résultat de la requête :

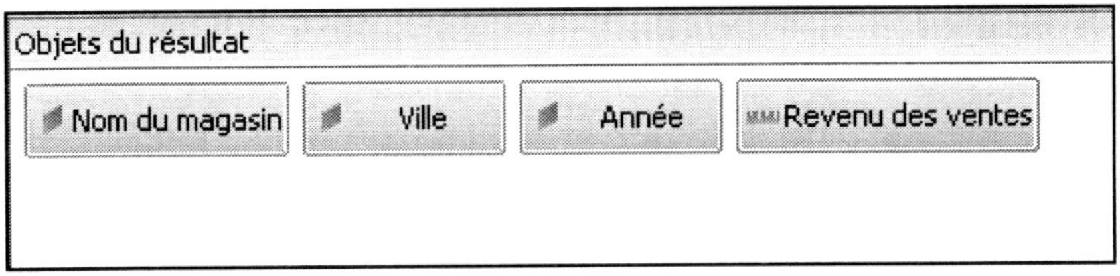

Supposant que l'élaboration des requêtes ne vous pose plus de problèmes, nous ne rappellerons plus qu'occasionnellement les étapes de conception des requêtes dans les exemples de blocs des pages suivantes.

2. Tableaux horizontaux

Dans ce type de tableaux, les en-têtes sont affichés à gauche du tableau. Les données correspondantes sont en ligne.

Exemple :

Etat	California	Colorado	DC	Florida	Illinois
Revenu des ventes	7 479 569 €	2 060 275 €	2 961 950 €	1 879 159 €	3 022 658 €
Quantité vendue	46 074	12 787	18 744	11 267	17 976

Cette présentation est pratique lorsqu'un tableau contient plusieurs indicateurs.

3. Tableaux croisés

Dans ce genre de tableau, la première ligne et la première colonne contiennent les noms d'objets de type dimension. Les autres cellules contiennent les valeurs correspondant aux croisements des deux dimensions.

Exemple :

	2004	2005	2006
e-Fashion Austin	561 123 €	1 003 071 €	1 135 479 €
e-Fashion Boston Newbury	238 819 €	157 719 €	887 169 €
e-Fashion Chicago 33rd	737 914 €	1 150 659 €	1 134 085 €
e-Fashion Colorado Springs	448 302 €	768 390 €	843 584 €
e-Fashion Dallas	427 245 €	739 369 €	803 421 €
e-Fashion Houston 5th	529 079 €	863 653 €	910 451 €
e-Fashion Houston Leighton	682 231 €	1 126 796 €	1 335 747 €
e-Fashion Los Angeles	982 637 €	1 581 616 €	1 656 676 €

4. Formulaires

Un formulaire permet d'afficher des valeurs d'un seul enregistrement à la fois. Par exemple, des renseignements détaillés sur un magasin ou un produit.

Exemple :

Nom du magasin	e-Fashion Austin
Ville	Austin
Etat	Texas

D. Structure et résultat d'un document Web Intelligence

La présentation et la mise en forme d'un document **Web Intelligence** peut se faire à deux niveaux : au niveau **Structure** ou au niveau **Résultat**.

1. Le mode Résultat

Dans un document **Web Intelligence**, le mode **Résultat** présente les données issues de la requête sous-jacente au rapport qui est obtenu, par exemple, lorsqu'on a activé le bouton **Exécuter** en mode **requête** :

Lignes	Revenu des ventes
Accessories	9 914 546 €
City Skirts	347 775 €
City Trousers	284 734 €
Dresses	2 915 620 €
Jackets	677 616 €
Leather	187 413 €
Outerwear	1 183 083 €
Overcoats	436 258 €

Figure 1 - Exemple de tableau en mode Résultat

Le mode **Résultat** contient deux types d'éléments :

- les données ;
- la présentation de ces données (mise en forme).

2. Exemple de mise en forme en mode Résultat

➔ Commencez par créer un document **Web Intelligence** correspondant à la requête suivante (pour les détails consulter la section Construction d'une requête Web Intelligence du chapitre Interroger : la gestion des requêtes sous InfoView).

➔ Ensuite cliquez sur le bouton **Exécuter** de la barre d'outils principale :

Le résultat est le tableau suivant :

Lignes	Revenu des ventes
Accessories	9 914 546 €
City Skirts	347 775 €
City Trousers	284 734 €
Dresses	2 915 620 €
Jackets	677 616 €
Leather	187 413 €
Outerwear	1 183 083 €
Overcoats	436 258 €

Ceci est un résultat partiel.

→ Cliquez sur la colonne qui contient les produits (attention cliquez sur une cellule qui contient des données et non sur les en-têtes de colonnes). La couleur de fond de cette colonne change pour indiquer qu'elle est sélectionnée :

Lignes	Revenu des ventes
Accessories	9 914 546 €
City Skirts	347 775 €
City Trousers	284 734 €
Dresses	2 915 620 €
Jackets	677 616 €
Leather	187 413 €
Outerwear	1 183 083 €
Overcoats	436 258 €

→ Ensuite, utilisez la barre d'outils **Mise en forme** qui accompagne la vue **Résultat** :

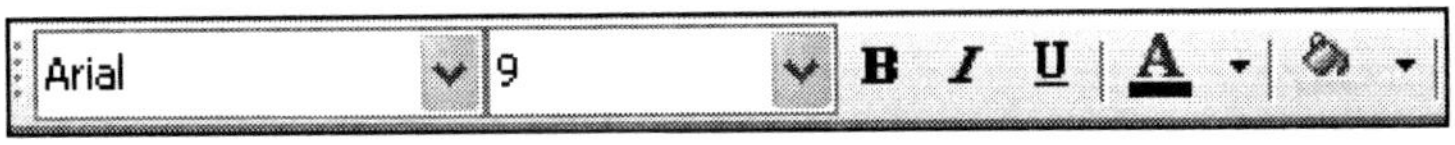

Cette barre d'outils contient les options de mise en forme suivantes (de gauche à droite) :

- Fonte utilisée pour le texte.
- Taille du texte.
- Mettre le texte en gras.
- Mettre le texte en italique.
- Souligner le texte.
- Cadrer le texte à gauche.
- Centrer le texte.
- Cadrer le texte à droite.
- Couleur du texte.
- Couleur de fond.

Notez que la petite flèche qui se trouve à la droite de l'option **Couleur de fond** permet d'accéder au choix de la couleur :

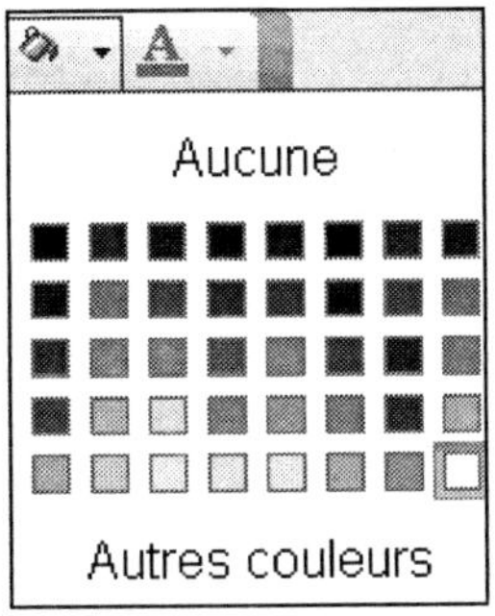

Si vous cliquez directement sur l'option **Couleur de fond**, la couleur choisie est affectée à l'élément sélectionné. Le même principe s'applique à la couleur de texte.

Donc, pour mettre en gras et en bleu la couleur des produits, sélectionnez la colonne **Produit**, cliquez sur l'option **Gras** puis sur l'option **Couleur de texte** après vous être assuré que la bonne couleur a été sélectionnée préalablement. Le résultat est le suivant :

Lignes	Revenu des ventes
Accessories	9 914 546 €
City Skirts	347 775 €
City Trousers	284 734 €
Dresses	2 915 620 €
Jackets	677 616 €
Leather	187 413 €
Outerwear	1 183 083 €
Overcoats	436 258 €

3. Le mode Structure

Comme son nom l'indique, le mode **Structure** décrit la structure d'un rapport et non les données qu'il contient.

L'accès au mode **Structure** se fait de la manière suivante :

- À partir du mode **Résultat** : en sélectionnant l'outil **Afficher la structure** de la barre d'outils **Gestion des rapports** qui apparaît en mode **Résultat**.

Dans notre cas, voici la vue structure obtenue :

=NomDe([Lignes])	=NomDe([Revenu des ventes])
=[Lignes]	=[Revenu des ventes]

La vue structure contient deux sortes d'éléments :

- des éléments de type description qui décrivent le contenu des cellules ;
- des éléments de mise en forme, par exemple la couleur des en-têtes de colonnes.

La vue structure est intéressante par le fait que plusieurs modifications successives peuvent être faites localement sur le client **Webi** et prévisualisées sans solliciter le serveur. Ensuite toutes les modifications sont transmises au serveur qui se charge de les appliquer et de renvoyer le résultat au poste client.

4. Exemple de mise en forme en mode Structure

La mise en forme en mode **Structure** est analogue à la mise en forme en mode **Résultat**. La principale différence se situe dans la sélection des éléments à mettre en forme. En travaillant sur le même exemple que pour le mode **Résultat** vu plus haut, procédez comme suit :

- Sélectionnez la colonne **Produit**. Le fond de couleur de cette colonne change pour indiquer sa sélection :

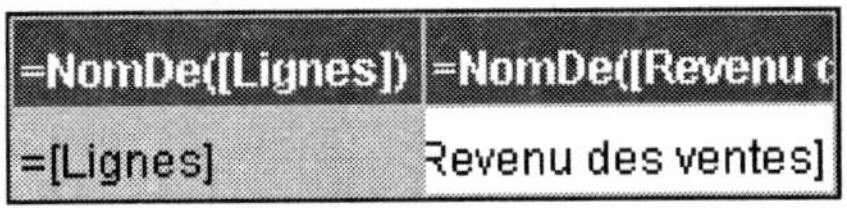

- Ensuite, comme pour le cas précédent sélectionnez les options **Gras** et **Couleur de texte Bleu** dans la barre d'outils **Mise en forme**. Le résultat est exactement le même.

> Bien que la mise en forme d'un rapport soit plus naturelle en mode **Structure**, certaines choses sont plus simples à faire en mode **Résultat**. Par exemple, choisir une largeur de colonne en relation avec la largeur des données.

E. Gestion des tableaux dans un rapport

1. Présentation

Jusqu'à présent, vous avez vu que la création d'un tableau était automatique suite à l'exécution d'une requête. Dans ce qui suit vous allez voir comment gérer des tableaux directement dans la vue **Rapport**.

Cette partie décrit comment :

- Supprimer une ou plusieurs colonne(s) dans un rapport.
- Ajouter un nouveau rapport à un document.

- Ajouter des colonnes à un tableau.
- Supprimer un rapport dans un document.

2. Supprimer des colonnes dans un rapport

Pour illustrer cette opération :

→ Créez un nouveau document **Web Intelligence** basé sur l'univers **eMode**. **Infoview** affiche dans l'onglet **Données** les éléments de l'univers **eMode**.

→ Faites glisser la classe **Produit** dans la zone **Objets du résultat**. Tous les objets de la classe **Produit** sont affichés dans la zone **Objets du résultat** :

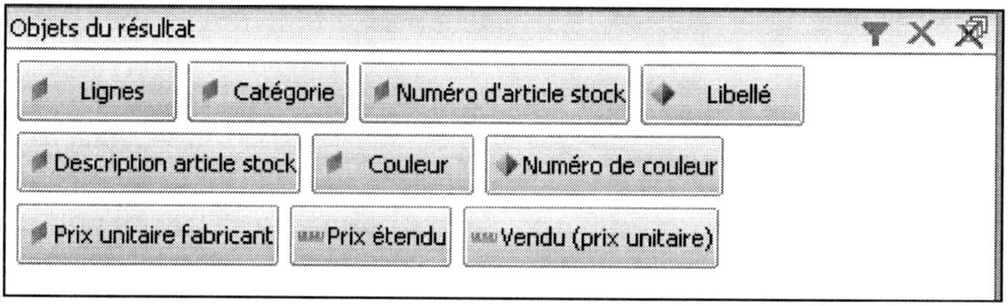

→ Sélectionnez le bouton **Exécuter** de la barre d'outils principale. **Infoview** crée un rapport avec un tableau contenant tous les objets présents dans la requête :

Lignes	Catégorie	Numéro d'artic	Description arti	Couleur	Numéro de c	Prix unitaire	Prix étendu	Vendu (prix
Accessories	Belts,bags,wallets	120 114	Leather Belt	Oxford Light Blue Je	118	79,90 €	79,90 €	79,00 €
Accessories	Belts,bags,wallets	138 627	Belt Buckle	Anise	243	109,50 €	109,50 €	81,25 €
Accessories	Belts,bags,wallets	138 627	Belt Buckle	Black	902	109,50 €	109,50 €	101,06 €
Accessories	Belts,bags,wallets	138 627	Belt Buckle	Black/Blue	986	109,50 €	109,50 €	72,82 €
Accessories	Belts,bags,wallets	138 627	Belt Buckle	Black Fancy 9	952	109,50 €	109,50 €	73,74 €

→ Supprimez toutes les colonnes sauf les colonnes **Lignes** et **Catégorie**. Pour supprimer une colonne, faites un clic droit sur la colonne à supprimer. Vous avez accès au menu suivant :

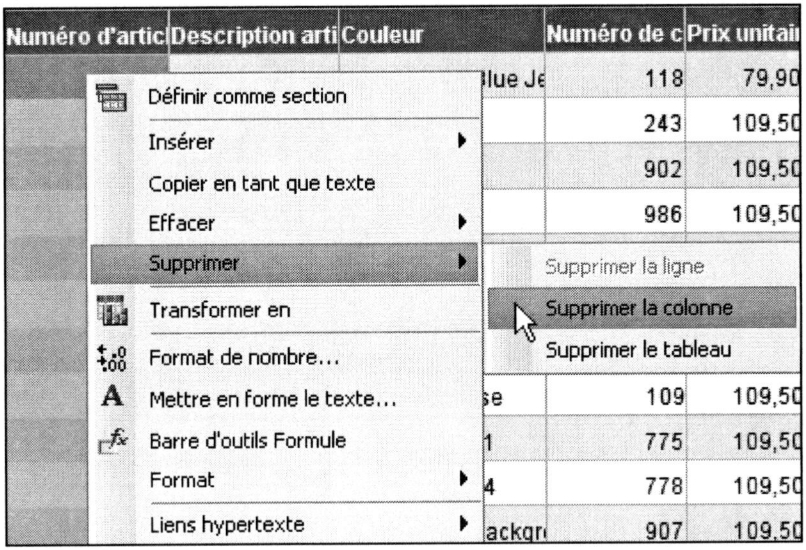

→ Activez l'option **Supprimer** - **Supprimer la colonne**. Pour supprimer plusieurs colonnes commencez par les sélectionner. Si les colonnes à supprimer sont contiguës, faites un clic gauche sur la première et la dernière colonne à supprimer en maintenant enfoncée la touche [Shift]. Pour sélectionner des colonnes non contiguës, faites un clic gauche sur les colonnes choisies tout en maintenant enfoncée la touche [Ctrl]. Une fois les colonnes sélectionnées, faites un clic droit sur l'une d'entre elles. Le menu précédent s'affiche. Activez la commande **Supprimer** - **Supprimer la colonne**.

Vous obtenez le résultat suivant (partiel) :

Lignes	Catégorie
Accessories	Belts,bags,wallets
Accessories	Hair accessories
Accessories	Hats,gloves,scarve
Accessories	Jewelry
Accessories	Lounge wear
Accessories	Samples
City Skirts	Full length
City Skirts	Mini city
City Trousers	Bermudas
City Trousers	Long lounge pants

Vous pouvez obtenir le même résultat à partir de la vue **Structure**.

3. Ajouter des colonnes à un tableau

Pour ajouter une colonne à un tableau existant il y a deux façons de procéder :

- Par glisser-déposer.
- À l'aide d'un menu.

Pour illustrer la démarche nous allons ajouter la colonne **Année** au tableau ci-dessous :

Etat	Revenu des ventes	Quantité vendue
California	7 479 569 €	46 074
Colorado	2 060 275 €	12 787
DC	2 961 950 €	18 744
Florida	1 879 159 €	11 267
Illinois	3 022 658 €	17 976
Massachusetts	1 283 707 €	7 676
New York	7 582 221 €	46 358
Texas	10 117 664 €	62 347

Pour ceci vous allez ajouter l'objet **Année** dans la requête :

a. Ajout par glisser-déposer

Pour insérer la colonne **année** à droite de la colonne **Etat** :

→ Faites glisser l'objet **Année** vers le bord droit de l'en-tête de la colonne **Etat**. Le bord droit de cette colonne change légèrement de couleur et une bulle avec le message "Faire glisser ici pour insérer une cellule" apparaît :

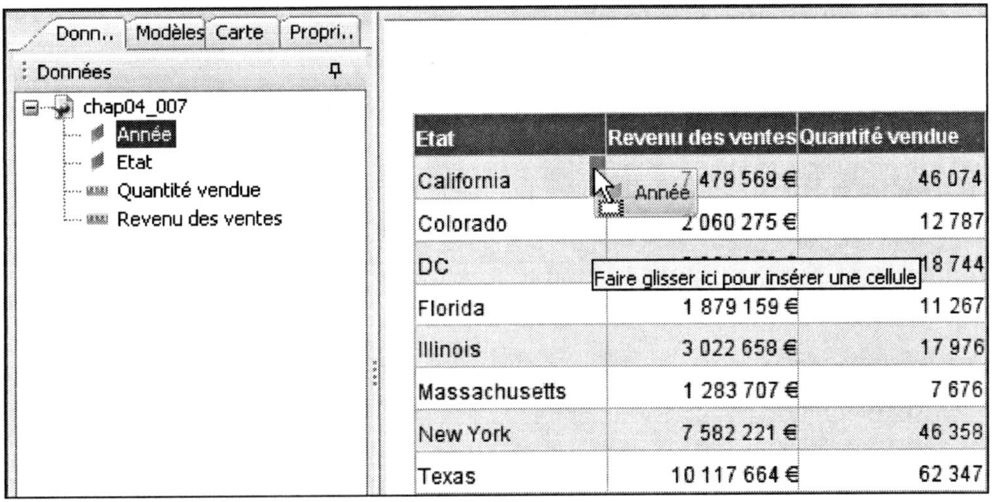

→ Relâchez le bouton de la souris.

Etat	Année	Revenu des ventes	Quantité vendue
California	2004	1 704 211 €	11 304
California	2005	2 782 680 €	17 001
California	2006	2 992 679 €	17 769
Colorado	2004	448 302 €	2 971
Colorado	2005	768 390 €	4 700
Colorado	2006	843 584 €	5 116
DC	2004	693 211 €	4 681
DC	2005	1 215 158 €	7 572
DC	2006	1 053 581 €	6 491
Florida	2004	405 985 €	2 585
Florida	2005	661 250 €	3 852
Florida	2006	811 924 €	4 830

Pour insérer la colonne **Année** à gauche de la colonne **Etat**, la démarche est la même en utilisant le bord gauche de l'en-tête de la colonne **Etat**.

b. Ajout par utilisation d'un menu

Pour insérer la colonne **Année** à droite de la colonne **Etat** :

➔ Sélectionnez la colonne à ajouter dans l'onglet **Données**.

➔ Sélectionnez dans le tableau cible la colonne à côté de laquelle sera insérée la nouvelle colonne.

➔ Cliquez sur l'option sur la flèche à côté de l'option **Insérer** de la barre d'outils **Gestion des rapports** :

Un menu déroulant s'affiche :

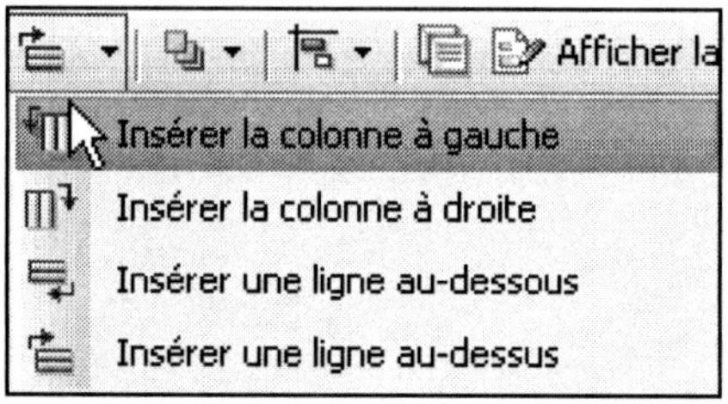

- Pour insérer l'objet **Année** à droite de la colonne **Etat** sélectionnez l'option **Insérer la colonne à droite**. Le résultat est le même que dans le cas de l'utilisation du glisser-déposer.

  Pour l'insérer à gauche choisir l'option **Insérer la colonne à gauche**.

On peut aussi ajouter des lignes. La démarche étant tout à fait similaire, nous ne décrirons pas ce cas.

Vous pouvez remarquer que l'ajout d'une colonne multiplie le nombre de lignes. En effet, à un état correspond une ligne avec **Revenu des ventes** et **quantité vendue**. Par contre, lorsque l'année est ajoutée, il existe autant de lignes **Etat**, **Revenu des ventes**, **Quantité Vendue** que d'années pour cet état.

4. Déplacer une colonne dans un tableau

Une colonne peut être déplacée par glisser-déposer. Pour cela, procédez comme suit :

- Cliquez sur la colonne à déplacer puis faites glisser le curseur souris vers le bord droit ou le bord gauche de la colonne à côté de laquelle vous voulez placer la colonne à déplacer. Si vous choisissez le bord droit la colonne sera insérée après la colonne cible. Si vous choisissez le bord gauche la colonne sera insérée avant.
- Lorsque apparaissent un petit rectangle sur le bord de la colonne et une bulle avec un message "Faire glisser ici pour insérer une cellule", relâchez le bouton de la souris.

  Par exemple dans l'écran ci-dessous la colonne **Année** sera déplacée après la colonne **Etat**.

=[Année]

Faire glisser ici pour insérer une cellule

Etat	Année	Revenu des ventes	Quantité vendue
California	2004	1 704 211 €	11 304
California	2005	2 782 680 €	17 001
California	2006	2 992 679 €	17 769
Colorado	2004	448 302 €	2 971
Colorado	2005	768 390 €	4 700
Colorado	2006	843 584 €	5 116
DC	2004	693 211 €	4 681
DC	2005	1 215 158 €	7 572

5. Remplacer une colonne

La démarche à adopter pour remplacer une colonne par une autre est sensiblement la même que l'ajout d'une colonne mais au lieu de faire glisser la colonne à ajouter (depuis l'onglet **Données**) vers le bord droit ou le bord gauche de la colonne cible, il faut faire glisser le curseur souris vers le centre de la colonne cible. La partie centrale de la colonne d'en-tête change de couleur et une bulle avec le message "Faire glisser ici pour remplacer une cellule" apparaît.

Par exemple dans le tableau suivant :

Etat	Revenu des ventes	Quantité vendue
California	7 479 569 €	46 074
Colorado	2 060 275 €	12 787
DC	2 961 950 €	18 744
Florida	1 879 159 €	11 267
Illinois	3 022 658 €	17 976
Massachusetts	1 283 707 €	7 676
New York	7 582 221 €	46 358
Texas	10 117 664 €	62 347

Pour remplacer la colonne **Etat** par l'objet **Année**, faites glisser l'objet **Année** vers la partie centrale de l'en-tête de la colonne **Etat**.

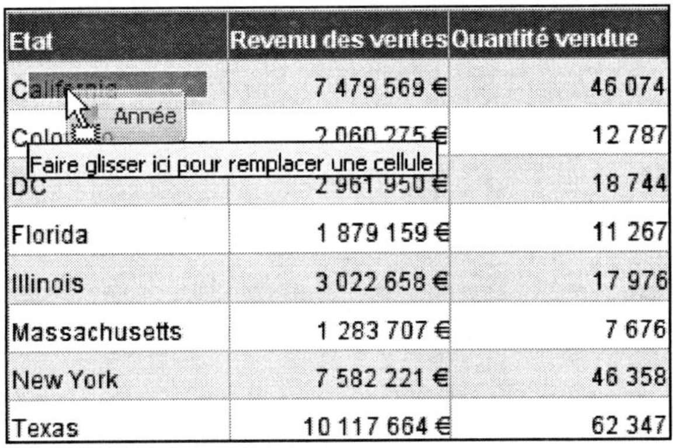

6. Ajouter un rapport à un document Web Intelligence

Un document **Web Intelligence** peut contenir plusieurs rapports. Pour ajouter un rapport (vierge) à un document **Web Intelligence** :

- Vérifiez que vous êtes dans le mode **Résultat** ou dans le mode **Structure** dont il a été question plus haut.
- Faites un clic droit sur la zone contenant le rapport (résultat ou structure) dans une zone vierge (ne faites pas de clic sur un tableau, un libellé...). Le menu suivant apparaît :

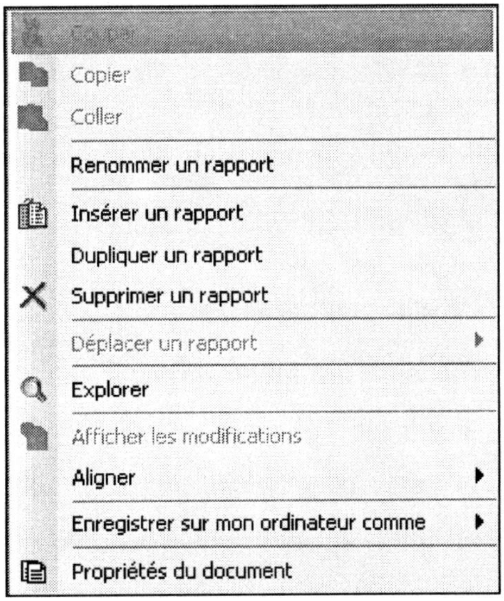

➔ Sélectionnez l'option **Insérer un rapport**. Un nouvel onglet apparaît dans le bas du document :

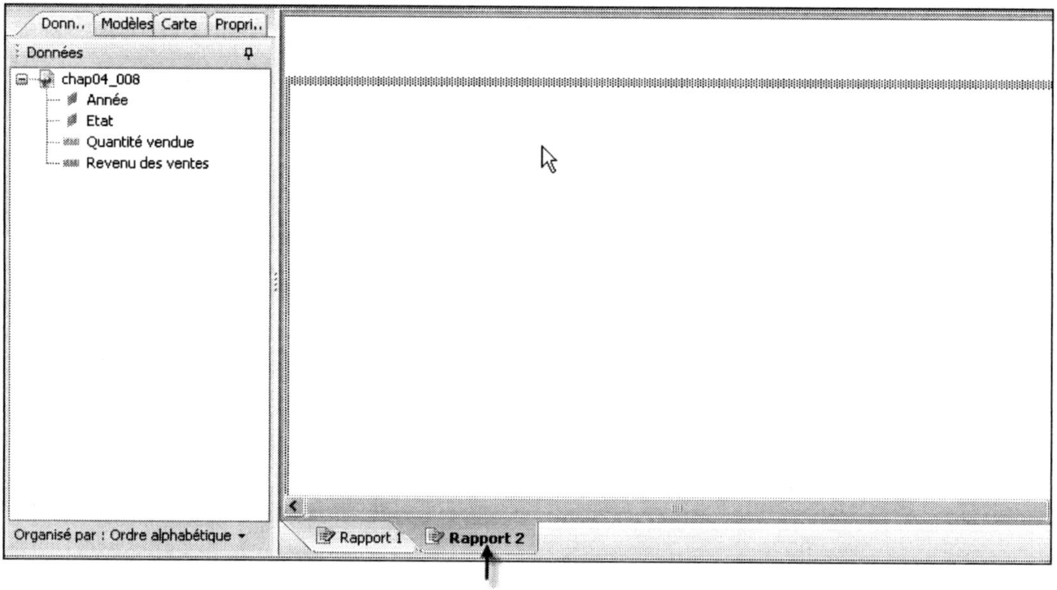

Ce rapport est vierge de bloc.

Par contre l'option **Dupliquer un rapport** crée une copie du premier rapport avec tous les blocs compris (tableau, diagramme, etc.).

7. Ajouter des tableaux à un rapport

De nouveaux tableaux peuvent être créés dans un rapport existant. Ces tableaux peuvent être ajoutés automatiquement par glisser-déposer et ce sont alors des tableaux verticaux ou bien ils peuvent être basés sur des modèles.

Dans les deux cas vérifiez que vous êtes bien dans le rapport qui vous intéresse. Votre document **Web Intelligence** peut éventuellement comporter plusieurs onglets **Rapport**. Sélectionnez dans ce cas le bon onglet.

L'ajout d'un tableau peut se faire en mode **Résultat** ou en mode **Structure**. Il est préférable de choisir la vue **Structure** tant que votre tableau n'est pas terminé. Vous éviterez ainsi de solliciter le serveur BusinessObjects à chaque modification. Le mode **Structure** permet de faire les modifications au niveau du poste utilisateur. Vous pouvez visualiser l'effet de chaque modification. Quand votre tableau est terminé, vous pouvez vous mettre en mode **Résultat**. Dans ce cas le serveur **BusinessObjects** prend en compte l'ensemble des modifications et vous renvoie le résultat.

a. Ajout d'un tableau par glisser-déposer

Pour ajouter un tableau par glisser-déposer, il suffit de glisser des objets se trouvant dans l'onglet **Données** et de les déposer dans la zone du rapport.

Si le rapport est vide, faites un glisser-déposer d'un objet de l'onglet **Données** vers le rapport.

Si le rapport n'est pas vide, faites glisser un objet de l'onglet **Données** vers le rapport. Emmenez cet objet à droite ou à gauche d'un en-tête de colonne déjà présente et relâchez le bouton de la souris quand vous verrez une info-bulle avec le message "Faire glisser ici pour insérer une cellule". Répétez cette opération jusqu'à obtenir toutes les colonnes désirées.

b. Ajout à partir d'un modèle

Dans cette situation un nouveau tableau sera créé à partir d'un modèle existant. Pour cela :

→ Sélectionnez l'onglet **Modèles** à côté de l'onglet **Données**. Infoview affiche un menu arborescent qui contient un noeud **Tableaux** :

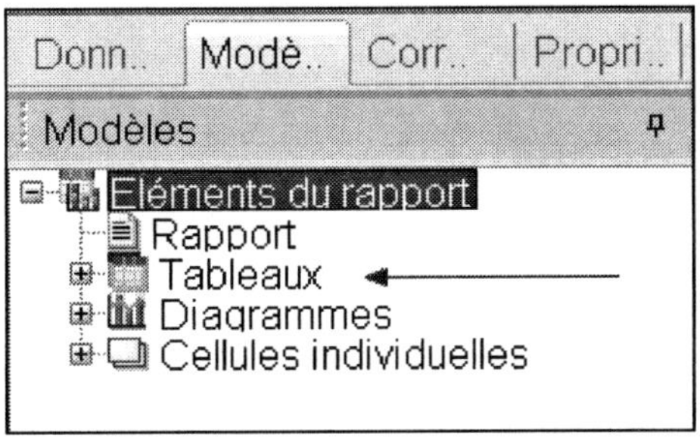

➜ Cliquez sur le signe + en regard de l'élément **Tableaux**. Cela permet de développer le noeud et d'afficher les choix disponibles :

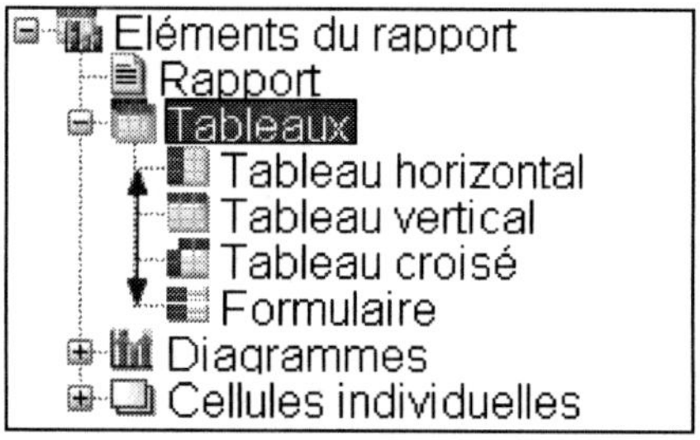

➜ Ensuite faites glisser un des modèles disponibles dans une zone vide du rapport, par exemple le modèle **Tableau Croisé**.

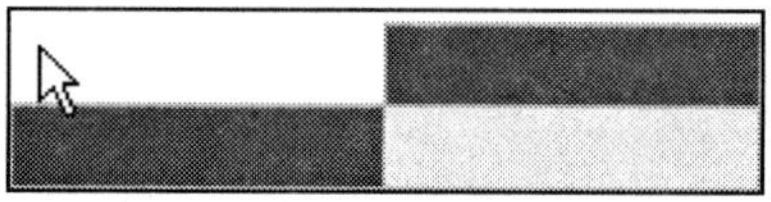

À titre d'exemple, je vous propose de visualiser le chiffre d'affaires par magasin et par année (il faut bien sûr avoir ces données dans le document grâce à une requête incluant ces objets).

Pour cela :

➜ Sélectionnez l'onglet **Données** :

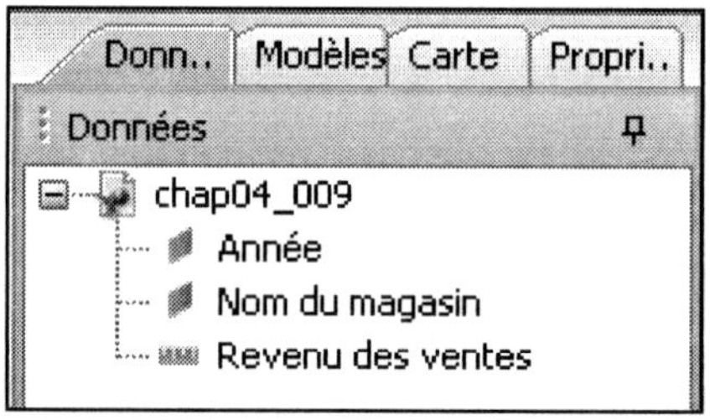

→ Faites glisser-déposer l'objet **Année** dans la cellule correspondant à l'en-tête de colonne du tableau croisé. Une bulle affiche le message "Faire glisser ici pour remplacer une cellule" lorsque le curseur souris est au-dessus d'une des cellules du tableau croisé :

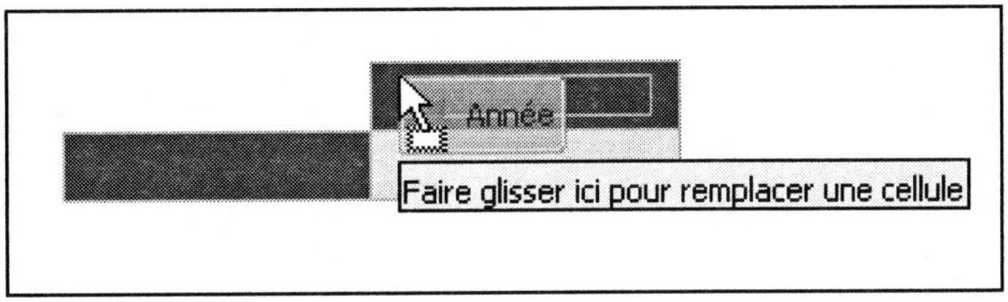

→ Déposez l'objet **Année** dans sa cellule :

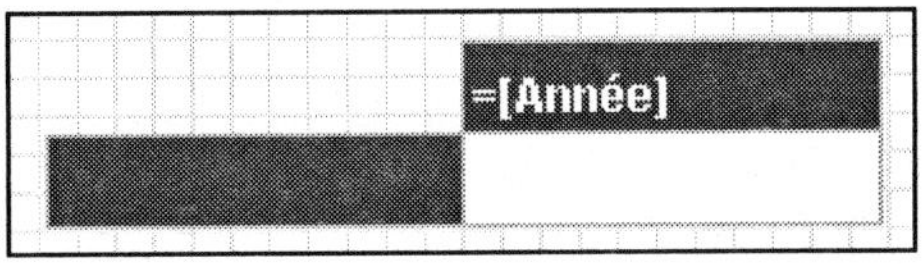

→ Refaites cette manipulation pour les objets **Nom du magasin** et **Revenu des ventes**.

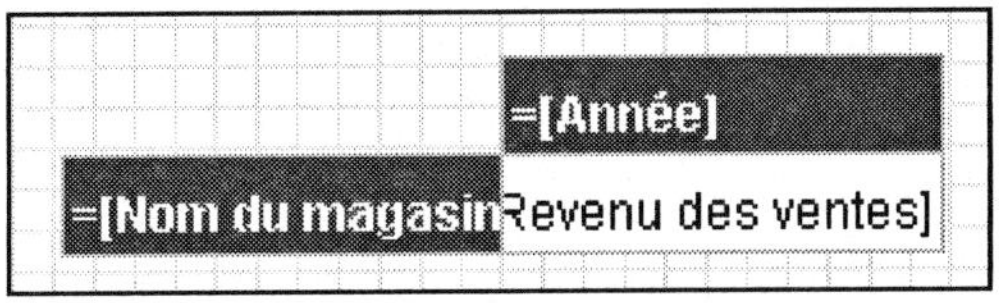

→ Faites glisser-déposer l'objet **Nom du magasin** dans la cellule correspondant à l'en-tête de ligne du tableau croisé. Une bulle affiche le message "Faire glisser ici pour remplacer une cellule". Relâchez le bouton de la souris lorsque le curseur de souris est au-dessus de l'en-tête de colonne.

→ Faites de même pour l'objet **Revenu des ventes**. Faites le glisser depuis l'onglet **Données** vers la cellule qui se trouve au croisement des en-têtes de colonne et de ligne puis relâchez le bouton de la souris.

→ Sélectionnez ensuite l'option **Afficher les résultats** de la barre d'outils **Gestion des rapports**.

Voici le résultat :

	2004	2005	2006
e-Fashion Austin	561 123 €	1 003 071 €	1 135 479 €
e-Fashion Boston Newbury	238 819 €	157 719 €	887 169 €
e-Fashion Chicago 33rd	737 914 €	1 150 659 €	1 134 085 €
e-Fashion Colorado Springs	448 302 €	768 390 €	843 584 €
e-Fashion Dallas	427 245 €	739 369 €	803 421 €
e-Fashion Houston 5th	529 079 €	863 653 €	910 451 €
e-Fashion Houston Leighton	682 231 €	1 126 796 €	1 335 747 €
e-Fashion Los Angeles	982 637 €	1 581 616 €	1 656 676 €
e-Fashion Miami Sundance	405 985 €	661 250 €	811 924 €
e-Fashion New York Magnolia	1 023 061 €	1 687 359 €	1 911 434 €
e-Fashion New York Sundance	644 635 €	1 076 144 €	1 239 587 €
e-Fashion San Francisco	721 574 €	1 201 064 €	1 336 003 €
e-Fashion Washington Tolbooth	693 211 €	1 215 158 €	1 053 581 €

Nous verrons plus tard l'ajout des autres modèles de tableaux.

8. Copie de tableaux

Il est parfois utile de dupliquer un tableau. Par exemple pour visualiser dans un même rapport une présentation chiffrée et une présentation sous forme de diagramme, il est souvent plus rapide de copier le tableau chiffré puis de transformer sa copie en diagramme.

Pour dupliquer un tableau, commencez par le sélectionner. Pour cela, cliquez sur un des quatre côtés du tableau. La sélection est effective lorsqu'une bordure grise apparaît autour du tableau. Ensuite appuyez sur la touche [Ctrl] tout en maintenant le bouton de la souris enfoncée. **Webi** crée une copie du tableau par-dessus l'original. Pour accéder à la copie, faites glisser vers une zone vide la copie tout en maintenant le bouton et la touche enfoncés.

Nom du magasin	Année	Revenu des ventes
e-Fashion Austin	2004	561 123 €
e-Fashion Austin	2005	1 003 071 €
e-Fashion Austin	2006	1 135 479 €
e-Fashion Boston Newbury	2004	238 819 €
e-Fashion Boston Newbury	2005	157 719 €
e-Fashion Boston Newbury	2006	887 169 €
e-Fashion Chicago 33rd	2004	737 914 €
e-Fashion Chicago 33rd	2005	1 150 659 €
e-Fashion Chicago 33rd	2006	1 134 085 €
e-Fashion Colorado Spring	2004	448 302 €
e-Fashion Colorado Spring	2005	768 390 €

Vous pouvez aussi faire un classique copier-coller après avoir sélectionné le tableau.

9. Modifier le type d'un tableau

Il est possible de transformer le type d'un tableau existant, à condition que cela ait un sens. Il est clair qu'un tableau de deux colonnes ne peut pas être transformé en tableau croisé. Quand la transformation est possible, elle peut se faire de deux manières différentes.

Prenons comme exemple un tableau vertical qui donne la quantité de produits vendus chaque année comme le montre le tableau suivant :

Lignes	Année	Quantité vendue
Accessories	2004	17 529
Accessories	2005	34 440
Accessories	2006	12 572
City Skirts	2004	254
City Skirts	2005	470
City Skirts	2006	1 171
City Trousers	2004	483
City Trousers	2005	783
City Trousers	2006	511

Pour transformer ce tableau vertical en tableau croisé :

- Cliquez sur l'onglet **Modèles** pour afficher les modèles de tableaux disponibles. Éventuellement cliquez sur le signe + en regard du noeud **Modèles**.
- Ensuite faites un glisser-déposer de l'élément **Tableau croisé** vers le tableau vertical. **Webi** affiche immédiatement le résultat (là encore un résultat partiel) :

	Accessories	City Skirts	City Trousers
2004	17 529	254	483
2005	34 440	470	783
2006	12 572	1 171	511

Vous pouvez également procéder comme suit pour parvenir au même résultat :

- Sélectionnez le tableau à transformer (une bande grise autour du tableau indique que celui-ci est sélectionné).
- Faites un clic droit sur cette bande grise. Un menu apparaît :

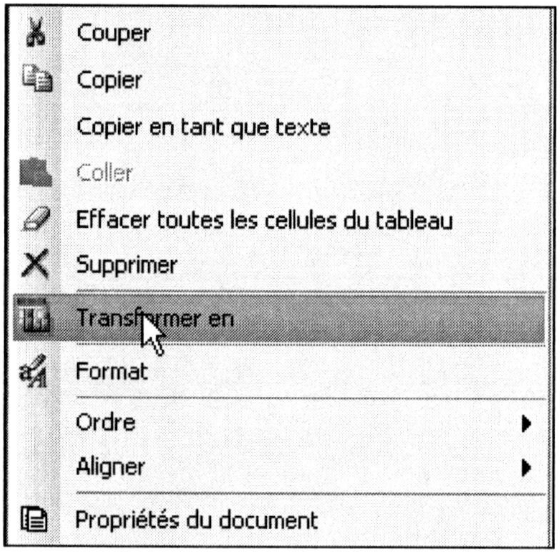

→ Choisissez l'option **Transformer en**. Une boîte de dialogue apparaît :

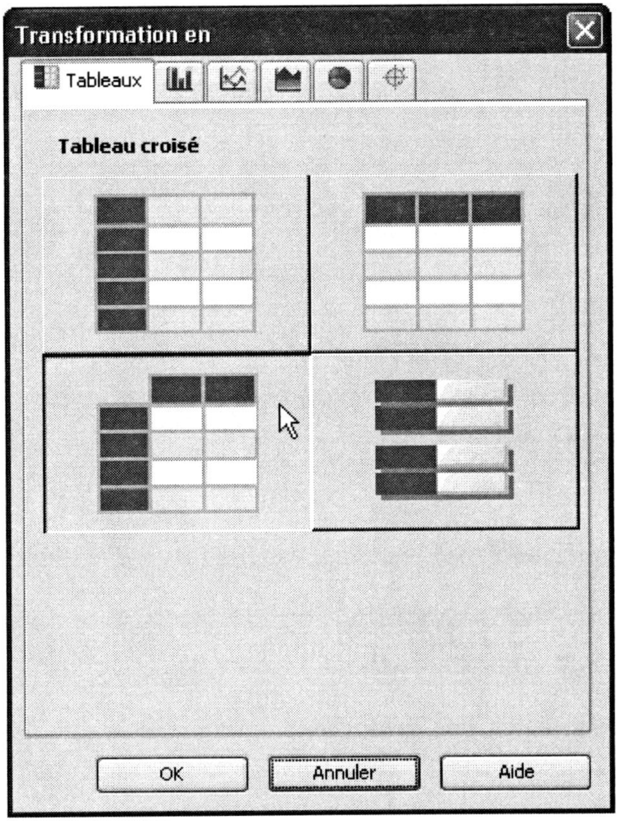

→ Cliquez sur le bouton qui représente un tableau croisé (le type de tableau est indiqué en haut de la boîte de dialogue).

→ Sélectionnez le bouton **OK**. Le résultat est le même que précédemment.

La transformation du type d'un tableau est possible en mode **Structure**. Si vous voulez inverser le rôle des en-têtes de colonnes et des lignes, faites-le d'abord au niveau du tableau initial. Les autres types de transformation fonctionnent de manière analogue.

10.Supprimer un tableau

Vous pouvez supprimer un tableau dans un rapport de plusieurs manières :

➔ Faites un clic droit sur un bord du tableau. Cela permet de le sélectionner et d'afficher un menu contextuel :

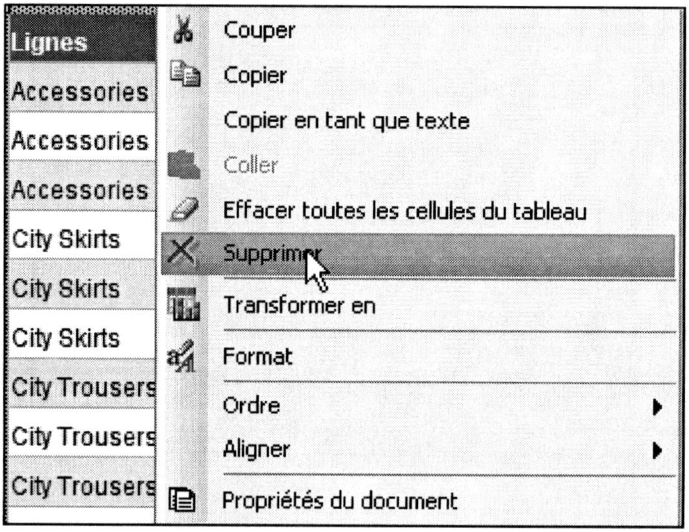

➔ Sélectionnez ensuite l'option **Supprimer**.

L'autre manière est de sélectionner le tableau puis d'appuyer sur la touche [Suppr].

11.Structure de page dans un rapport

Dans un rapport **Webi** une page comporte les éléments suivants :

- un en-tête de page ;
- la page proprement dite ;
- un pied de page.

Un en-tête ou pied de page contient, en général, les éléments :

- Identification de l'entreprise: logo, nom de la société...
- Identification du rapport lui-même : titre du rapport...

12.Afficher ou cacher les en-têtes et pieds de page

Par défaut l'en-tête et le pied de page d'un rapport sont cachés. Pour les visualiser procédez comme suit :

→ Cliquez sur l'icône **Changer de page/Affichage rapide** qui se trouve sur la barre d'outils **Gestion des rapports** :

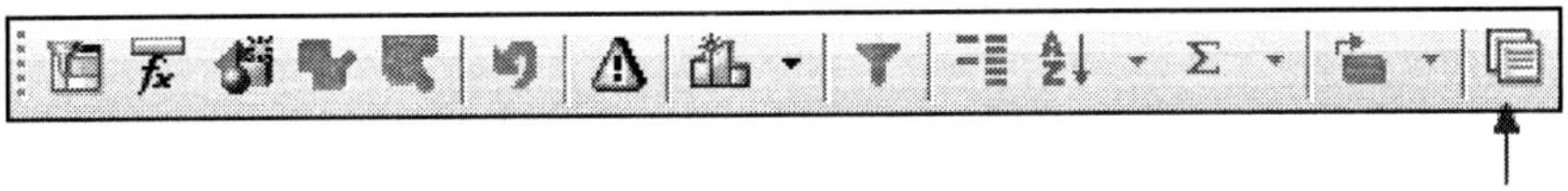

→ Mettez le rapport en mode **Structure**.

L'en-tête et le pied de page apparaissent :

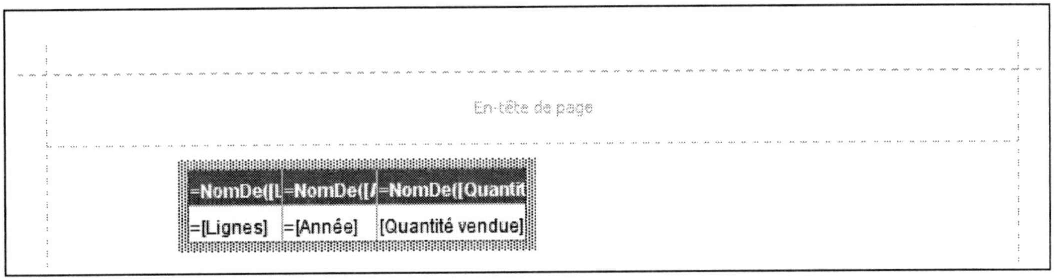

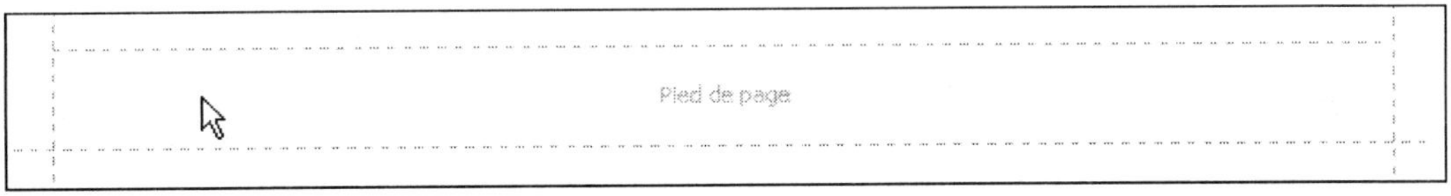

F. Ajout d'informations et de calculs à un rapport

1. Ajout de fonctions d'agrégat sur les colonnes ou les lignes

Il est souvent très utile d'utiliser une fonction d'agrégat sur les éléments d'une colonne (pour un tableau vertical) ou d'une ligne (pour un tableau horizontal). Par exemple, obtenir le montant total des revenus et la somme des quantités pour tous les magasins comme illustré ci-dessous :

Etat	Revenu des ventes	Quantité vendue
California	7 479 569 €	46 074
Colorado	2 060 275 €	12 787
DC	2 961 950 €	18 744
Florida	1 879 159 €	11 267
Illinois	3 022 658 €	17 976
Massachusetts	1 283 707 €	7 676
New York	7 582 221 €	46 358
Texas	10 117 664 €	62 347
Somme :	36 387 203 €	223 229

Les fonctions d'agrégat disponibles sont :

- **Somme** : calcule la somme des données de la colonne ou de la ligne.
- **Nombre** : compte le nombre de lignes ou de colonnes.
- **Moyenne** : calcule la moyenne des données de la colonne ou de la ligne.
- **Minimum** : fournit la valeur minimum des données de la colonne ou de la ligne.
- **Maximum** : fournit la valeur maximum des données de la colonne ou de la ligne.

Tous ces opérateurs ne sont pas disponibles pour tous les types de données. Par exemple, l'opérateur **Somme** ne fonctionne que pour des données numériques.

2. Comment ajouter des agrégats à un tableau

Il est très simple d'ajouter un calcul d'agrégat à un tableau. À titre d'illustration, vous allez voir comment calculer le total des revenus des magasins de tous les états.

Pour ce faire :

→ Sélectionnez la colonne sur laquelle l'agrégat est calculé. Dans notre exemple la colonne **Revenu des ventes**.

Etat	Revenu des ventes	Quantité vendue
California	7 479 569 €	46 074
Colorado	2 060 275 €	12 787
DC	2 961 950 €	18 744
Florida	1 879 159 €	11 267
Illinois	3 022 658 €	17 976
Massachusetts	1 283 707 €	7 676
New York	7 582 221 €	46 358
Texas	10 117 664 €	62 347

→ Ensuite déroulez la liste contenant les calculs disponibles et sélectionnez la **Somme**.

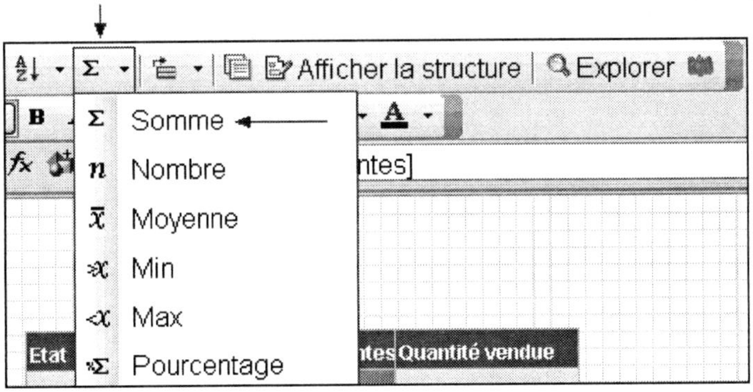

Infoview ajoute automatiquement une ligne au-dessous du tableau et une cellule contenant l'agrégat désiré :

Etat	Revenu des ventes	Quantité vendue
California	7 479 569 €	46 074
Colorado	2 060 275 €	12 787
DC	2 961 950 €	18 744
Florida	1 879 159 €	11 267
Illinois	3 022 658 €	17 976
Massachusetts	1 283 707 €	7 676
New York	7 582 221 €	46 358
Texas	10 117 664 €	62 347
Somme :	36 387 203 €	

3. Ajouter une colonne de pourcentage

Pour illustrer ce cas, calculons pour chaque état le pourcentage d'articles vendus par rapport à l'ensemble des états. **Infoview** permet d'obtenir le résultat très simplement :

- Sélectionnez la colonne pour laquelle le pourcentage est souhaité. Dans notre cas, sélectionnez la colonne **Quantité vendue** :
- Ensuite accédez à la liste déroulante des calculs standard et choisissez l'option **Pourcentage** :

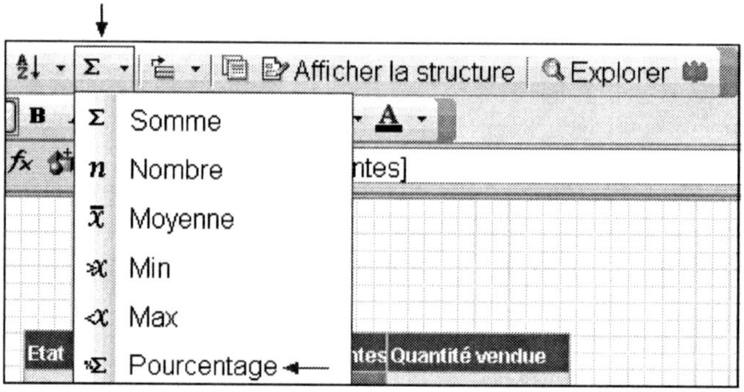

Infoview ajoute une colonne contenant les pourcentages désirés :

Etat	Revenu des ventes	Quantité vendue	Pourcentage
California	$7 479 569	46 074	20,64%
Colorado	$2 060 275	12 787	5,73%
DC	$2 961 950	18 744	8,40%
Florida	$1 879 159	11 267	5,05%
Illinois	$3 022 658	17 976	8,05%
Massachusetts	$1 283 707	7 676	3,44%
New York	$7 582 221	46 358	20,77%
Texas	$10 117 664	62 347	27,93%
		Pourcentage :	100,00%

Infoview ajoute la nouvelle colonne juste après la colonne initiale. Vous pouvez modifier le libellé **Pourcentage** pour être plus explicite (nous verrons plus loin comment modifier des cellules).

Ces calculs de pourcentage peuvent être plus compliqués notamment avec la notion de contexte de calcul que nous aborderons dans le chapitre Problèmes et solutions : fonctions avancées, section Contexte de calcul.

G. Ajouter des éléments décoratifs ou informationnels

1. Présentation

Dans un rapport les types d'éléments suivants peuvent être facilement ajoutés :

- images (logos, icônes...) ;
- texte libre (titre, commentaires, libellés...) ;
- numéro de page ;
- calculs ou formules personnalisés ;

- date de dernière actualisation ;
- filtres d'exploration.

Dans tous les cas, la démarche comporte deux étapes principales :

- Étape 1 : ajouter au rapport une cellule vide.
- Étape 2 : modifier les attributs de cette cellule pour qu'elle affiche l'élément désiré, cela peut être du texte, une image, une URL ou des calculs comme nous le verrons plus loin.

Dans certains cas, qui seront abordés plus loin, ces deux étapes peuvent être confondues.

2. Ajouter une cellule vide

Pour ajouter une cellule vide :

→ Sélectionnez l'onglet **Modèle** dans **Infoview**.

→ Développez le noeud **Cellules individuelles** en cliquant sur le symbole + en regard du noeud.

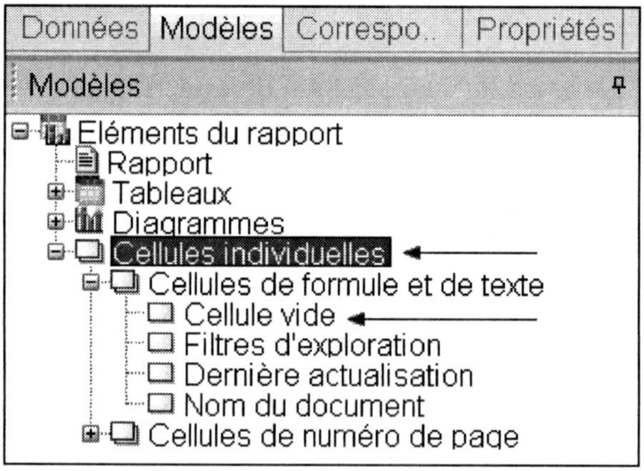

→ Faites un glisser-déposer de l'objet **Cellule vide** vers une zone libre du rapport.

3. Ajouter une image

Pour insérer une image dans un rapport, par exemple un logo de société, il y a deux étapes principales :

- Ajouter d'abord une cellule vide qui servira de container à l'image (cf. paragraphe précédent).
- Modifiez les attributs de cette cellule pour y afficher une image. Pour cela :

→ Sélectionnez la cellule puis affichez ses propriétés en activant l'onglet **Propriétés** dans **Infoview** :

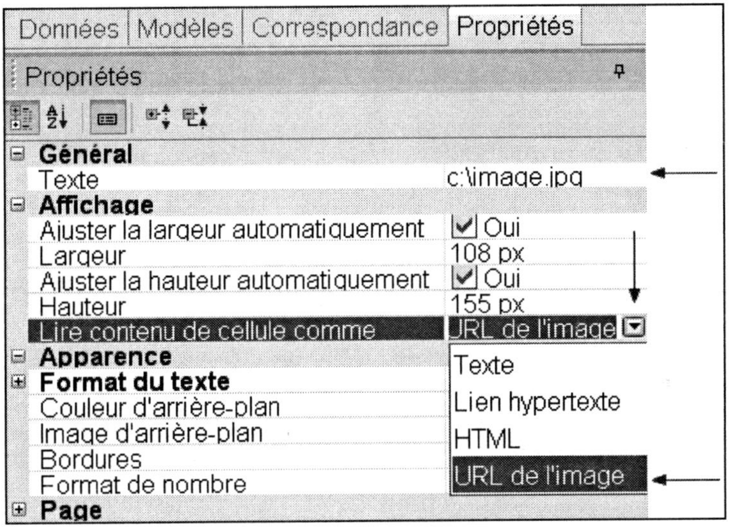

→ Sous le noeud **Général**, cliquez sur la propriété **Texte** et saisissez l'url de l'image ou le nom du fichier contenant l'image.

→ Sous le noeud **Affichage**, cliquez sur la propriété **Lire le contenu de cellule comme**. Cliquez sur la petite flèche en fin de ligne puis choisissez l'élément **URL de l'image** qui apparaît dans la liste déroulante.

L'image est visible lors de la visualisation du document. Selon les paramètres définis dans les préférences (cf. chapitre L'environnement : Infoview), il est possible de modifier le format de la cellule contenant l'image en cours de visualisation (par exemple enlever le trait de bordure horizontal).

4. Ajouter du texte

Dans un rapport vous pouvez ajouter du texte, par exemple un titre ou un commentaire, de la manière suivante :

- Ajoutez une cellule vide (voir plus haut) puis positionnez-la à l'endroit qui vous convient.
- Affichez la liste des propriétés de la cellule en cliquant sur l'onglet **Propriétés d'Infoview**.

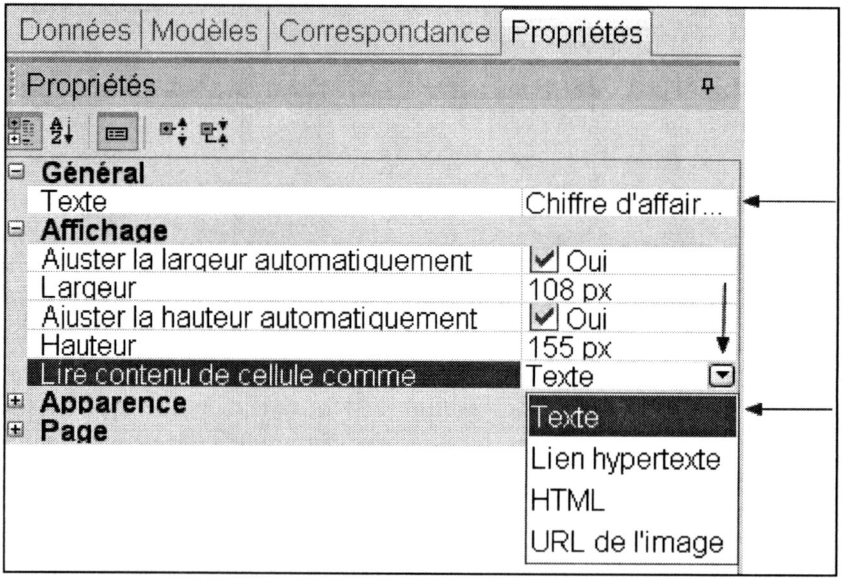

- Saisissez dans la propriété **Texte** le texte désiré.
- Sous le noeud **Affichage**, cliquez sur la propriété **Lire le contenu de cellule comme**. Cliquez sur la petite flèche en fin de ligne puis choisissez l'élément **Texte** qui apparaît dans la liste déroulante.

Il est aussi possible de saisir du texte : double cliquez sur la cellule puis tapez le texte.

Exemple :

Par défaut le titre d'un rapport est **Titre du rapport**. Modifiez ce texte pour avoir un titre plus adapté :

Chiffres d'Affaires et Quantité de produits vendus dans les états

Etat	Revenu des ventes	Quantité vendue	Pourcentage
California	7 479 569 €	46 074	20,64%
Colorado	2 060 275 €	12 787	5,73%
DC	2 961 950 €	18 744	8,40%
Florida	1 879 159 €	11 267	5,05%
Illinois	3 022 658 €	17 976	8,05%
Massachusetts	1 283 707 €	7 676	3,44%
New York	7 582 221 €	46 358	20,77%
Texas	10 117 664 €	62 347	27,93%
		Pourcentage :	100,00%

5. Ajouter un lien hypertexte ou du code HTML

La démarche pour ajouter un lien hypertexte ou du code HTML est tout à fait similaire aux deux cas précédents. La seule différence est dans la valorisation de la propriété **Lire le contenu de cellule comme**. Pour un lien hypertexte, choisir l'élément **Lien hypertexte** alors que pour du code HTML, il faut choisir **HTML** dans la liste déroulante.

Par exemple pour ajouter un lien hypertexte permettant de lancer le bien connu moteur de recherche Google, réalisez les étapes suivantes :

➜ Ajoutez une cellule vide à votre rapport.

➜ Affichez la liste de ses propriétés.

➜ Développez le noeud **Affichage**.

➜ Cliquez sur la ligne **Lire le contenu de cellule comme** et saisissez **Lien hypertexte** dans la liste déroulante qui se trouve sur cette ligne.

➜ Développez le noeud **Général**.

→) Cliquez sur la ligne **Texte** et valorisez la propriété par http://www.google.fr dans la zone prévue à cet effet.

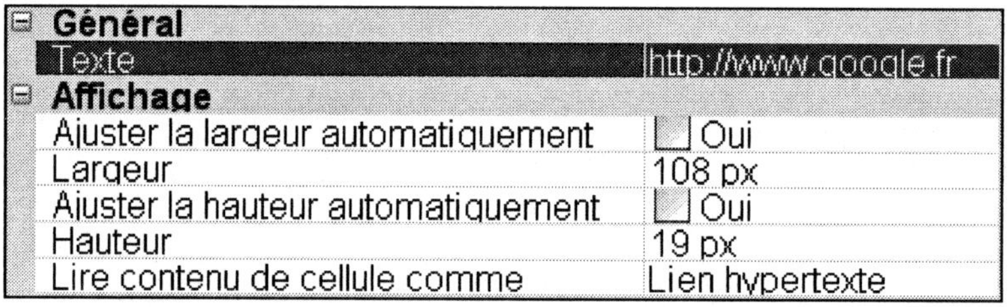

Si maintenant vous cliquez sur le lien hypertexte que vous avez construit, ...

... une nouvelle page (ou un nouvel onglet) de votre navigateur s'ouvrira avec l'url spécifiée.

6. Ajouter un numéro de page

Un rapport étant souvent destiné à être imprimé, il est très utile d'ajouter un numéro de page. Un numéro de page peut être placé dans le pied ou l'en-tête de page du rapport. Affichez donc le pied de page comme nous l'avons vu plus haut. Ensuite adoptez la démarche suivante :

→) Sélectionnez l'onglet **Modèles** dans **Infoview**.

→) Développez le noeud **Cellules individuelles** puis le noeud **Cellules de numéro de page** :

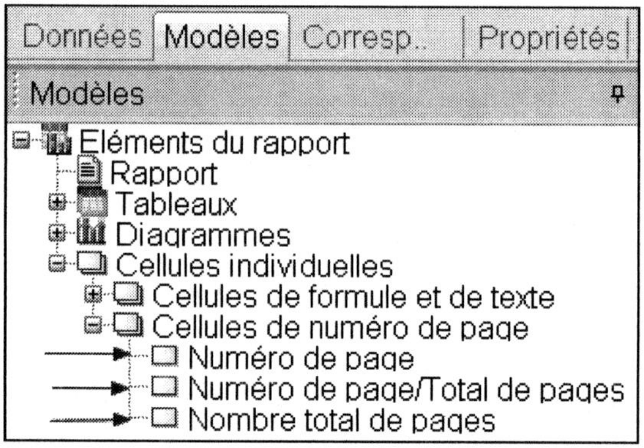

Vous pouvez choisir un des trois types de cellules relatives au numéro de page :

- Numéro de page
- Numéro de page / Total de pages
- Nombre total de pages

Par exemple, glissez-déposez dans le pied de page l'expression **Numéro de page / Total de pages** :

Le contenu de la cellule contient une formule. Une formule offre une grande souplesse et une grande puissance pour enrichir un rapport. Nous étudierons les formules plus loin (cf. chapitre Analyser les données).

En mode visualisation, voici l'écran obtenu après un zoom de 25 % :

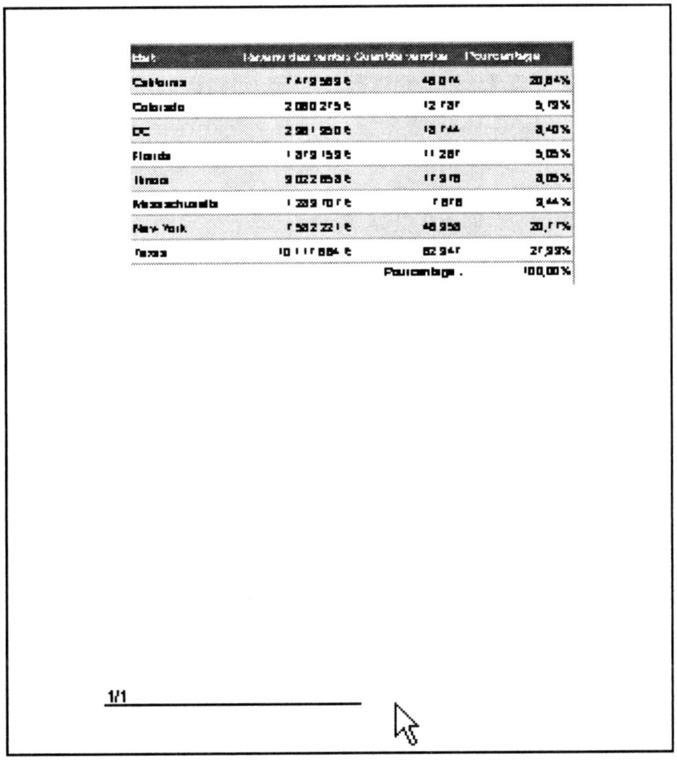

La formule dans la cellule peut être modifiée pour personnaliser son contenu.

7. Modifier une formule

Une formule produit un résultat pour zéro, un ou plusieurs arguments. Cela doit être une expression syntaxiquement correcte pour le langage de formule et doit commencer par le signe = ('égal').

Une formule se place en général à l'intérieur d'une cellule pour afficher le résultat de son exécution.

La création et l'utilisation des formules seront abordées plus en détail dans un autre chapitre (cf. chapitre Analyser les données - Formules et variables). Cependant voici à titre d'exemple comment modifier la formule vue précédemment pour qu'elle affiche un texte du type `Page 1 sur 3` au lieu de `1/3`.

→ Commencez par afficher la barre d'outils **Gestion des formules** si ce n'est pas le cas. Pour cela, cliquez sur l'outil **Formules** dans la barre d'outils **Gestion des rapports** :

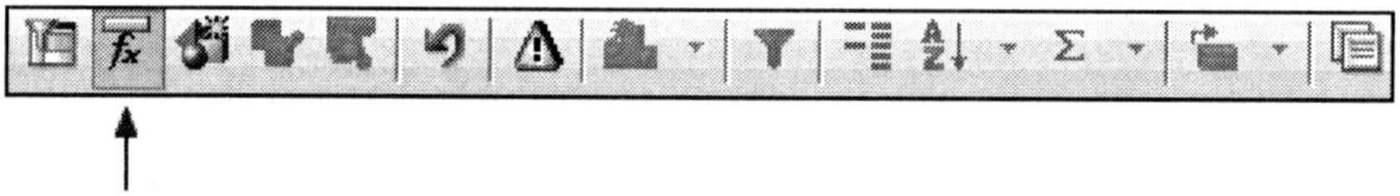

Cela permet d'afficher la barre **Gestion des formules** :

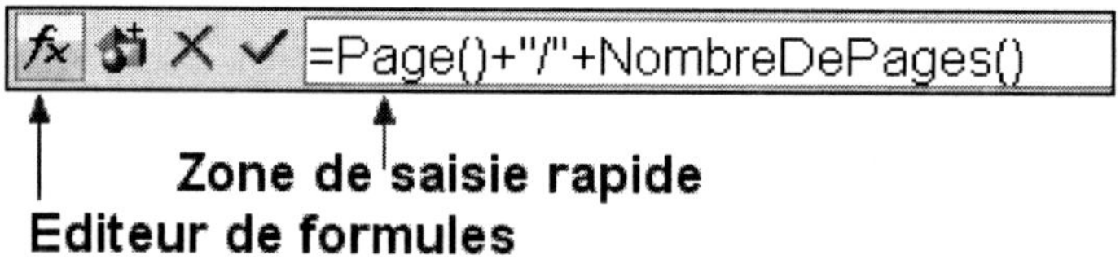

Cette barre d'outils contient une zone de saisie (rapide) pour modifier rapidement la formule et un bouton permettant d'afficher un éditeur de formules :

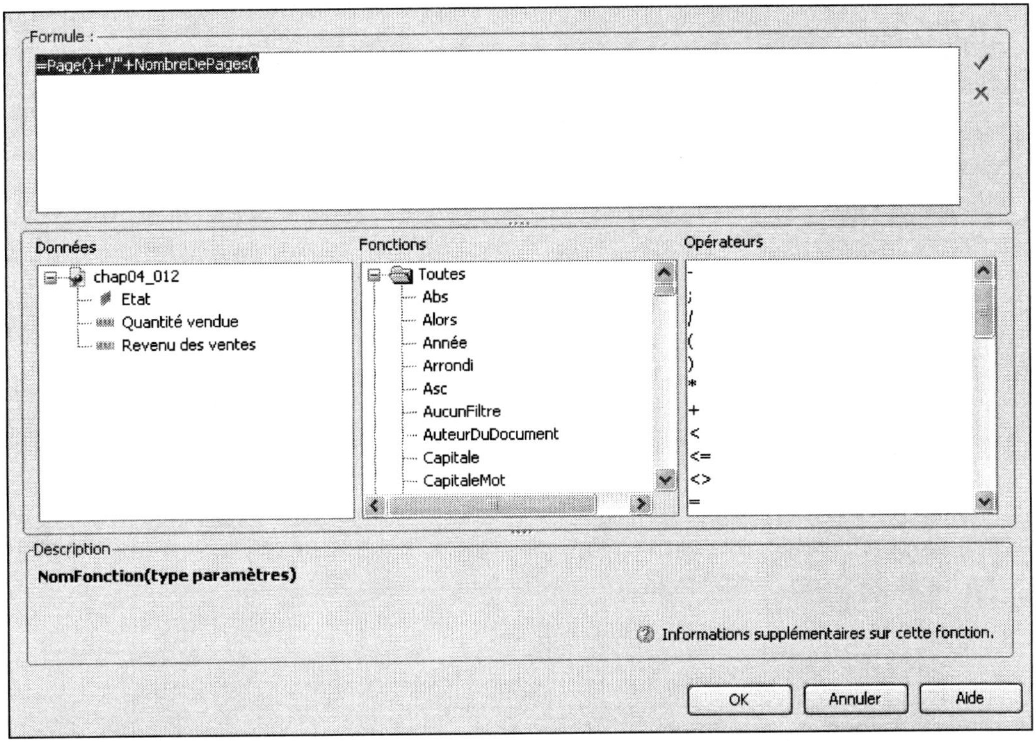

→ Nous reviendrons plus en détail sur l'éditeur de formules. Pour l'instant saisissez dans la zone de saisie rapide la formule :

```
="Page " + Page() + "sur " + NombreDePage()
```

→ Activez le bouton de validation :

Cela affichera "Page 1 sur 3" pour la première page si le nombre de pages est de 3.

8. Ajouter la date de dernière actualisation

Un document **Web Intelligence** contient généralement des données. Il est pertinent d'afficher la date à laquelle ces données ont été rafraîchies dans le document. Pour cela la démarche est la suivante :

- Sélectionnez le rapport qui vous intéresse.
- Développez le noeud **Cellules individuelles** puis le noeud **Cellules de formule et de texte**.

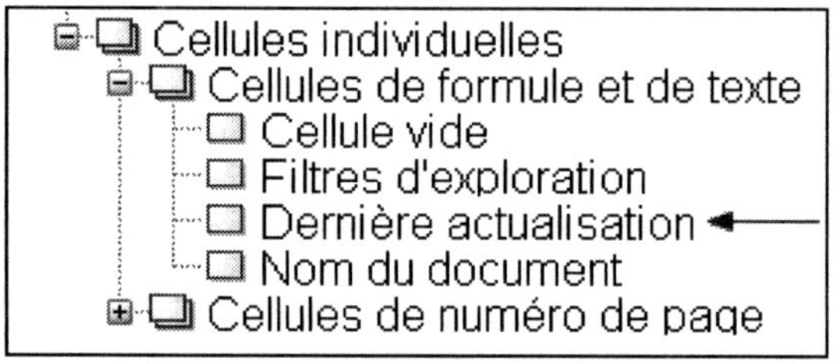

- Faites glisser la ligne **Dernière actualisation** vers une zone vide du rapport. Ensuite, vous pouvez double cliquer dans la barre de formule (ou vous auriez pu aussi passer par la boîte de dialogue **Editeur de formule** comme vu précédemment) et modifier l'expression pour la faire précéder d'un libellé :

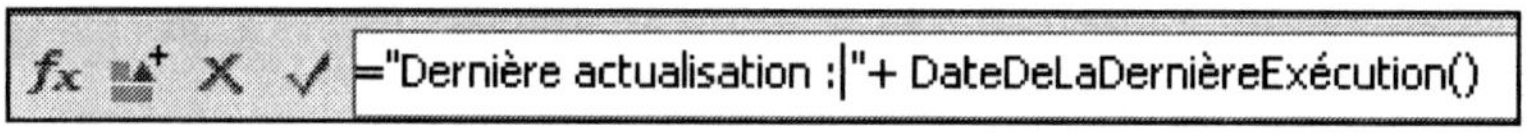

Attention cette date de mise à jour des données dans le rapport n'est pas forcément la date de mise à jour des données elle-même. Par exemple, dans le cadre d'un projet décisionnel, les données servant au reporting sont issues de données sources périodiquement rafraîchies (souvent quotidiennement). Dans ce cas la date d'actualisation des données n'est pas forcément la même que celle de rafraîchissement du rapport.

H. Utilisation des sections

1. Qu'est-ce qu'une section ?

Une section permet de regrouper les données d'un rapport sur un objet de type dimension. Ce regroupement des données constitue une première analyse et permet de mieux apprécier la répartition des données par rapport à la dimension choisie.

Par exemple le tableau suivant,

Année	Etat	Revenu des ventes
2004	California	1 704 211 €
2004	Colorado	448 302 €
2004	DC	693 211 €
2004	Florida	405 985 €
2004	Illinois	738 224 €
2004	Massachusetts	238 819 €
2004	New York	1 667 696 €
2004	Texas	2 199 677 €
2005	California	2 782 680 €
2005	Colorado	768 390 €
2005	DC	1 215 158 €

peut être transformé pour afficher des regroupements sur la dimension **Année**.

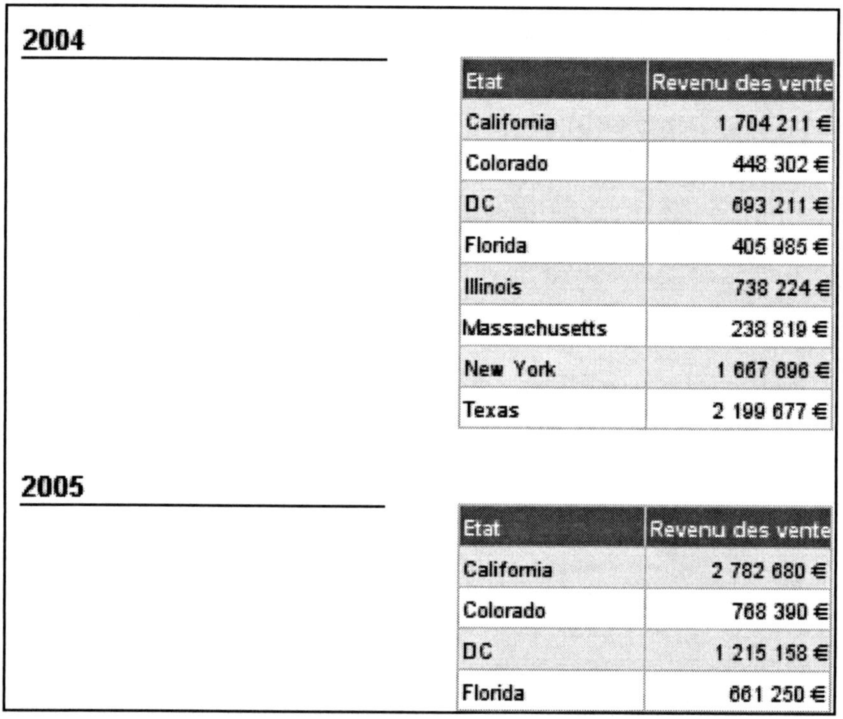

2004

Etat	Revenu des vente
California	1 704 211 €
Colorado	448 302 €
DC	693 211 €
Florida	405 985 €
Illinois	738 224 €
Massachusetts	238 819 €
New York	1 667 696 €
Texas	2 199 677 €

2005

Etat	Revenu des vente
California	2 782 680 €
Colorado	768 390 €
DC	1 215 158 €
Florida	661 250 €

Chaque bloc de données regroupe les éléments du rapport ayant la même valeur sur la dimension **Année**. Ainsi l'image précédente montre deux sections, l'une pour l'année 2004 et l'autre sur l'année 2005.

2. Cellule de section

La vue **Structure** d'un rapport ayant des sections montre l'existence d'une cellule contenant l'objet de type dimension sur laquelle se base la section. Une telle cellule est qualifiée de "Cellule de section". Ainsi pour l'exemple précédent la vue structure du rapport est la suivante :

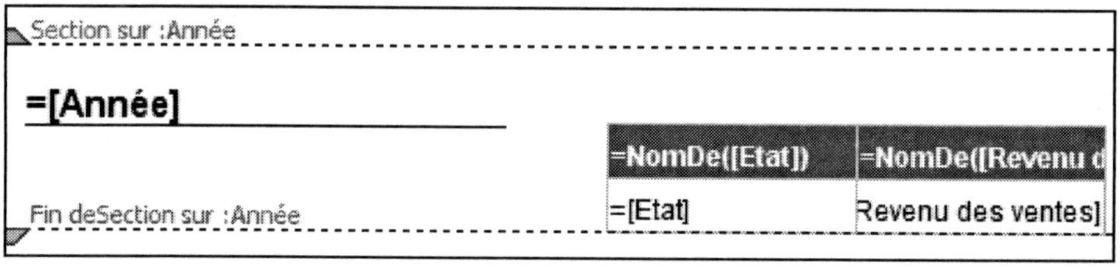

La cellule de la section désignée dans cet écran contient la définition de l'objet **Année** sur lequel se base la section.

3. Création de sections dans un rapport

La création d'une section peut se faire, en mode **Structure** ou en mode **Résultat**, de plusieurs façons :

- par déplacement d'une cellule de tableau ;
- en utilisant un menu contextuel ;
- en utilisant un objet de l'onglet **Données** de **Infoview**.

Pour créer une section par déplacement d'une cellule, procédez comme suit :

➔ Cliquez sur une cellule du tableau dans la colonne correspondant à l'objet de type dimension sur lequel se base la section.

➔ Glissez cette cellule en dehors du tableau (habituellement au dessus du tableau). Une bulle contenant le message "Déposer ici pour créer une section" s'affiche :

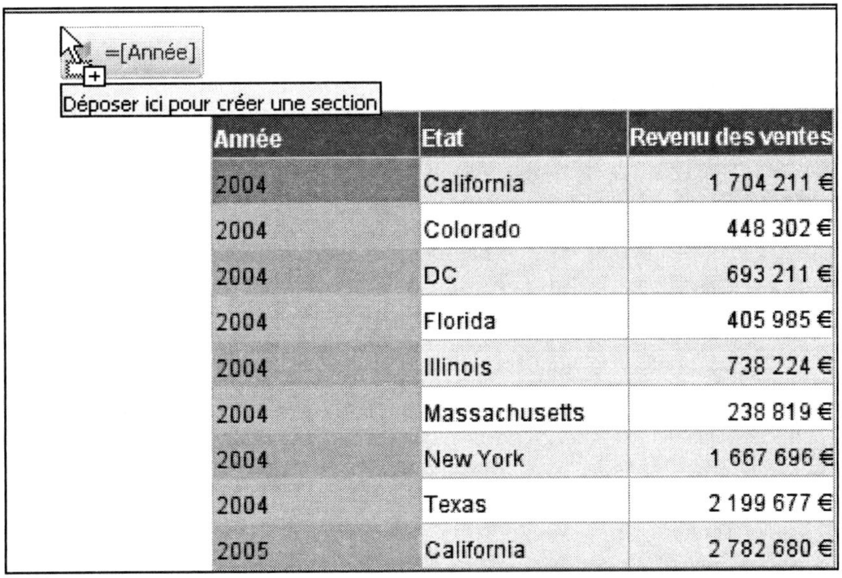

Année	Etat	Revenu des ventes
2004	California	1 704 211 €
2004	Colorado	448 302 €
2004	DC	693 211 €
2004	Florida	405 985 €
2004	Illinois	738 224 €
2004	Massachusetts	238 819 €
2004	New York	1 667 696 €
2004	Texas	2 199 677 €
2005	California	2 782 680 €

➔ Quand vous avez atteint le nouvel emplacement de la cellule de section, relâchez le bouton de la souris.

2004

Année	Etat	Revenu des vente
2004	California	1 704 211 €
2004	Colorado	448 302 €
2004	DC	693 211 €
2004	Florida	405 985 €
2004	Illinois	738 224 €
2004	Massachusetts	238 819 €
2004	New York	1 667 696 €
2004	Texas	2 199 677 €

2005

Année	Etat	Revenu des vente
2005	California	2 782 680 €
2005	Colorado	768 390 €
2005	DC	1 215 158 €
2005	Florida	661 250 €

Pour créer une section via un menu contextuel :

- Cliquez avec le bouton droit sur la colonne du tableau qui servira de valeur de section (si vous êtes en mode **Résultat**, cliquez sur une cellule dans le corps du tableau et non sur la colonne de titre). Un menu déroulant apparaît.

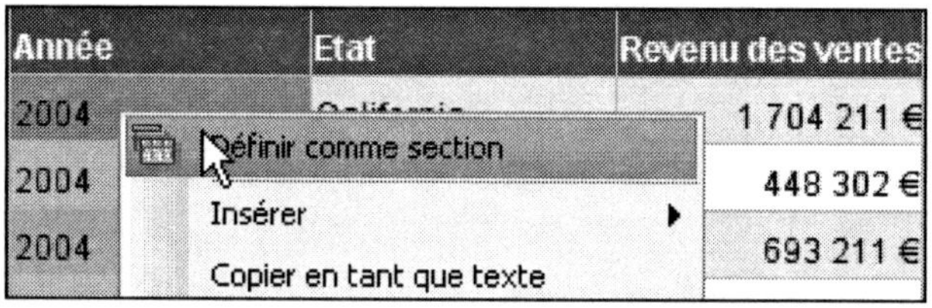

- Activez l'option **Définir comme section**. Le résultat sera le même que précédemment.

La création d'une section en utilisant un objet de l'onglet **Données** de **Infoview** suppose que l'objet utilisé comme valeur de section n'existe pas dans le tableau. Dans l'exemple en cours le tableau initial sera le suivant :

Etat	Revenu des ventes
California	7 479 569 €
Colorado	2 060 275 €
DC	2 961 950 €
Florida	1 879 159 €
Illinois	3 022 968 €
Massachusetts	1 283 707 €
New York	7 582 221 €
Texas	10 117 664 €

Puis glissez-déposez un objet de type dimension depuis l'onglet **Données** vers un endroit du rapport dans lequel sera créée la section (habituellement au dessus du tableau). Une bulle contenant le message "Déposer ici pour créer une section" s'affiche :

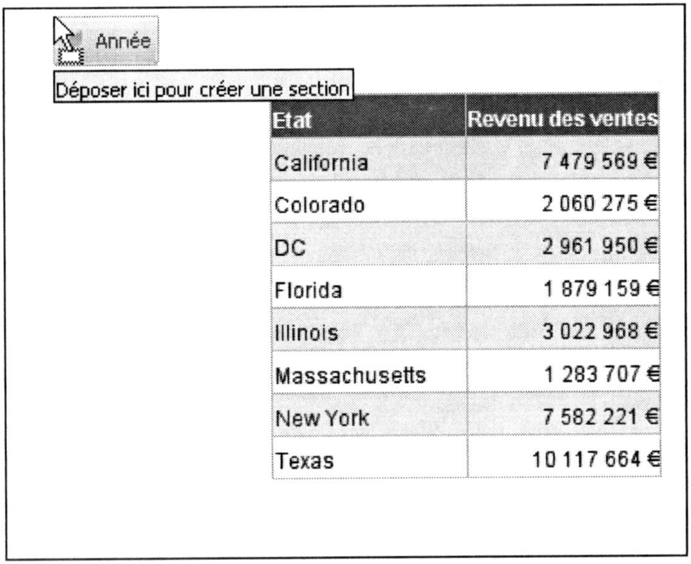

Etat	Revenu des ventes
California	7 479 569 €
Colorado	2 060 275 €
DC	2 961 950 €
Florida	1 879 159 €
Illinois	3 022 968 €
Massachusetts	1 283 707 €
New York	7 582 221 €
Texas	10 117 664 €

Quand vous avez atteint l'endroit choisi, relâchez le bouton de la souris pour déposer votre objet. Le résultat sera le même que dans le cas précédent.

4. Imbrication de sections

Dans un rapport, une section peut contenir d'autres sections qualifiées de sous-sections. La dimension sur laquelle se base une sous-section est évidemment différente de la dimension sur laquelle se base la section "maître".

La procédure de création de la sous-section est décrite ci-dessous dans le paragraphe intitulé "Création de sous-section dans un rapport".

Reprenons notre exemple précédent dans lequel nous avions par année la répartition du chiffre d'affaires par état.

En tant que directeur des ventes nous voudrions affiner ces revenus des ventes par ville et ce de façon visible.

Il nous faut d'abord ajouter l'objet **Ville** dans notre requête.

L'écran suivant montre la mise en forme du résultat souhaité par notre utilisateur : un tableau avec des sections basées sur l'objet **Année** et des sous-sections basées sur l'objet **Etat**. L'indicateur **Revenu des ventes** indique maintenant le chiffre d'affaires par ville, ce qui permet d'affiner la répartition du chiffre d'affaires par état :

2004

California

Ville	Revenu des ventes
Los Angeles	982 637 €
San Francisco	721 574 €

Colorado

Ville	Revenu des ventes
Colorado Springs	448 302 €

5. Création de sous-sections dans un rapport

La création d'une sous-section à l'intérieur d'une section existante ne présente pas de difficulté particulière. Il suffit d'appliquer la même méthode en considérant les éléments de la section englobante comme un rapport.

Par exemple l'écran ci-dessous décrit un rapport avec un tableau contenant les objets **Année**, **Etat**, **Ville** et **Revenu des ventes** :

Année	Etat	Ville	Revenu des ventes
2004	California	Los Angeles	982 637 €
2004	California	San Francisco	721 574 €
2004	Colorado	Colorado Springs	448 302 €
2004	DC	Washington	693 211 €
2004	Florida	Miami	405 985 €
2004	Illinois	Chicago	737 914 €
2004	Massachusetts	Boston	238 819 €

Dans un premier temps, une section sur l'objet **Année** est créée :

2004

Etat	Ville	Revenu des ventes
California	Los Angeles	982 637 €
California	San Francisco	721 574 €
Colorado	Colorado Springs	448 302 €
DC	Washington	693 211 €
Florida	Miami	405 985 €
Illinois	Chicago	737 914 €
Massachusetts	Boston	238 819 €

Le contenu de la section contient un tableau. Dans ce tableau il est possible de créer une section sur la colonne **Etat** en utilisant l'une des méthodes décrites précédemment :

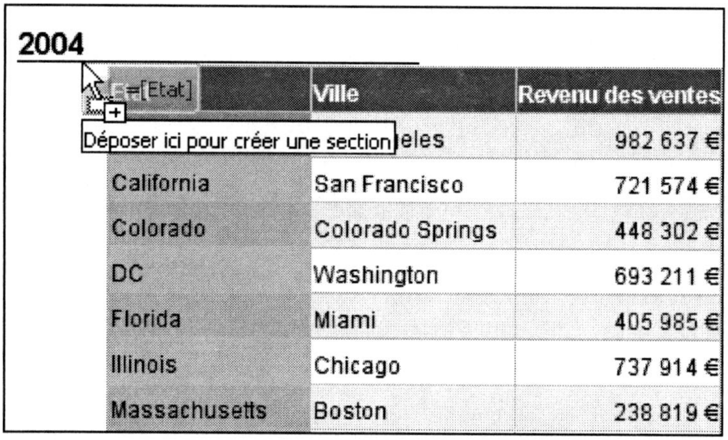

Une sous-section est créée sur la colonne **Etat**. Une légère mise en forme de objet permet d'obtenir l'écran suivant qui montre un rapport avec la section sur l'objet **Année** et une sous-section sur l'objet **Etat** :

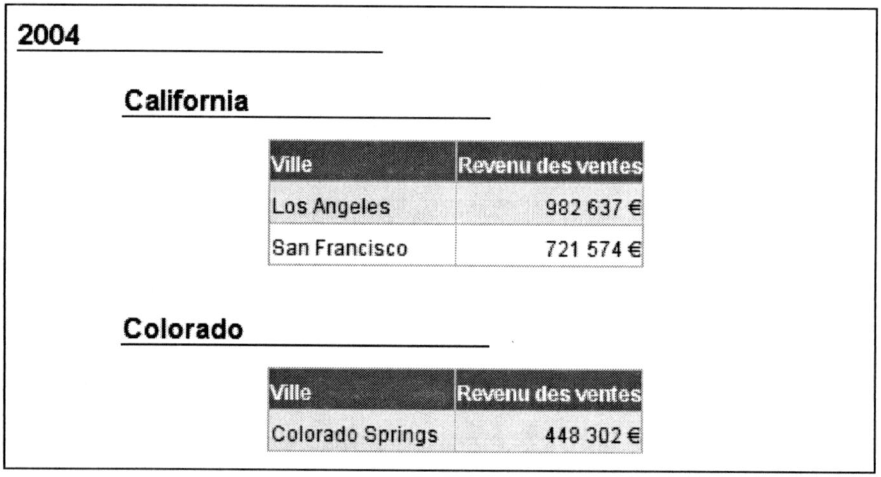

6. Propriétés des sections

Début et fin de section

Les limites inférieures et supérieures d'une section peuvent être visualisées lorsque le rapport est affiché en mode **Structure** :

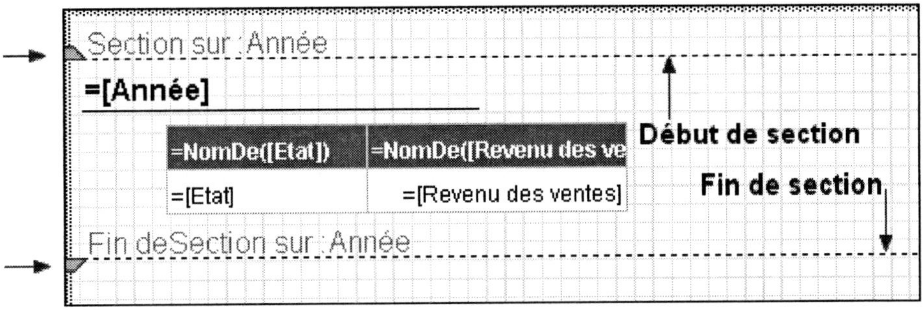

Ces limites peuvent être modifiées en utilisant les deux curseurs qui se trouvent à la gauche de la section par un mouvement de glisser-déplacer vertical. Il est également possible de modifier la hauteur de la section avec la liste des propriétés de la section comme nous allons le voir.

Liste des propriétés d'une section

Pour afficher la liste des propriétés d'une section, commencez par la sélectionner. Pour cela, cliquez sur l'intérieur de la section dans une zone vide entre ses limites inférieure et supérieure. Vous pouvez le faire en mode **Structure** ou en mode **Résultat**.

Cliquez ensuite sur l'onglet **Propriétés** du panneau de gauche.

Attention si la section contient une sous-section, veillez à ne pas cliquer sur la sous-section.

Les principales propriétés sont les suivantes :

- **Nommer la section** : pour nommer la section, développez le noeud **Général**, cliquez sur la propriété **Nom** puis saisissez le nom de la section :

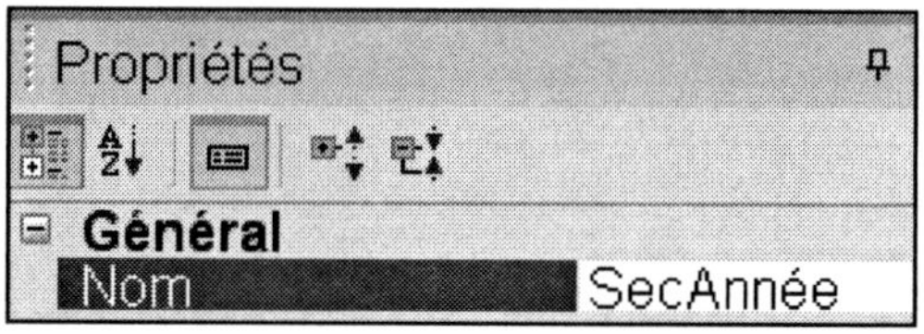

Le nom de la section se retrouve en particulier quand le rapport est visualisé en mode **Structure** :

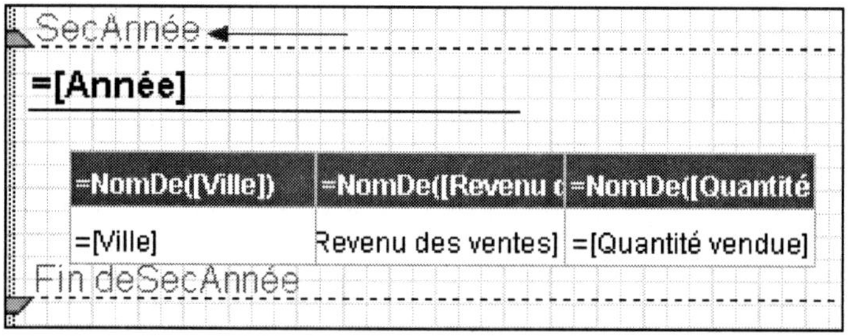

- **Hauteur minimale** : la hauteur minimale est utile lorsque la section ne contient pas de données. Dans ce cas l'existence de la section est signalée sans pour autant occuper de place inutilement. Pour indiquer cette hauteur minimale développez le noeud **Affichage**, cliquez sur la ligne **Hauteur minimum** puis saisissez la valeur souhaitée en pixels. La saisie peut se faire soit au clavier, soit en utilisant les deux petites flèches sur la droite de la ligne :

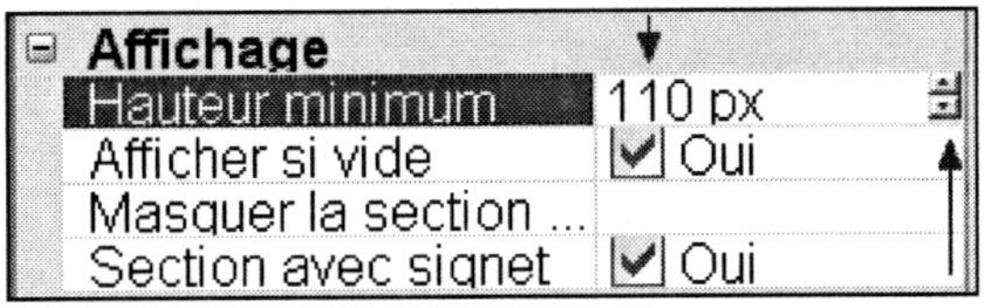

- **Afficher les sections vides** : permet de spécifier si la section sera affichée même si elle est vide.
- **Affichage conditionnel** : il est possible de masquer une section si certains éléments, dans la section, considérés comme importants sont vides. Pour cela, développez le noeud **Affichage** puis sélectionnez la ligne **Masquer la section lorsque les éléments suivants sont vides**.

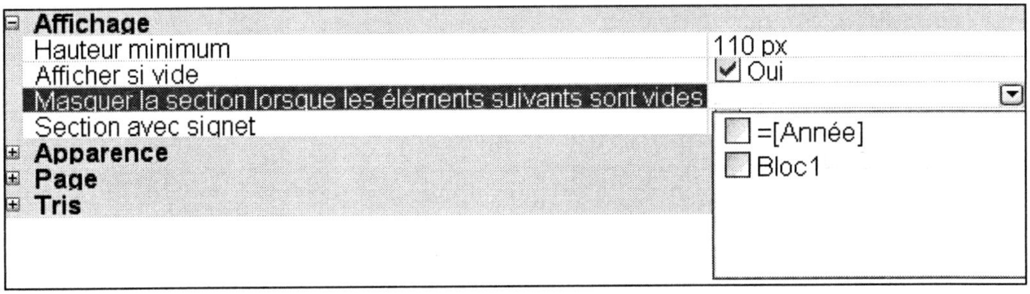

Cette propriété permet d'accéder à une liste déroulante contenant les éléments présents dans la section. Chaque élément de cette liste est accompagné d'une case à cocher permettant de le prendre ou non en compte.

Ainsi dans notre exemple il y a deux éléments disponibles : la valeur de regroupement pour la section et le bloc de données correspondant au contenu de la section.

- **Couleur et image de fond** : il est possible de spécifier une couleur de fond ou une image de fond pour la section. Pour cela, développez le noeud **Apparence**. Ce dernier contient deux propriétés : **Couleur d'arrière-plan** et **Image d'arrière-plan**.

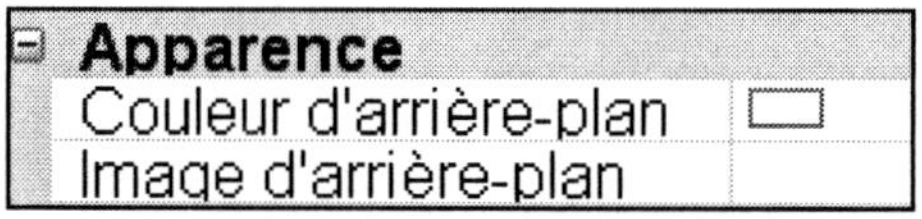

  La valorisation de ces propriétés ne présente aucune difficulté et est celle utilisée classiquement dans les applications Windows et Internet.

- **Nouvelle page** : cette option permet de démarrer chaque section sur une nouvelle page. Elle est particulièrement intéressante quand le rapport est de type formulaire. Pour y accéder, développez le noeud **Page** puis cochez la case se trouvant au niveau de la propriété **Nouvelle page**.

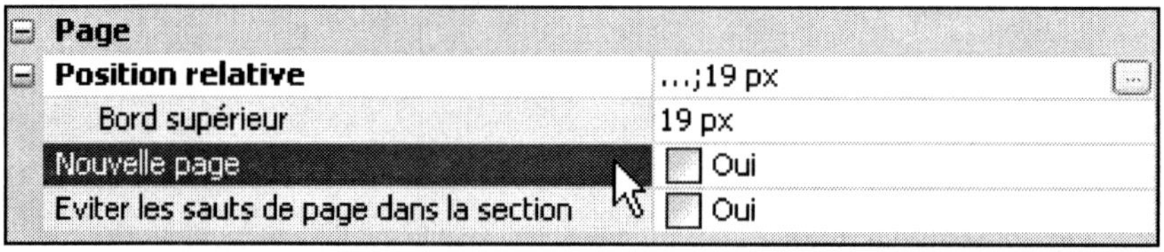

- **Eviter les sauts de section** : permet d'aborder une section sur une nouvelle page lorsque celle ci ne peut pas être imprimée dans la place restant sur la page où débute la section. Bien sûr, cette mesure n'a pas de sens si la section a une hauteur plus grande que la page et n'a aucun effet dans ce cas.

- **Position du bord supérieur de la section** : cette propriété permet de préciser la position du bord supérieur de la section. Pour cela développez le noeud **Page**, puis le noeud **Position relative** et cliquez sur le bouton **...** se trouvant en fin de ligne :

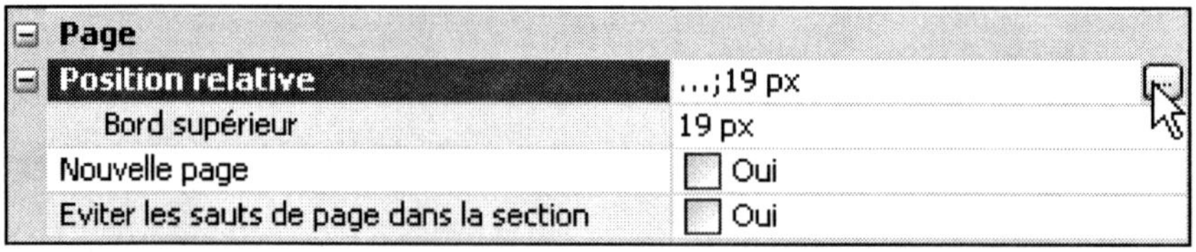

Une boîte de dialogue s'affiche :

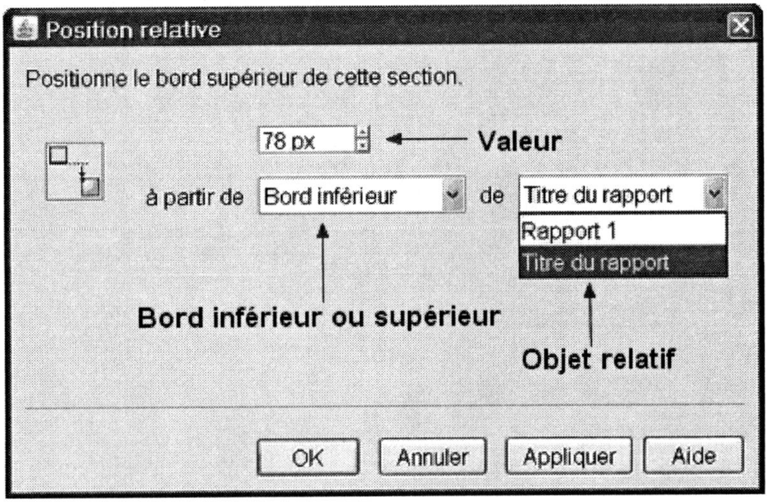

Tout d'abord, ce positionnement se fait relativement à un objet : soit par rapport au titre du rapport, soit par rapport au rapport lui même. Ensuite, il faut préciser si le positionnement se fait à partir du bord supérieur ou du bord inférieur du précédent objet. Enfin, précisez la valeur de ce positionnement dans la zone qui lui est réservée.

- **Répéter le titre de section** : quand le contenu d'une section s'étend sur plusieurs pages le titre de la section peut être répété sur chaque nouvelle page. Pour cela :
  - Sélectionnez la cellule de section et affichez ses propriétés.
  - Développez le noeud **Page** puis le noeud **Position relative** et cochez la case se trouvant sur la ligne **Répéter à chaque nouvelle page**.

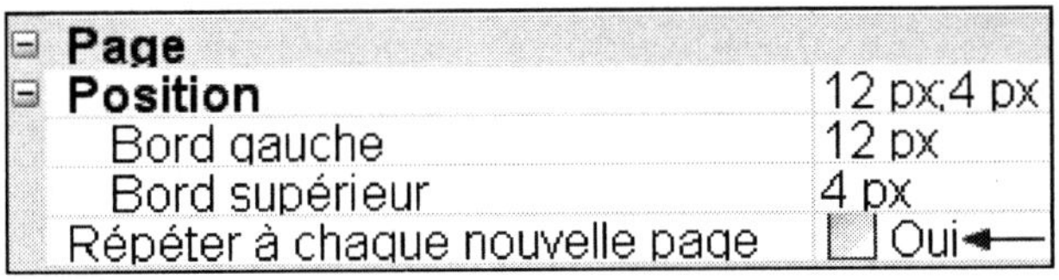

7. Supprimer une section

Pour supprimer une section :

- Cliquez sur une zone vide de la section puis appuyez sur la touche [Suppr] (supprimer).
- Ou faites un clic avec le bouton droit sur une zone vide de la section et sélectionnez l'option **Supprimer** :

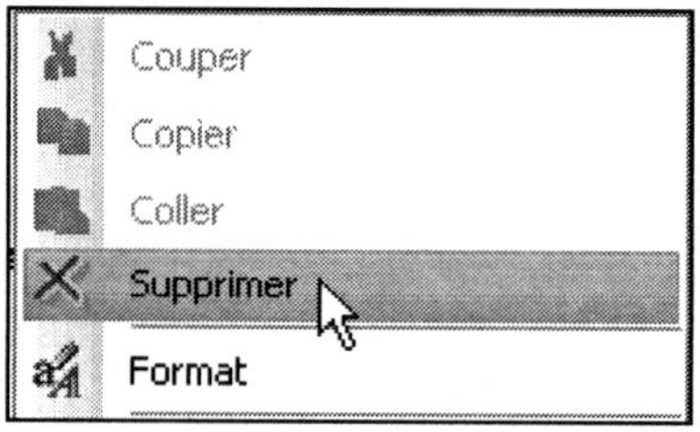

- Ou supprimez la cellule de section et répondez **Oui** dans la boîte de dialogue qui vous demande si vous voulez aussi supprimer la section :

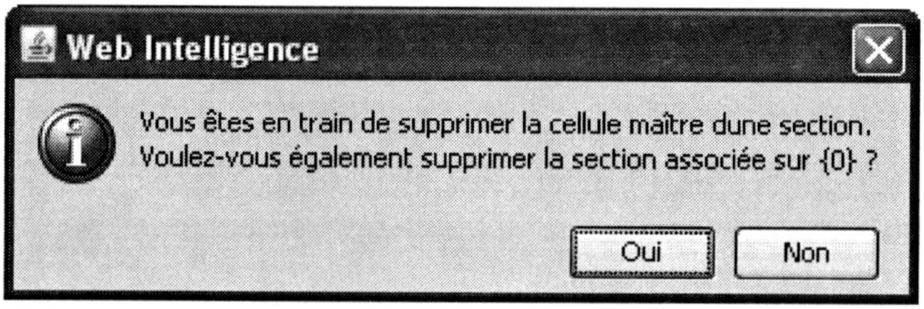

I. Utilisation des ruptures

1. Qu'est-ce qu'une rupture ?

Une rupture présente des analogies avec les sections dans le sens où les données sont regroupées suivant un objet de type dimension. Par contre il y a certaines différences :

- Dans une section la valeur de regroupement se trouve en dehors du bloc de données initial.

2004

Année	Etat	Revenu des vente
2004	California	1 704 211 €
2004	Colorado	448 302 €
2004	DC	693 211 €
2004	Florida	405 985 €
2004	Illinois	738 224 €
2004	Massachusetts	238 819 €
2004	New York	1 667 696 €
2004	Texas	2 199 677 €

2005

Année	Etat	Revenu des vente
2005	California	2 782 680 €
2005	Colorado	768 390 €
2005	DC	1 215 158 €
2005	Florida	661 250 €

- Dans le cas des ruptures, la valeur de regroupement reste à l'intérieur du bloc initial.

Année	Etat	Revenu des vente
2004	California	1 704 211 €
	Colorado	448 302 €
	DC	693 211 €
	Florida	405 985 €
	Illinois	737 914 €
	Massachusetts	238 819 €
	New York	1 667 696 €
	Texas	2 199 677 €
2004		

Année	Etat	Revenu des vente
2005	California	2 782 680 €
	Colorado	768 390 €
	DC	1 215 158 €
	Florida	661 250 €
	Illinois	1 150 659 €
	Massachusetts	157 719 €
	New York	2 763 503 €
	Texas	3 732 889 €
2005		

De plus, une ligne supplémentaire contenant la valeur de rupture est ajoutée à la fin de chaque bloc. Ceci permet de faire des calculs (somme, nombre...) pour les éléments du sous-tableau.

2. Création de ruptures

Pour créer une rupture dans un tableau procédez comme suit :

➔ Sélectionnez la colonne du tableau qui servira de valeur de regroupement.

➔ Cliquez sur l'outil **Rupture** dans la barre d'outils **Gestion de rapports** :

3. Ruptures et tris

Quand une rupture est définie sur un tableau, **Webi** ajoute automatiquement un tri ascendant sur les données de la colonne associée à la rupture. Cet ordre peut être annulé par une option dans les propriétés des ruptures (propriétés présentées un peu plus loin).

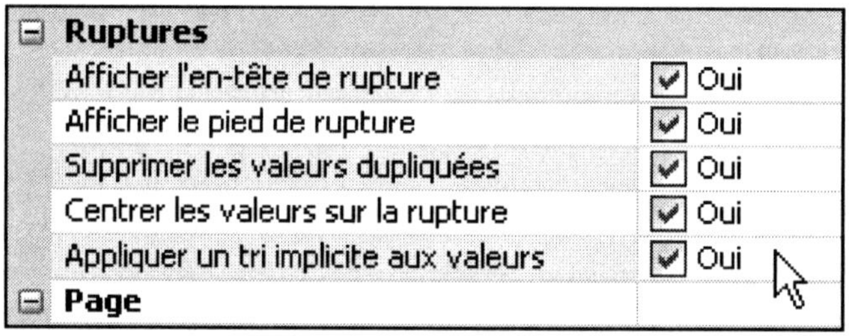

4. Ruptures multiples

Il est possible d'avoir plusieurs ruptures sur les données d'un tableau. Par exemple sur le tableau suivant :

Année	Etat	Ville	Revenu des ventes
2004	California	Los Angeles	982 637 €
2004	California	San Francisco	721 574 €
2004	Colorado	Colorado Springs	448 302 €
2004	DC	Washington	693 211 €
2004	Florida	Miami	405 985 €
2004	Illinois	Chicago	737 914 €
2004	Massachusetts	Boston	238 819 €

Il est possible de définir deux ruptures. La première porte sur l'année. Nous avons vu comment la créer. En mode **structure** vous obtenez le bloc de données suivant :

=NomDe([Année])	=NomDe([Etat])	=NomDe([Ville])	=NomDe([Revenu c
=[Année]	=[Etat]	=[Ville]	Revenu des ventes]
=[Année]			

Pour obtenir la deuxième rupture, procédez de la même manière :

- Sélectionnez la colonne **Etat** sur le tableau issu de la première rupture.
- Activez l'outil **Rupture** sur la barre d'outils **Gestion des rapports**.

  Le résultat est le suivant :

=NomDe([Année])	=NomDe([Etat])	=NomDe([Ville])	=NomDe([Revenu c
=[Année]	=[Etat]	=[Ville]	Revenu des ventes]
	=[Etat]		
=[Année]			

L'écran suivant montre le passage en mode **Résultat**.

Année	Etat	Ville	Revenu des ventes
2004	California	Los Angeles	982 637 €
		San Francisco	721 574 €
	California		
Année	Etat	Ville	Revenu des ventes
	Colorado	Colorado Springs	448 302 €
	Colorado		

5. Ordre de priorité sur les ruptures

Dans l'exemple précédent la première rupture porte sur l'année et la deuxième sur l'état. Les données sont regroupées d'abord sur l'objet **Année** puis à l'intérieur des données correspondant à une année particulière, un deuxième regroupement est opéré sur l'objet **Etat**. Cet ordre des priorités correspond à l'ordre de création des ruptures. Si pour une raison ou pour une autre vous souhaitez modifier cet ordre procédez de la manière suivante :

- En mode **Structure**, sélectionnez le bloc de données qui résulte de la création de la rupture précédente.
- Affichez les propriétés de ce tableau.
- Développez le noeud **Ruptures** :

- Sélectionnez la ligne **Priorité de rupture** puis cliquez sur le bouton **...** en fin de ligne.

La boîte de dialogue suivante est affichée :

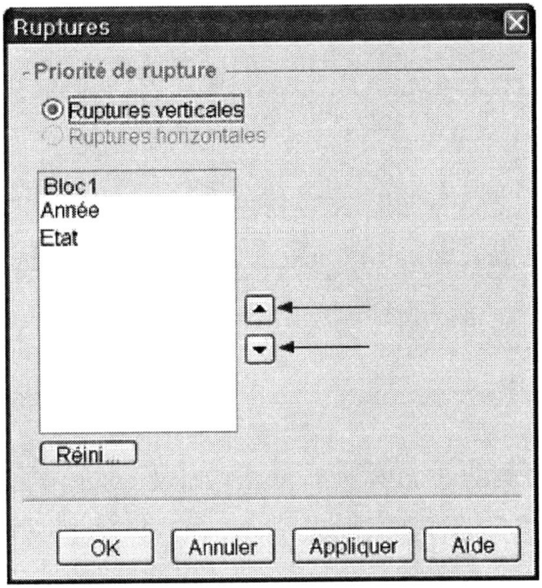

→ Modifiez l'ordre des priorités de la rupture en sélectionnant d'une part, un des objets relatifs aux différentes ruptures qui se trouvent dans une liste, puis en utilisant une des deux flèches pour faire remonter ou descendre cet objet dans la liste. Les priorités des ruptures décroissent de haut en bas.

→ Cliquez sur le bouton **Appliquer** ou le bouton **OK**.

Ruptures verticales correspond aux tableaux verticaux ou aux lignes des tableaux croisés et **Ruptures horizontales** correspond aux tableaux horizontaux et aux colonnes des tableaux croisés (revoir éventuellement les types de tableaux dans le paragraphe qui leur est consacré plus haut). Le bouton **Réinitialiser** permet de revenir à l'ordre des priorités initiales.

6. Ruptures horizontales

Dans le cas de tableaux croisés qui sont comme nous l'avons déjà vu des tableaux avec des colonnes dynamiques (les contenus des en-têtes de colonnes sont des valeurs de tables), nous pouvons aussi définir des ruptures sur les en-têtes de colonnes.

Par exemple, nous allons créer un tableau croisé avec en en-tête de colonnes les états et villes, en en-tête de ligne les années et les valeurs seront les **Revenus de vente**.

Dans un premier temps, créons un tableau vertical :

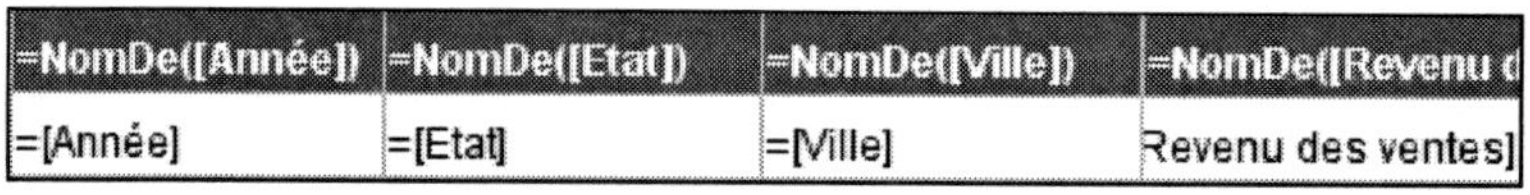

Puis, transformons ce tableau en tableau croisé, soit :

- avec un clic droit sur le tableau puis en choisissant la commande **Transformer en** puis choix de tableau croisé ;
- soit en choisissant **Tableau croisé** dans l'onglet **Modèles** à gauche et en le déplaçant dans le tableau :

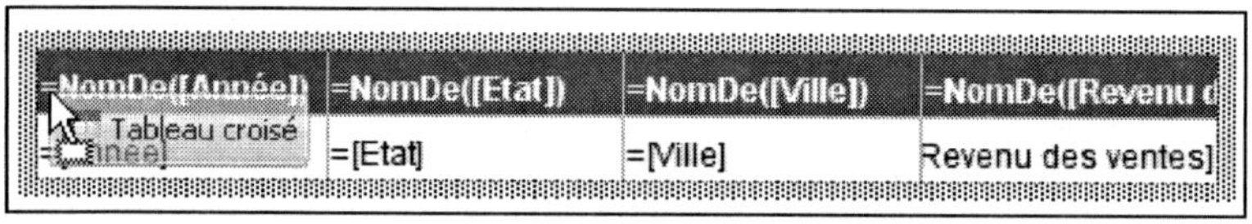

Pour obtenir :

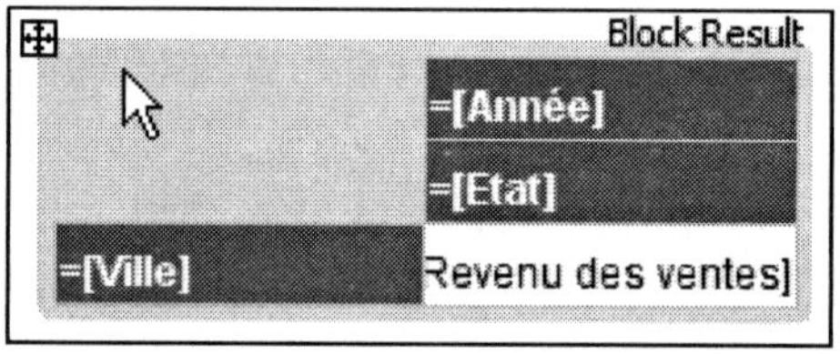

Comme nous souhaitons avoir en en-tête de colonne les états et les villes, nous allons déplacer l'objet **Année** en en-tête de ligne (faites attention au lieu du déplacement, la bulle d'aide doit indiquer "Faites glisser ici pour insérer une cellule").

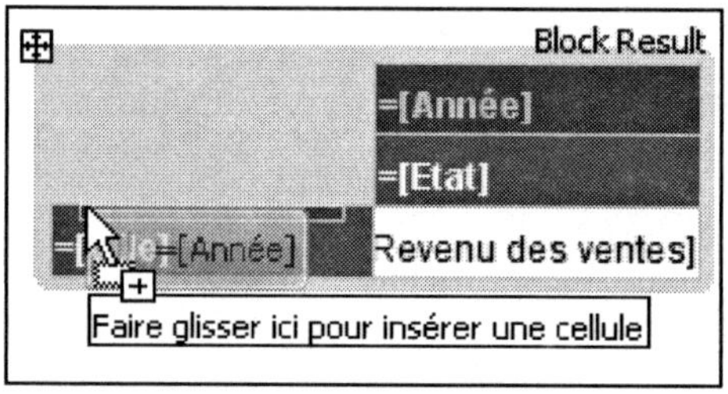

De la même façon glissez-déplacez l'objet **Ville** sous l'objet **Etat** en en-tête de colonne.

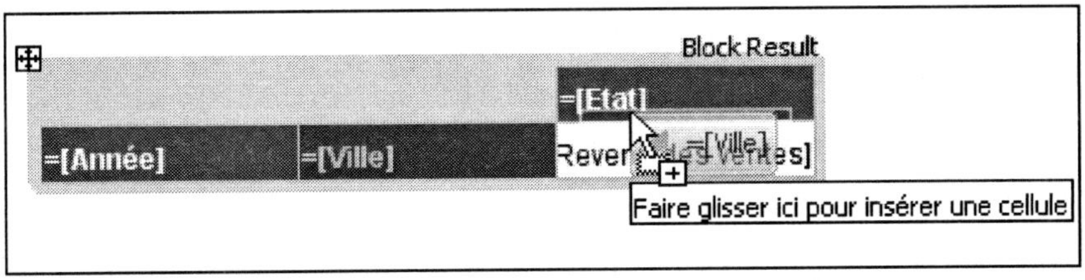

Vous obtenez :

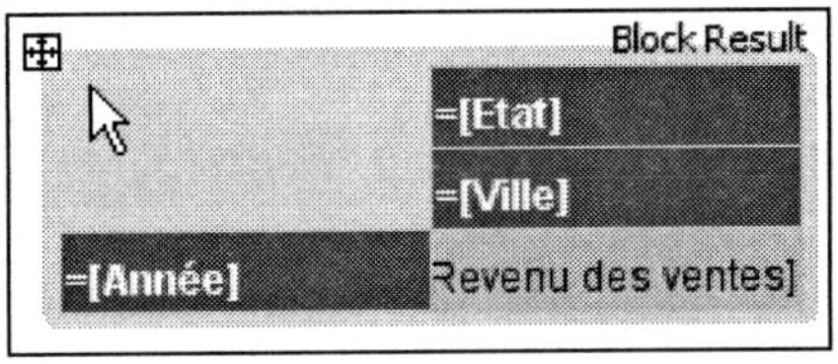

Et donc le tableau de données suivant, après avoir cliqué sur le bouton **Afficher les résultats**.

	California	California	Colorado	DC
	Los Angeles	San Francisco	Colorado Springs	Washington
2004	982 637 €	721 574 €	448 302 €	693 211 €
2005	1 581 616 €	1 201 064 €	768 390 €	1 215 158 €
2006	1 656 676 €	1 336 003 €	843 584 €	1 053 581 €

Pour avoir une rupture horizontale, il suffit de cliquer sur le premier en-tête de colonne (les états) puis de cliquer sur l'icône **Rupture**.

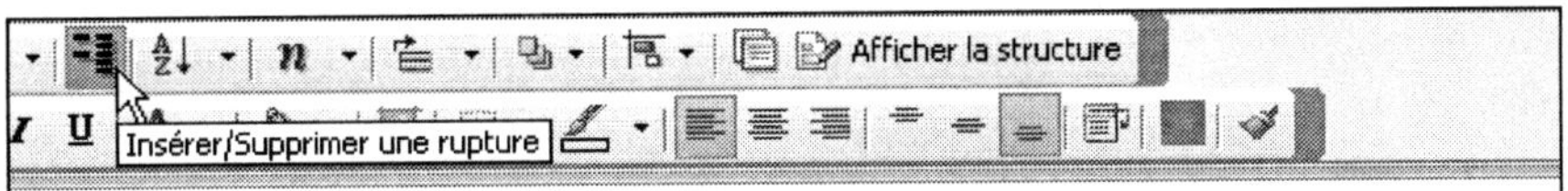

	California	California	Colorado	DC
	Los Angeles	San Francisco	Colorado Springs	Washington
2004	982 637 €	721 574 €	448 302 €	693 211 €
2005	1 581 616 €	1 201 064 €	768 390 €	1 215 158 €
2006	1 656 676 €	1 336 003 €	843 584 €	1 053 581 €

Et vous avez :

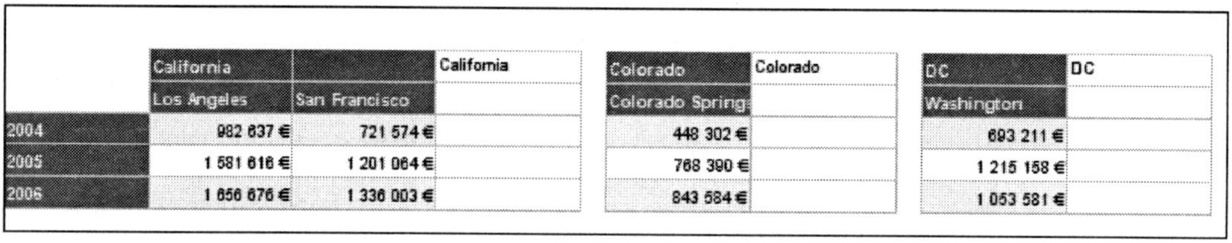

Vous pouvez bien évidemment ajouter des calculs (comme pour les ruptures verticales) en cliquant sur l'icône **Somme** pour obtenir :

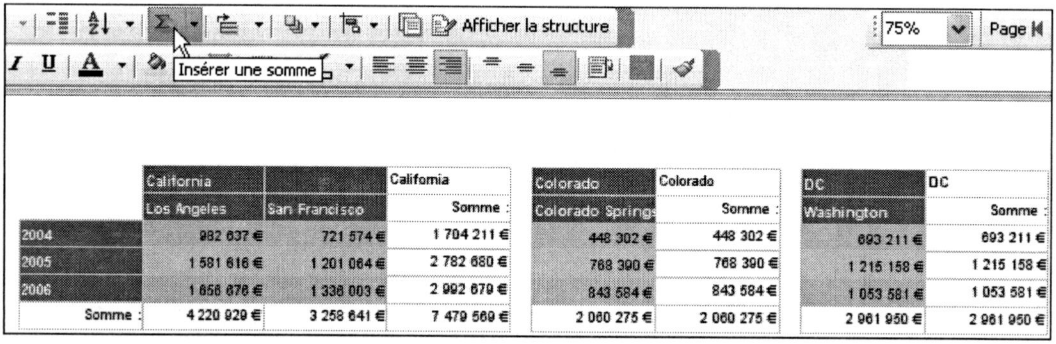

Pour voir comment supprimer une rupture, référez-vous au paragraphe suivant.

Pour mettre en forme les ruptures horizontales, la procédure est la même que pour les verticales. Par exemple, pour centrer les valeurs d'une rupture horizontalement, cliquez sur l'option correspondante dans la rubrique **Ruptures** de l'onglet **Propriétés** (après avoir sélectionné la ligne contenant la rupture).

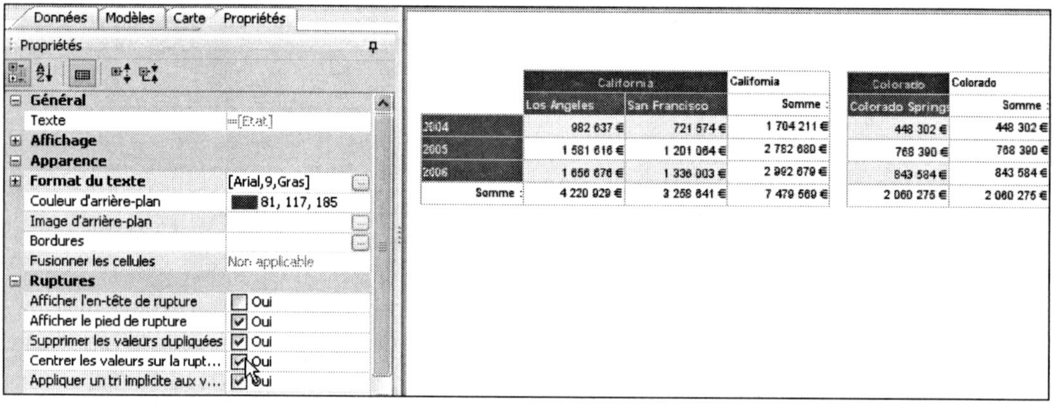

De même, vous pouvez définir l'ordre de priorité des ruptures par l'option **Priorités de rupture** de la rubrique **Ruptures** après avoir sélectionné le tableau.

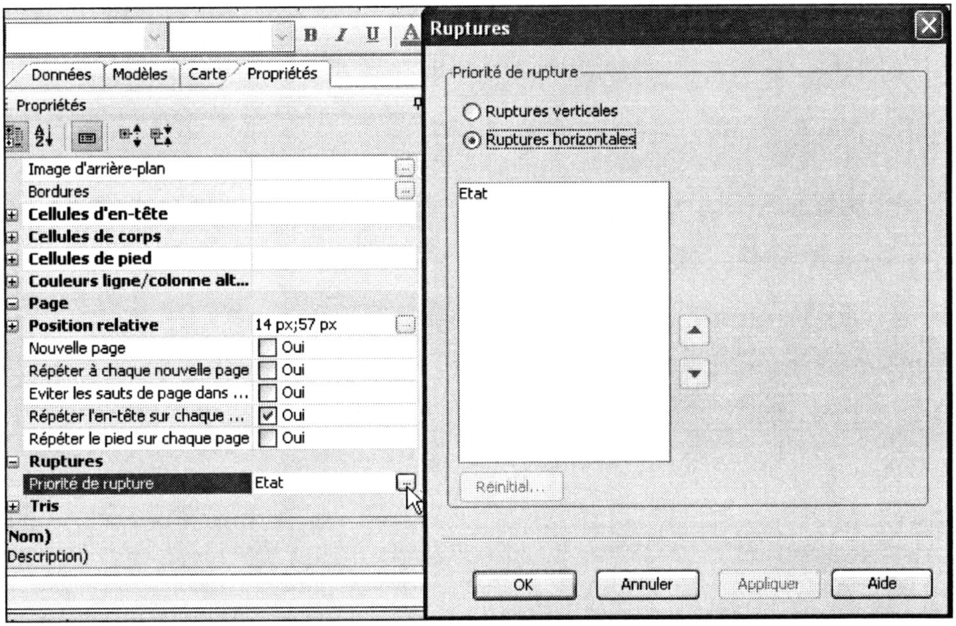

Il peut y avoir dans un même tableau des ruptures horizontales et verticales.

7. Suppression de ruptures

→ Pour supprimer une rupture, sélectionnez la colonne (ou la ligne) sur laquelle elle est basée puis cliquez sur le même outil qui a servi à créer la rupture :

8. Mise en forme des ruptures

Il existe un certain nombre de propriétés qui permettent de contrôler la façon dont sont affichés et imprimés les tableaux avec ruptures. Ces propriétés sont celles des tableaux qu'ils aient ou non des ruptures mais cela est plus visible dans le cas de tableaux avec rupture.

➔ Pour accéder à ces propriétés, cliquez sur le tableau choisi, puis sélectionnez l'onglet **Propriétés** dans Infoview.

Les propriétés d'affichage du tableau sont regroupées dans le noeud **Affichage** :

Les propriétés les plus importantes sont les suivantes :

- **Afficher les en-têtes du tableau** : ajoute une ligne d'en-tête correspondant aux noms des colonnes. Pour ajouter une ligne d'en-tête, développez le noeud **Affichage** puis cliquez sur la propriété **Afficher les en-têtes du tableau**. Cochez ou décochez la case qui se trouve sur la ligne pour valoriser la propriété.
- **Afficher les pieds du tableau** : cette option ajoute un bloc d'une ligne après le dernier bloc issu de la rupture. Cette ligne contient par défaut la somme des indicateurs de type numérique. Pour modifier cette propriété cliquez sur la propriété **Afficher les pieds du tableau** sous le noeud **Affichage** et cochez ou décochez la case sur cette ligne.
- **Eviter l'agrégation des doublons** : par défaut Webi agrège les doublons ce qui signifie que lorsque deux lignes contiennent les mêmes valeurs sur une colonne de type dimension, Webi fusionne les deux lignes en prenant les valeurs communes et en ajoutant les indicateurs présents sur les deux lignes. Ainsi si le tableau ci-dessous contient des doublons pour l'état de Californie :

Année	Etat	Revenu des ventes
2004	California	982 637 €
	California	721 574 €
	Colorado	448 302 €

Après fusion des doublons, le résultat est le suivant :

Année	Etat	Revenu des ventes
2004	California	1 704 211 €
	Colorado	448 302 €

➜ Pour paramétrer cette propriété, développez le noeud **Affichage** puis cochez ou décochez la case présente au niveau de la propriété **Eviter l'agrégation des doublons**.

9. Mise en page pour les ruptures

Un certain nombre de propriétés permettent de contrôler la mise en page des ruptures en vue de l'impression. Certaines de ces propriétés sont disponibles dans le noeud **Position relative** qui lui même se trouve sous le noeud **Page** après avoir sélectionné le tableau.

D'autres se trouvent dans la liste des propriétés de la section **Ruptures** après avoir sélectionné la colonne contenant une rupture. Attention le menu **Page** est, ici, un sous-menu de **Ruptures** et regroupe les propriétés d'affichage des éléments de la rupture en mode page.

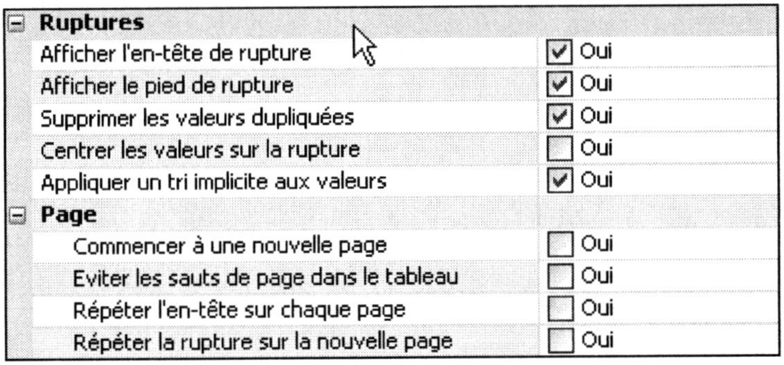

Les propriétés les plus importantes sont :

- **Nouvelle page** : chaque bloc issu de la rupture d'un tableau est imprimé sur une nouvelle page. Par exemple si la rupture porte sur la colonne **Année**, une nouvelle page est démarrée pour chaque année.

- **Eviter les sauts de page dans le tableau** : si un bloc issu de la rupture ne peut pas être imprimé sur le restant d'une page, ce bloc est imprimé sur la page suivante.
- **Répéter l'en-tête sur chaque page** : l'en-tête des colonnes sera répétée sur chaque nouvelle page quand un tableau s'étale sur plusieurs pages.
- **Répéter le pied sur chaque page** : le pied de page sera répété sur chaque page lorsque le tableau tient sur plusieurs pages.
- **Répéter la rupture sur la nouvelle page** : permet d'obtenir la valeur de la rupture sur chaque nouvelle page. Cette propriété se trouve dans la liste des propriétés de la colonne de ruptures.
- **Centrer sur les valeurs de la rupture** : permet de centrer verticalement la valeur commune à un groupe de données. Cette option ne peut être modifiée que si l'option **Supprimer les valeurs dupliquées** est activée. Par exemple, pour une rupture sur la colonne **Année** :

Il est parfois utile, par exemple pour gagner de la place en largeur, de définir des ruptures sur des colonnes invisibles. Les colonnes sur lesquelles sont définies des ruptures sont ensuite rendues invisibles en mettant leur largeur au minimum et en colorant les caractères de même couleur que le fond de ces colonnes. En effet, il n'existe pas en Webi la possibilité de plier les ruptures comme en Desktop. De même il n'est pas possible de faire une rupture conditionnelle (sur une valeur particulière de la colonne utilisée pour la rupture).

J. Utilisation des tris

Les tris servent à organiser les données. Les tris sont surtout utilisés à deux niveaux :

- sur les cellules de section pour contrôler l'ordre dans lequel apparaissent les sections ;
- dans les tableaux pour contrôler l'ordre dans lequel apparaissent les données dans une colonne ou une ligne d'un tableau.

Les tris peuvent être appliqués à toutes sortes de données, dimensions, indicateurs ou même informations. Les tris sur une dimension de type date, par exemple, sont très utiles pour présenter l'évolution des données dans le temps. Les tris sur des indicateurs permettent de repérer les données les plus basses ou les plus hautes.

Il y a un tri "naturel" associé à certains types de données. Pour les données numériques, c'est simplement l'ordre lié aux comparaisons sur les nombres. Pour les données de type Chaîne de caractères c'est l'ordre alphabétique (ou lexicographique). Pour les données de type Date c'est l'ordre chronologique.

1. Ordre de tri

Il existe plusieurs types de tri :

- **Tri ascendant ou croissant** : présente les données des plus basses aux plus hautes.
- **Tri descendant ou décroissant** : présente les données des plus fortes aux plus faibles.
- **Tri personnalisé** : l'utilisateur définit l'ordre d'une liste de valeurs (la première, en haut, est la plus faible et la dernière, en bas, la plus forte).

2. Appliquer un tri

Pour trier les données dans un rapport :

→ Sélectionnez "l'objet" à trier : cliquez sur une cellule de section ou une colonne dans un tableau.

➔ Cliquez sur la liste déroulante contenant les types de tri sur la barre d'outils **Gestion des rapports** et choisissez le type de tri :

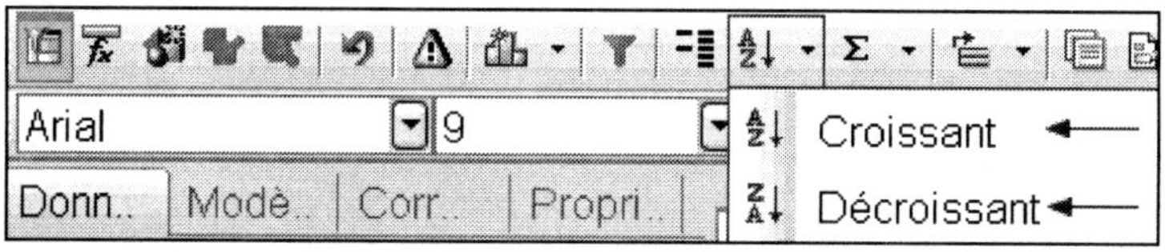

Par exemple, supposons que nous voulons avoir les revenus des ventes par année, état et mois. La requête est classique :

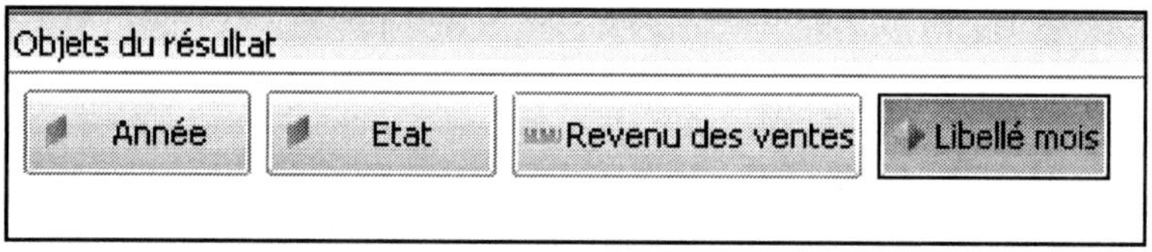

Les tris habituels par les valeurs croissantes des colonnes situées le plus à gauche font que le tableau est déjà trié par année et état.

Si cet ordre a été perturbé, vous pouvez le rétablir en cliquant sur l'icône **Tri** après avoir sélectionné la colonne **Année**.

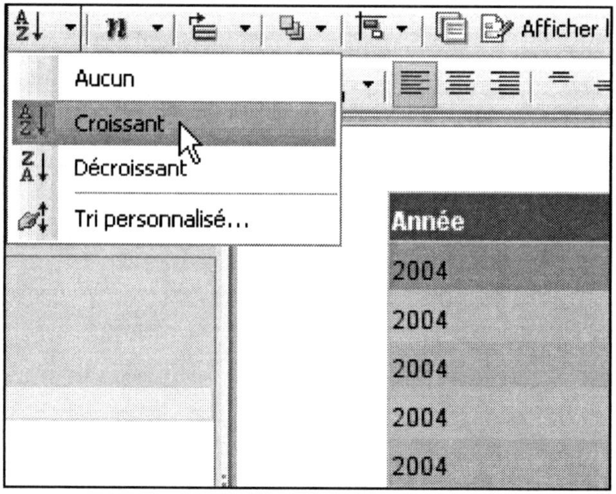

Ensuite, il nous faut trier les libellés des mois. Pour ceci :

➔ Sélectionnez la colonne **Libellé mois**.

➔ Déroulez l'icône **Tri**.

→ Choisissez l'option **Tri personnalisé**.

Ensuite, vous devez classer les mois par ordre chronologique en faisant monter certains avec l'outil  et en en faisant descendre d'autres avec l'outil . Vous arrivez (avant dernière étape puisque novembre est encore après décembre) à :

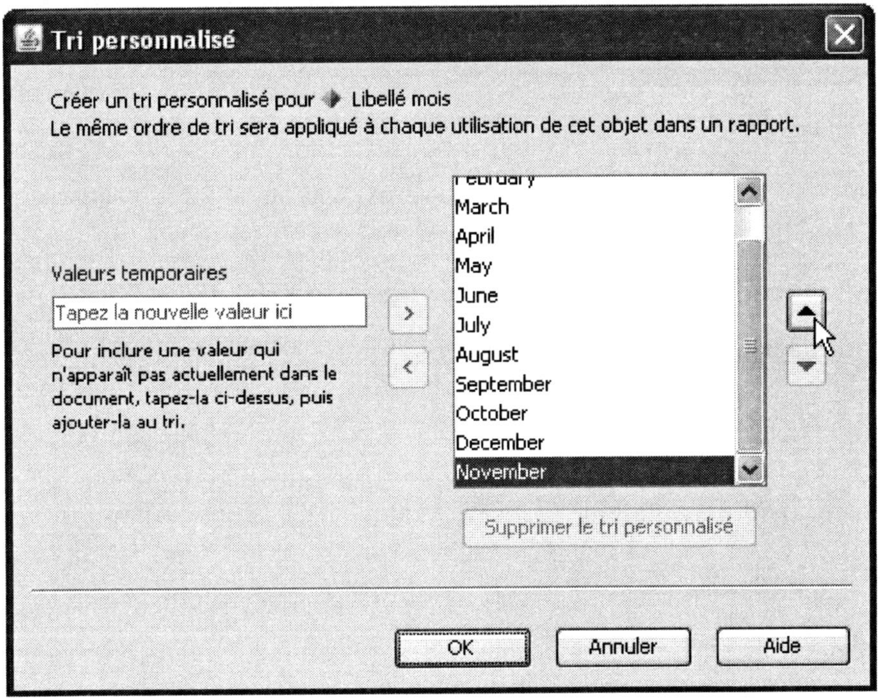

Ce qui donne le tableau trié suivant :

Année	Etat	Libellé mois	Revenu des ventes
2004	California	January	178 186 €
2004	California	February	120 205 €
2004	California	March	220 830 €
2004	California	April	185 423 €
2004	California	May	163 346 €
2004	California	June	92 725 €
2004	California	July	115 918 €
2004	California	August	36 011 €
2004	California	September	242 380 €
2004	California	October	141 648 €

3. Appliquer des priorités sur plusieurs tris

Lorsque vous définissez plusieurs tris sur le même tableau, ils sont appliqués dans l'ordre de création.

Si vous souhaitez modifier les priorités de ces tris procédez comme suit :

→ Sélectionnez le tableau cible des tris.

→ Affichez la liste de ses propriétés puis développez le noeud **Tris** :

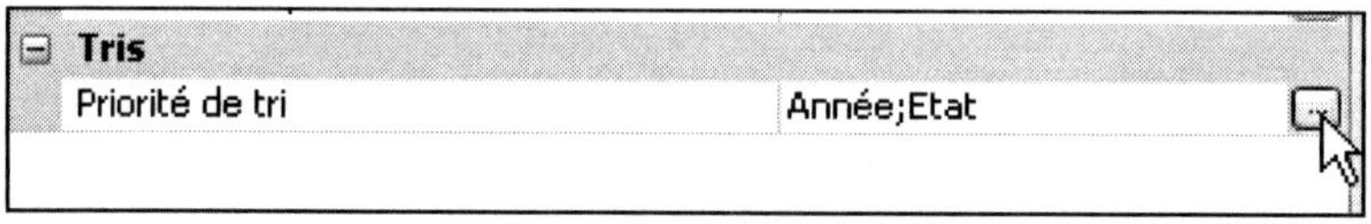

→ Cliquez sur le bouton . La boîte de dialogue **Tris** s'affiche :

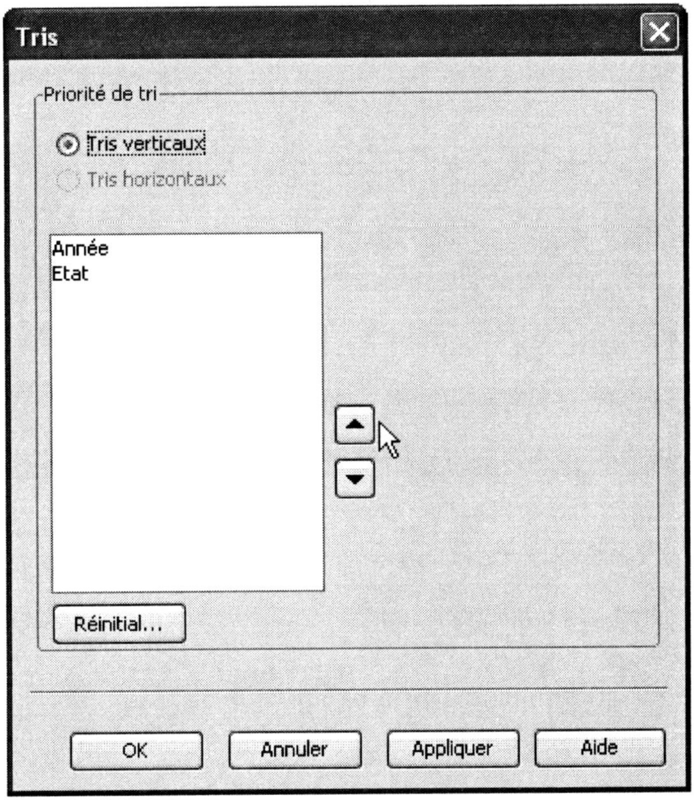

Cette boîte de dialogue contient une liste contenant les noms des objets ayant servi pour les tris à l'exception notable de la colonne utilisée pour le tri personnalisé.

Sélectionnez un tri puis utilisez l'une des deux flèches pour modifier sa priorité. Le tri avec la plus haute priorité se trouve au sommet.

K. Mise en forme de rapports

1. Présentation

La mise en forme d'un rapport est un facteur ergonomique qui le rend plus agréable à consulter. La mise en forme permet aussi de mettre en exergue des éléments du rapport en leur attribuant des propriétés particulières pour les mettre en relief. Par ailleurs, très souvent les entreprises ont des contraintes de mise en forme : règles de présentation pour uniformiser l'aspect des rapports, charte graphique en vigueur, etc.

Dans cette partie, nous allons nous intéresser plus particulièrement aux aspects suivants :

- Couleurs de fond et image d'arrière-plan des tableaux et cellules.
- Mise en forme du texte dans un tableau (police, taille, couleur...).
- Bordures de tableaux et cellules.
- Taille des cellules.

2. Comment modifier les attributs des éléments d'un rapport

Quand vous créez un tableau, celui-ci possède une présentation standard attribuée par **Webi**.

Si vous souhaitez modifier cette présentation, il y a deux grandes étapes à respecter :

- Sélectionnez les éléments dont la présentation doit être modifiée.
- Appliquez la modification de mise en forme aux éléments sélectionnés.

3. Sélection des éléments à modifier

→ Assurez-vous que vous êtes bien sur le rapport qui vous intéresse.

→ Entrez dans le mode **Résultat** ou le mode **Structure**.

→ Sélectionnez le tableau ou les cellules à mettre en forme.

Vous pouvez sélectionner les types d'éléments suivants :

- **Tout le tableau**. Une bordure grise et la couleur de fond qui change légèrement indiquent que le tableau est sélectionné.
- **Une ou plusieurs colonne(s)** : la couleur de fond change légèrement pour chaque colonne sélectionnée.
- **Un en-tête de colonne**.
- **Des libellés (titre, etc.)**.

Pour sélectionner plusieurs éléments, maintenez la touche [Ctrl] enfoncée. La touche [Maj] peut être utilisée pour sélectionner un ensemble de colonnes consécutives en maintenant celle-ci enfoncée pendant la sélection des deux colonnes de début et de fin. Procédez de la même façon pour sélectionner les en-têtes de colonnes.

4. Modification des attributs

Il y a plusieurs moyens d'appliquer un attribut :

- en utilisant la barre d'outils **Mise en forme** ;
- en utilisant la liste des propriétés ;
- en utilisant un menu contextuel.

5. Utilisation de la barre d'outils Mise en forme

En mode **Résultat** ou en mode **Structure**, une barre d'outils **Mise en forme** apparaît :

Les options de cette barre d'outils qui peuvent être activées dépendent des éléments sélectionnés.

C'est un moyen simple et rapide de modifier les attributs d'un tableau ou d'une cellule. Cette barre d'outils a été déjà décrite au début du chapitre sur l'utilisation des rapports.

6. Utilisation de la liste des propriétés

Les propriétés de l'objet sélectionné peuvent être consultées et modifiées dans le panneau **Propriétés**. Pour y accéder, il suffit de sélectionner l'onglet **Propriétés** dans **Infoview** :

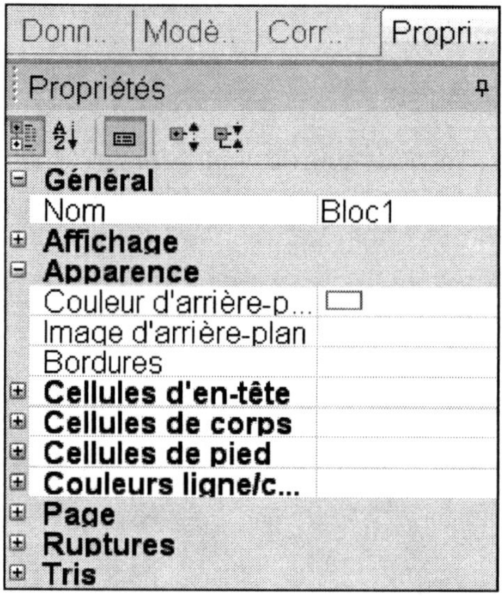

Cette liste reprend toutes les options de la barre d'outils **Mise en forme** et contient d'autres éléments. Les propriétés affichées dépendent de la sélection courante. Par exemple lorsqu'un tableau entier est sélectionné, un groupe de propriétés nommé **Couleurs ligne/colonne alternées** apparaît et n'existe plus lorsqu'on sélectionne une cellule.

L'affichage des propriétés dans cette liste peut être modifiée par les boutons dans le haut de l'onglet :

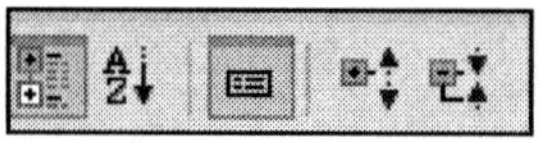

Le rôle des cinq boutons est le suivant :

- **Afficher les propriétés par catégorie** : les propriétés sont regroupées par catégorie. Par exemple, la catégorie **Apparence** regroupe les propriétés **Couleur d'arrière-plan, Image d'arrière-plan et bordures**.
- **Afficher les propriétés par ordre alphabétique** : les propriétés sont affichées en les triant sur le nom.

- **Afficher/masquer la zone de description** : une zone dans le bas de l'onglet affiche une courte description de la propriété couramment sélectionnée. Ce bouton permet de l'afficher ou de la masquer.
- **Détailler** : certaines propriétés sont regroupées sous un nom accompagné d'un signe + ou -. En cliquant sur le signe + vous pouvez visualiser le contenu du groupe. Inversement, en cliquant sur le signe -, vous cachez le détail du groupe.
- **Compacter** : les propriétés du groupe sont cachées et seul le nom du groupe précédé du symbole + sont visibles.

7. Mise en forme de l'ensemble d'un tableau

Dans **Webi** la mise en forme d'un tableau peut s'appliquer de deux manières différentes :

- soit à l'ensemble du tableau ;
- soit à des cellules particulières : colonne, cellule d'en-tête...

Il est plus facile et plus simple de faire une mise en forme à l'ensemble du tableau. De plus, dans le cas où une cellule est doublement paramétrée en tant qu'élément du tableau et en tant que cellule individuelle, c'est cette dernière mise en forme qui prime par rapport au paramétrage de l'ensemble du tableau.

Pour faire une mise en forme de l'ensemble d'un tableau :

➔ Commencez par le sélectionner en cliquant sur l'un des bords de ce tableau. Une bande grise indique qu'il est sélectionné.

➔ Ensuite faites apparaître la liste des propriétés du tableau en sélectionnant l'onglet **Propriétés** ou en sélectionnant l'option **Modifier le format du menu** qui apparaît après un clic droit sur le tableau sélectionné.

➔ Modifiez les propriétés qui vous intéressent dans la liste des propriétés.

Dans tout ce qui suit, et pour éviter certaines redites, nous supposerons parfois que vous avez déjà sélectionné un tableau et que vous vous apprêtez à le mettre en forme.

La mise en forme se fera, à titre d'exemple, sur le tableau suivant :

Etat	Revenu des ventes	Quantité vendue
California	7 479 569 €	46 074
Colorado	2 060 275 €	12 787
DC	2 961 950 €	18 744
Florida	1 879 159 €	11 267
Illinois	3 022 658 €	17 976
Massachusetts	1 283 707 €	7 676
New York	7 582 221 €	46 358
Texas	10 117 664 €	62 347

8. Couleur de fond

Pour attribuer une couleur de fond à un tableau :

➔ Sélectionnez ce tableau, une bordure grise indique qu'il est sélectionné.

➔ Accédez à ses propriétés. Cliquez sur l'onglet **Propriétés**.

Ou faites un clic droit sur le tableau. Un menu s'affiche :

→ Sélectionnez l'option **Format**. C'est une manière indirecte de sélectionner l'onglet **Propriétés**.

→ Développez le noeud **Apparence** puis sélectionnez la ligne "**Couleur d'arrière-plan**".

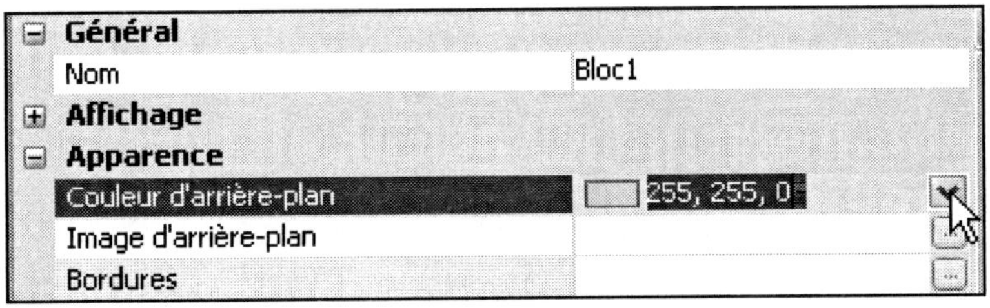

→ Cliquez sur la petite flèche qui s'affiche à la droite de la couleur courante. Choisissez la couleur voulue dans la palette qui s'affiche.

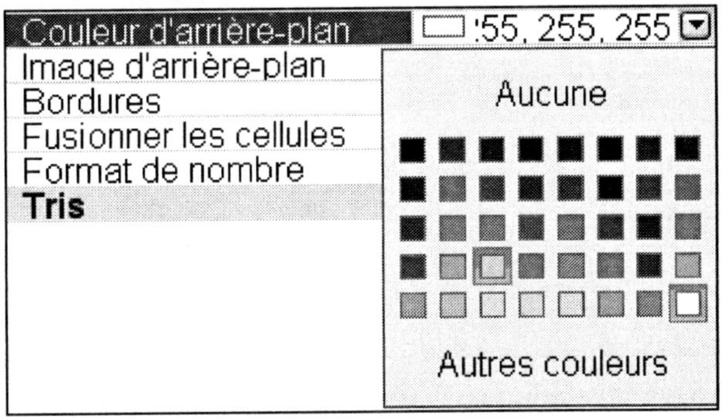

Attention : pour un tableau il existe une propriété **Cellules de corps** (du tableau) dont la couleur de fond prime sur la couleur de fond du tableau :

Pour que la couleur de fond du tableau soit prise en compte, il faut désactiver la couleur de fond des cellules du corps du tableau. Pour cela, choisissez **Par défaut** dans la palette de couleurs pour les cellules du corps du tableau :

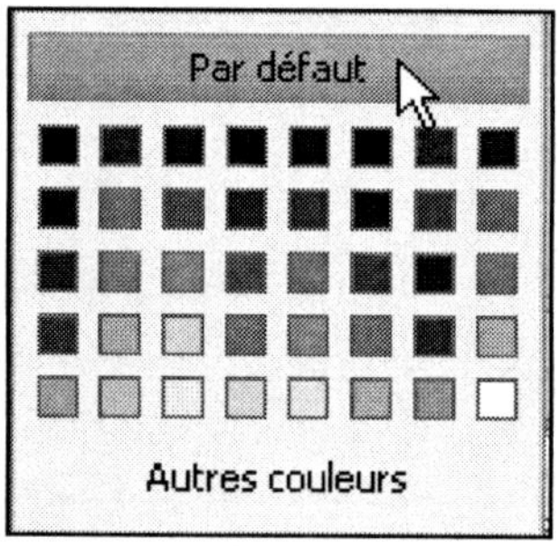

9. Couleur de fond des cellules d'en-tête de tableau

Dans la liste des propriétés du tableau, développez le noeud **Cellules d'en-tête** puis sélectionnez la ligne **Couleur d'arrière-plan**. Choisissez la couleur désirée de manière analogue au choix de la couleur de fond du tableau.

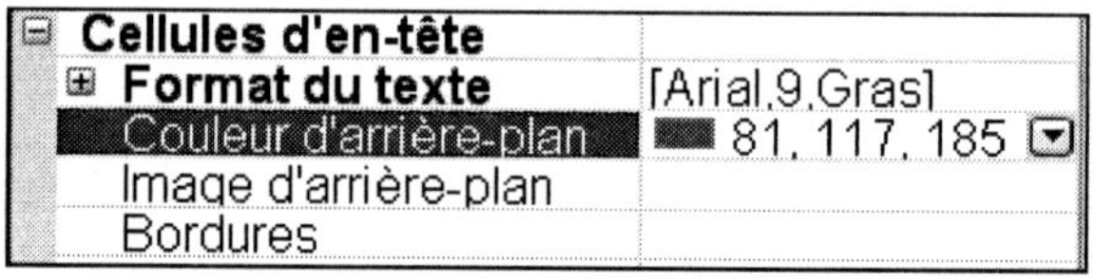

Comme exemple, mettons en jaune la couleur de fond des en-têtes de colonnes du tableau exemple en suivant la démarche exposée.

Le résultat est le suivant :

Etat	Revenu des ventes	Quantité vendue
California	7 479 569 €	46 074
Colorado	2 060 275 €	12 787
DC	2 961 950 €	18 744
Florida	1 879 159 €	11 267
Illinois	3 022 658 €	17 976
Massachusetts	1 283 707 €	7 676
New York	7 582 221 €	46 358
Texas	10 117 664 €	62 347

10.Couleur de texte

Comme vous le voyez, le résultat n'est pas satisfaisant. Il nous faut aussi changer la couleur du texte. Pour cela:

- Accédez à la liste des propriétés du tableau.
- Puis, comme nous l'avons fait précédemment, développez le noeud **Cellules d'en-tête**.
- Développez le noeud **Format du texte**.
- Cliquez sur la propriété **Couleur du texte** et choisissez la couleur du texte de manière analogue à ce qui a été fait auparavant.

L'autre méthode est de cliquer sur le bouton **...** à droite du nœud **Format de texte** et la boîte de dialogue suivante est affichée :

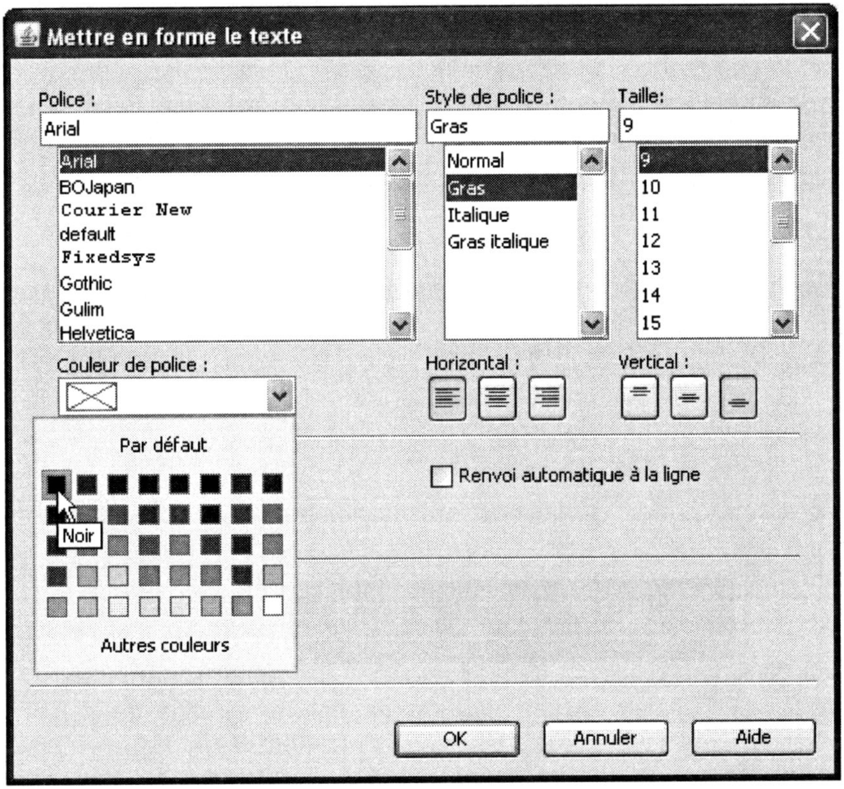

Choisissez la couleur **Noire** dans la rubrique **Couleur de la Police**.

Avec les deux méthodes, le résultat est le suivant :

Etat	Revenu des ventes	Quantité vendue
California	7 479 569 €	46 074
Colorado	2 060 275 €	12 787
DC	2 961 950 €	18 744
Florida	1 879 159 €	11 267
Illinois	3 022 658 €	17 976
Massachusetts	1 283 707 €	7 676
New York	7 582 221 €	46 358
Texas	10 117 664 €	62 347

11.Alternance des couleurs de lignes

Un tableau est plus facilement consultable si l'on alterne les couleurs des lignes. Pour définir cette alternance :

- Sélectionnez le tableau.
- Accédez à sa liste de propriétés.
- Développez le noeud **Couleurs/lignes alternées**.

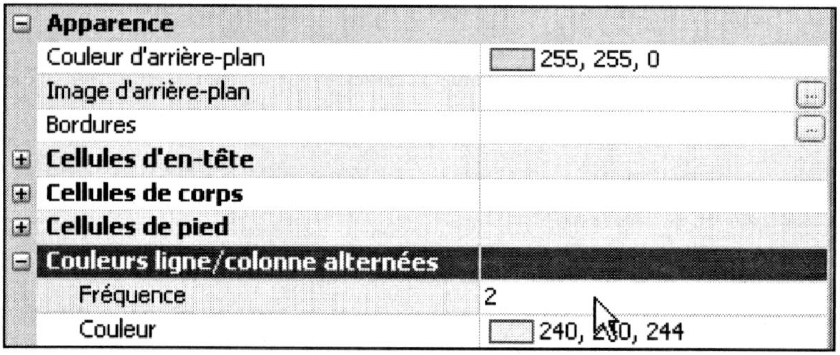

Choisissez la couleur alternée et sa fréquence. **Webi** attribue cette couleur de la manière suivante : il l'attribue à la première ligne du corps du tableau puis aux lignes suivantes en fonction de la fréquence choisie. Par exemple si la fréquence est de 3, la couleur sera attribuée à la première ligne de données, puis la troisième, etc.

Webi ne définit qu'une seule couleur pour l'alternance. L'autre couleur est implicitement la couleur de fond du tableau. En fait, Webi ne touche pas aux couleurs des lignes en dehors de la fréquence choisie.

12. Mise en forme des bordures

Les bordures permettent de mettre en valeur le tableau et ses cellules. Néanmoins elles doivent être utilisées avec modération car elles ralentissent l'affichage.

Les bordures peuvent être mises en forme sur les éléments suivants :

- les bords du tableau ;
- les cellules d'en-tête ;
- les cellules du corps du tableau ;
- les cellules de pied du tableau.

Pour mettre en forme les bordures :

→ Sélectionnez le tableau puis cliquez sur l'onglet **propriétés**.

→ Développez l'un des noeuds **Apparence**, **Cellules d'en-tête**, **Cellules de corps** ou **Cellules de pied** en cliquant si nécessaire sur le signe + en regard du noeud :

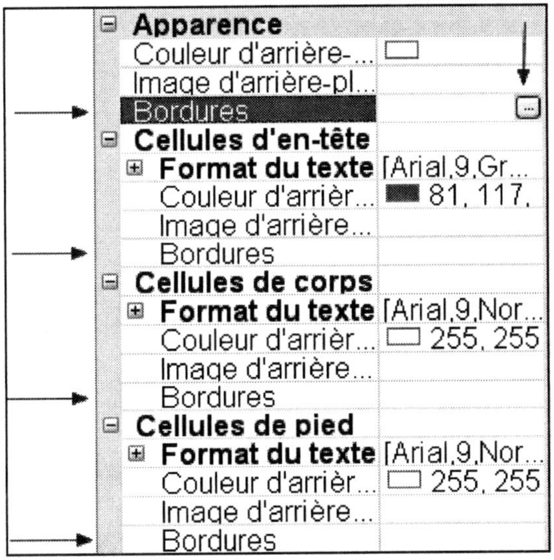

➔ Cliquez sur la propriété **Bordures** relative à la partie qui vous intéresse puis cliquez sur le bouton [...] qui apparaît à droite de la propriété.

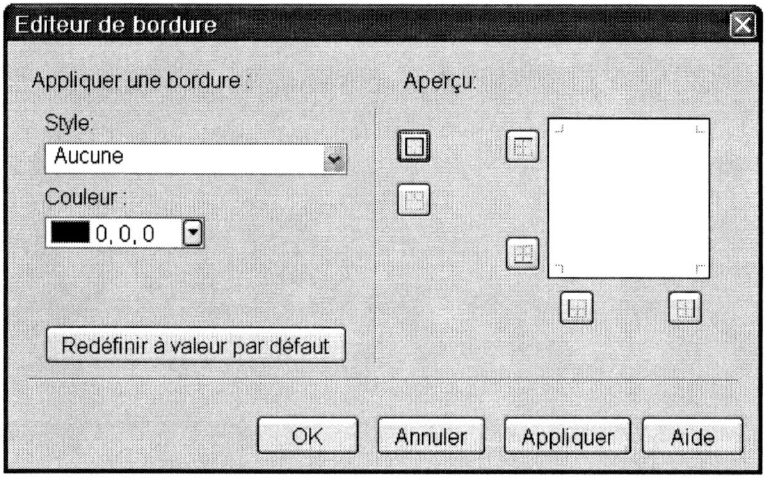

Choisissez le style et la couleur de la bordure. Dans cette version le style se résume à l'épaisseur. Ensuite choisissez les cotés auxquels appliquer le style en sélectionnant les boutons en relation avec les cotés choisis. Il y a six boutons qui correspondent aux cas suivants :

- Tous les côtés
- Aucun côté
- Côté droit
- Côté gauche
- Côté supérieur
- Côté inférieur

Il est possible de sélectionner tout ou partie des quatre cotés et d'appliquer un style différent à chacun d'entre eux.

13. Mise en forme du texte

La mise en forme du texte d'un tableau contribue à sa bonne lisibilité.

Les attributs de mise en forme sont les suivants : le type de fonte, sa taille, son style (gras, souligné...), sa couleur et son alignement.

Comme pour les bordures, la mise en forme du texte peut être utilisée à plusieurs niveaux : cellules d'en-tête, cellules de corps, cellules de pied.

La mise en forme du texte peut se faire en mode **Résultat** ou en mode **Structure**, ce dernier étant préférable.

Pour mettre en forme le texte d'un tableau, procédez comme suit :

→ Sélectionnez le tableau.

→ Affichez les propriétés du tableau en activant l'onglet **Propriétés** puis développez l'un des noeuds **Cellules d'en-tête**, **Cellules de corps** ou **Cellules de pied** puis cliquez sur le signe + en regard du noeud :

→) Cliquez sur la ligne correspondant à la partie du tableau qui vous intéresse. Cliquez sur le bouton qui apparaît. Une boîte de dialogue s'affiche :

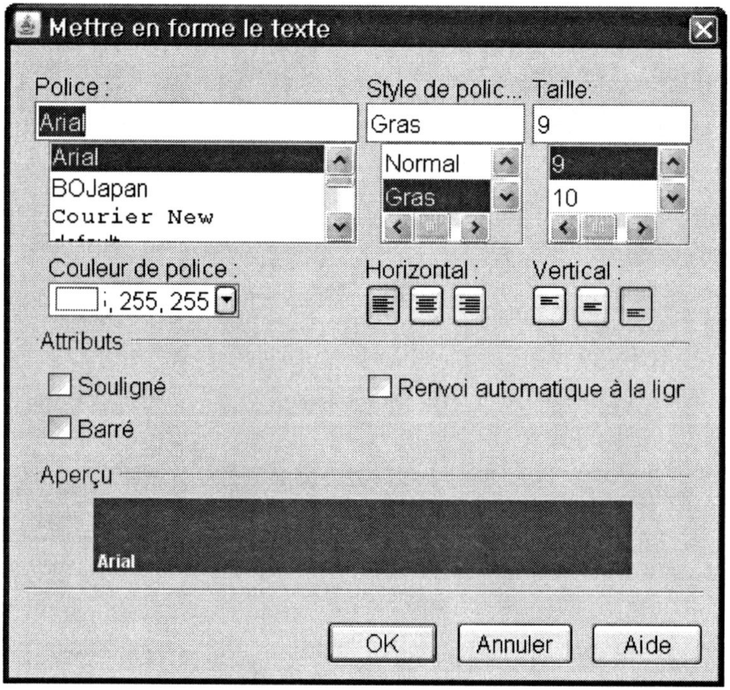

Les propriétés du texte peuvent être modifiées à l'aide de cette boîte de dialogue :

- Police
- Style
- Taille
- Couleur
- Alignement horizontal ou vertical
- Souligné et/ou barré
- Renvoi à la ligne automatique

→) Après avoir modifié les attributs voulus, cliquez sur le bouton **OK** pour valider vos choix et quitter cet éditeur de propriétés.

Il est possible de modifier les propriétés sans passer par la boîte de dialogue précédente. Pour cela, dans la liste des propriétés du tableau, développez le noeud **Format du texte** de la partie qui vous intéresse (en-tête...) en cliquant sur le symbole + en regard du noeud. Les propriétés du texte sont affichées :

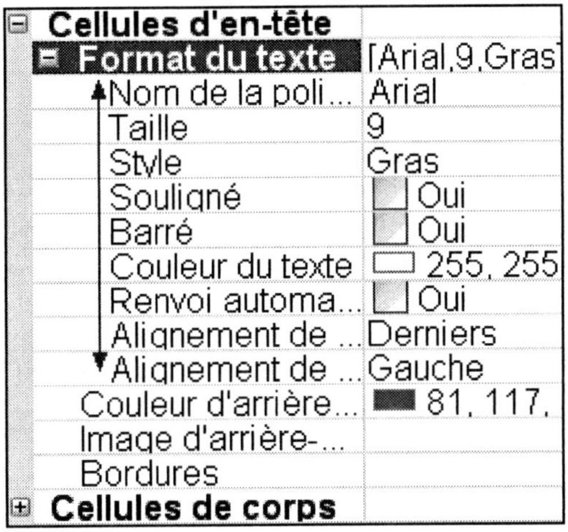

➔ Modifiez ces propriétés directement sans passer par l'éditeur précédent.

14. Taille des cellules

La taille des cellules dans un tableau peut être modifiée de plusieurs manières :

- par glisser-déposer ;
- en utilisant l'éditeur de propriétés du tableau ;
- par ajustement automatique.

Dans le cas d'un tableau vertical, les cellules d'une des trois parties d'un tableau (en-tête, corps, pied) auront la même hauteur. Si vous changez la hauteur d'une cellule, les autres cellules dans la même partie du tableau auront la même hauteur. Dans le cas d'un tableau horizontal, le même principe s'applique pour la largeur des cellules.

Par glisser-déposer : pour modifier la largeur d'une cellule cliquez sur le bord droit de la cellule puis, tout en maintenant enfoncé le bouton de la souris modifiez sa largeur. Une fois la bonne largeur atteinte, relâchez le bouton de la souris. Pour modifier la hauteur d'une cellule, cliquez sur le bord inférieur de la cellule puis, tout en maintenant enfoncé le bouton de la souris, modifiez sa hauteur. Une fois la bonne hauteur atteinte, relâchez le bouton de la souris.

En utilisant la liste des propriétés de la cellule : sélectionnez la cellule qui vous intéresse puis cliquez sur l'onglet **Propriétés**. La liste des propriétés de la cellule est affichée. Développez ensuite le noeud **Affichage** et modifiez la valeur des propriétés **Largeur** et **Hauteur** (en pixels).

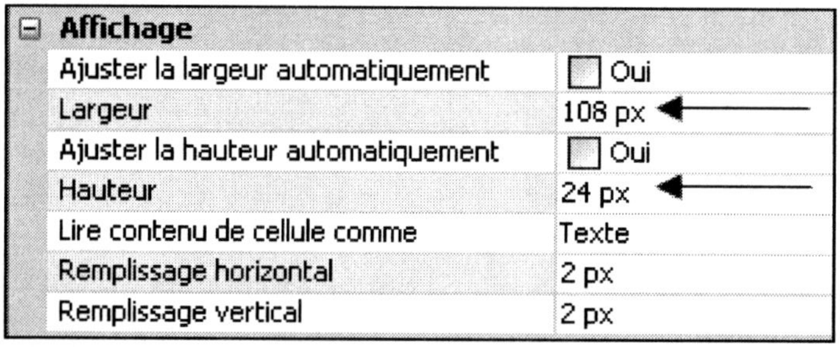

Par ajustement automatique : il s'agit d'obtenir une taille de cellule correspondant à la taille des données qu'elle contient. Comme cela a été expliqué plus haut, dans le cas d'un tableau vertical, l'ajustement de la largeur sera en fonction des données de toute la colonne.

Sélectionnez votre cellule puis affichez la liste de ces propriétés (onglet **Propriétés**). Développez le noeud **Apparence**. Cochez les cases correspondant aux propriétés **Ajuster la largeur automatiquement** et **Ajuster la hauteur automatiquement**. Pour ajuster la largeur de la cellule voulue faites un double clic sur le côté droit de la cellule. Pour ajuster la hauteur d'une cellule, faites un double clic sur son bord inférieur.

Chapitre 5 : Reporter : les diagrammes

A. Présentation

Infoview permet d'ajouter des diagrammes dans un rapport. Les diagrammes constituent un excellent complément aux tableaux car ils permettent d'appréhender plus rapidement les grandes tendances des données surtout si celles ci présentent des variations importantes.

En complément des tableaux (simples et croisés) **Web Intelligence** permet de créer des diagrammes (ou graphiques) dans un rapport. Il propose cinq catégories de graphiques :

- Histogrammes (à deux ou trois dimensions) ;
- Courbes (à deux ou trois dimensions) ;
- Aires (à deux ou trois dimensions) ;
- Secteurs (à deux ou trois dimensions) ;
- Nuages de points.

Créer un graphique ne pose pas de difficultés particulières. Les graphiques disposent de nombreuses options de mise en forme.

B. Créer un diagramme

Il y a au moins trois manières de créer un diagramme :

- Créer un nouveau diagramme.
- À partir d'un tableau existant.
- À partir d'un autre diagramme.

1. Nouveau diagramme

Dans cette partie nous allons voir comment créer un nouveau diagramme. Les autres manières sont décrites plus loin.

Il y a trois étapes principales pour créer un nouveau diagramme :

- Choix d'un type de diagramme.
- Affectation de dimension et d'indicateur aux axes.

- Afficher les données.

Dans ce qui suit nous allons illustrer la démarche à travers un exemple simple : la quantité de produits vendus par année.

Le préalable est, naturellement, de commencer par créer une requête avec les deux objets **Année** et **Quantité vendue**.

a. Choix d'un type de diagramme

Pour choisir un type de diagramme :

➔ Passez en mode **Structure** le rapport qui contiendra le diagramme.

➔ Sélectionnez l'onglet **Modèles** dans **Infoview** puis développez le noeud **Diagrammes** :

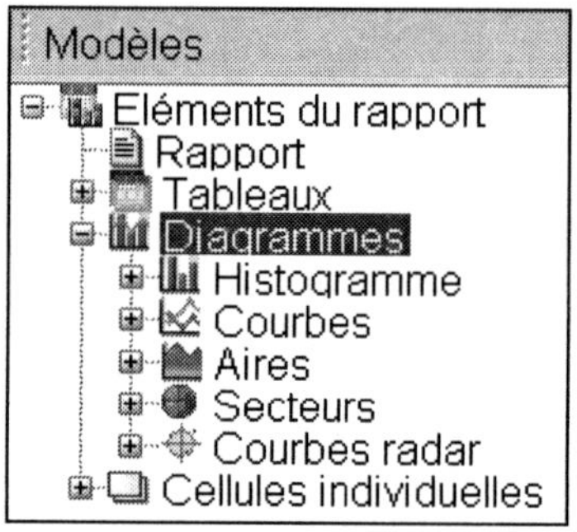

➔ Développez le noeud correspondant au type de diagramme qui vous intéresse, par exemple le type **Histogramme** :

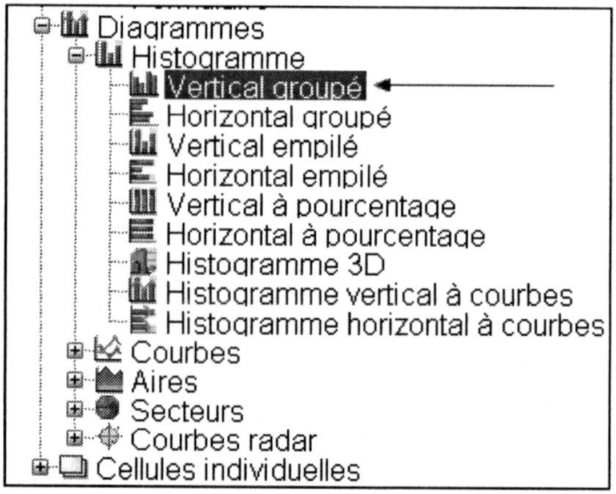

➔ Cliquez sur le type d'histogramme à utiliser puis faites un glisser-déposer vers une zone vide du rapport. Voici ce que l'on obtient dans un premier temps :

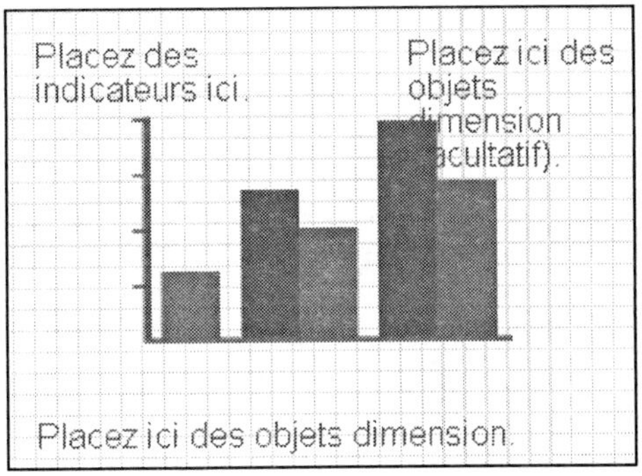

b. Définir les objets portés par les axes

Dans un diagramme il y a en général deux types d'éléments :

- l'objet à évaluer (de type **dimension**, dans notre cas l'année) ;
- un indicateur relatif à cet objet (dans notre cas la quantité de produits vendus).

Pour poursuivre la création du diagramme :

➔ Sélectionnez l'onglet **Données** puis faites glisser les éléments **Dimension** ou **Indicateur** vers les zones signalées sur le diagramme en mode **Structure**. Dans notre cas faites glisser l'objet **Année** vers la zone **Dimension** sous le diagramme. Une bulle apparaît avec le message "Placez ici des objets dimension". Relâchez le bouton de la souris. De même, faites glisser l'objet **Quantité vendue** vers la zone signalée par le texte "Placez des indicateurs ici".

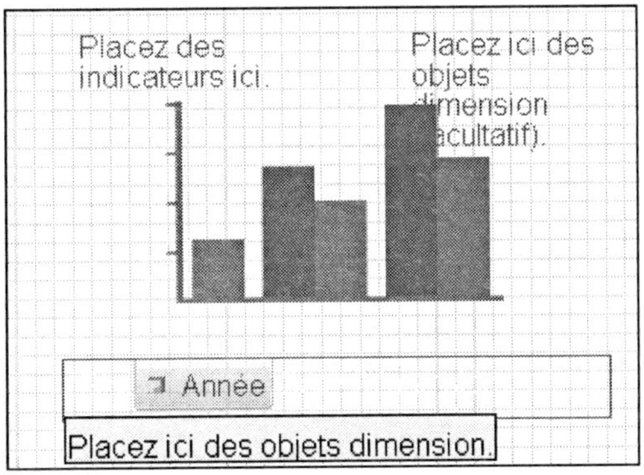

Les objets utilisés sont signalés par un fond de couleur jaune.

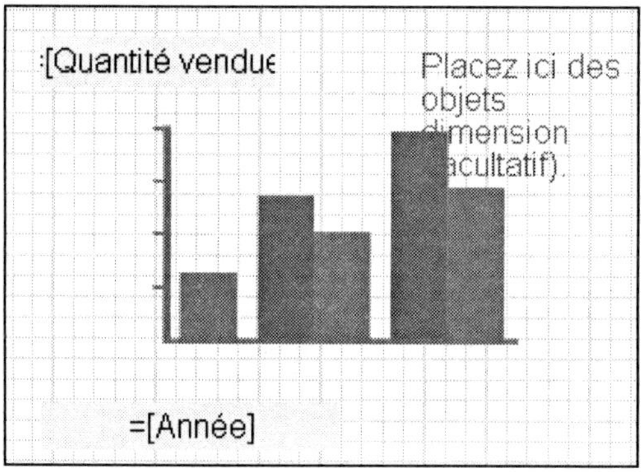

c. Afficher les données

→ Pour afficher le diagramme avec ses données, cliquez sur l'option **Afficher les résultats** de la barre d'outils **Gestion des rapports**.

On obtient le diagramme suivant :

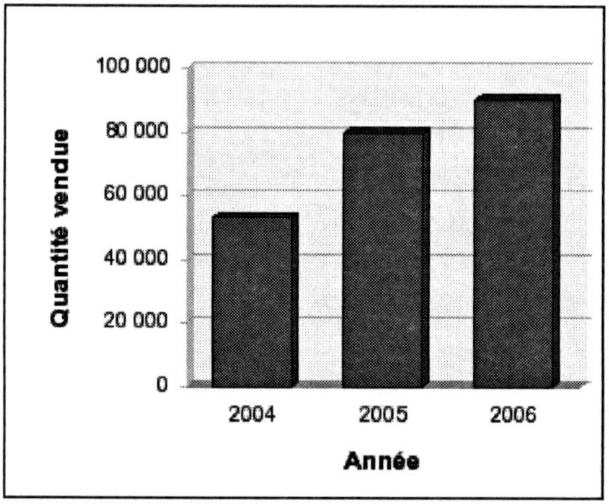

2. Transformer un tableau en diagramme

Il est souvent très utile d'avoir une double représentation des données sous forme chiffrée et sous forme de diagramme simultanément. **Web Intelligence** permet d'obtenir très facilement un diagramme à partir d'un tableau.

Pour illustrer la démarche, transformons en diagramme le tableau suivant (obtenu à partir d'une requête contenant les objets **Etat** et **Revenu des Ventes**) après l'avoir copié-collé pour garder les deux blocs :

Etat	Revenu des ventes
California	7 479 569 €
Colorado	2 060 275 €
DC	2 961 950 €
Florida	1 879 159 €
Illinois	3 022 968 €
Massachusetts	1 283 707 €
New York	7 582 221 €
Texas	10 117 664 €

Etat	Revenu des ventes
California	7 479 569 €
Colorado	2 060 275 €
DC	2 961 950 €
Florida	1 879 159 €
Illinois	3 022 968 €
Massachusetts	1 283 707 €
New York	7 582 221 €
Texas	10 117 664 €

Pour transformer un tableau en diagramme, procédez comme suit :

- Sélectionnez le tableau à transformer : pour cela cliquez sur un bord du tableau. Une bordure grise indique que le tableau est sélectionné.
- Cliquez sur l'onglet **Modèles**, développez les noeuds **Diagrammes** et **Histogramme** puis sélectionnez le type **Vertical groupé** :

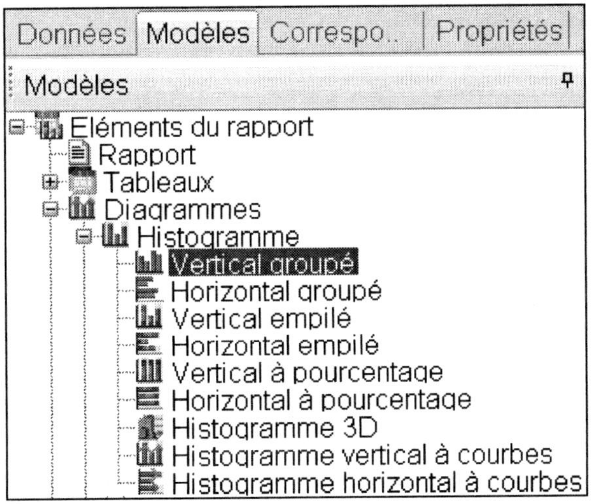

➔ Faites un glisser-déposer du diagramme voulu vers le tableau à transformer.

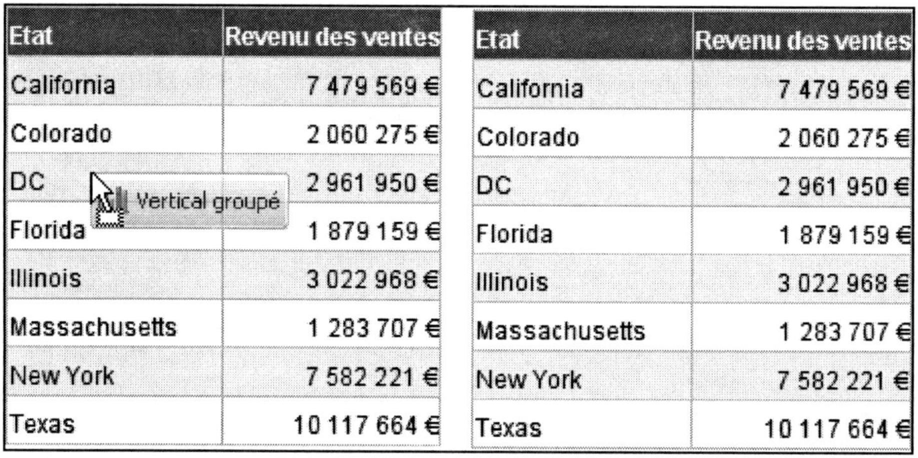

Etat	Revenu des ventes
California	7 479 569 €
Colorado	2 060 275 €
DC	2 961 950 €
Florida	1 879 159 €
Illinois	3 022 968 €
Massachusetts	1 283 707 €
New York	7 582 221 €
Texas	10 117 664 €

Etat	Revenu des ventes
California	7 479 569 €
Colorado	2 060 275 €
DC	2 961 950 €
Florida	1 879 159 €
Illinois	3 022 968 €
Massachusetts	1 283 707 €
New York	7 582 221 €
Texas	10 117 664 €

➔ Le nom du type de diagramme apparaît en surimpression dans le tableau. Relâchez le bouton de la souris. Vous obtenez alors le diagramme voulu (éventuellement après avoir déplacé un peu le tableau) :

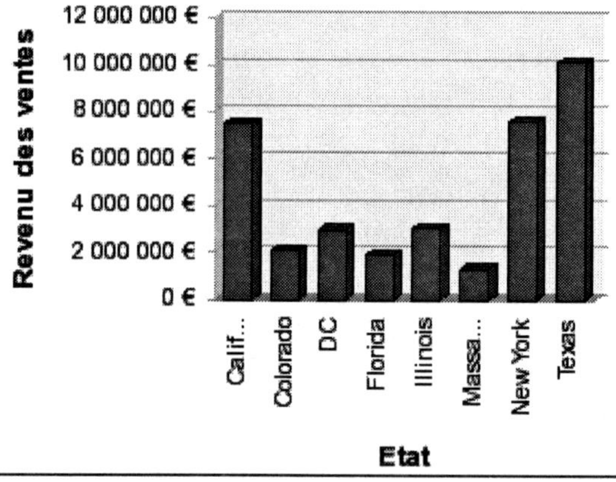

Etat	Revenu des ventes
California	7 479 569 €
Colorado	2 060 275 €
DC	2 961 950 €
Florida	1 879 159 €
Illinois	3 022 968 €
Massachusetts	1 283 707 €
New York	7 582 221 €
Texas	10 117 664 €

Il existe une deuxième façon de transformer un tableau en diagramme :

→) Faites un clic droit sur le bord du tableau à transformer puis sélectionnez l'option **Transformer en** du menu déroulant :

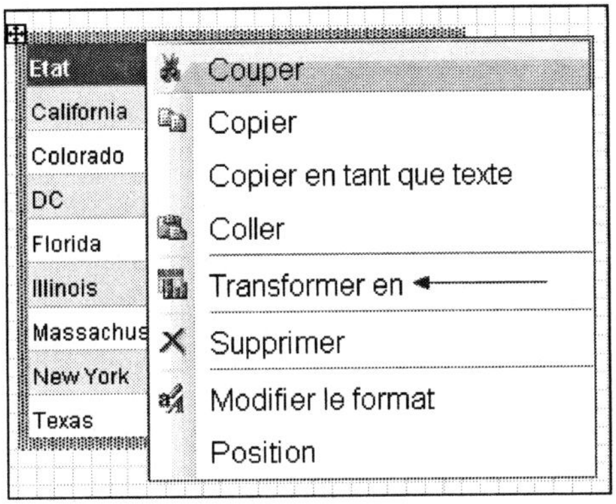

Cela permet d'afficher une boîte de dialogue avec des onglets permettant de sélectionner le type de diagramme désiré :

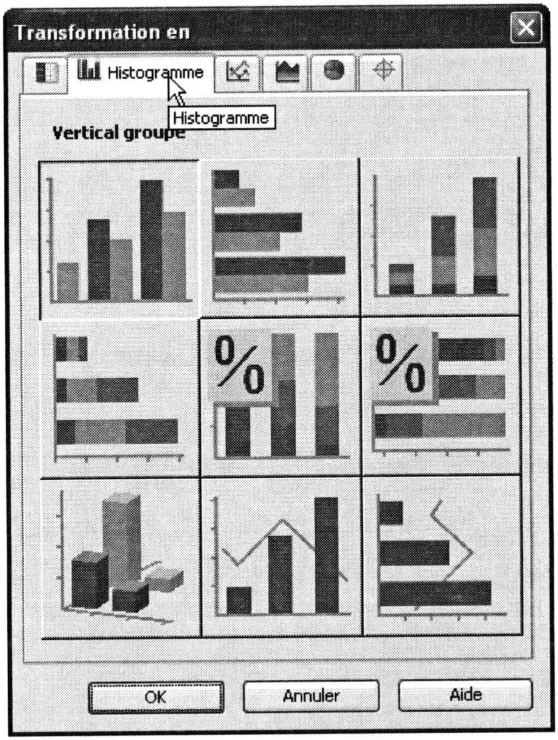

- Sélectionnez l'onglet qui vous intéresse puis sélectionnez le bouton correspondant au type de diagramme cible. Le nom du diagramme apparaît en haut de la boîte de dialogue.
- Validez avec le bouton **OK**.

C. Manipuler un diagramme

1. Supprimer un diagramme

Pour supprimer un diagramme dans un document, utilisez l'une des méthodes suivantes :

- Faites un clic droit sur le diagramme puis sélectionnez l'option **Supprimer** du menu déroulant.
- Faites un glisser-déposer du diagramme vers l'onglet **Données**.
- Sélectionnez le diagramme puis appuyez sur la touche [Suppr] du clavier.

Les deux dernières façons fonctionnent pour supprimer plusieurs diagrammes en même temps.

2. Positionnement d'un diagramme

On peut positionner un diagramme de trois manières :

- Positionnement interactif par glisser-déposer avec la souris.
- Positionnement absolu dans un rapport.
- Positionnement relatif par rapport à un autre bloc du rapport.

a. Positionnement par glisser-déposer

Cliquez sur le diagramme puis déplacez le diagramme à un endroit du rapport puis relâchez le bouton de la souris.

b. Positionnement absolu

Le positionnement absolu d'un diagramme se fait par rapport au coin supérieur gauche du rapport. Il faut spécifier la position du diagramme en modifiant ses propriétés. Pour afficher la liste des propriétés du rapport, sélectionnez le diagramme puis cliquez sur l'onglet **Propriétés** de **Infoview**. Développez le noeud **Page** puis le noeud **Position relative** :

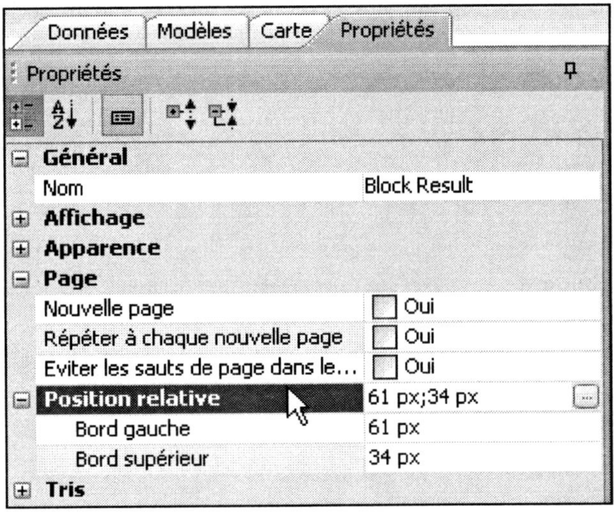

Ensuite saisissez la position en valorisant les propriétés **Bord gauche** et **Bord supérieur**.

c. Positionnement relatif

Il permet de spécifier la position du diagramme relativement à un autre bloc (tableau, diagramme...).

Dans l'exemple suivant nous allons supposer que le diagramme se trouve à droite du tableau (au besoin échangez les places des deux blocs avec la souris).

Pour spécifier le positionnement relatif :

→ Accédez à la liste des propriétés du diagramme (pour les détails consultez le paragraphe précédent).

→) Cliquez sur le bouton [...] qui apparaît et vous obtenez une boîte de dialogue :

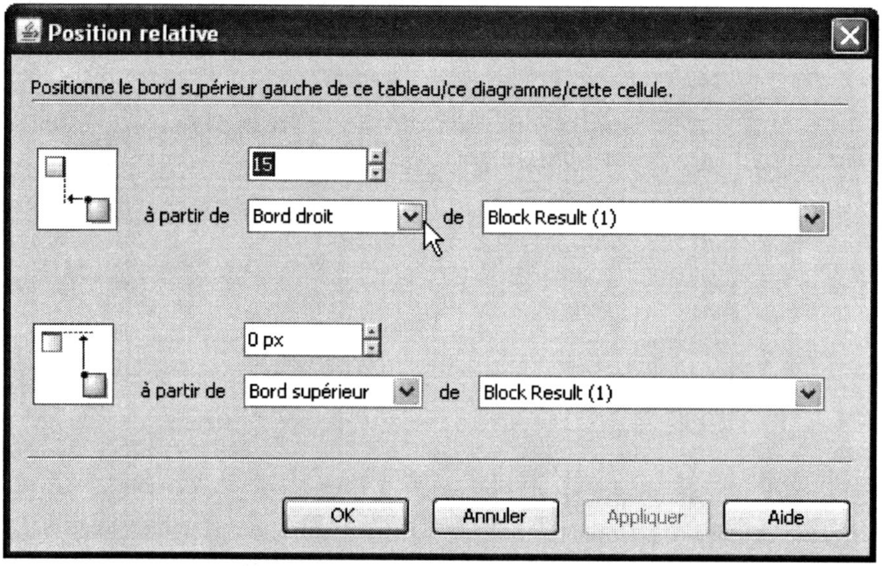

Dans cet exemple **Bloc Result (1)** est le nom du premier bloc.

Positionnez le diagramme à 15 pixels à partir du bord droit du premier bloc. Pour cela :

- Spécifiez le bloc par rapport auquel vous désirez vous positionner. La deuxième liste déroulante du haut contient les noms de tous les blocs présents dans le rapport ainsi que le nom du rapport. Dans ce dernier cas, ce sera en fait un positionnement absolu.
- Choisissez **Bord droit** dans la liste déroulante supérieure gauche. Les autres possibilités sont **Bord droit** et **Aucun**.
- Saisissez 15 pixels dans la zone prévue à cet effet.

Positionnez le diagramme à la même hauteur que le haut du premier bloc. Pour cela :

- Spécifiez le bloc par rapport auquel vous désirez positionner le graphique comme vu précédemment.
- Choisissez **Bord supérieur** dans la liste déroulante inférieure gauche. Les autres possibilités sont **Bord inférieur** et **Aucun**.
- Entrez 0 px dans la zone prévue à cet effet.

Vous pouvez maintenant vérifier que lorsque vous déplacez le tableau le diagramme se déplace en conséquence en étant toujours placé à 15 pixels à gauche du bord droit du tableau et à la même hauteur que lui.

Le positionnement relatif est préférable car il garantit le non chevauchement des blocs après actualisation des données. Ceci est d'ailleurs aussi vrai pour les tableaux (cf. chapitre Reporter : l'utilisation des rapports).

3. Éviter les sauts de page dans un diagramme

Pour supprimer un saut de page dans un diagramme :

- Sélectionner le diagramme.
- Afficher les propriétés du diagramme (cf. plus haut).
- Dans la liste des propriétés du diagramme développer le noeud **Page**.
- Cocher la case correspondant à la propriété "**Éviter les sauts de page dans les diagramme**".

D. Mise en forme des diagrammes

Pour illustrer les propriétés de mise en forme d'un diagramme, nous les appliquerons sur un diagramme de base.

Ce diagramme sera issu du tableau suivant :

Etat	Quantité vendue
California	46 074
Colorado	12 787
DC	18 744
Florida	11 267
Illinois	17 976
Massachusetts	7 676
New York	46 358
Texas	62 347

Le diagramme est obtenu par transformation d'un tableau en diagramme comme nous l'avons vu plus haut :

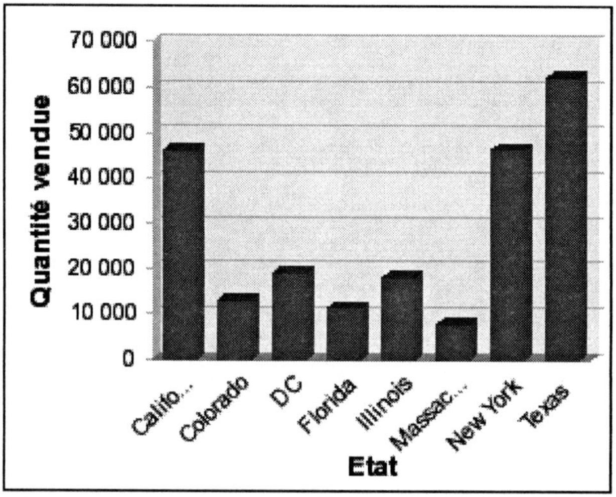

1. Taille des diagrammes

Vous pouvez modifier la taille d'un diagramme de deux manières :

- en utilisant la souris ;
- en utilisant la liste des propriétés.

Pour la première façon, emmenez le pointeur de souris sur un bord. Le pointeur change d'aspect et se transforme en pointeur de re-dimensionnement. De plus, le fond du diagramme change de couleur. Ensuite, faites glisser ce pointeur jusqu'à obtenir la taille voulue puis relâchez le bouton de la souris pour valider cette taille. Pour changer la largeur du diagramme utiliser le bord droit. Pour changer la hauteur utiliser le bord inférieur. À noter que dans cette version il n'est pas possible de changer les deux dimensions simultanément.

Pour la deuxième manière, sélectionnez le diagramme puis afficher la liste de ses propriétés. Dans cette liste, développez le noeud **Affichage**. Enfin, valorisez les propriétés **Largeur** et **Hauteur**.

2. Titre des diagrammes

Pour mettre en forme le titre d'un diagramme procédez comme suit :

→ Sélectionnez le diagramme.

→ Affichez la liste de ses propriétés.

→ Cliquez sur la propriété **Titre** :

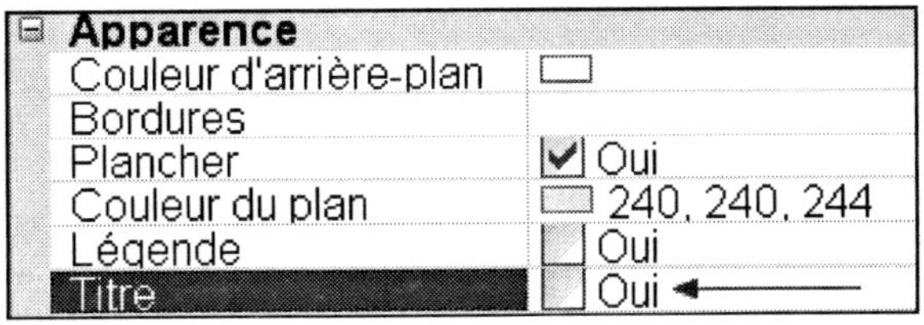

Pour mettre un titre, cochez la case **Titre**. La propriété devient un groupe de propriétés :

La propriété **Texte** permet de spécifier le texte du titre. Les autres propriétés sont utilisées pour mettre en forme le titre :

- Les propriétés **Nom de la police**, **Taille**, **Style**, **Souligné**, **Barré** déterminent la police, la taille, et ses attributs.
- Les propriétés **Couleur du Texte et Couleur d'arrière-plan** définissent les couleurs du texte et du fond.
- La propriété **Bordures** détermine les attributs de la bordure.

3. Transformer un diagramme 2D en diagramme 3D

Certains types de diagrammes 2D, comme les histogrammes, peuvent prendre un aspect 3D plus agréable. Par exemple l'histogramme 2D suivant :

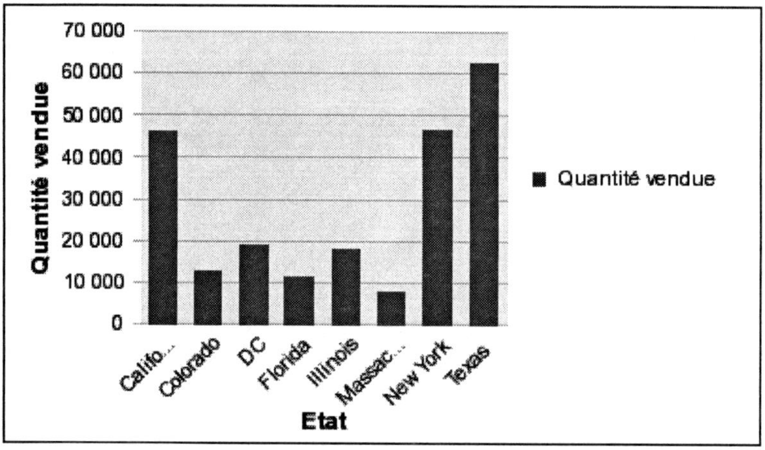

Peut être transformé en histogramme 3D. Pour cela, affichez la liste de ses propriétés (voir plus haut), développez le noeud **Affichage** puis cochez la propriété **Présentation 3D**.

Maintenant le diagramme présente un aspect 3D :

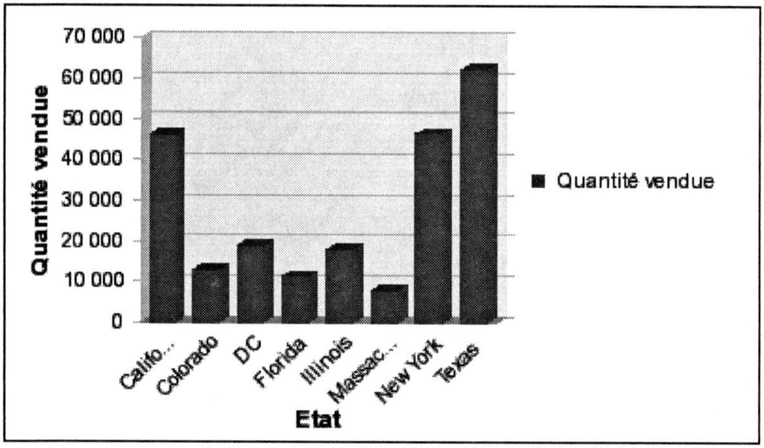

4. Couleur de fond

Pour affecter une couleur de fond au diagramme, affichez la liste de ses propriétés, développez le noeud **Apparence** puis choisissez la propriété **couleur d'arrière-plan** :

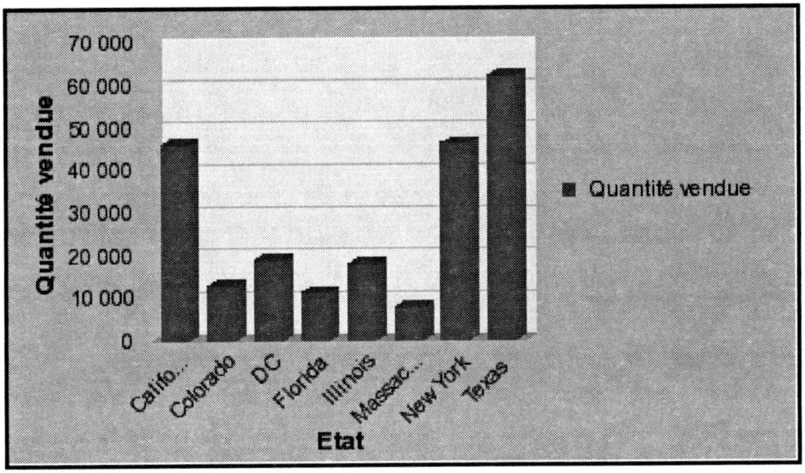

5. Mise en forme des bordures

La mise en forme des bordures d'un diagramme fonctionne exactement de la même façon que pour un tableau. Pour plus de détails référez-vous au cas des tableaux.

6. Plancher de diagramme

Un diagramme avec aspect 3D peut posséder un plancher et l'utilisateur peut choisir sa couleur. Pour cela, affichez la liste des propriétés du diagramme. Ensuite développez le noeud **Apparence** :

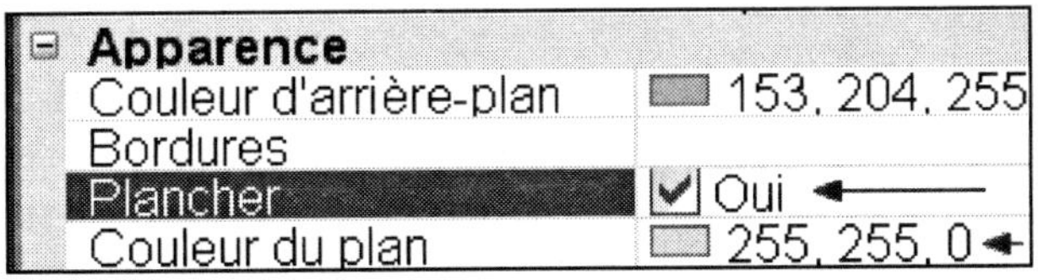

Il convient d'abord de demander un plancher puis, il ne reste plus qu'à préciser sa couleur.

7. Légendes d'axe

Certains types de diagrammes (comme les diagrammes à secteurs) possèdent une légende d'axe et des valeurs d'axe comme dans le diagramme suivant :

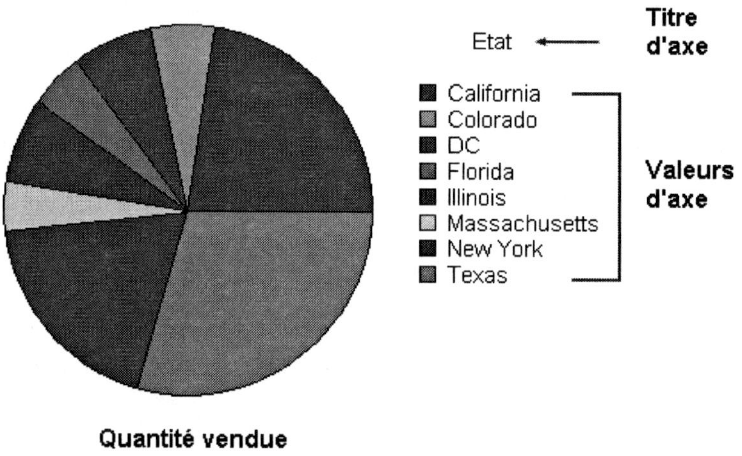

Pour ajouter un titre et des valeurs d'axe à un diagramme :

- Affichez la liste des propriétés du diagramme.
- Cochez la propriété **Légende** pour afficher une légende dans le diagramme. La propriété devient un groupe de propriétés.
- Développez le noeud **Légende** puis les noeuds **Titre** et **Valeurs**.

- Utilisez la propriété **Position** pour préciser la place de la légende par rapport à l'image. Il y a trois possibilités : **Droite**, **Gauche** ou **Bas**. Pour **Bas** la légende est placée sous l'image.

→ Utilisez les propriétés qui se trouvent sous le noeud **Titre** pour mettre en forme le titre de la légende, notamment la couleur de fond et la bordure. Faites de même pour mettre en forme les valeurs d'axe.

→ Pour cacher ou afficher la légende d'axe utilisez la propriété **Légende**. Mettez cette propriété à **Oui** pour l'afficher et à **Non** pour la cacher.

8. Mettre en forme les étiquettes d'axes

Les étiquettes d'axes sont des libellés placés près des axes pour indiquer la nature des données de chaque axe.

Par exemple sur le diagramme suivant :

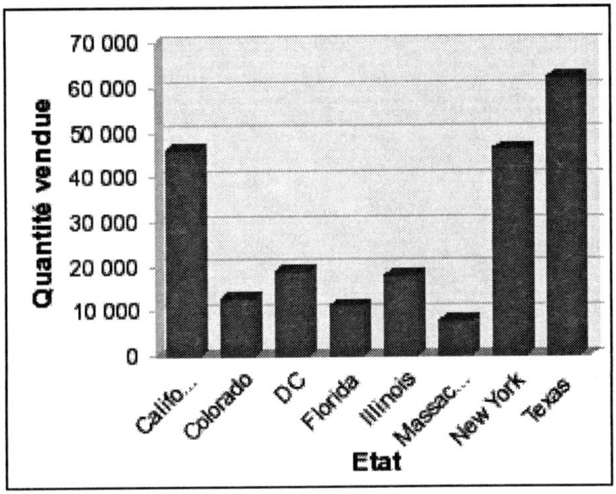

Les étiquettes correspondent à la dimension **Etat** et à l'indicateur **Quantité vendue**. L'axe correspondant à la dimension est aussi appelé axe des X et l'axe correspondant à l'indicateur est désigné par l'expression axe des Y.

Pour mettre en forme les propriétés relatives aux axes, procédez comme suit :

→ Affichez la liste des propriétés du diagramme, rubrique **Apparence**.

→ Développez les noeuds **Axe X** et **Axe Y**.

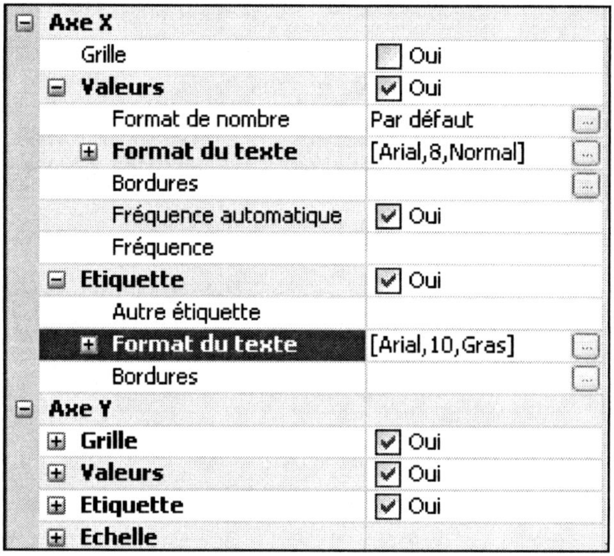

➔ Cochez la case correspondant à la propriété **Étiquette** qui se transforme alors en groupe de propriétés.

Les principales propriétés que vous pouvez paramétrer sont les suivantes :

- **Grille** : permet d'afficher ou de cacher une grille sur l'axe. Mettre à **Oui** cette propriété pour obtenir une grille. En fait, cela ajoute des lignes horizontales pour l'axe des Y et des lignes verticales pour l'axe des X. La présence d'une grille n'est utile que pour l'axe qui porte un indicateur et permet de mieux apprécier les valeurs présentes sur cet axe.
- **Format de nombre** : indique le format des nombres affichés sur l'axe. Concerne les indicateurs numériques.
- **Format du texte** : permet de mettre en forme les valeurs affichées sur l'axe (police, couleur...).
- **Bordures** : permet de mettre en forme la bordure des valeurs portées par l'axe.
- **Autre étiquette** : libellé placé à côté de l'axe pour renseigner sur la nature des valeurs portées par l'axe. Quand ce libellé est vide, l'étiquette contient le nom de l'objet porté par l'axe. Pour mettre un autre libellé, saisir un nouveau libellé.

9. Mettre en forme les valeurs et marqueurs d'axe

Définition

Les marqueurs d'axe sont des repères visuels portés sur un axe de type indicateur et qui permettent d'apprécier les valeurs du diagramme correspondant à cet axe.

Échelle logarithmique

Par défaut, les marqueurs portés par un axe sont de type linéaire. Cela veut dire que les valeurs correspondant aux marqueurs sont proportionnelles à leur longueur sur l'axe.

Quand les données du diagramme sont très disparates pour un axe, il est difficile de les représenter par des marqueurs. Par exemple pour des valeurs comme 1, 2, 1000 il est pratiquement impossible de les représenter sur un axe. C'est dans ce genre de cas qu'une échelle logarithmique est utile. En gros, cela signifie que la représentation valeur –> marqueur est une fonction logarithmique.

Pour choisir une échelle logarithmique procédez comme suit :

→ Affichez les propriétés du diagramme.

→ Développez le noeud **Axe Y** (l'axe portant les valeurs de type indicateur).

→ Développez le noeud **Echelle**.

→ Cochez la case sur la ligne **Logarithmique** :

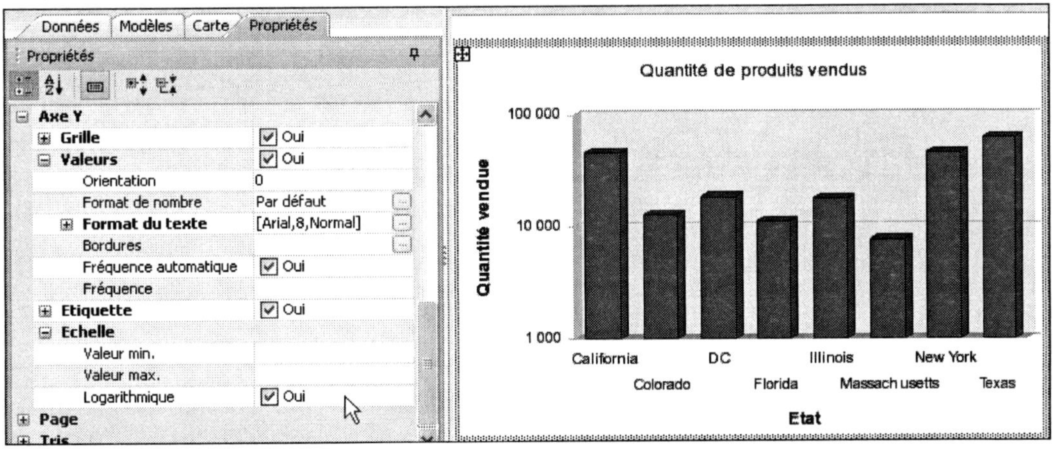

Vous pouvez constater que les marqueurs affichés sur l'axe Y sont seulement 1000, 10000, 100000 (Log (10^3), Log (10^4), Log (10^5)).

10.Choix d'une plage de valeurs

Par défaut la plage des valeurs représentées sur un axe est choisie par **Webi** en fonction des données sur lesquelles se base le diagramme.

Il est possible de spécifier une autre plage de valeurs. Pour cela, répétez les étapes 1, 2 et 3 du paragraphe précédent (sans cocher échelle logarithmique). Ensuite saisissez les valeurs minimale et maximale voulues.

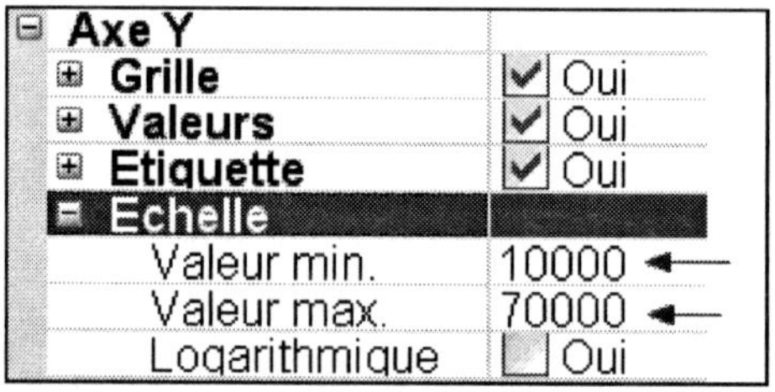

11.Fréquence des marqueurs

Par défaut chaque marqueur sur un axe est accompagné par la valeur qui lui correspond. C'est le cas par défaut (la fréquence est de 1). Il est possible de modifier cette fréquence. Par exemple pour une fréquence de 2, un marqueur sur 2 est accompagné de sa valeur :

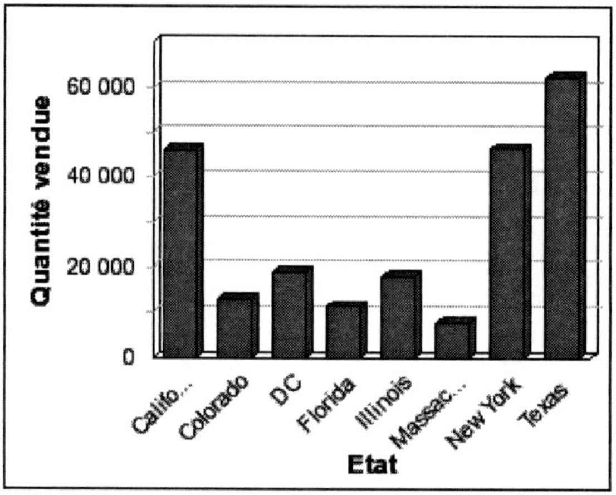

Pour modifier la fréquence des marqueurs :

- Affichez les propriétés du diagramme.
- Développez le noeud **Axe Y** (l'axe portant les valeurs de type indicateur).
- Développez le noeud **Valeurs**.
- Décochez la case **Fréquence automatique**.
- Saisissez la fréquence voulue au niveau de la propriété **Fréquence** :

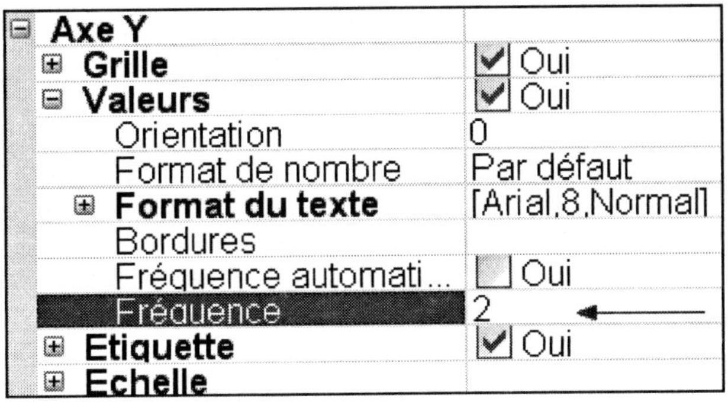

12.Afficher/cacher les marqueurs

Les marqueurs peuvent être affichés ou cachés en utilisant la propriété **Afficher les marqueurs** comme indiqué sur la figure suivante :

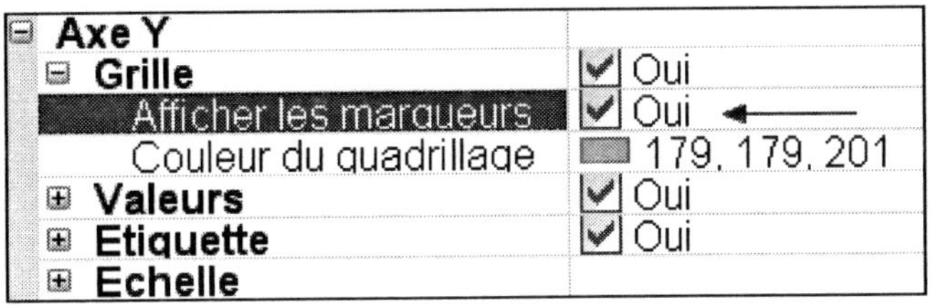

13.Diagramme histogramme avec 2 dimensions

Il est possible d'avoir, pour certains diagrammes, plusieurs dimensions.

Ceci est particulièrement vrai pour les diagrammes histogrammes.

Nous allons illustrer ce type de diagramme avec un histogramme intégrant la dimension **Année** en plus de celle de l'objet **Etat**.

→ Dans un premier temps modifiez éventuellement la requête pour ajouter l'objet **Année**.

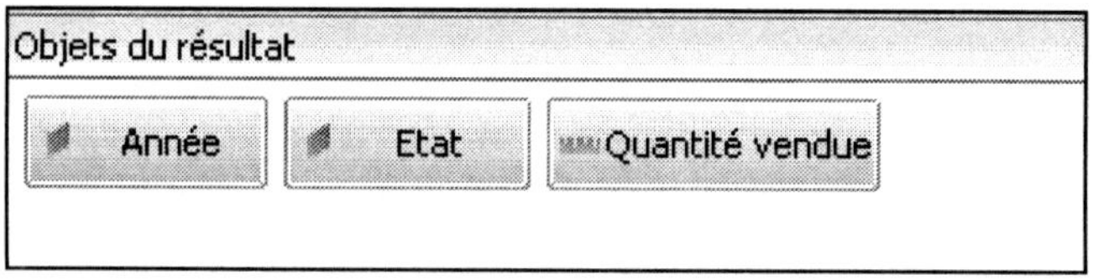

→ Passez en mode **Structure**.

→ Glissez-déplacez l'objet **Année** de l'onglet **Données** vers la zone située en haut à droite du diagramme sur le libellé *"Placez ici des objets dimensions (facultatif)"*.

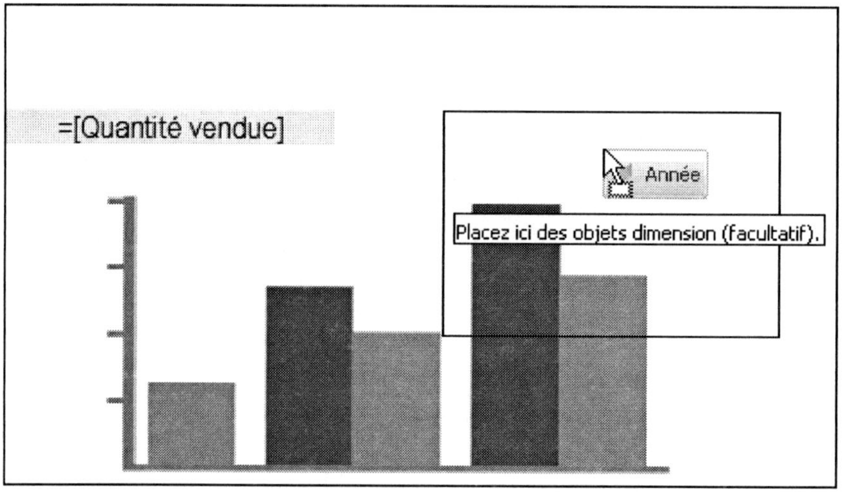

Ce qui donne après passage en mode **Afficher les résultats** :

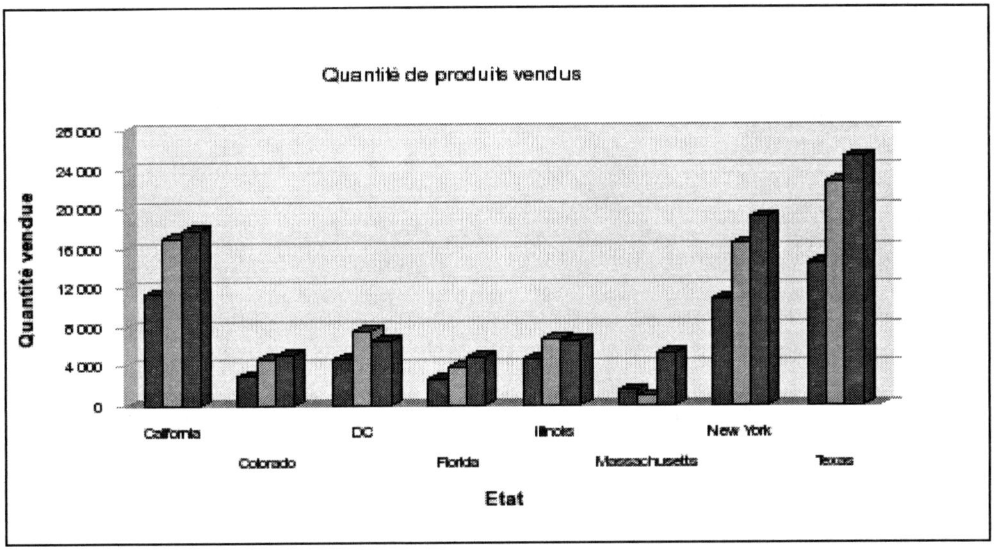

Pour chacun des états il y a autant de barres que d'année (2004, 2005, 2006).

Vous pouvez ajouter la légende précisant la nature des années selon la couleur, comme nous l'avons vu dans un paragraphe précédent.

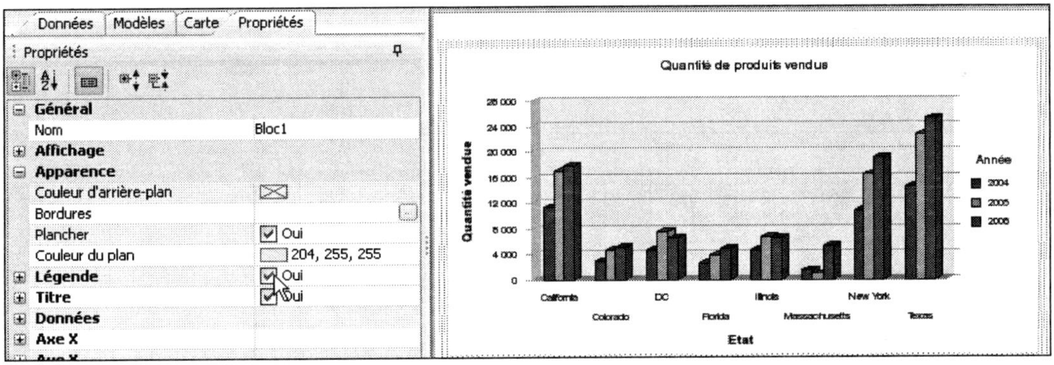

Pour rendre encore plus clair ce diagramme, il est possible de le transformer en histogramme 3D - clic droit et **Transformer en**...).

➔ Choisissez le type **Histogramme 3D**.

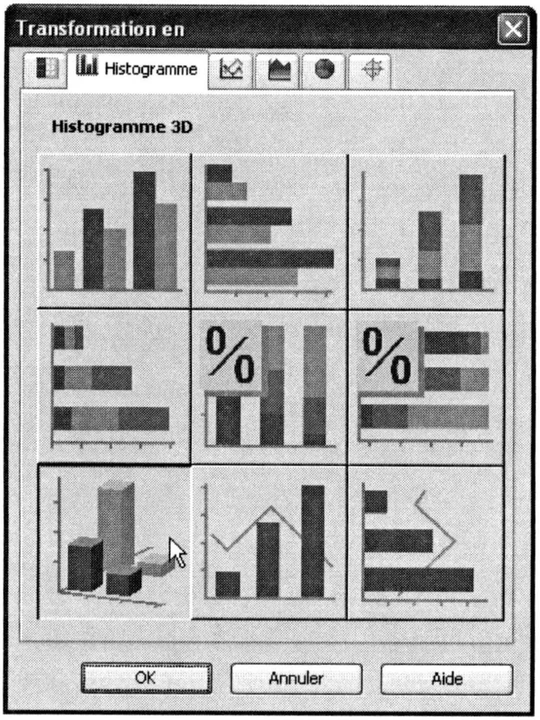

→) Validez par **OK**.

Vous obtenez ce beau diagramme 3D avec les états en abscisse et les années en 3ème axe (axe Z) perpendiculaires aux deux premiers.

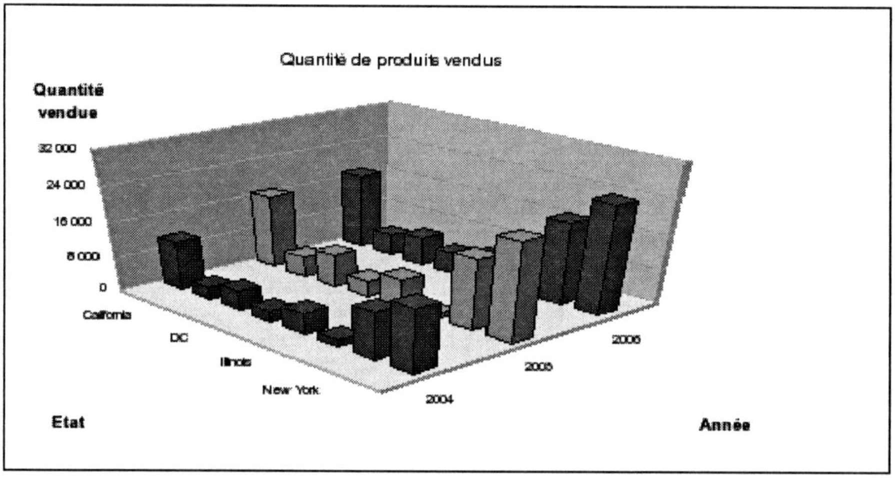

14. Diagramme à double axes

Nous allons voir ici comment créer un diagramme avec deux axes verticaux, c'est-à-dire deux indicateurs, et comment gérer les difficultés d'échelles de deux axes différents.

L'objectif est d'avoir, sur un même diagramme, le revenu des ventes par magasin ainsi que la marge de ces magasins.

Pour commencer, créons une requête avec les deux indicateurs.

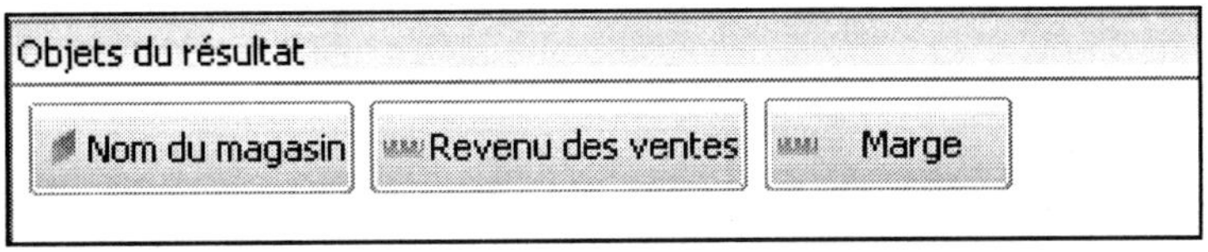

Cela donne le tableau suivant :

Nom du magasin	Revenu des vente	Marge
e-Fashion Austin	2 699 673 €	1 060 310 €
e-Fashion Boston Newbury	1 283 707 €	511 684 €
e-Fashion Chicago 33rd	3 022 658 €	1 254 093 €
e-Fashion Colorado Springs	2 060 275 €	808 149 €
e-Fashion Dallas	1 970 034 €	754 862 €
e-Fashion Houston 5th	2 303 183 €	939 226 €
e-Fashion Houston Leighton	3 144 774 €	1 282 680 €
e-Fashion Los Angeles	4 220 929 €	1 668 395 €
e-Fashion Miami Sundance	1 879 159 €	777 281 €
e-Fashion New York Magnolia	4 621 854 €	1 870 868 €
e-Fashion New York Sundance	2 960 367 €	1 201 876 €
e-Fashion San Francisco	3 258 641 €	1 304 515 €
e-Fashion Washington Tolbooth	2 961 950 €	1 153 001 €

Transformons ce tableau en graphique de type histogramme vertical à courbes.

→ Faites un clic droit sur le tableau et sélectionnez l'option **Transformer en** et choisissez le diagramme ci-dessous (2ème colonne, 3ème ligne).

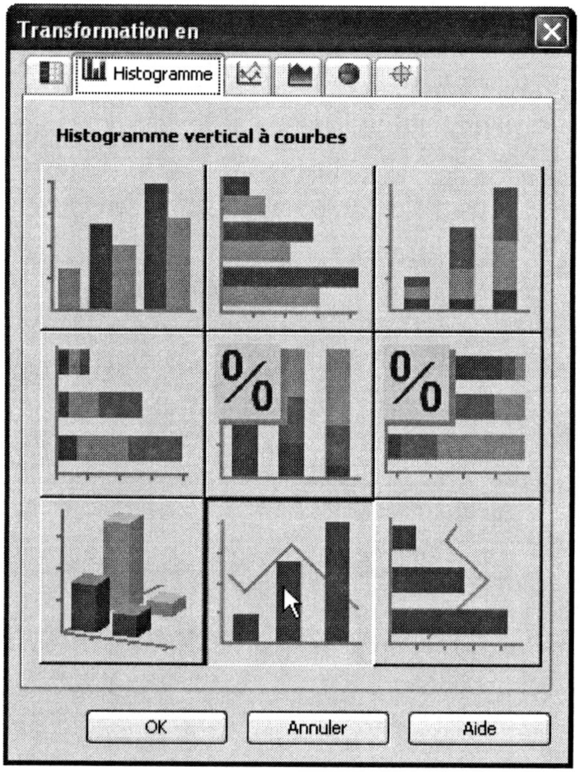

Cela donne le diagramme :

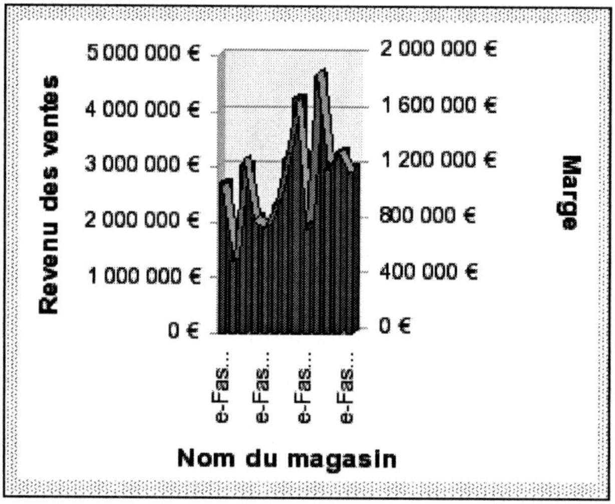

Agrandissons un peu le diagramme afin de le rendre plus compréhensible.

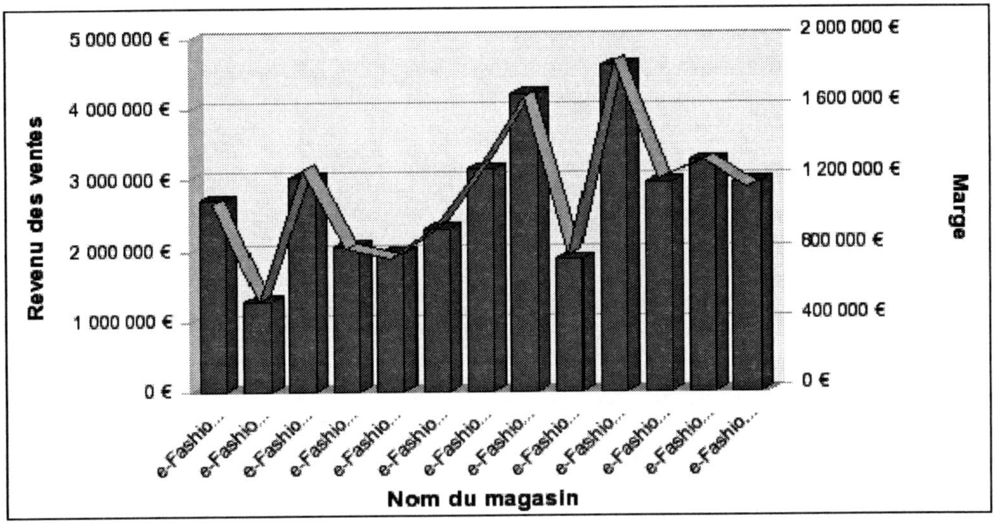

Nous constatons que les revenus sont sous forme de barres avec l'ordonnée variant de 0 à 5 000 000 sur le premier axe vertical.

La courbe représente la marge par magasin et est basée sur le deuxième axe vertical avec une échelle allant de 0 à 2 000 000.

Le problème est que les échelles des deux axes sont différentes, ce qui fait paraître la marge plus grande que ce qu'elle est par rapport aux revenus des ventes.

Nous allons donc modifier les propriétés du diagramme pour que les deux axes aient la même échelle.

Pour ceci, il faut modifier les propriétés échelles des axes verticaux.

→) Sélectionnez d'abord le diagramme puis cliquez sur l'onglet **Propriétés**.

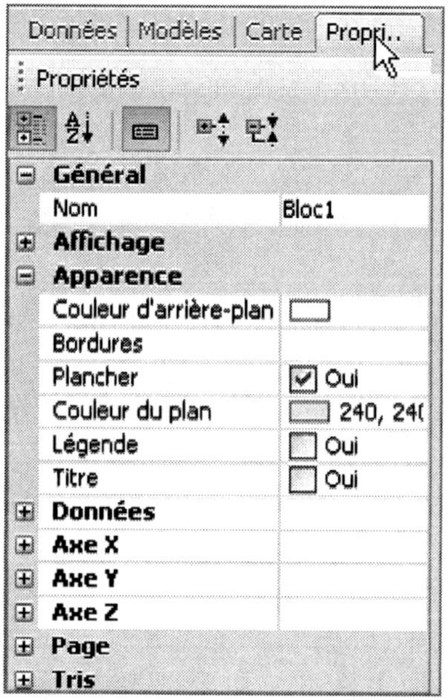

→ Choisissez l'**axe Z** qui est l'axe de la marge. Nous allons dérouler cette option puis développer l'option **Echelle** en cliquant sur le signe ⊞.

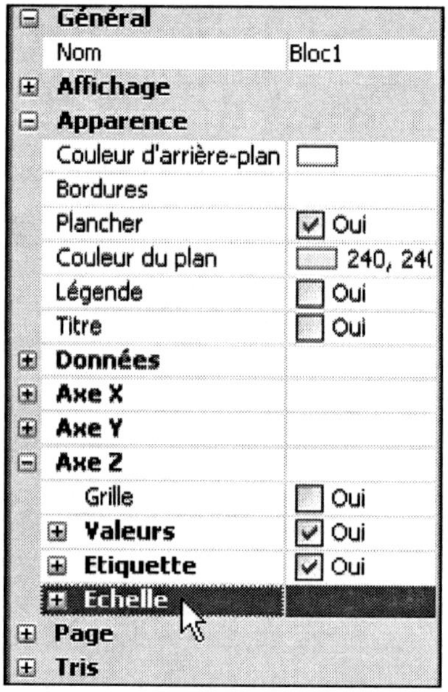

➜ Dans les propriétés **Valeur min.** et **Valeur max.** indiquez respectivement 0 et 5000000.

Ce qui donne le diagramme suivant :

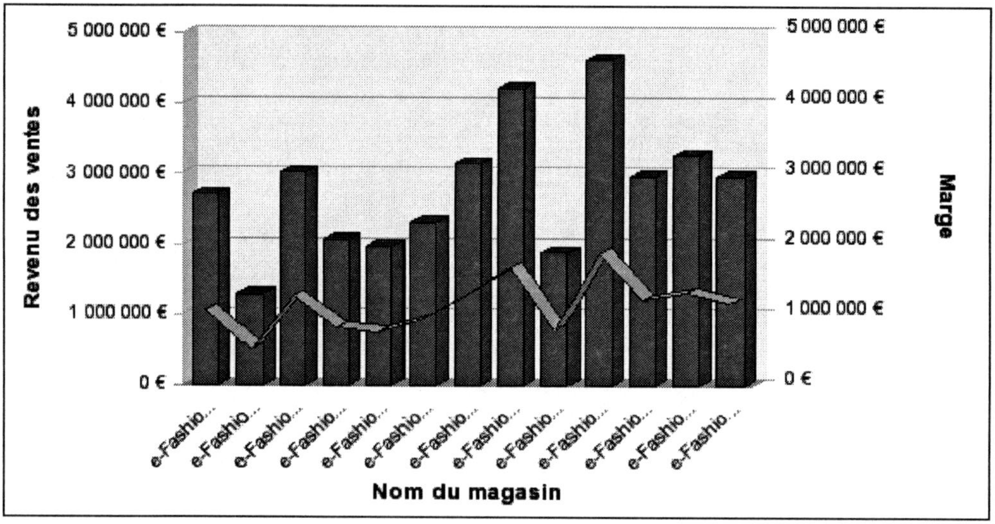

Chapitre 6 : Analyser les données

A. Formules et variables

Le créateur d'un rapport n'est pas limité à l'utilisation des seuls objets retournés par les différents fournisseurs de données ; il peut insérer des calculs complémentaires dans le document. Dans un chapitre précédent, nous avons déjà eu un aperçu de cette possibilité lors de l'ajout de fonctions d'agrégat dans un tableau. D'une manière plus générale, **Web Intelligence** permet d'insérer un calcul dans n'importe quelle cellule indépendante ou appartenant à un tableau.

Pour insérer un calcul dans une cellule, nous allons écrire des formules de calcul. Une formule de calcul est une combinaison de variables (**Revenu des ventes**, **Quantité vendue**, **Année**, etc.) qui peuvent être des objets de l'univers ou bien des variables locales au document (nous expliquerons plus loin la notion de variable), d'opérateurs (+, -, etc.) et de fonctions **Web Intelligence** (Arrondi, SousChaîne, etc.).

Exemple :

```
Arrondi([Revenu des ventes]/[Quantité vendue],0)
```

Une formule de calcul commence toujours par le signe =.

Dans une formule de calcul, les variables sont représentées par leur nom entre les signes "[" et "]" : [Revenu des ventes] représente la variable ou l'objet Revenu des ventes.

Dans la version Desktop XI (version du logiciel en client lourd) les variables sont définies entre "<" et ">".

En complément, nous pouvons créer des variables dans les documents. Une **variable** est une formule enregistrée sous un nom. Ces variables sont dites locales : elles ne peuvent être utilisées qu'à l'intérieur du document dans lequel elles sont définies. Une fois créée, une variable peut, par contre, être utilisée dans tous les rapports du document, comme les variables retournées par les fournisseurs de données ; toutes les fonctionnalités présentées dans un chapitre précédent (tris, filtres, ruptures, etc.) peuvent s'appliquer à des variables locales.

Utiliser des variables est intéressant car cela permet d'utiliser une formule à plusieurs endroits dans le document et de rendre le document plus facile à comprendre (à condition toutefois d'utiliser des noms de variables explicites). Par ailleurs, les variables peuvent être utilisées dans les ruptures, dans les tris, dans les filtres, etc., ce qui n'est pas le cas des formules.

La barre d'outils Formules

Pour gérer facilement les formules et les variables, **Web Intelligence** dispose d'une barre d'outils **Formules** aussi appelée barre de formules.

Cette barre de formules peut être affichée ou masquée en utilisant l'outil **Barre de formules** disponible sur la barre d'outils **gestion des rapports** :

La barre de formules est la suivante :

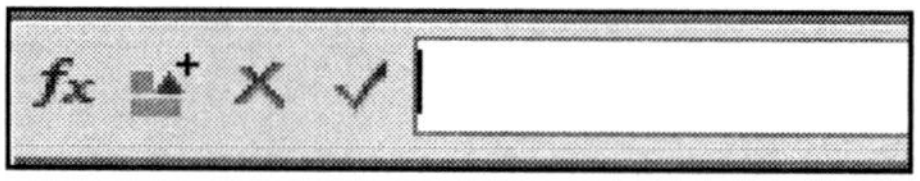

Les éléments de cette barre d'outils sont les suivants (de gauche à droite) :

- **Editeur de formules** : affiche une boîte de dialogue permettant d'éditer une formule.
- **Editeur de variables** : permet de créer une variable.
- **Annuler** les modifications faites sur la zone de saisie rapide.
- **Valider** le contenu de la zone de saisie rapide.
- **Zone de saisie rapide** : permet d'éditer une formule sans passer par l'éditeur de formules.

Les tableaux construits par **Web Intelligence** sont en fait constitués de cellules qui contiennent des formules qui utilisent les variables des fournisseurs de données.

Un texte statique saisi dans une cellule est un cas particulier de formule ; le signe = n'est pas obligatoire. Néanmoins si vous l'utilisez, il est alors obligatoire de mettre le texte entre guillemets doubles.

1. Les formules

Il y a deux manières de créer une formule :

- en utilisant la zone de saisie rapide de la barre de formules ;
- en utilisant l'éditeur de formules.

a. Utiliser la zone de saisie rapide

Pour créer ou modifier une formule, vous pouvez sélectionner la cellule concernée et travailler directement dans la zone de saisie de la barre de formules.

Pour illustrer cette méthode, nous allons exprimer le revenu des ventes en K€.

➜ Créez un nouveau rapport contenant le tableau suivant :

Etat	Année	Revenu des ventes	Quantité vendue
California	2004	1 704 211 €	11 304
California	2005	2 782 680 €	17 001
California	2006	2 992 679 €	17 769
Colorado	2004	448 302 €	2 971
Colorado	2005	768 390 €	4 700
Colorado	2006	843 584 €	5 116
DC	2004	693 211 €	4 681
DC	2005	1 215 158 €	7 572
DC	2006	1 053 581 €	6 491

➜ Sélectionnez le corps de la colonne **Revenu des ventes**. La zone de saisie rapide affiche la formule associée à la colonne sélectionnée :

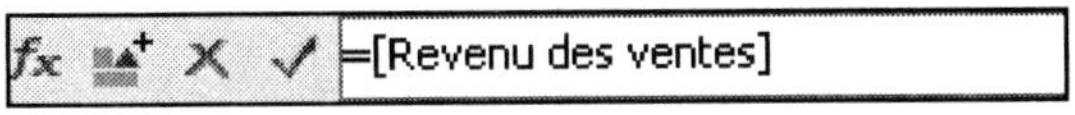

➜ Modifiez la formule de la manière suivante dans la barre de formules :

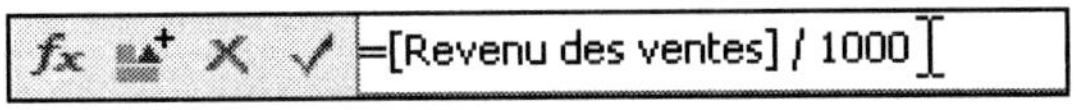

➜ Validez la saisie : appuyez sur la touche [Entrée] ou cliquez sur l'outil **Validation** :

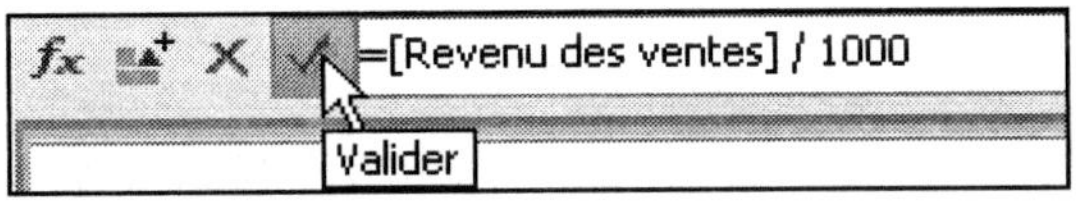

Le tableau est mis à jour (**Revenu des ventes** en k€) :

Etat	Année	Revenu des ventes	Quantité vendue
California	2004	1 704 €	11 304
California	2005	2 783 €	17 001
California	2006	2 993 €	17 769
Colorado	2004	448 €	2 971
Colorado	2005	768 €	4 700
Colorado	2006	844 €	5 116
DC	2004	693 €	4 681
DC	2005	1 215 €	7 572
DC	2006	1 054 €	6 491

Attention, l'unité indiquée dans la colonne n'est pas la bonne.

→ Il convient de modifier le titre de la colonne. Cliquez sur l'en-tête de colonne **Revenu des ventes** et modifiez le contenu de la zone de saisie rapide de la barre des formules :

```
=NomDe([Revenu des ventes]) + " (K€)"
```

La formule `NomDe(x)` renvoie le nom de l'objet mis en argument. Si vous voulez renommer la cellule, il suffit de saisir un texte en n'oubliant pas de l'encadrer par des guillemets ("").

Le caractère + permet de concaténer deux chaînes de caractères. Après validation on obtient :

Etat	Année	Revenu des ventes (K€)	Quantité vendue
California	2004	1 704 €	11 304
California	2005	2 783 €	17 001
California	2006	2 993 €	17 769

Pour diminuer la taille de cette colonne mais en gardant le texte visible, le plus simple est de :

- faire un clic droit sur la cellule titre, puis choisir l'option **Mettre en forme le texte** ;

- cocher l'option **Renvoi automatique à la ligne**.

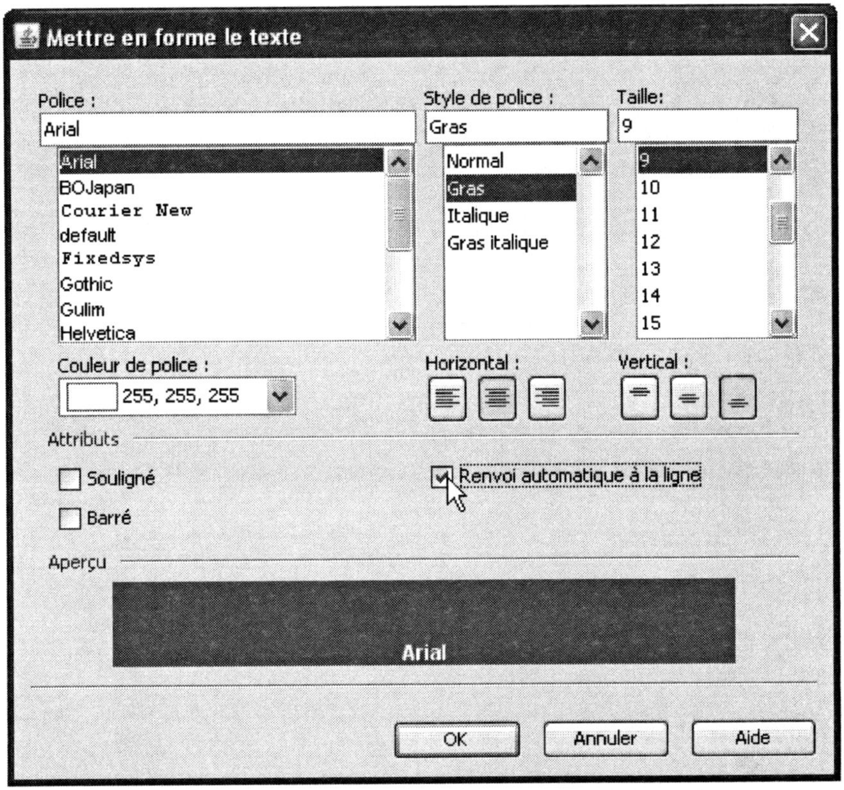

➜ Ensuite vous pouvez agrandir la hauteur de la ligne d'en-tête.

Etat	Année	Revenu des ventes (K €)	Quantité vendue
California	2004	1 704 €	11 304
California	2005	2 783 €	17 001

➜ Il ne vous reste plus qu'à réduire la largeur de cette colonne et à centrer le contenu pour obtenir :

Etat	Année	Revenu des ventes (K€)	Quantité vendue
California	2004	1 704 €	11 304
California	2005	2 783 €	17 001

Pour formater les valeurs en K€ :

→ Effectuez un clic droit sur une des cellules de la colonne (hors titre), choisissez l'option **Format de nombre**.

→ Choisissez le type de format **Personnalisé** et rajouter un K devant le €.

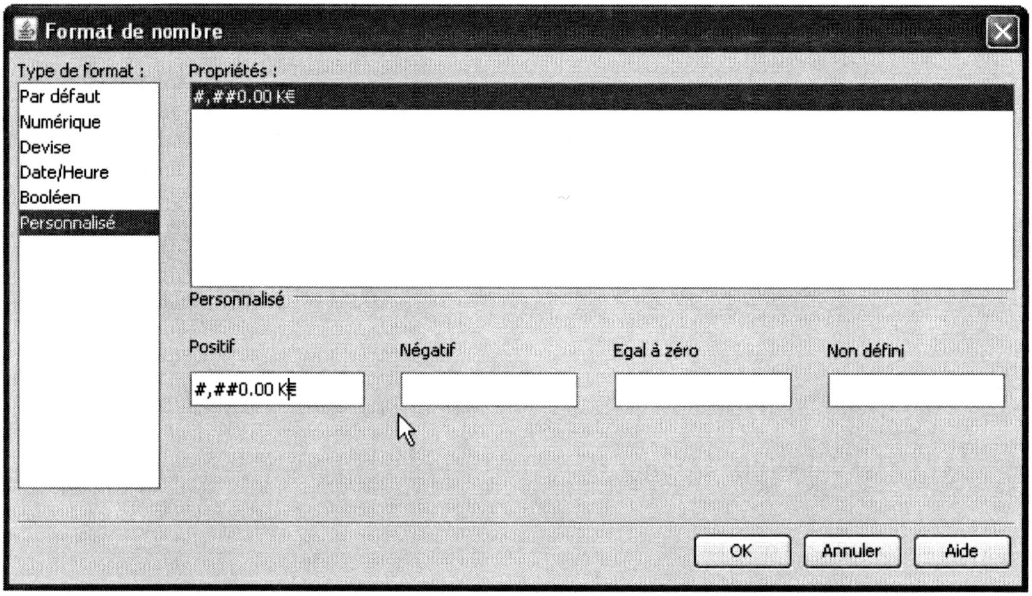

→ Validez et vous obtenez :

Etat	Année	Revenu des ventes (K€)	Quantité vendue
California	2004	1 704,21 K€	11 304
California	2005	2 782,68 K€	17 001
California	2006	2 992,68 K€	17 769

Pour annuler la saisie, appuyez sur la touche [Echap] ou cliquez sur l'outil ☒.

b. Utiliser l'éditeur de formule

La barre de formules est adaptée pour saisir ou modifier des formules simples. Pour les formules plus complexes, il est généralement préférable d'utiliser la boîte de dialogue **Editeur de formule**.

Pour illustrer son utilisation et à titre d'exemple nous allons calculer le prix moyen des produits vendus par état. Pour cela :

→ Créez le tableau suivant (pour la création de tableaux revoir le début du chapitre Reporter : l'utilisation des rapports) :

Etat	Revenu des ventes	Quantité vendue
California	7 479 569 €	46 074
Colorado	2 060 275 €	12 787
DC	2 961 950 €	18 744
Florida	1 879 159 €	11 267
Illinois	3 022 658 €	17 976
Massachusetts	1 283 707 €	7 676
New York	7 582 221 €	46 358
Texas	10 117 664 €	62 347

→ Ajoutez une colonne à la fin du tableau et sélectionnez le corps de cette colonne. Pour ajouter une colonne, vous pouvez utiliser l'outil **Insertion** de la barre d'outils **Gestion des rapports** :

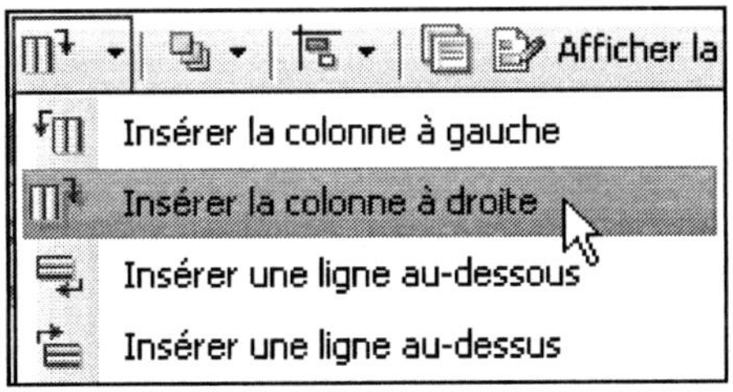

Il en résulte :

Etat	Revenu des ventes	Quantité vendue	
California	7 479 569 €	46 074	
Colorado	2 060 275 €	12 787	
DC	2 961 950 €	18 744	
Florida	1 879 159 €	11 267	
Illinois	3 022 658 €	17 976	
Massachusetts	1 283 707 €	7 676	
New York	7 582 221 €	46 358	
Texas	10 117 664 €	62 347	

➜ Cliquez sur une des cellules de la colonne insérée puis sur l'outil **Formules** de la barre de formules :

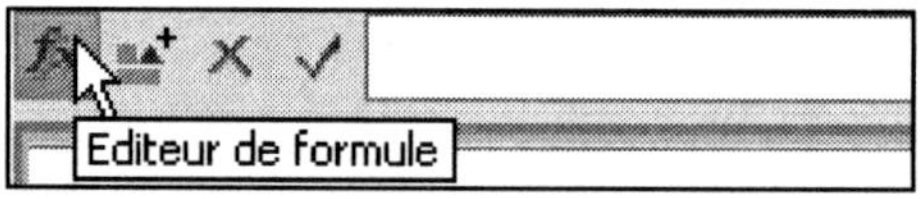

L'**éditeur de formule** s'ouvre :

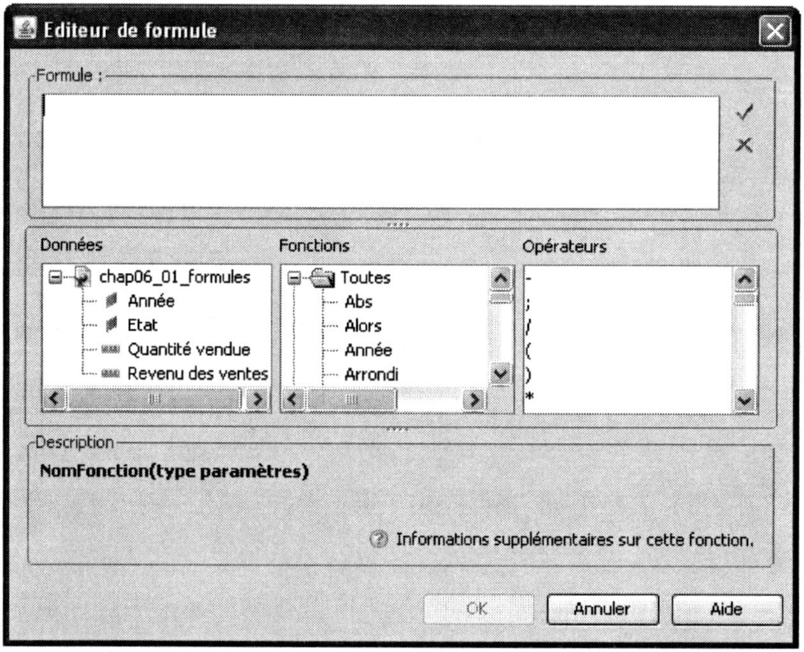

C'est une boîte de dialogue qui comporte un cadre **Formule** et trois onglets **Données**, **Fonctions** et **Opérateurs**.

Le cadre **Formules** contient la formule en cours de saisie.

L'onglet **Données** contient les objets et variables disponibles dans le document.

L'onglet **Fonctions** contient la liste des fonctions **Web Intelligence** classées par catégorie :

L'onglet **Opérateurs** contient la liste des opérateurs.

Vous pouvez saisir la formule directement dans le cadre **Formules**, comme vous le faites dans la zone de saisie de la barre de formules.

- Double cliquez sur l'opérateur = dans le cadre **Opérateurs**. = s'affiche alors dans le cadre **Formules**.
- Dans le dossier **Fonctions numériques** du cadre **Fonctions**, double cliquez sur la fonction **Arrondi**.

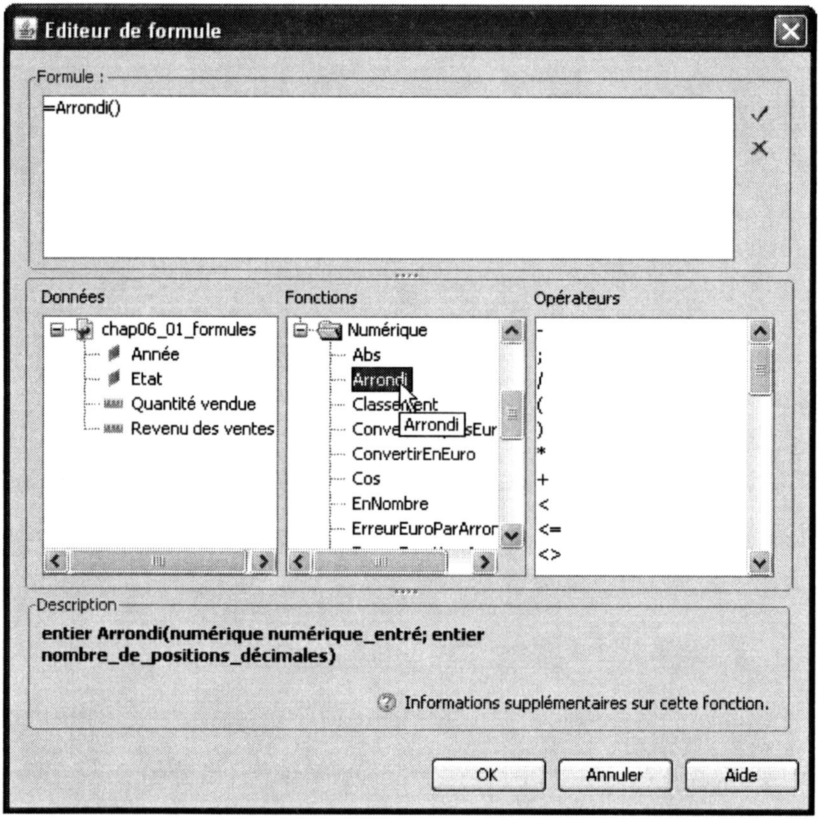

La syntaxe de fonction est affichée en bas de la boîte de dialogue (pour obtenir plus d'informations sur la fonction, vous pouvez cliquer sur le bouton **Aide** sur la fonction). Le curseur de saisie est positionné à l'emplacement du premier paramètre de la fonction (si ce n'est pas le cas, cliquez entre la parenthèse ouvrante et la virgule).

- Double cliquez sur l'objet **Revenu des ventes** dans l'onglet **Données**.
- Comme nous n'avons pas fini de saisir le premier paramètre, cliquez juste après la variable **[Revenu des ventes]** dans le cadre **Formules**.
- Double cliquez sur l'opérateur / dans le cadre **Opérateurs** (ou tapez-le directement dans la formule) puis sur la **Quantité vendue** dans l'onglet **Données**. Saisissez un « ; ». Dans la version française le « ; » est le séparateur d'arguments.

Tapez 0 pour indiquer que vous ne voulez pas de décimales.

Vous obtenez la formule suivante dont vous validez la syntaxe avec le bouton à droite.

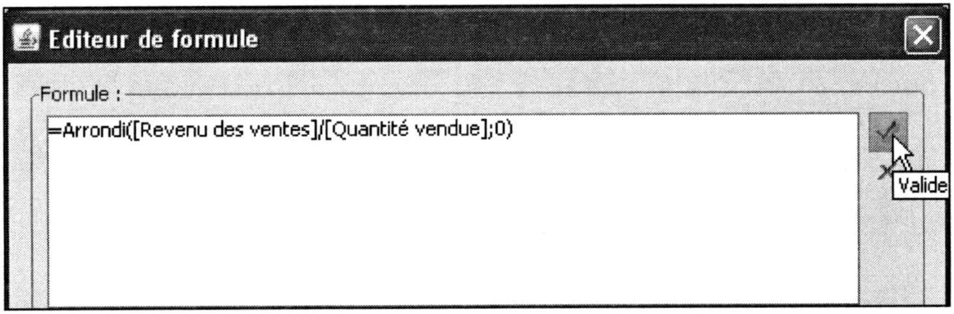

→) Cliquez sur le bouton **OK**. Le tableau est mis à jour. La dernière colonne donne le prix de vente moyen des produits par état :

Etat	Revenu des ventes	Quantité vendue	
California	7 479 569 €	46 074	162
Colorado	2 060 275 €	12 787	161
DC	2 961 950 €	18 744	158
Florida	1 879 159 €	11 267	167
Illinois	3 022 658 €	17 976	168
Massachusetts	1 283 707 €	7 676	167
New York	7 582 221 €	46 358	164
Texas	10 117 664 €	62 347	162

→) Pour terminer, mettez à jour le titre de la colonne. Pour cela cliquez sur cette cellule puis saisissez et validez son libellé dans la zone de saisie rapide de la barre des formules :

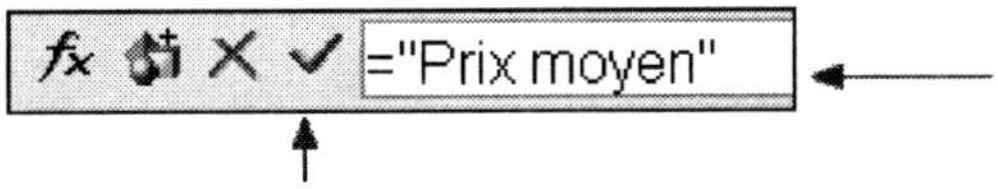

D'où le résultat final :

Etat	Revenu des ventes	Quantité vendue	Prix moyen
California	7 479 569 €	46 074	162
Colorado	2 060 275 €	12 787	161
DC	2 961 950 €	18 744	158
Florida	1 879 159 €	11 267	167
Illinois	3 022 658 €	17 976	168
Massachusetts	1 283 707 €	7 676	167
New York	7 582 221 €	46 358	164
Texas	10 117 664 €	62 347	162

2. Traitement des erreurs

Quel que soit le mode de saisie de la formule, **Web Intelligence** affiche un message en cas d'erreur dans la formule. Le texte du message dépend de la nature de l'erreur.

Exemples :

Paramètre manquant dans une fonction :

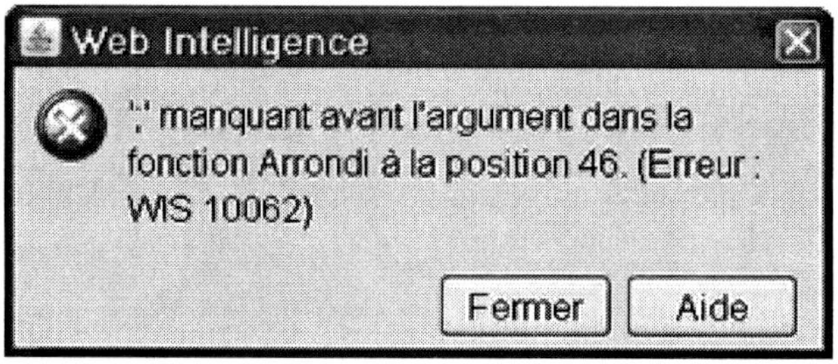

Erreur de syntaxe (parenthèse manquante à la fin) :

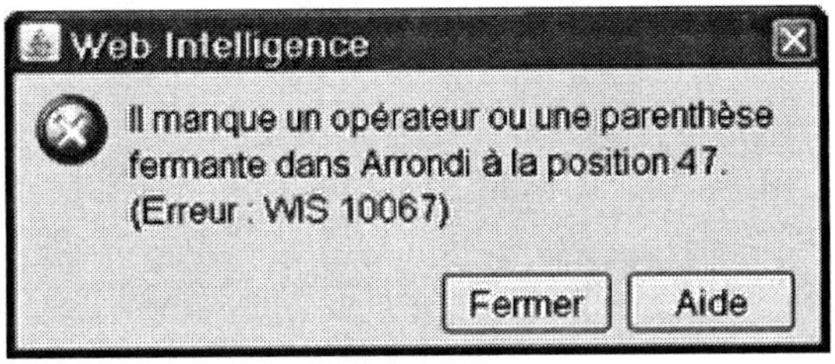

Mauvais type de donnée ("0" est une chaîne de caractères alors que Web Intelligence attend un nombre) :

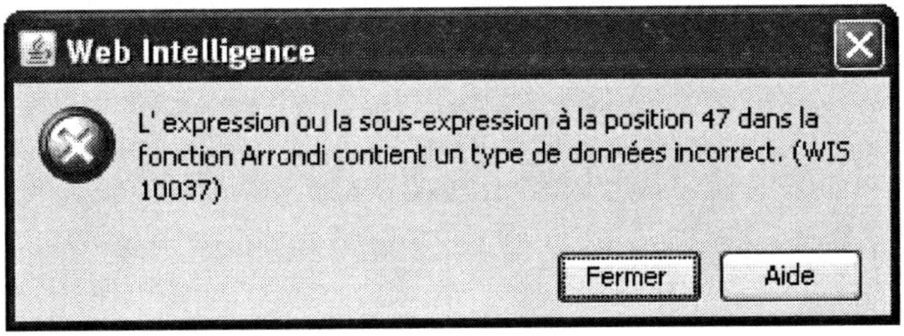

B. Les variables

1. Définition

Dans **Webi** une variable est simplement une formule nommée. Comme nous l'avons rapidement abordé en début de ce chapitre, l'utilisation des variables présente les avantages suivants :

- Réutiliser une formule sans la recréer.
- Simplifier les formules complexes par décomposition : différentes parties d'une formule complexe peuvent être remplacées par des noms de variables qui auront préalablement été créées en enregistrant ces différentes parties comme des variables.
- Les variables peuvent être utilisées dans les filtres, les tris...

2. Créer une variable

Web Intelligence permet de créer une variable à partir de la barre des formules ou en utilisant l'éditeur de variables.

a. Créer une variable à partir de la barre de formules

→ Saisissez une formule dans la zone de saisie de la barre d'outils **Formules** ou sélectionnez une cellule dont le contenu est défini par une formule puis cliquez sur l'outil **Variable** de cette même barre de formules.

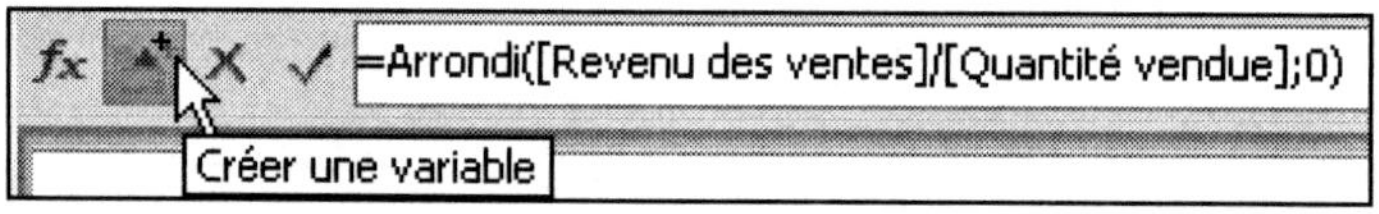

La boîte de dialogue **Créer une variable** s'ouvre dans laquelle vous saisissez dans la zone à côté de **Nom** l'identifiant de cette variable (PrixMoyen) :

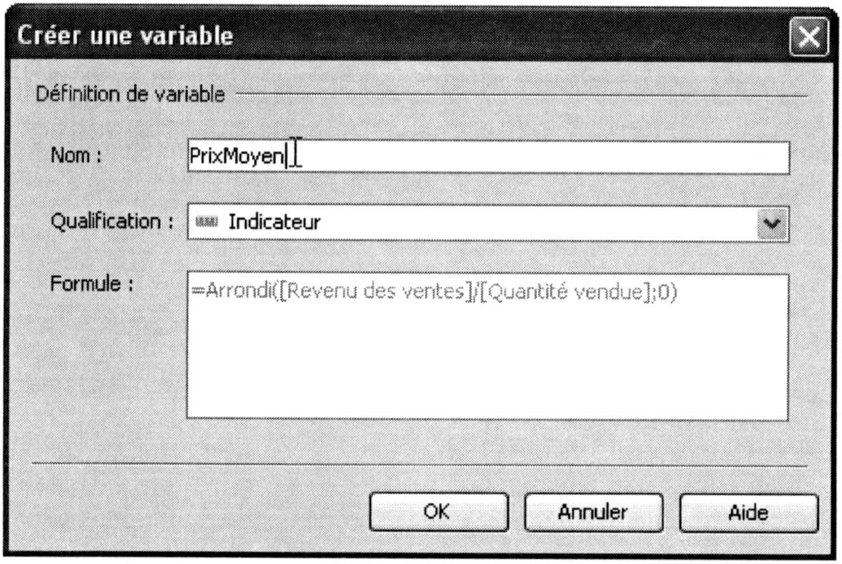

→ Saisissez le nom de la variable.

→ Indiquez son type dans la zone **Qualification**.

→ Validez avec le bouton **OK**.

La nouvelle variable est visible dans l'onglet **données** de Infoview :

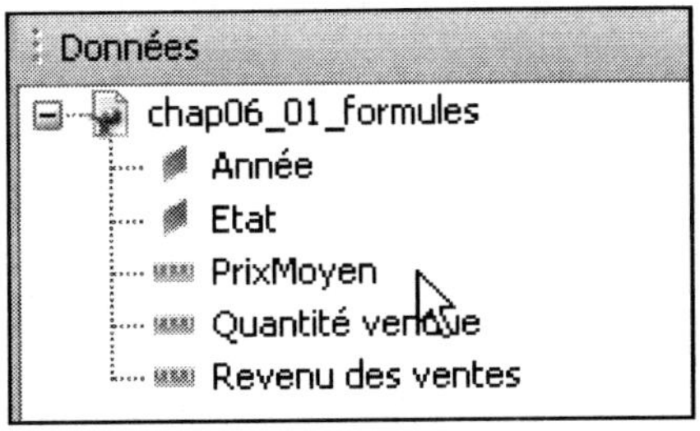

Si la qualification est de type **Information** alors une ligne supplémentaire apparaît :

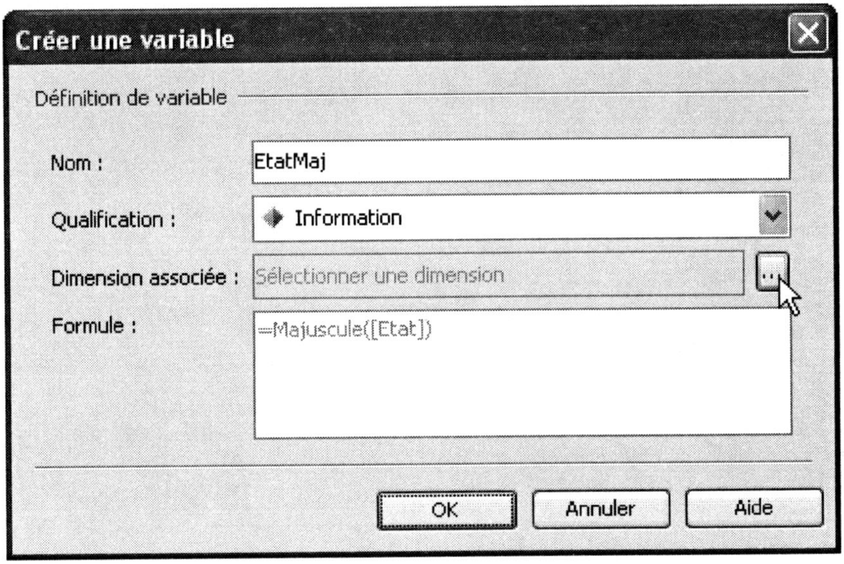

La fonction **Majuscule ([Etat])** convertit les libellés des états en majuscule.

Le troisième point précédent est donc modifié. Un objet de type **Information** doit être rattaché à un objet **Dimension** et donc il faut sélectionner la dimension de rattachement.

➔ Cliquez sur le bouton [...]. La liste des dimensions disponibles est affichée :

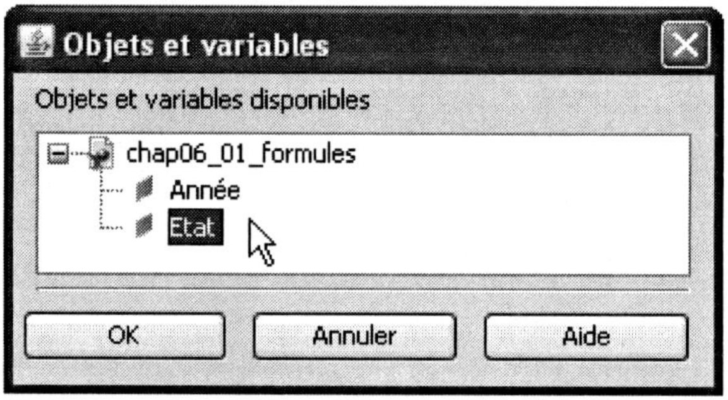

➔ Sélectionnez une dimension puis validez le choix de la dimension avec **OK** :

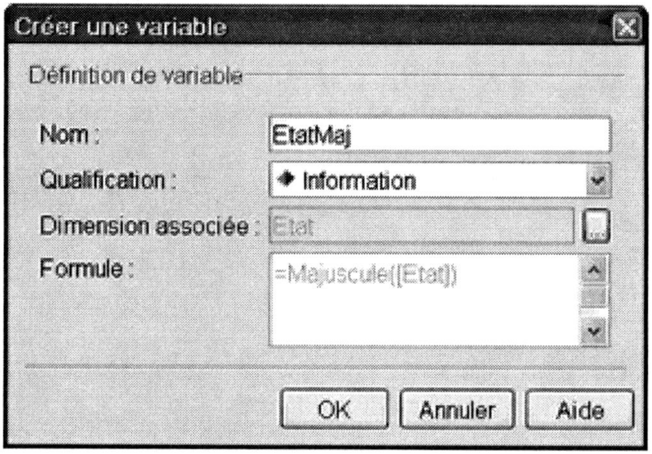

Le reste de la procédure reste inchangé.

b. Utiliser l'éditeur de variable

L'éditeur de variable est un assistant qui permet de créer une variable. Pour l'ouvrir cliquez sur l'outil **éditeur de variable** dans la barre d'outils **Gestion des rapports** :

La boîte de dialogue **Editeur de variable** s'ouvre :

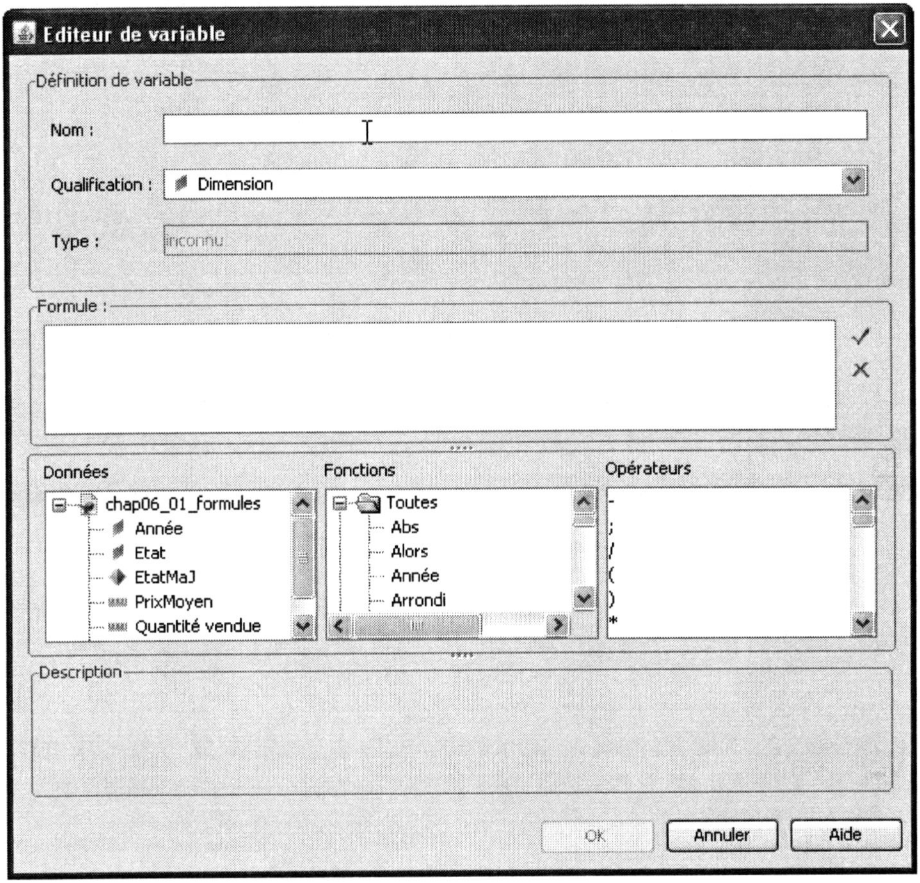

Elle est pratiquement semblable à l'éditeur de formule vu plus haut. La principale différence réside dans le fait que l'éditeur de variable présente un panneau supplémentaire **Définition de variable** :

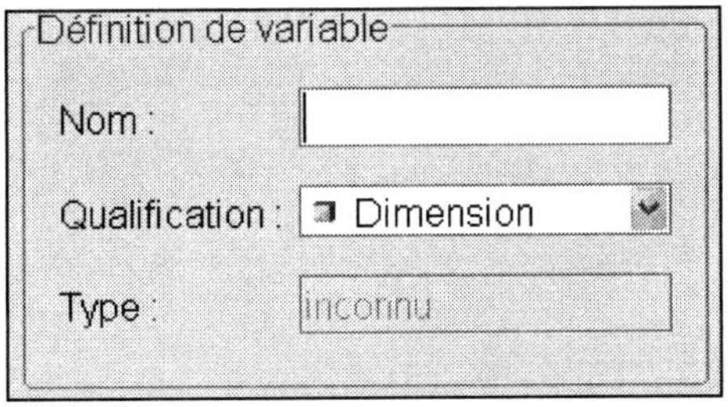

Ce panneau présente les mêmes éléments que la boîte de dialogue **Création de variable** vue ci-dessus. En fait l'éditeur de variable est un regroupement de **l'éditeur de formule** et de l'éditeur **Création de variable**. Pour utiliser cet éditeur référerez-vous aux deux éditeurs précédents.

3. Comportement des variables

Lorsqu'une variable est créée à partir d'une cellule contenant une formule, cette dernière est automatiquement insérée dans la cellule en lieu et place de la formule. La variable apparaît aussi dans la liste des variables disponibles dans le document (dans le gestionnaire de rapports, dans l'éditeur de formule, etc.). Elle peut donc être utilisée comme les autres variables, ailleurs dans le rapport. Si la formule de départ est utilisée ailleurs dans le rapport, elle n'est pas remplacée partout par la nouvelle variable ; vous devez le faire manuellement.

Si la formule de départ utilise d'autres variables de type indicateur, la variable sera elle-même de type indicateur et vous devez sélectionner le mode d'évaluation de la formule.

4. Contexte de formule

Dans **Web Intelligence** une formule (telle que **Prix moyen** que nous avons défini plus haut) est calculée suivant le contexte courant qualifié de contexte par défaut. Ainsi, si vous utilisez la variable **Prix moyen** dans un tableau où l'objet **Etat** est remplacé par l'objet **Ville**, le calcul se fera automatiquement comme prix moyen par ville et non plus par état.

Cependant si, pour une raison ou une autre, vous désirez utiliser la formule dans son contexte d'évaluation initial il faut employer une syntaxe spéciale.

Il n'est pas possible comme en **Deski** de définir le contexte de la variable dans la définition de celle-ci.

Dans **Deski** l'évaluation de la variable peut être :

1. Évaluer la formule dans son contexte.
2. Garder la formule générique.

Dans le cas 1, le contexte actuel d'évaluation de la formule est figé et intégré dans la formule proprement dite, avec une syntaxe spéciale. La variable est évaluée dans le contexte de sa définition initiale, quel que soit le contexte dans lequel elle est utilisée.

C'est ainsi que pour notre exemple, si un tableau comporte les deux objets **Etat** et **Ville** et une colonne **prix moyen**, une syntaxe spéciale permettra d'utiliser le prix moyen par état alors que la syntaxe standard aurait pris en compte le prix par ville.

Dans le cas 2, la variable est évaluée dans le contexte où elle est utilisée, c'est le fonctionnement habituel des indicateurs de **Web Intelligence**.

En **Webi** nous n'avons pas cette fonctionnalité de figer le contexte de la formule. Il faut donc utiliser des opérateurs de précision de contexte. Nous détaillerons, plus loin, ces contextes de calcul dans les formules (cf. chapitre Problèmes et solutions : fonctions avancées - section Contexte de calcul).

5. Gérer les variables

Dans **Web Intelligence** les variables sont gérées directement au niveau de l'onglet **Données** de **Infoview**. Pour équilibrer par rapport à **Desktop Intelligence**, il y a un petit avantage à **Webi** dans ce cas puisqu'il est possible de dupliquer et de supprimer une variable directement dans l'onglet **Données**.

6. Modifier une variable

Pour modifier une variable :

→ Faites un clic droit sur la variable dans l'onglet **Données**. Un menu déroulant s'ouvre :

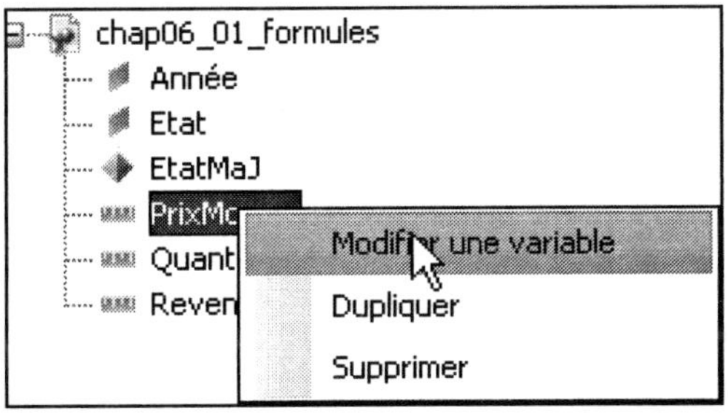

→ Sélectionnez l'option **Modifier une variable**. L'éditeur de variable s'ouvre :

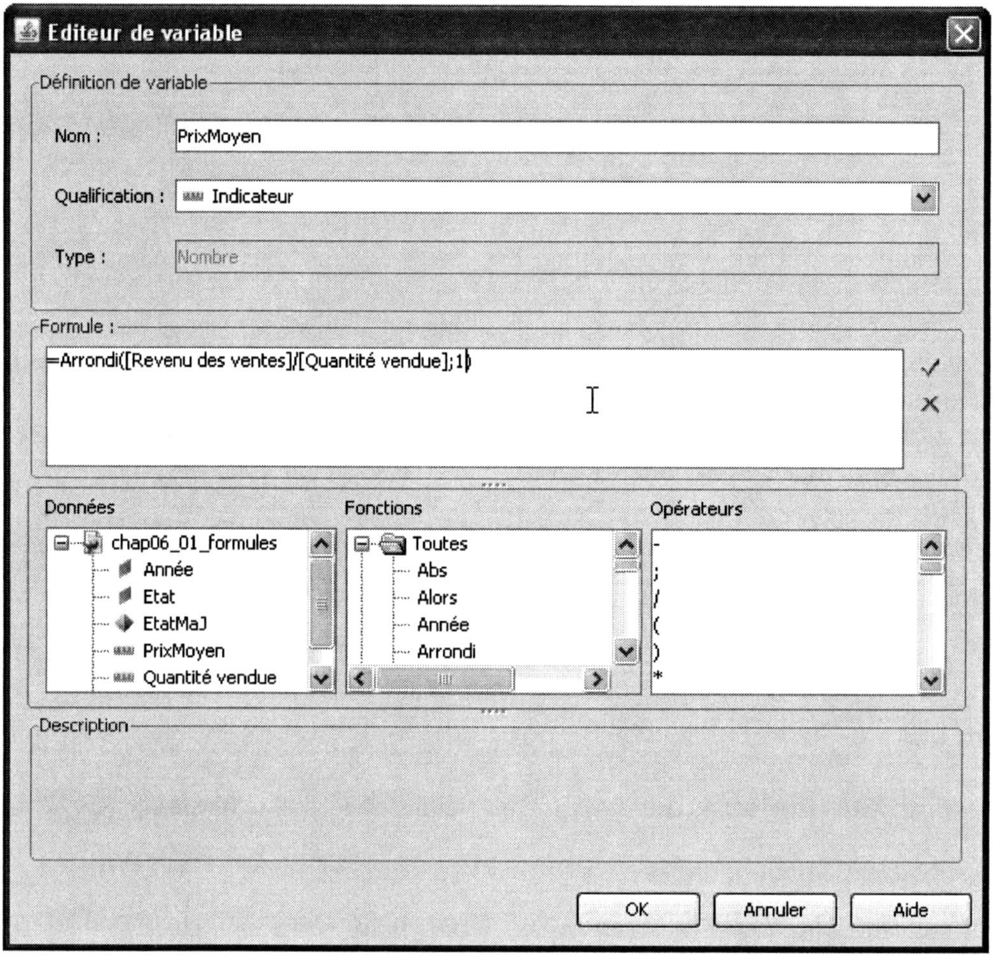

→ Faites les modifications souhaitées puis validez avec le bouton **OK**.

7. Supprimer une variable

a. Par un menu contextuel

→ Faites un clic droit sur la variable dans l'onglet **Données**. Un menu déroulant s'ouvre :

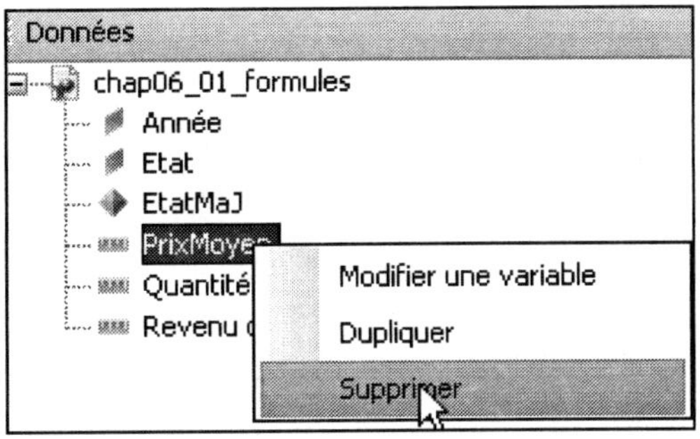

→ Sélectionnez l'option **Supprimer une variable**. Une confirmation est demandée.

b. En utilisant le clavier

Sélectionnez une variable et utilisez la touche [Suppr] du clavier. Cette méthode fonctionne pour plusieurs variables.

8. Dupliquer une variable

Pour dupliquer une variable, faites un clic droit sur la variable puis choisissez l'option **Dupliquer** du menu contextuel.

C. Fonctions Web Intelligence

1. Introduction

Web Intelligence propose un très grand nombre de fonctions et d'opérateurs (plus de 120) qui peuvent être utilisés dans les formules. Pour la description complète de ces fonctions, référez-vous à l'aide en ligne.

Ces fonctions sont classées en huit catégories :

Agrégats

Fonctions destinées à effectuer des calculs sur des groupes de données : Moyenne, Nombre, Max, Min, Pourcentage, MoyenneCumulative, NombreCumulatif, MaxCumulatif, MinCumulatif, ProduitCumulatif, SommeCumulative, EcartType, EcartTypeP, Somme, Var, VarP.

Fonctions caractères

Fonctions de manipulation des chaînes de caractères (Majuscule, Minuscule, Concaténation, Droite, Gauche, Remplacer, SousChaîne, etc.) et de conversion d'une date ou d'un nombre en chaîne de caractères (FormatDeDate et FormatDeNombre).

Fonctions dates et heures

Fonctions de manipulation des dates (DateCourante, Année, Trimestre, Semaine, JoursEntre, NomDuJour, etc.) et de conversion d'une chaîne de caractères en date (EnDate).

Fonctions documents

Fonctions permettant de récupérer des informations sur le document (AuteurDuDocument, NomDuDocument, NombreDePages, Page, etc.) ou sur les opérations faites dans le document (FiltresRapport, FiltresExploration...).

Fonctions fournisseurs de données

Fonctions permettant de récupérer des informations sur les fournisseurs de données, notamment les réponses aux invites (DateDeLaDernièreExécution, RéponseUtilisateur, RéponseInvite etc.).

Fonctions diverses

Précédent, NomduBloc, NombreDePages... Quelques fonctions de cette catégorie seront présentées dans des exemples à la section Valeur précédente dans le tableau.

Fonctions logiques

Fonctions de test (EstChaîne, EstDate, etc.).

Fonctions numériques

Fonctions mathématiques (Arrondi, Puissance, etc.) et de conversion d'une chaîne de caractères en nombre (EnNombre).

Dans l'éditeur de formule, le dossier **Toutes** regroupe toutes les fonctions par ordre alphabétique, quelle que soit leur catégorie.

L'objectif de cette partie n'est pas de présenter toutes les fonctions **Web Intelligence**.

D'une manière générale, toutes les fonctions usuelles sont proposées par **Web Intelligence**, avec des noms relativement explicites. Dans la suite de cette partie, nous nous attacherons plutôt à présenter quelques exemples d'utilisation de fonctions spécifiques à **Web Intelligence** ou particulièrement utiles.

Dans la version française de **Webi** les arguments sont toujours séparés par des points-virgules (;) et en anglais par des virgules (,). Il faut mettre des parenthèses ouvrantes et fermantes même s'il n'y a pas d'argument.

2. Exemples

Concaténation

Pour concaténer des chaînes de caractères, vous pouvez utiliser l'opérateur + ou la fonction `Concaténation`.

Exemples :

Après avoir placé une cellule vide dans l'en-tête du rapport vous pouvez saisir la formule suivante.

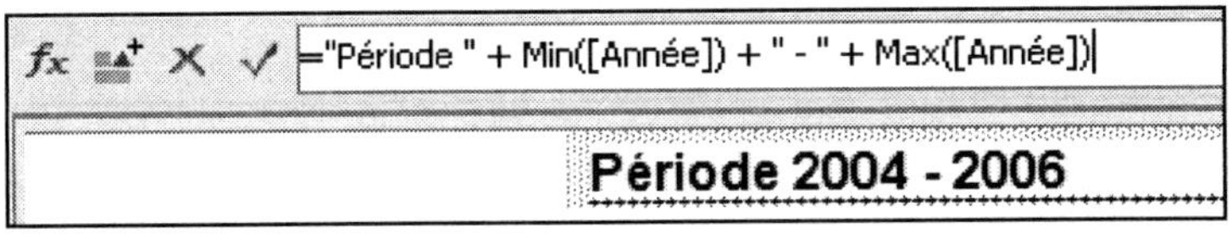

Vous pouvez noter l'utilisation des fonctions **Min** et **Max** qui, appliquées à l'objet **Année**, donnent respectivement la plus petite et la plus grande année des données du résultat de la requête.

À remarquer aussi que l'opérateur « + » concatène des valeurs numériques (**Min**...) avec des valeurs chaînes de caractère et il saura que le résultat est une chaîne de caractères.

La fonction **Concaténation** donne le même résultat que l'opérateur +.

Date, mois, année

La fonction `DateActuelle()` retourne la date actuelle.

Les fonctions `Mois()` et `Année()`, appliquées à une date, retournent respectivement le mois et l'année de la date.

Exemple :

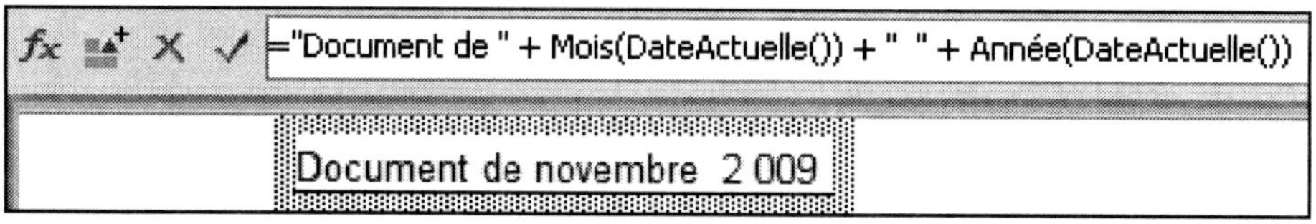

Ces fonctions peuvent également être appliquées à une variable.

Numéro de ligne

La fonction `NuméroDeLigne()` donne le numéro de la ligne courante dans un tableau.

Exemple :

Rajoutez une colonne dans un tableau et saisissez la formule suivante :

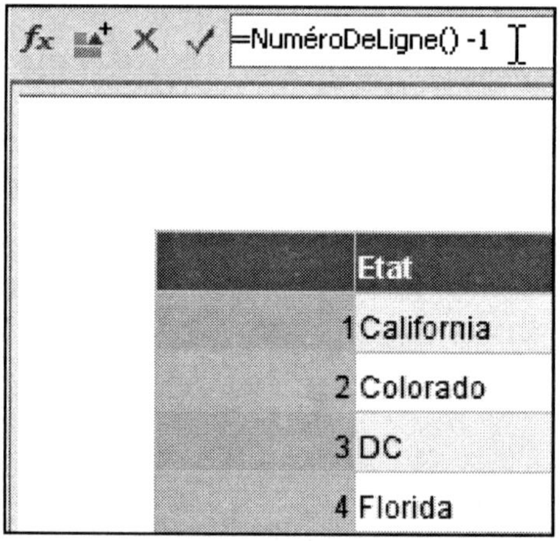

À noter que la fonction `NuméroDeLigne()` commence son numérotage au titre, il faut donc enlever 1 pour avoir les numéros de lignes correspondant aux lignes des données.

Fonction conditionnelle SI

La fonction `Si()` renvoie une valeur basée sur le fait qu'une expression est vraie ou fausse :

```
Si (exp_booléenne; valeur_si_Vrai; valeur_si_Faux)
```

Il est aussi possible d'utiliser cette fonction comme une instruction :

```
Si Exp_booléenne alors valeur_si_Vrai sinon valeur_si_Faux
```

Exemple :

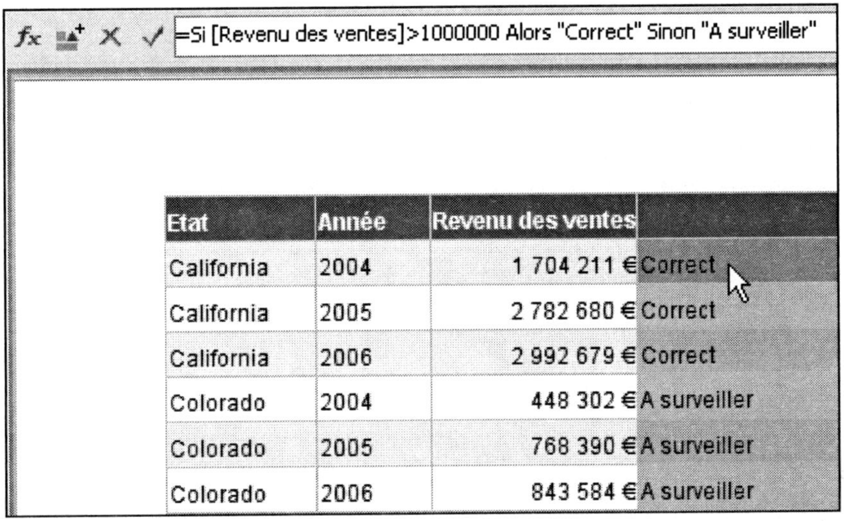

Etat	Année	Revenu des ventes	
California	2004	1 704 211 €	Correct
California	2005	2 782 680 €	Correct
California	2006	2 992 679 €	Correct
Colorado	2004	448 302 €	A surveiller
Colorado	2005	768 390 €	A surveiller
Colorado	2006	843 584 €	A surveiller

L'écriture aurait pu être de la forme :

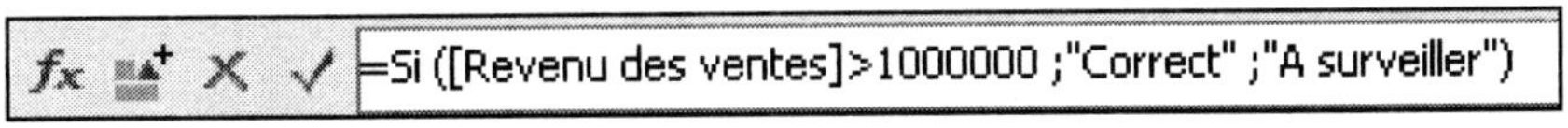

Le résultat est, naturellement, identique.

Il est possible dans la clause `Sinon` (ou dans le dernier argument de la fonction) d'inclure un autre test.

Supposons que le directeur des ventes souhaite affiner ses commentaires de la façon suivante :

Si le CA est supérieur à 10000000 alors "Correct".

S'il est inférieur à 500000 alors "A surveiller", sinon pas de commentaire.

Cela se traduit ainsi :

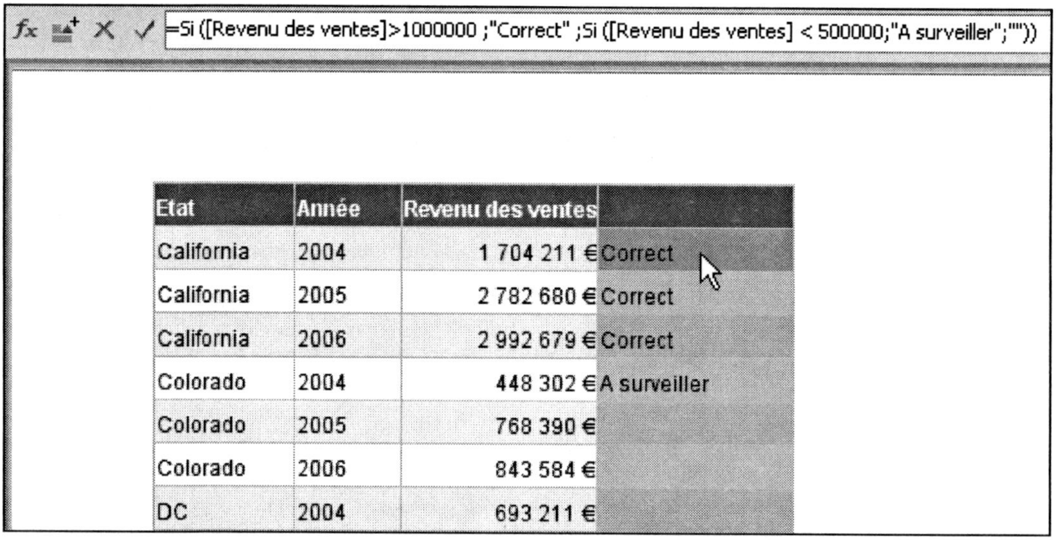

Etat	Année	Revenu des ventes	
California	2004	1 704 211 €	Correct
California	2005	2 782 680 €	Correct
California	2006	2 992 679 €	Correct
Colorado	2004	448 302 €	A surveiller
Colorado	2005	768 390 €	
Colorado	2006	843 584 €	
DC	2004	693 211 €	

Pour indiquer à **Webi** de ne rien mettre si le CA est compris entre 500000 et 1000000, il faut indiquer la chaîne vide "".

Il eut été possible aussi de ne pas mettre le dernier argument (mais sans le dernier ;) :

```
=Si ([Revenu des ventes]>1000000 ;"Correct" ;Si ([Revenu des ventes] < 500000
;"A surveiller"))
```

Vous obtenez le même résultat en écrivant sous forme d'instruction :

```
=Si [Revenu des ventes]>1000000 Alors "Correct" Sinon Si [Revenu des ventes]
< 500000 Alors "A surveiller"
```

Restreindre les données d'un calcul

L'opérateur **Where** (qui peut être nommé **Où** selon les versions) permet de définir une condition qui restreint les données prises en compte dans un calcul. Sa syntaxe générale est de la forme :

```
[objet] Where (expression_booléenne)
```

`[objet]` désigne tout objet d'un rapport

(`expression booléenne`) désigne toute expression booléenne

Il est possible d'utiliser les opérateurs ET, ENTRE, DansListe, OU, PAS dans l'expression booléenne.

Pour exemple nous désirons connaître le total des revenus des ventes pour les commentaires qui sont « corrects ».

Cela nous permettra aussi de voir l'utilité de définir une variable.

Transformons en variable la formule définie un peu plus haut.

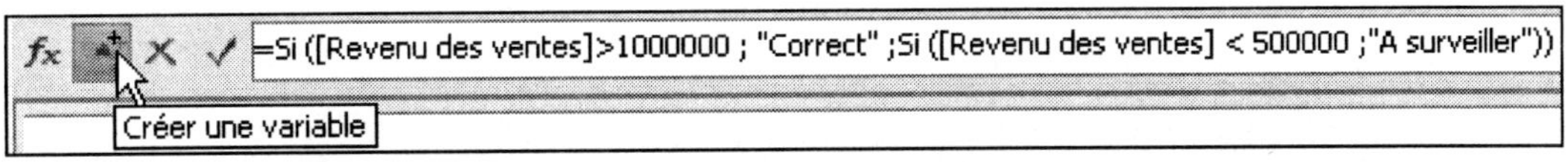

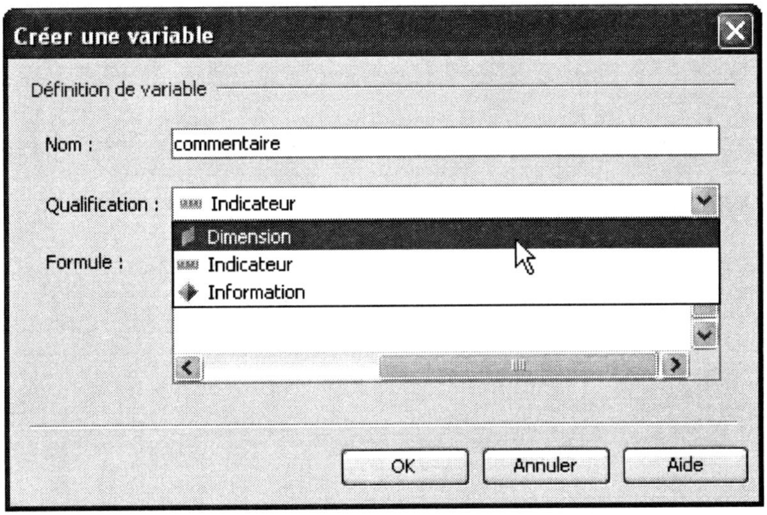

Ensuite, nous pouvons utiliser cette variable **Commentaire** dans une fonction.

Insérez une cellule dans le rapport et saisissez la formule suivante :

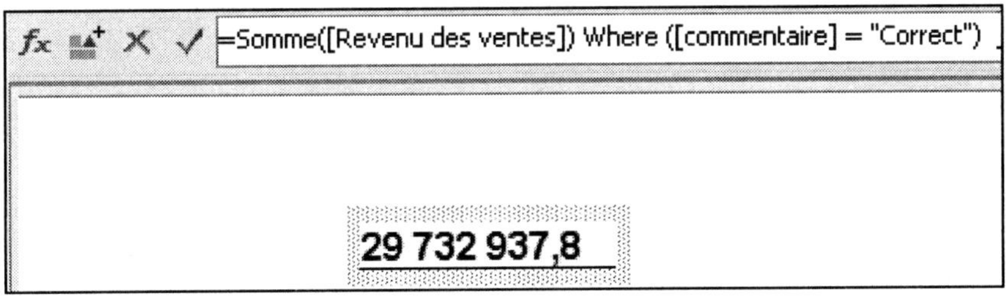

Attention, si la variable **Commentaire** avait été définie en tant qu'indicateur, le résultat aurait été faux. En effet, l'indicateur s'adaptant au contexte, le **Revenu des ventes** aurait représenté (puisque hors tableau) le total des revenus des ventes et donc la formule aurait donné 36 387 203.

Si la formule avec SI n'avait pas été transformée en variable de type dimension, outre que le libellé aurait été plus long :

```
=Somme([Revenu des ventes]) Where ( Si ([Revenu des ventes]>1000000 ;
"Correct" ;Si ([Revenu des ventes] < 500000 ;"A surveiller")) =
"Correct")
```

Le résultat aurait été faux puisque l'objet [**Revenu des ventes**] désigne là où il est employé, le total des revenus des ventes, sauf à utiliser des opérateurs de contexte comme ceux que nous verrons au chapitre Problèmes et solutions : fonctions avancées.

Somme cumulative

La fonction `SommeCumulative` permet d'effectuer une somme cumulative sur un indicateur.

Exemple :

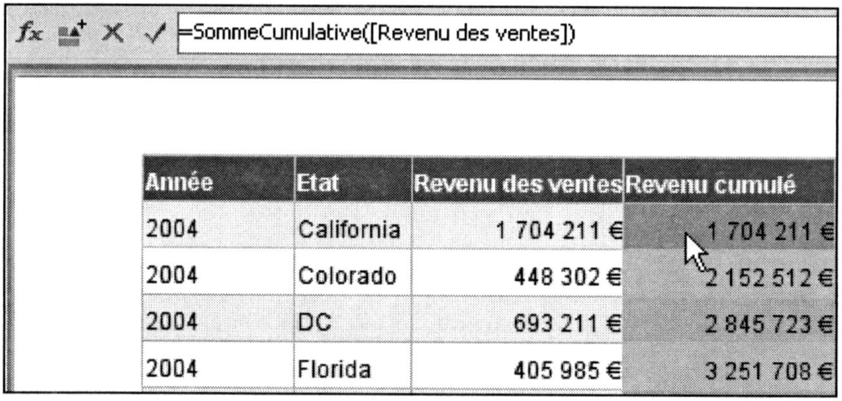

Année	Etat	Revenu des ventes	Revenu cumulé
2004	California	1 704 211 €	1 704 211 €
2004	Colorado	448 302 €	2 152 512 €
2004	DC	693 211 €	2 845 723 €
2004	Florida	405 985 €	3 251 708 €

Lorsque la somme cumulative est utilisée dans un tableau possédant une rupture, il est possible d'indiquer qu'une remise à zéro doit être effectuée à chaque changement de valeur dans la rupture.

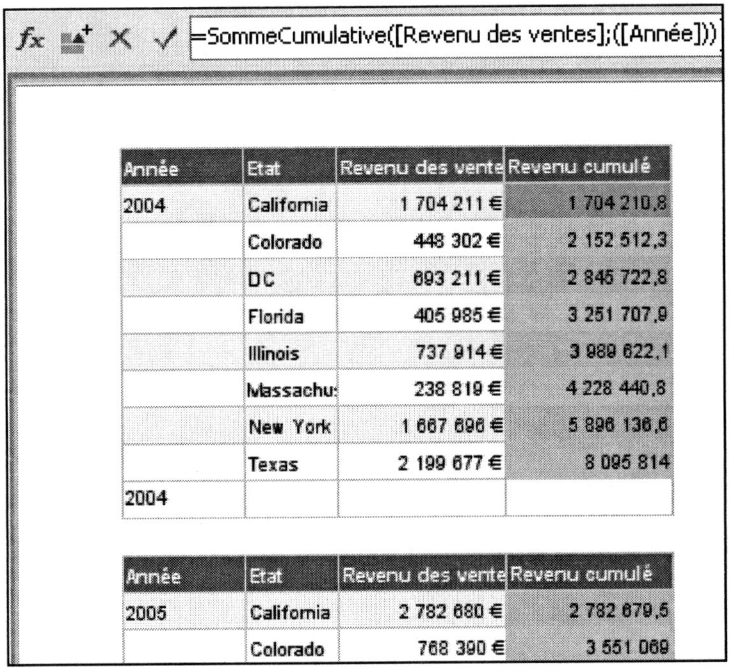

Année	Etat	Revenu des vente	Revenu cumulé
2004	California	1 704 211 €	1 704 210,8
	Colorado	448 302 €	2 152 512,3
	DC	693 211 €	2 845 722,8
	Florida	405 985 €	3 251 707,9
	Illinois	737 914 €	3 989 622,1
	Massachu:	238 819 €	4 228 440,8
	New York	1 667 696 €	5 896 136,8
	Texas	2 199 677 €	8 095 814
2004			

Année	Etat	Revenu des vente	Revenu cumulé
2005	California	2 782 680 €	2 782 679,5
	Colorado	768 390 €	3 551 069

Sur cet exemple, une remise à zéro est demandée à chaque changement de valeur dans la variable [**Année**] ; la somme cumulative est donc effectuée sur les différents états et remise à 0 à chaque année.

Attention, il faut bien encadrer les paramètres optionnels par une paire de parenthèses ().

Ainsi, si la formule contient deux dimensions de rupture et de remise à 0 de la somme il faut écrire :

```
= SommeCumulative([Indicateur];([dimension1] ;[Dimension2]))
```

Date et heure de la dernière exécution

Les fonctions `DateDeLaDernièreExécution` et `HeureDeLaDernièreExécution` retournent respectivement la date et l'heure de la dernière exécution d'un fournisseur de données.

Exemple :

Il est possible de saisir en argument de ces fonctions, la fonction `Fournisseur-DeDonnées` appliquée à un des objets de notre requête. Par exemple, `FournisseurDeDonnées([Année])`. Ceci n'a d'intérêt que lorsque le document contient plusieurs requêtes.

Par ailleurs, la fonction `DocumentPartiellementActualisé` permet de savoir si le document a été totalement rafraîchi (c'est-à-dire tous les fournisseurs de données ont été rafraîchis simultanément) ou partiellement rafraîchi.

À noter aussi que ces fonctions se trouvent dans la rubrique **Fournisseurs de données** et non dans celle de **Date et heure**.

Attention à ne pas confondre ces dates et heures d'actualisation du document avec celles des données. Dans les applications décisionnelles, il est très souvent conseillé d'alimenter les données servant pour les reporting à partir de données des applications en exploitation. Les données du décisionnel (Datawarehouse ou Datamart) sont alimentées périodiquement (heure, jour, semaine, mois...) et l'information des dates/heures de cette alimentation est souvent très utile. Cette information est souvent placée sous forme d'objet dans l'univers.

Réponse à une invite

La fonction `RéponseUtilisateur` retourne la ou les valeurs saisie(s) par un utilisateur en réponse à une invite.

Nous allons illustrer cette fonction par l'exemple suivant.

Nous voulons avoir les quantités vendues par magasin pour les villes sélectionnées à l'exécution de l'état.

Avec un filtre sous forme d'invite, nous avons donc la requête suivante.

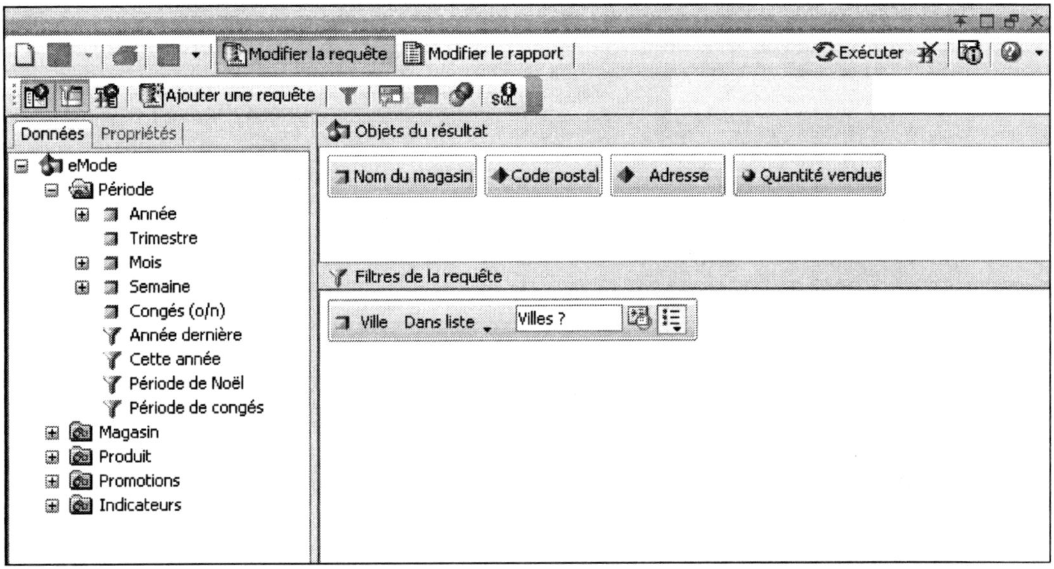

Le résultat obtenu ne permet pas de se rendre compte dans quelles villes sont situés ces magasins.

Nom du magasin	Code postal	Adresse	Quantité vendue
e-Fashion Boston Newbury	280941	5, Newbury Avenue	7 676
e-Fashion Chicago 33rd	302616	303, 33rd Street	17 976
e-Fashion Colorado Springs	295836	140 Wallace Road	12 787

C'est pourquoi nous allons l'afficher avec la fonction `RéponseUtilisateur()`.

Après avoir positionné dans le rapport une cellule vide, nous lui affectons la formule `RéponseUtilisateur("Villes ?")`.

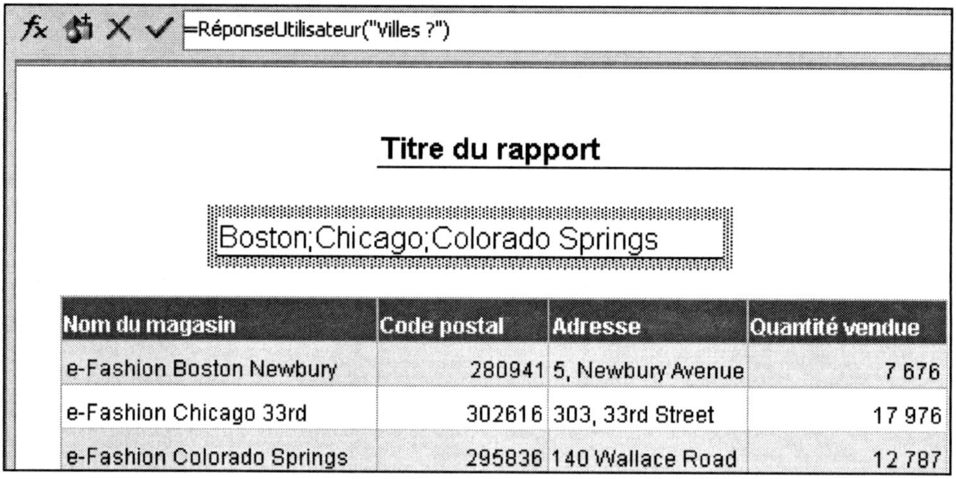

Il faut libeller l'argument de la fonction exactement comment le texte de l'invite dont nous voulons récupérer les valeurs sélectionnées (sinon la cellule reste vide). Dans les cas où de nombreuses valeurs sont sélectionnées, une cellule seule peut être trop juste en largeur et il faut alors prévoir d'autres façons de visualiser les données choisies.

Filtres

La fonction `AucunFiltre` permet d'effectuer un calcul sans tenir compte des filtres existant dans un rapport ou dans un bloc. Nous verrons un peu plus loin les filtres de rapport (à ne pas confondre avec les filtres de requêtes vus au chapitre Interroger : la gestion des requêtes sous InfoView et dont le filtre avec invite juste avant est un cas particulier). Sachez dans un premier temps que les données rapatriées par la requête peuvent être filtrées pour une ou plusieurs valeurs.

C'est typiquement le cas de tableaux qui peuvent masquer une partie des données.

Exemple :

Données sans filtre

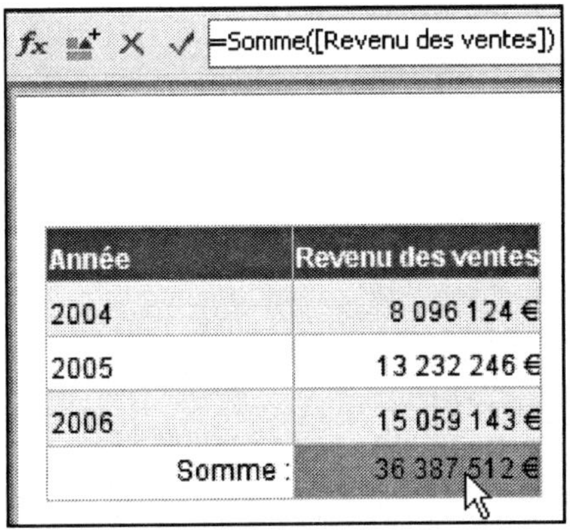

Filtrons le tableau.

Cliquez sur l'icône **Filtre**.

Cela fait apparaître le panneau de filtres dans lequel vous allez filtrer les données pour les années 2004 et 2005 (nous verrons les détails de manipulation un peu plus loin dans ce chapitre). Vous pouvez constater que les données sont filtrées.

La somme s'effectue sur les données filtrées car l'opérateur **Somme** s'applique sur les données du tableau.

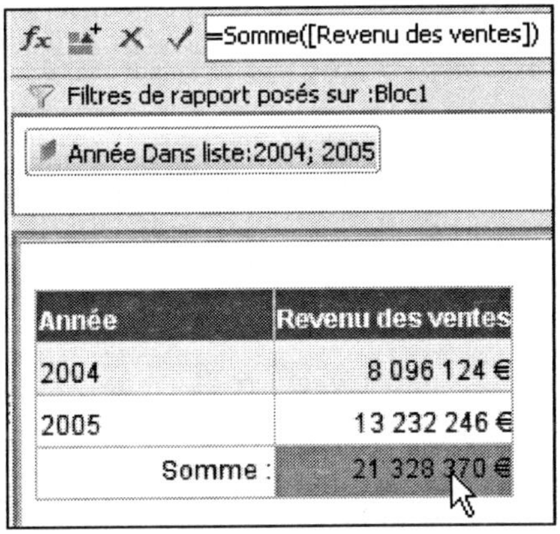

La fonction `AucunFiltre` permet d'avoir une somme indépendante des filtres.

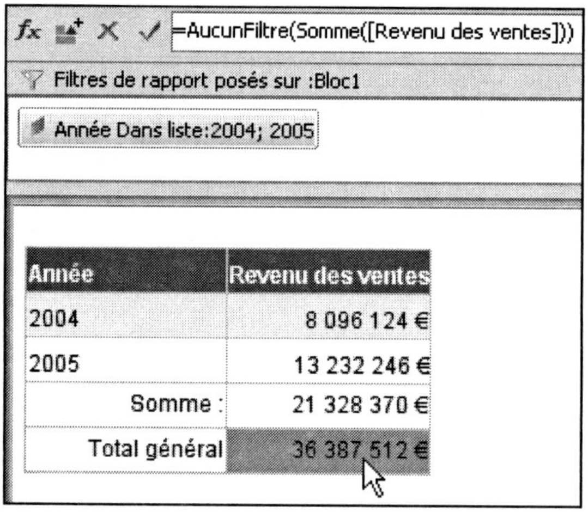

Valeur précédente dans le tableau

La fonction `Précédent()` retourne la valeur d'une variable sur la ligne précédente d'un tableau.

Exemple :

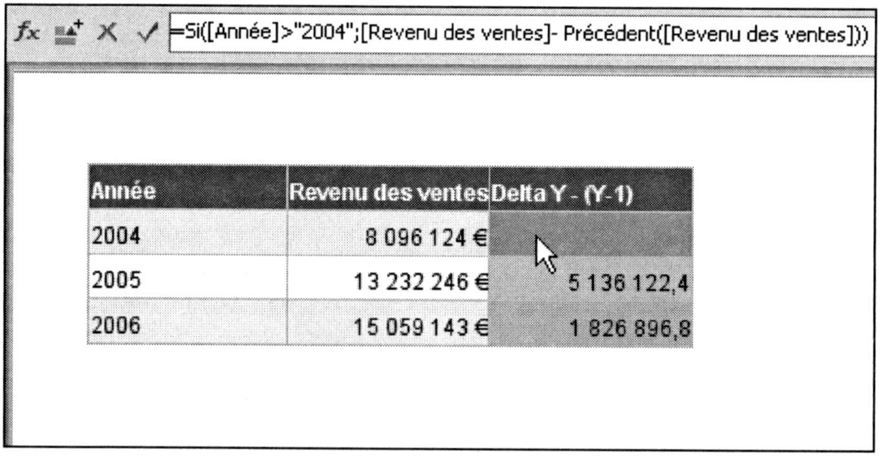

Sur cet exemple, la formule retourne la différence entre le chiffre d'affaires de la ligne courante (une année donnée) et le chiffre d'affaires de la ligne précédente (l'année précédente).

Nous avons distingué la première année pour ne pas faire apparaître un delta artificiel à 2004. Pour ceci nous avons utilisé la fonction `SI` vue précédemment.

La fonction `Précédent()` peut être imbriquée sur plusieurs niveaux. Ainsi, `Précédent(Précédent(`[**Revenu des ventes**])) retourne le chiffre d'affaires de la ligne précédant la ligne précédente.

D. Classement de données

1. Présentation

Un classement de données fonctionne sur le principe suivant :

- Trier les données d'un rapport sur un critère précis.
- Extraire ensuite les N premiers ou les N derniers éléments à l'issu du tri suivant un certain nombre de critères qui seront détaillés plus loin.

Un classement de données permet de répondre, entre autres, à des questions telles que :

- Quels sont les 5 produits qui ont généré les plus hauts revenus de vente ?
- Quels sont les états les plus performants qui ont généré 75 % des revenus de ventes ?

L'interface de Webi vous permet de faire un certain nombre d'opérations de classement de données comme les suivantes :

- Trier sur une dimension les N premiers (ou les N derniers) objets en fonction de la somme d'un indicateur associé. Ce principe général vous permet de répondre facilement à des questions comme celle du premier point précédent.
- Trier sur une dimension les N premiers (ou les Derniers) objets en fonction de la valeur d'un indicateur exprimé en pourcentage par rapport au total de cet indicateur.

2. Mise en oeuvre des classements

Les classements de données peuvent être construits de manière interactive en utilisant l'interface d'infoview.

Une autre méthode, qui ne sera pas abordée dans cet ouvrage consiste à utiliser la fonction `Classement()`.

3. Créer un classement de données

Voici comment créer un classement de données à travers un exemple simple : trouver les trois premiers états en termes de revenu des ventes.

→ Sélectionnez le bloc de données à classer. Dans notre cas, ce sera le tableau suivant contenant les objets **Etat** et **Revenu des ventes** :

Etat	Revenu des ventes
California	7 479 569 €
Colorado	2 060 275 €
DC	2 961 950 €
Florida	1 879 159 €
Illinois	3 022 968 €
Massachusetts	1 283 707 €
New York	7 582 221 €
Texas	10 117 664 €

→ Déroulez la liste qui correspond à l'outil **Classement** dans la barre d'outils **Gestion des rapports** puis sélectionnez l'élément **Classement** de cette liste :

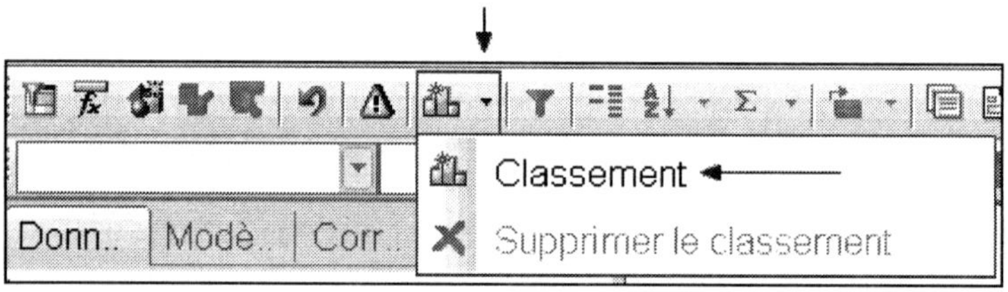

La boîte de dialogue **Classement** s'affiche :

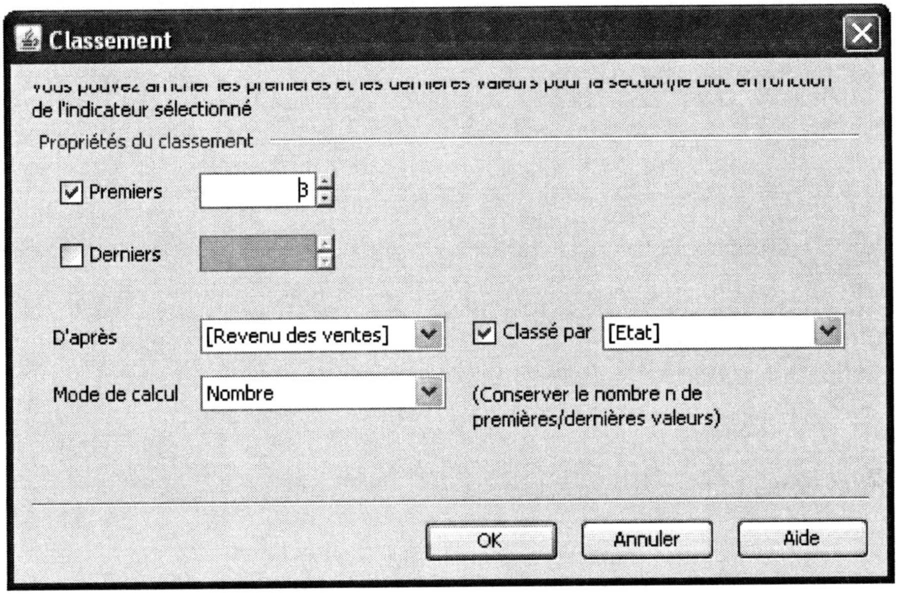

Les paramètres de cette boîte de dialogue sont :

- Cochez la case **Premiers** si vous recherchez les premiers éléments pour l'indicateur choisi ou cochez la case **Derniers** pour les derniers, puis saisissez le nombre d'éléments à prendre en compte dans le classement. Dans notre cas, cochez la case **Premiers** et saisir 3 dans la zone correspondante.
- La liste déroulante **D'après** contient les indicateurs disponibles.

→ Choisissez l'indicateur qui servira au classement. Dans notre cas ce sera **Revenus des ventes**, le seul indicateur du document. Notez que les indicateurs disponibles sont ceux qui existent au niveau de la requête sous-jacente. Il n'est pas obligatoire que l'indicateur choisi figure dans le bloc de données. Toutefois il est très utile de l'inclure. La liste déroulante **Mode de calcul** contient les différentes méthodes de calcul à appliquer à l'indicateur choisi :

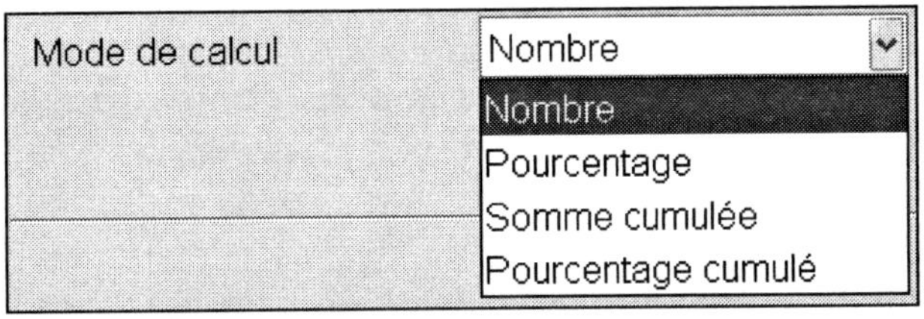

Dans notre cas nous prenons l'opérateur **Nombre**. Les autres possibilités sont décrites plus loin.

4. Paramètres de classement

Voici un résumé des paramètres à appliquer à un classement de données dans la boîte de dialogue **Classement** vue plus haut :

- Les enregistrements sont triés sur la colonne indiquée dans le paramètre **D'après** qui contient un indicateur (présent dans l'onglet **Données**).
- Le paramètre **Classé par** est optionnel. S'il est pris en compte il doit contenir une dimension (présente dans l'onglet **Données**). Le classement est établi sur cette dimension. Cela signifie que le classement est établi sur le regroupement sur cette dimension, une sommation étant opérée sur l'indicateur choisi.
- Premiers/Derniers et valeurs associées :

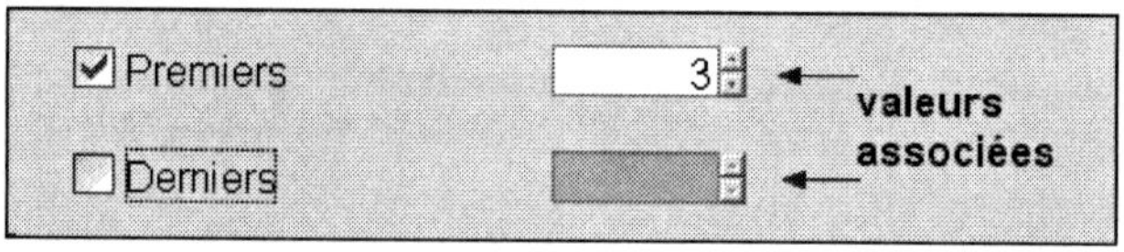

Bien que cela soit déconseillé pour des raisons de présentation et de compréhension (pas de différences entre les premiers et les derniers éléments du palmarès), il est possible de sélectionner simultanément **Premiers** et **Derniers** en cochant les deux cases à cocher.

La signification de ces paramètres dépend du mode de calcul spécifié dans le paramètre **Mode de calcul** :

- Si le mode de calcul est **Nombre** le résultat contient les N premiers ou N derniers enregistrements lorsque le bloc de données est trié selon l'indicateur spécifié dans le paramètre **D'après**.
- Lorsque le mode de calcul est **Pourcentage**, le résultat contient les premiers N% ou derniers N% enregistrements calculés par rapport au nombre total des enregistrements. Par exemple si le nombre des enregistrements est de 20 et si N vaut 25 %, le résultat est constitué des 5 premiers ou 5 derniers enregistrements. En d'autres termes cela revient au cas précédent où le nombre d'enregistrements est calculé suivant la formule : `N * Nombre total d'enregistrement / 100`

- Si le mode de calcul est **Somme cumulée**, Webi renvoie les premiers/derniers enregistrements pour lesquels la somme cumulée de l'indicateur spécifié dans le champs **D'après** est la plus grande valeur qui ne dépasse pas le plafond indiqué dans la valeur associée N.
- Lorsque le mode de calcul est **Pourcentage cumulé**, le résultat est constitué des premiers/derniers enregistrements pour lesquels la somme cumulée de l'indicateur spécifié dans le paramètre **D'après** ne dépasse pas N% du total de l'indicateur.

5. Exemples de classement

Exemple A - Trouver les états les plus performants qui assurent près de 75 % du chiffre d'affaires. Le processus appliqué par **Webi** est le suivant: les états sont triés de manière décroissante sur **Revenu des ventes**. Les états pris en compte sont extraits "par le haut" tant que les revenus cumulés ne dépassent pas 75 % du total des revenus. Parler de 75 % est donc une approximation, c'est la plus proche valeur de la somme cumulée qui ne dépasse pas 75 %.

Étape 1 : sélection du tableau cible

→) Sélectionnez le tableau **Revenu des ventes par état**. Pour cela cliquez sur un des côtés de ce tableau. Une bordure grise indique qu'il est sélectionné.

→) Afin de mieux apprécier le résultat, nous avons ajouté une colonne **Pourcentage** ainsi qu'un tri décroissant sur **Revenu des ventes**.

Etat	Revenu des ventes	Pourcentage
Texas	10 117 664 €	27,81%
New York	7 582 221 €	20,84%
California	7 479 569 €	20,56%
Illinois	3 022 968 €	8,31%
DC	2 961 950 €	8,14%
Colorado	2 060 275 €	5,66%
Florida	1 879 159 €	5,16%
Massachusetts	1 283 707 €	3,53%
	Pourcentage :	100,00%

Étape 2 : accès à la boîte de dialogue Classement

- Déroulez la liste qui correspond à l'outil **Classement** sur la barre d'outils **Gestion des rapports** et choisissez l'option **Classement** :

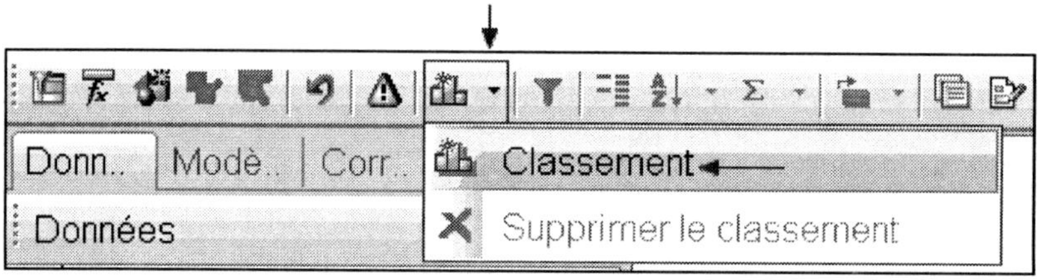

Cela permet d'afficher la boîte de dialogue **Classement** vue plus haut.

Étape 3 : paramétrage de la boîte de dialogue Classement

- Cochez la case **Premiers** et indiquez 75 % dans la zone associée.
- Choisissez **Revenu des ventes** dans la liste **D'après**.
- Cochez la case **Pour chaque** valeur de et sélectionnez **[Etat]** dans la liste déroulante associée.
- Choisissez l'option **Pourcentage cumulé** dans la liste **Mode de calcul**.

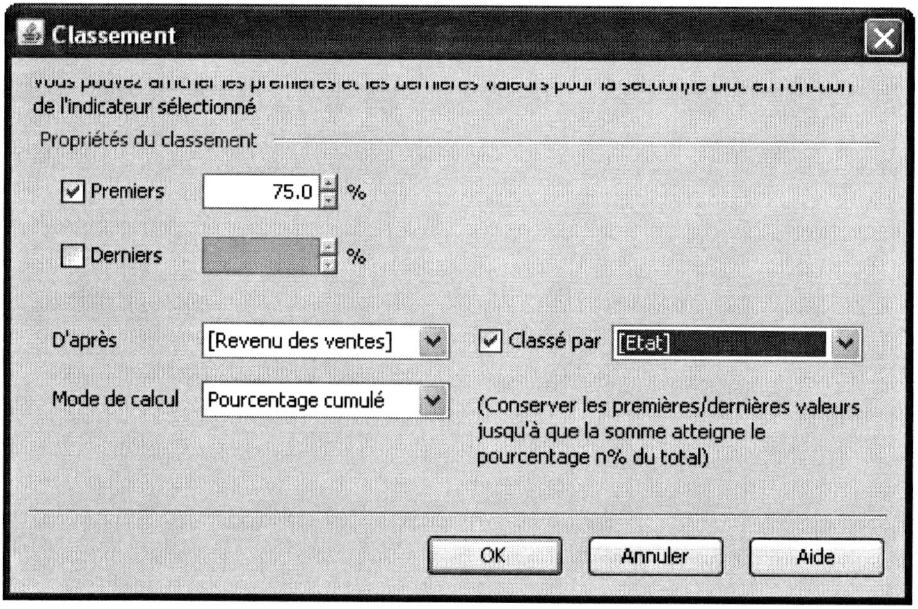

Étape 4 : validation et affichage du résultat

→ Cliquez sur le bouton **OK**. Le résultat est le suivant :

Etat	Revenu des ventes	Pourcentage
Texas	10 117 664 €	40,18%
New York	7 582 221 €	30,11%
California	7 479 569 €	29,71%
	Pourcentage :	100,00%

Notez que les valeurs de la colonne **Pourcentage** ont changé car les valeurs dans cette colonne sont calculées en fonction des enregistrements du classement.

Exemple B : trouver 10 % des états les moins performants. Par rapport à l'exemple précédent :

Étape 1 : sélection du tableau cible: inchangé (cf. exemple A)

Étape 2 : accès à la boîte de dialogue **Classement** : inchangé (cf. exemple A)

Étape 3 : paramétrage de la boîte de dialogue **Classement**

→ Cochez la case **Derniers** et indiquez 10 dans la zone associée.

→ Choisissez **Revenu des ventes** dans la liste **D'après**.

→ Cochez la case **Classé par** et sélectionnez **[Etat]** dans liste déroulante associée.

→ Choisissez l'option **Pourcentage** dans la liste **Mode de calcul**.

Étape 4 : validation et affichage du résultat

→ Cliquez sur le bouton **OK**. Le résultat est le suivant :

Etat	Revenu des ventes	Pourcentage
Massachusetts	1 283 707 €	100,00%
	Pourcentage :	100,00%

6. Modifier un classement de données

Pour modifier un classement de données, procédez comme suit :

→ Sélectionnez le bloc de données qui résulte de l'application d'un classement.

→ Déroulez la liste **Classement** qui se trouve sur la barre d'outils **Gestion des rapports** :

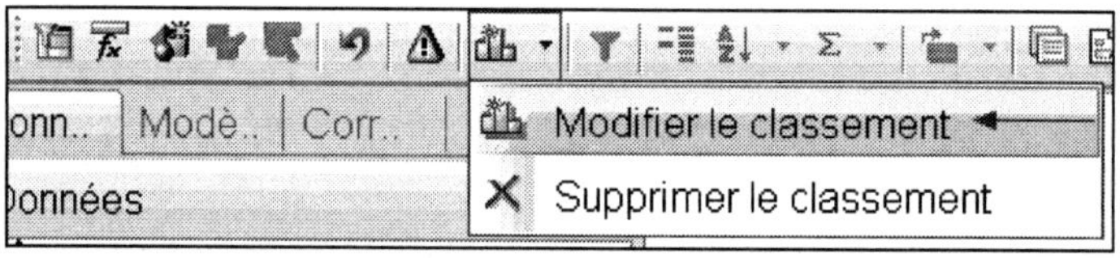

→ Sélectionnez l'option **Modifier le classement**. La boîte de dialogue **Classement** de données est affichée.

→ Modifiez les paramètres qui vous intéressent puis validez avec le bouton **OK**.

7. Supprimer un classement de données

Pour supprimer un classement de données, procédez comme suit :

→ Sélectionnez le bloc de données qui résulte de l'application d'un classement.

→ Déroulez la liste **Classement** qui se trouve sur la barre d'outils **Gestion des rapports** :

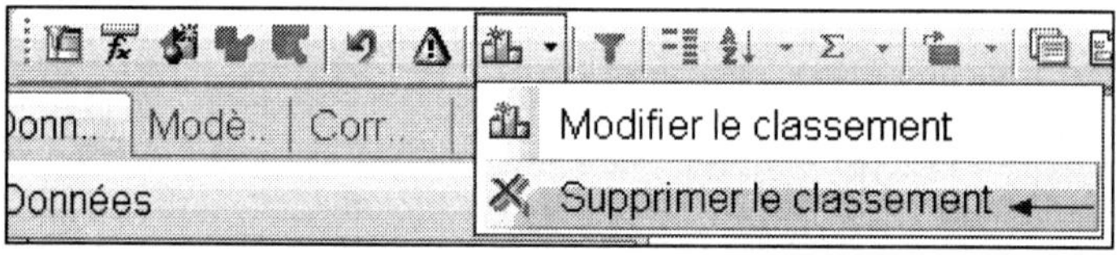

→ Sélectionnez l'option **Supprimer le classement**. Le bloc de données initial, avant application du classement, est restitué.

8. Prise en compte des tris

Si vous avez préalablement mis des tris dans votre tableau, il se peut que **Infoview** les annule si vous établissez un classement. En effet lors d'un classement de données **Webi** applique un tri croissant sur l'indicateur qui correspond au paramètre **D'après** de la boîte de dialogue **Classement** et ce tri est prioritaire sur les tris antérieurs.

E. Utilisation des alerteurs

1. Définition

Les alerteurs permettent de mettre en avant des données qui vérifient certaines conditions, en utilisant des mises en forme particulières (couleur, police, etc.). Ils permettent d'identifier rapidement les données nécessitant une attention particulière.

Exemple : dans le tableau suivant les chiffres d'affaires supérieurs à 7 500 000 € sont mis en gras et en couleur verte, alors que les chiffres d'affaires inférieurs à 2 000 000 € sont mis en italique et en rouge :

Etat	Revenu des ventes
California	7 479 569 €
Colorado	2 060 275 €
DC	2 961 950 €
Florida	*1 879 159 €*
Illinois	3 022 968 €
Massachusetts	*1 283 707 €*
New York	**7 582 221 €**
Texas	**10 117 664 €**

Les alerteurs sont des entités autonomes dans **Infoview**. Ils ne sont pas liés à un tableau particulier. On peut les gérer avec les opérations standard : création, modification, suppression et les appliquer à d'autres données.

Les alerteurs peuvent être qualifiés de dynamiques dans le sens où un changement de données provoque l'actualisation de l'alerteur. Dans l'exemple précédent la mise en forme conditionnelle du revenu des ventes s'appliquera aux données actualisées.

2. Constituant d'un alerteur

Un alerteur se caractérise par un certains nombre d'attributs :

- 1) Un nom. Le nom favorise la réutilisation de l'alerteur et sa gestion.
- 2) Un objet ou une cellule cible de l'alerteur. Dans notre exemple l'objet cible de l'alerteur est l'objet **Revenu des ventes**.

- 3) Un ou plusieurs **sous-alerteur(s)**. Dans la terminologie **Webi** un sous-alerteur se caractérise par :
  - une ou plusieurs condition(s) à appliquer à la cible (objet ou cellule) ;
  - un format de mise en forme qui est appliqué à la cible si la ou les condition(s) sont satisfaite(s).

Une condition est définie par un duo (opérateur, opérande) applicable à l'objet cible.

Dans notre exemple il y a deux sous-alerteurs :

- supérieur à, 7 500 000 €, texte en vert et en gras ;
- inférieur à, 2 000 000 €, texte en rouge et en italique.

Chaque sous-alerteur de l'exemple ne contient qu'une condition.

3. Limites des alerteurs

Dans cette version de **Webi**, un alerteur supporte jusqu'à huit sous-alerteurs et chaque sous-alerteur peut contenir un maximum de six conditions.

Dans un même document :

- le nombre total d'alerteurs est limité à 30 ;
- le nombre de cibles (ligne ou colonne de tableau, cellule...) est limité à 20 ;
- le nombre d'alerteurs pour une même cible (cellule...) est limité à 10.

4. Cibles des alerteurs

Il n'est pas possible d'appliquer un alerteur à n'importe quel type d'objet.

Les types d'objets admis sont :

- les cellules de corps dans un tableau ;
- les cellules de section ;
- les cellules d'en-tête ;
- les cellules individuelles.

Il n'est pas possible d'appliquer des alerteurs à la totalité d'un tableau ni à des diagrammes.

5. Créer un alerteur

Ce paragraphe expose les grandes lignes de la création d'un alerteur tout en illustrant la démarche par un exemple simple vu plus haut : afficher les **Revenus de vente** des états en vert pour les plus performants et en rouge pour les moins performants.

Pour créer un alerteur, suivez les étapes ci-dessous :

Accès à la boîte de dialogue Alerteurs

→ Cliquez sur l'outil **Alerteurs** dans la barre d'outils **Gestion des rapports** :

La boîte de dialogue **Alerteurs** s'affiche :

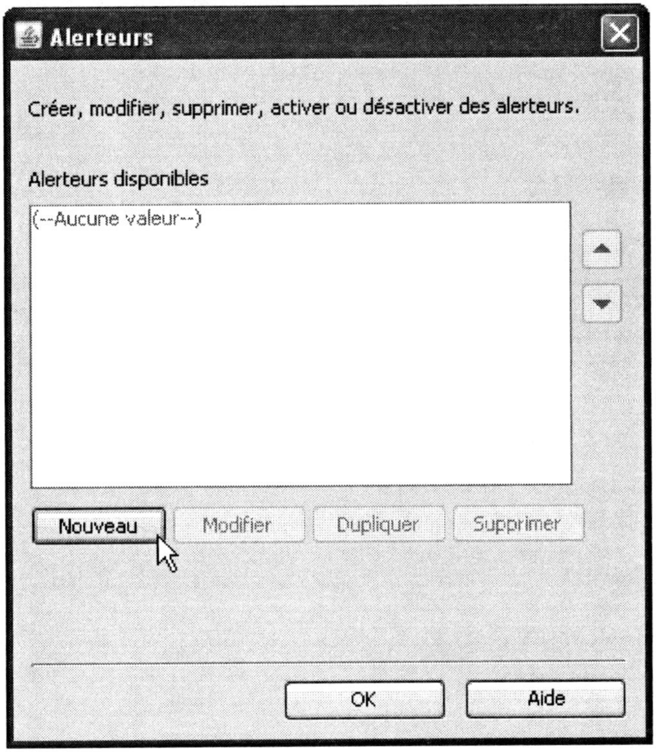

Création d'un nouvel alerteur

➔ Cliquez sur le bouton **Nouveau** de la boîte de dialogue précédente : la boîte de dialogue **Editeur d'alerteur** s'affiche :

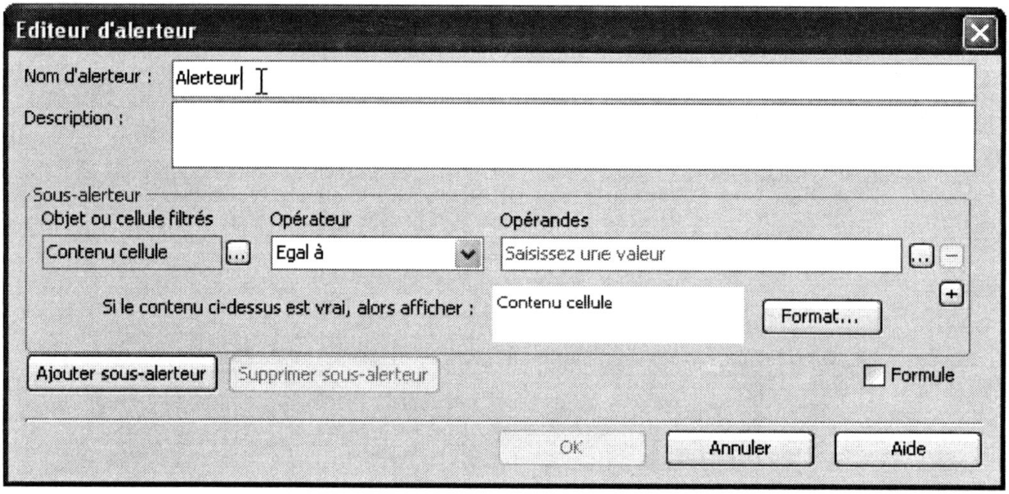

Un sous-alerteur créé par défaut par **Webi** est disponible. Il faut le paramétrer.

Paramétrage du nouvel alerteur

- **Nom** : saisir le nom de l'alerteur dans la zone **Nom d'alerteur** à moins que vous ne conserviez le nom proposé par défaut.
- **Description** : saisir une courte description dans la zone **Description**.
- **Cible de l'alerteur** : choisir un objet ou une cellule cible du sous-alerteur. Pour cela cliquez sur le bouton **...** La liste des objets disponibles est affichée :

→) Choisissez un objet dans la liste proposée. Dans notre cas l'objet **Revenu des ventes**. Validez ensuite avec le bouton **OK**.

- **Opérateur** : déroulez la liste **Opérateur** qui se trouve à côté de la zone **Objet**.

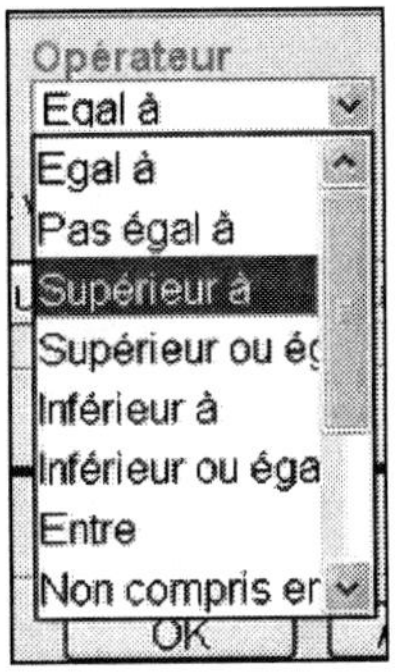

→) Sélectionnez un opérateur dans la liste des opérateurs disponibles. Pour l'exemple choisir l'opérateur **Supérieur à**.

- **Opérande** : Saisissez un opérande. Pour cela il y a deux moyens : cliquez sur le bouton **...** qui se trouve à côté de la zone **Opérande**. Une liste contenant les objets et variables disponibles s'affiche. Sélectionnez un élément dans cette liste et validez par **OK**. L'autre moyen consiste à saisir au clavier un opérande. Pour notre exemple saisir 7 500 000.

Saisir éventuellement une nouvelle condition. Pour cela cliquez sur le bouton ⊞ dans la boîte de dialogue :

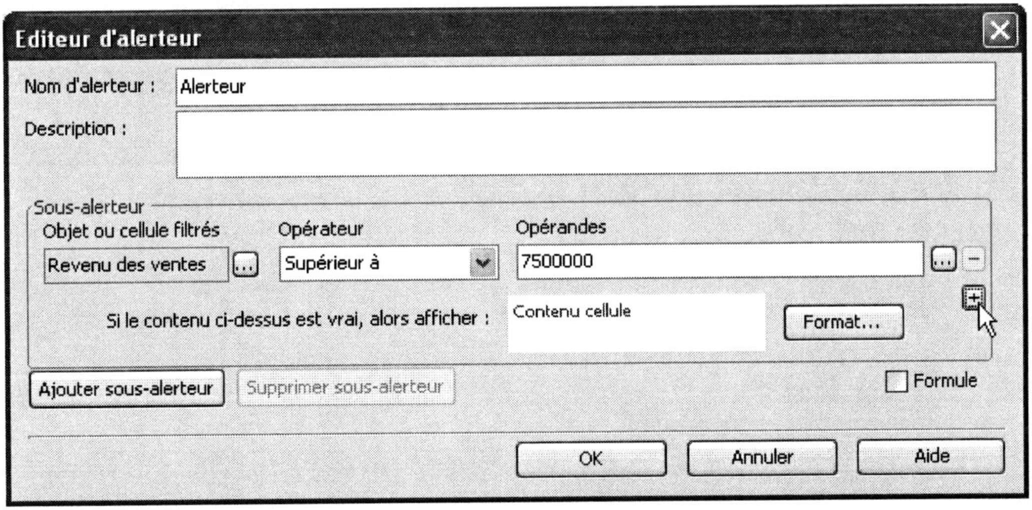

Une nouvelle ligne est créée pour gérer une nouvelle condition. Dans notre exemple nous n'avons pas besoin de définir une nouvelle condition.

Le bouton ⊟ permet de retirer une condition.

- Mise en forme : ensuite définissez la mise en forme qui sera appliquée lorsque les conditions seront satisfaites. Pour cela, cliquez sur le bouton **Format**. Une boîte de dialogue **Affichage d'alerteur** est affichée :

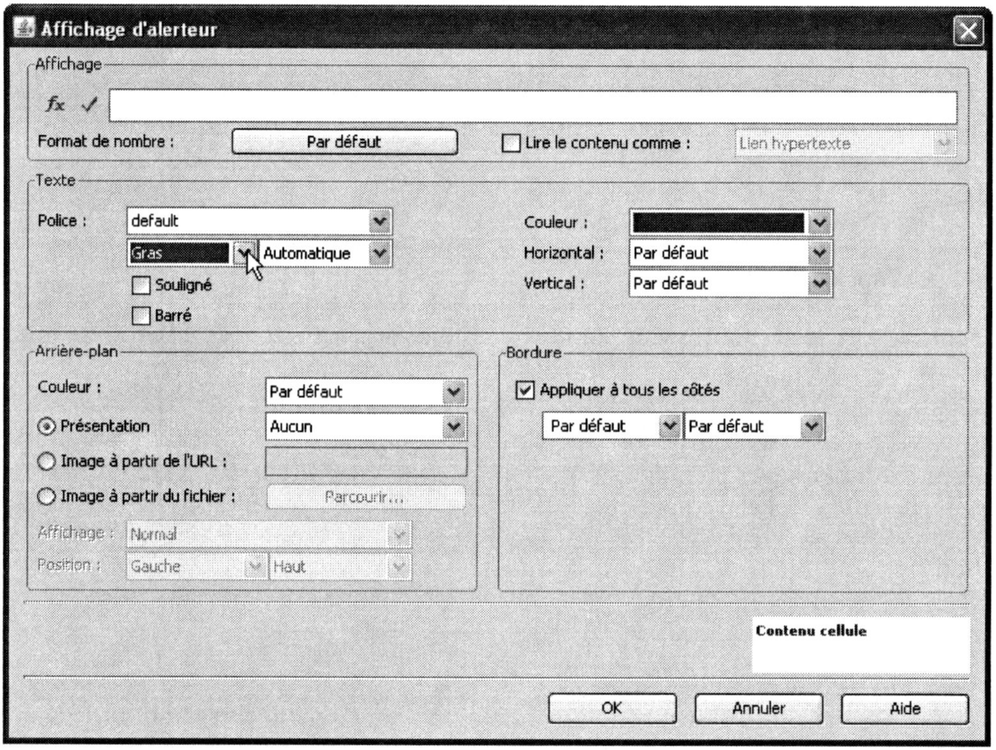

La description détaillée sera faite plus loin. Pour notre exemple choisissez les attributs de texte : en vert et en gras.

→ Validez avec le bouton **OK**.

6. Utilisation de la boîte de dialogue de mise en forme

La boîte de mise en forme permet de définir les attributs à affecter aux alerteurs. Les éléments les plus importants sont :

- **Formule d'affichage** : vous pouvez afficher le contenu de votre alerteur via une formule. En haut de la boîte de dialogue, dans le cadre **Affichage** se trouve une zone de texte :

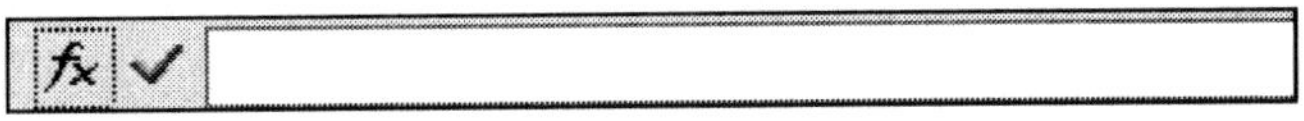

Saisissez la formule dans la zone de texte prévue à cet effet ou cliquez sur le bouton libellé **fx**. Dans ce cas l'éditeur de formule s'ouvre et vous permet de construire votre formule. C'est utile, par exemple, dans le cas où vous voulez modifiez non seulement la mise en forme d'une cellule cible, mais aussi le contenu. Ainsi au lieu d'afficher le revenu des ventes (de type numérique), vous pouvez, à la place, afficher un texte descriptif en relation avec le contenu numérique.

- **Format** : vous pouvez choisir un format d'affichage. Le bouton à côté du libellé **Format de nombre** affiche le format actuel. Si vous cliquez sur ce bouton une boîte de dialogue s'ouvre :

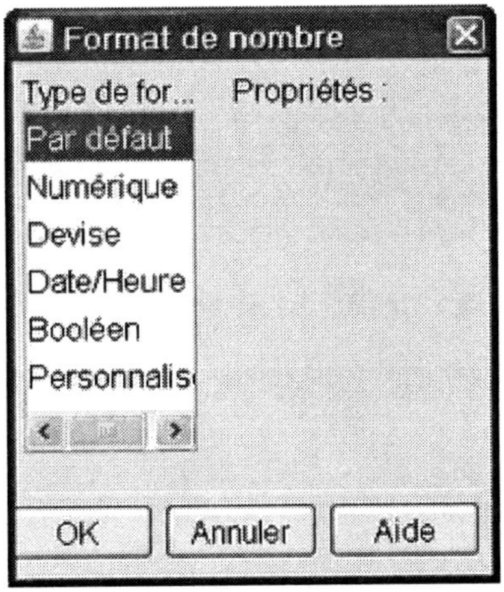

→ Sélectionnez le format voulu puis validez avec **OK**.

- **Lire le contenu comme** : lien hypertexte, HTML ou URL de l'Image. Pour choisir l'une de ces possibilités vous devez d'abord cocher la case dédiée à cet effet. Cet attribut est utile pour afficher une image.
- **Attributs de texte** :
  - Police utilisée, Taille, Style, Souligné, Barré, Couleur de texte.
  - Cadrage.

Vous pouvez aussi définir les paramètres d'arrière-plan (pour les cellules vérifiant la ou les conditions définies auparavant).

Des listes déroulantes vous aident dans votre choix.

- **Couleur de fond** : une liste déroulante contient les couleurs disponibles.
- **Bordures** : vous pouvez choisir le style de bord (limité à des épaisseurs) et la couleur de bord. Utilisez les deux listes prévues à cet effet.
- **Images** à partir de fichier ou d'URL.

→ Lorsque votre paramétrage est terminé, validez avec le bouton **OK**. La boîte de dialogue se ferme.

7. Utiliser un alerteur

Pour utiliser un alerteur, il suffit de :

- sélectionner la cible de cet alerteur, dans notre cas, la colonne **Revenu des ventes** ;
- d'appeler la fenêtre **Alerteur** en cliquant sur l'icône **Alerteur** ;

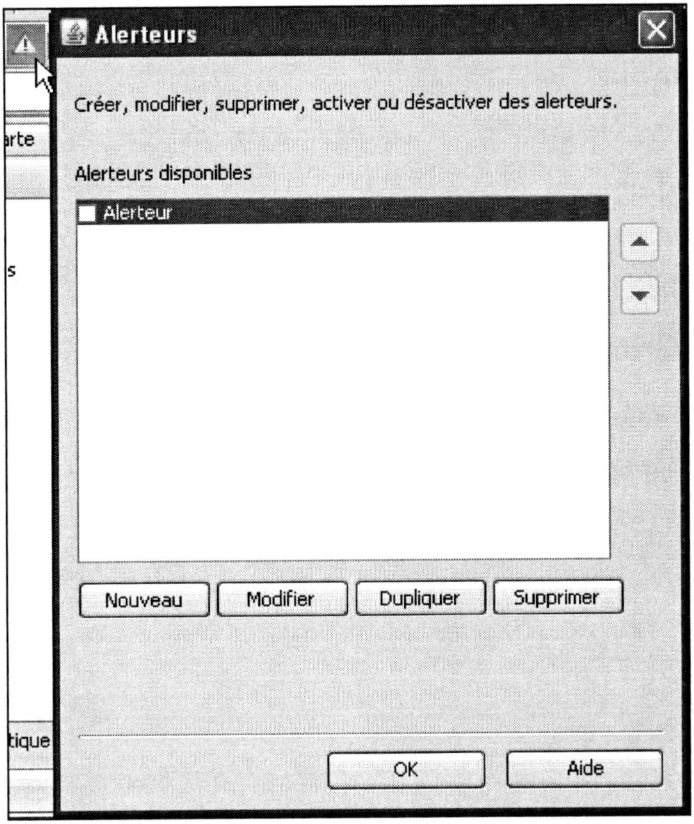

- d'activer l'alerteur en cochant la case située à gauche du libellé de l'alerteur.

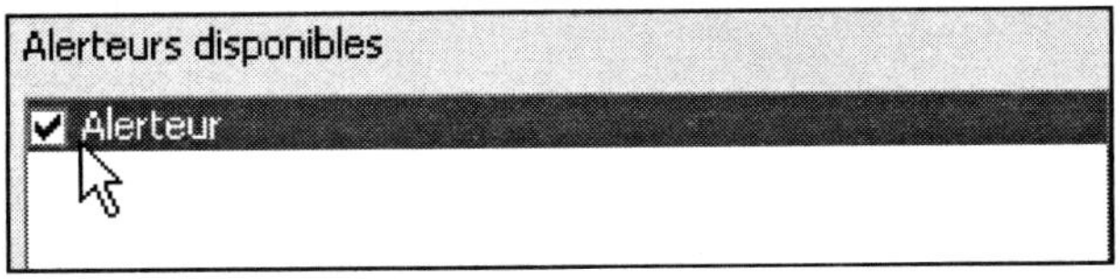

8. Modifier un alerteur

Pour modifier un alerteur, sélectionnez-le dans la liste puis cliquez sur le bouton **Modifier**. Cela permet d'afficher l'éditeur d'alerteur présenté avant.

9. Gérer la liste des alerteurs

Webi gère une liste d'alerteurs disponibles pour un document. La gestion de cette liste se fait via un éditeur dédié. Cet éditeur ne doit pas être confondu avec un autre qui lui permet de paramétrer un alerteur particulier (en création ou en modification). C'est pour cela qu'il est question ici d'éditeur de liste d'alerteurs.

Pour y accéder, cliquez sur l'outil **Alerteurs** dans la barre d'outils **Gestion des rapports** :

L'éditeur de la liste des alerteurs est affiché :

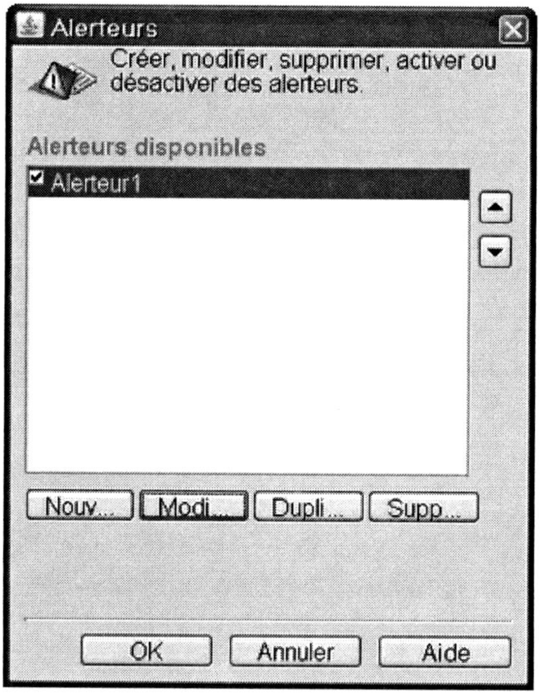

Cette boîte de dialogue contient la liste des alerteurs disponibles et un certain nombre de boutons pour la gérer.

Les opérations permises sont :

Création d'un alerteur

Pour créer un alerteur, cliquez sur le bouton **Nouveau**. Cela affiche l'éditeur de paramétrage d'alerteurs étudié au début de ce paragraphe.

Modifier un alerteur

Pour modifier un alerteur, sélectionnez-le dans la liste puis cliquez sur le bouton **Modifier**. Cela permet d'afficher l'éditeur d'alerteur (voir plus haut).

Supprimer un alerteur

Pour supprimer un alerteur, sélectionnez-le dans la liste des alerteurs puis cliquez sur le bouton **Supprimer**. Il faut faire attention au fait qu'aucune confirmation n'est demandée !

Dupliquer un alerteur

Pour dupliquer un alerteur, sélectionnez-le dans la liste des alerteurs puis cliquez sur le bouton **Dupliquer**. **Webi** fait une copie de l'alerteur et l'ajoute à la liste des alerteurs.

Pour illustrer ceci nous allons terminer l'exemple proposé au début de ce paragraphe, c'est-à-dire formater en rouge et en italique les montants inférieurs à 2 000 000 €.

→) Dans la fenêtre de la liste des alerteurs (réduit à 1 ici) cliquez sur le bouton **Modifier**.

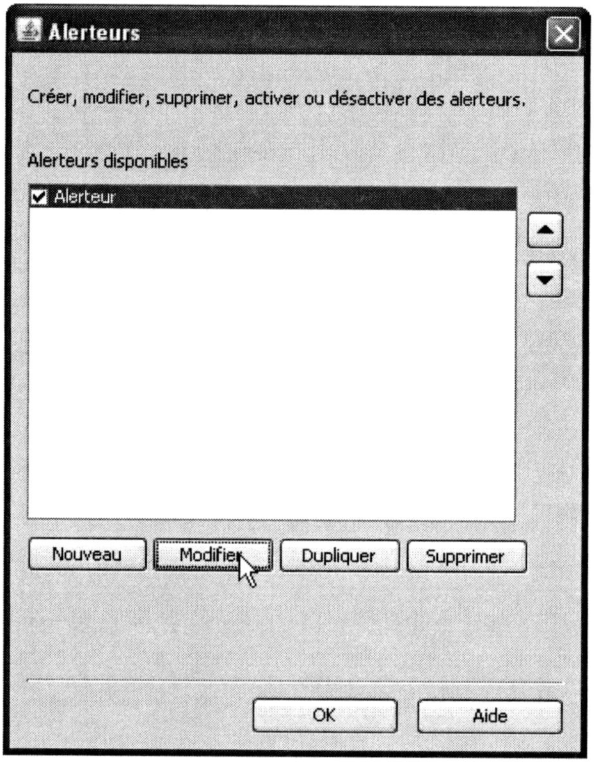

➔ Vous arrivez sur l'éditeur d'**Alerteur** dans lequel vous cliquez sur le bouton **Ajouter sous-alerteur**.

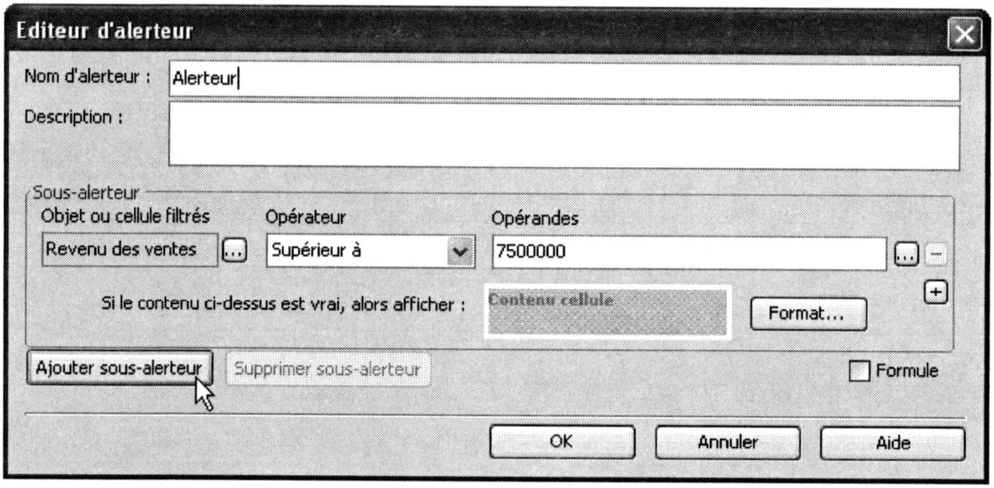

Ce qui modifie la fenêtre comme suit :

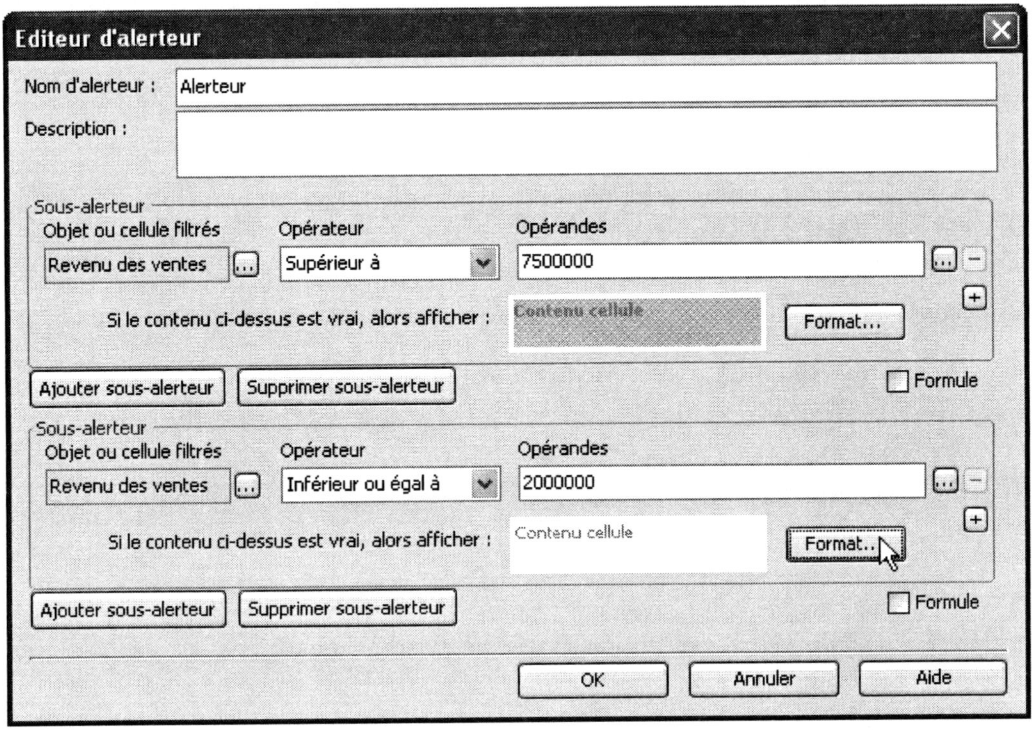

→ Il ne vous reste plus qu'à cliquer sur le bouton **Format** pour mettre les caractères en italique rouge.

Les alerteurs une fois définis peuvent être appliqués à plusieurs cibles (sous réserve des limites énoncées plus haut).

Supposons que nous désirons aussi appliquer le même formatage conditionnel à toute la ligne. Il n'est pas possible de le faire sur toute une ligne (hors un tableau horizontal) mais nous pouvons l'appliquer sur plusieurs colonnes (toujours sous réserve des limites déjà vues).

→ Sélectionnez la colonne **Etat**.

→ Activez l'alerteur :

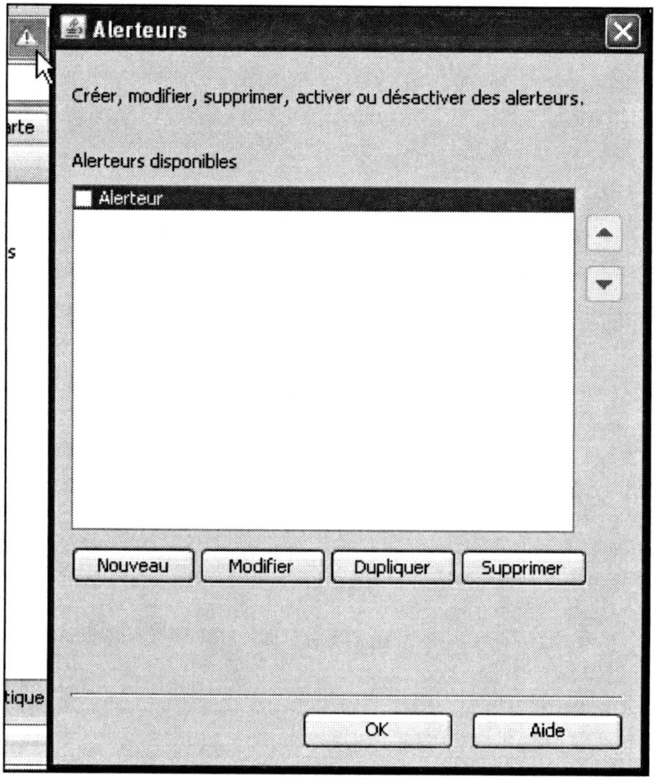

Ce qui formate ainsi le tableau.

Etat	Revenu des ventes
California	7 479 569 €
Colorado	2 060 275 €
DC	2 961 950 €
Florida	*1 879 159 €*
Illinois	3 022 968 €
Massachusetts	*1 283 707 €*
New York	7 582 221 €
Texas	10 117 664 €

Pour revenir à une colonne non formatée par un alerteur, il suffit de cliquer dessus, d'activer la liste des alerteurs et de désactiver l'alerteur.

10.Priorité des alerteurs

Lorsque plusieurs alerteurs peuvent être utilisés sur une cible, vous devez définir la priorité de ces alerteurs (après avoir sélectionné la cible) avec la boîte de dialogue **Liste des Alerteurs** :

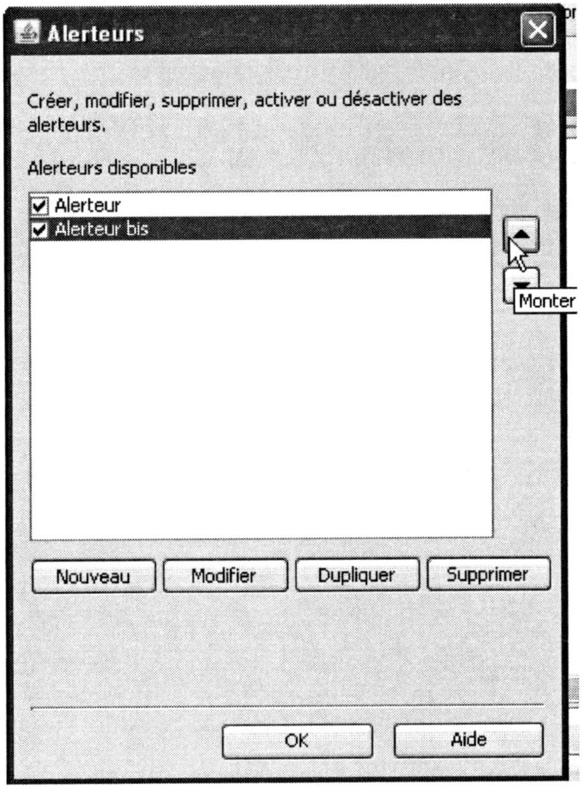

Les alerteurs appliqués en priorité sont ceux situés en haut de liste.

Vous les faites monter et descendre avec les deux flèches verticales.

F. Filtres de rapport

1. Définition

Nous avons vu au chapitre Interroger : la gestion des requêtes sous InfoView une notion de filtres : les filtres de requêtes. Ces filtres sont utilisés lors de l'élaboration de la requête et restreignent donc les données rapatriées de la base de données.

Les filtres de rapport permettent de masquer certaines données disponibles au niveau d'un document **Web Intelligence**. Ces données restent disponibles dans le document et peuvent être affichées après suppression des filtres.

Par contre les données issues d'un filtre de requête sont absentes du document et ne peuvent donc être affichées dans un rapport.

Les filtres de rapport et les filtres de requête présentent beaucoup de similitudes. Dans cette partie consacrée aux filtres de rapport, les aspects communs aux deux types de filtre ne seront pas détaillés précisément (cf. le chapitre sur les requêtes).

2. Choix du mode de travail

Rappel : dans le chapitre Reporter : l'utilisation des rapports, nous avons vu qu'il y a deux manières de travailler avec un rapport :

- Le mode conception.
- Le mode exploitation ou mode lecture.

Dans le mode conception l'utilisateur (concepteur) crée les requêtes, tableaux, graphiques et autres éléments d'un rapport en utilisant les objets disponibles dans un univers ou d'autres fournisseurs de données tels que des documents Excel ou Word.

Dans le mode exploitation, l'utilisateur exploite les éléments (tableaux, graphiques...) qui lui sont fournis par le concepteur en personnalisant éventuellement ces éléments par des tris, filtres... mais il ne peut créer de nouvelles requêtes, tableaux ou graphiques... à moins que certains droits ne lui soient octroyés par l'administrateur.

Dans cette partie, l'utilisation des filtres se fera en mode lecture. Le fait de pouvoir utiliser les filtres impose de travailler avec le format de visualisation interactif. Cette option a été déjà abordée dans le chapitre traitant de **Infoview** (cf. chapitre L'environnement : Infoview - section Les préférences de l'utilisateur).

a. Activation du mode de visualisation Interactif

→) Affichez les préférences utilisateur : cliquez sur l'outil **Préférences** sur la barre d'outils principale d'**Infoview**.

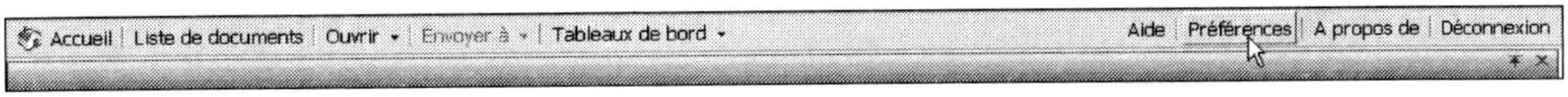

→) Sélectionnez la rubrique **Web Intelligence** du panneau **Préférences** :

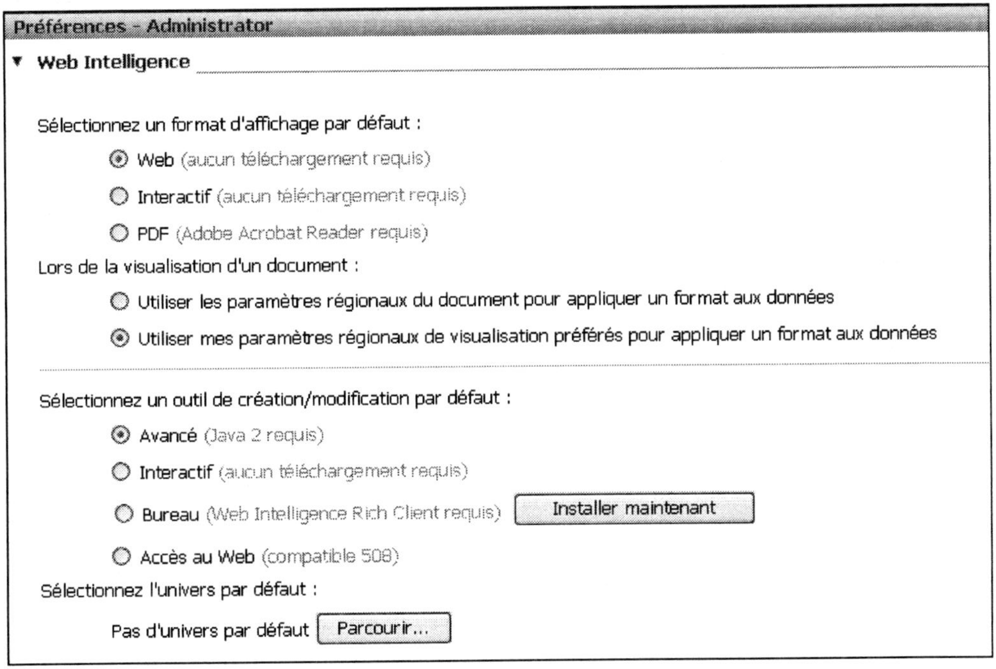

Vous avez alors accès aux différentes options de **Webi** et en particulier à celles concernant le format d'affichage par défaut.

→) Sélectionnez le format de visualisation **Interactif**.

→) Validez avec le bouton **OK** dans le bas de page.

b. Pour ouvrir un document en mode exploitation

➔ Affichez la liste des documents **Webi** dans **Infoview** comme cela a été expliqué au chapitre Interroger : la gestion des requêtes sous InfoView.

➔ Double cliquez sur le nom du document à ouvrir comme indiqué dans l'écran suivant :

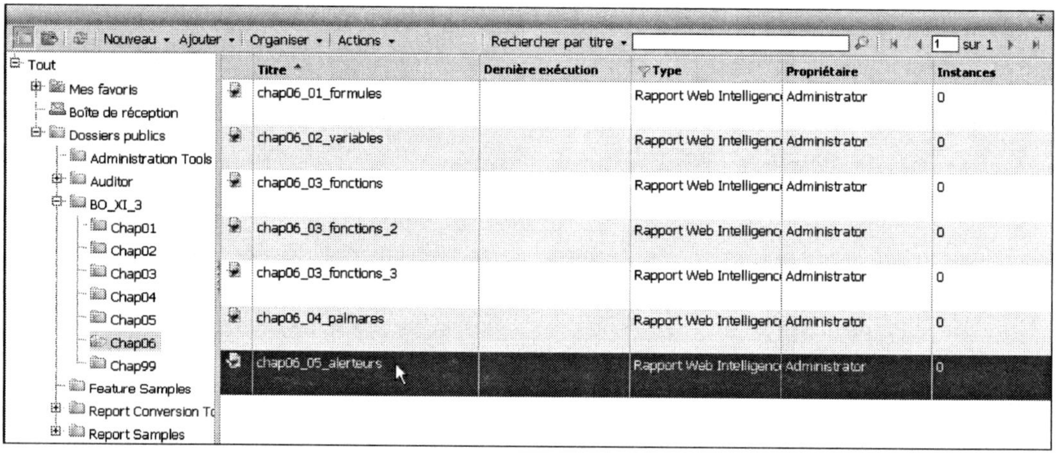

Le document est ouvert en mode exploitation.

Rappel : pour ouvrir un document en mode conception cliquez sur le nom du document avec le bouton droit et choisissez l'action **Modifier**.

3. Notre document de travail

Les explications qui seront données se feront souvent sur l'exemple suivant : **Revenu des ventes** par **Etat** et par **Année**.

Nous vous proposons donc de créer un document, défini par la requête suivante :

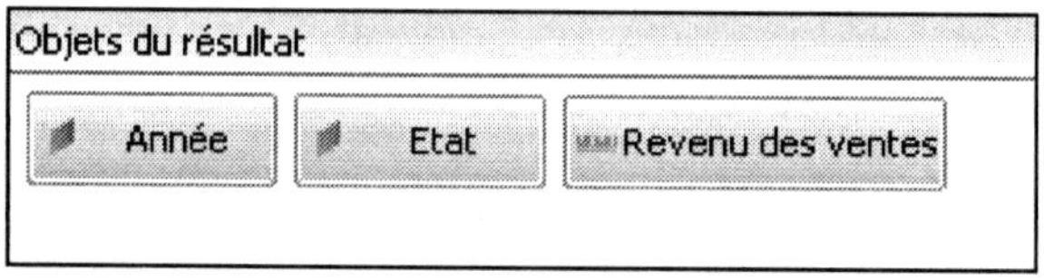

Ce qui donne comme résultat (partiel) :

Année	Etat	Revenu des ventes
2004	California	1 704 211 €
2004	Colorado	448 302 €
2004	DC	693 211 €
2004	Florida	405 985 €
2004	Illinois	738 224 €
2004	Massachusetts	238 819 €
2004	New York	1 667 696 €
2004	Texas	2 199 677 €
2005	California	2 782 680 €
2005	Colorado	768 390 €

→ Enregistrez le document et revenez à la liste des documents en fermant la fenêtre de conception de documents.

→ Vous allez revenir sur ce document en mode lecture en double cliquant dessus dans l'écran suivant (mon document s'appelle **chap06_06_filtres**) :

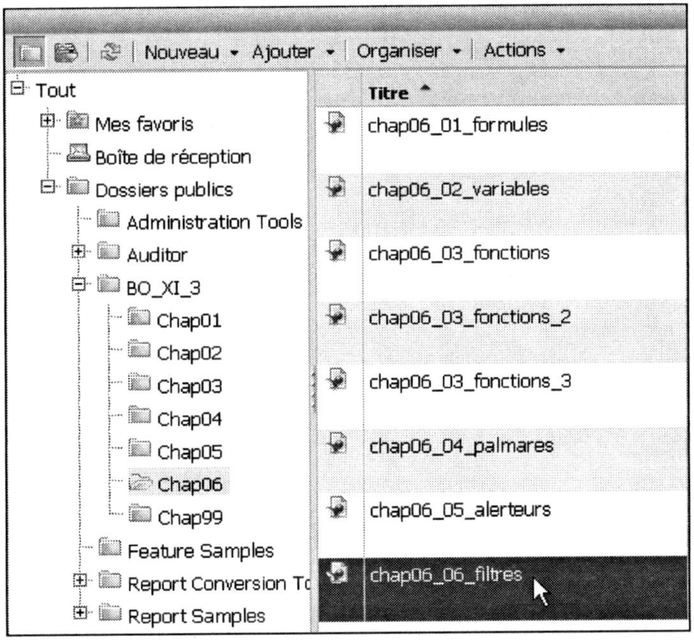

Pour arriver à l'affichage ci-dessous :

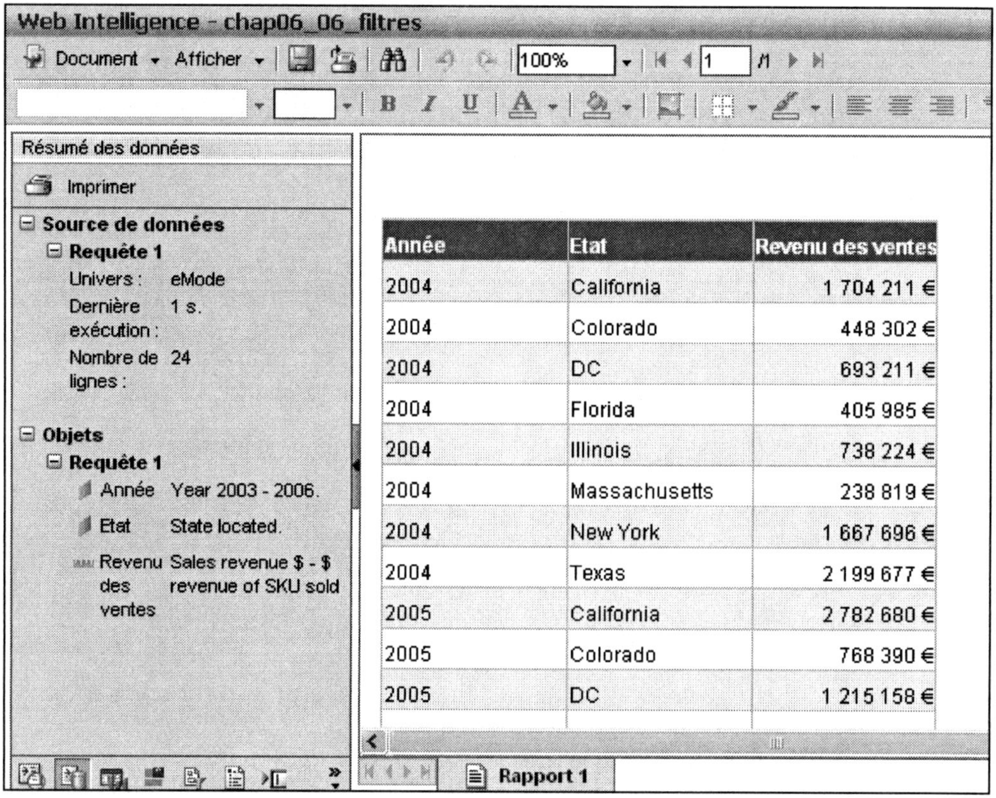

4. Éléments d'un filtre de rapport

Rappelons brièvement certaines notions relatives aux filtres de manière générale. Ces notions ont été expliquées sur les filtres de requête et demeurent valables pour les filtres de rapport.

Un filtre de rapport sous sa forme la plus simple est constitué de trois éléments de base :

- Un objet à filtrer.
- Un opérateur.
- Un opérande.

Par exemple, pour trouver les revenus relatifs à l'état du Colorado, le filtre est : **Etat** `Egal à` Colorado

L'objet à filtrer provient de l'onglet **Données** et peut être aussi bien un indicateur qu'une dimension, une information ou une variable.

Un filtre peut être appliqué à plusieurs niveaux :

- sur la totalité d'un rapport ;
- sur un tableau, un formulaire ou un diagramme ;
- sur une section.

5. Créer un filtre de rapport

Les étapes de création d'un filtre de rapport seront illustrées par un exemple simple : filtrer les revenus de vente des états pour les états **California** et **Texas**, appliqué au tableau de nos données.

Pour créer un tel filtre de rapport, suivez la démarche présentée ci-dessous :

→ Tout d'abord sélectionnez la cible du filtre, par exemple un tableau.

→ Puis, vous pouvez invoquer le filtre avec un clic droit et option **Filtre** puis **Ajouter un filtre** :

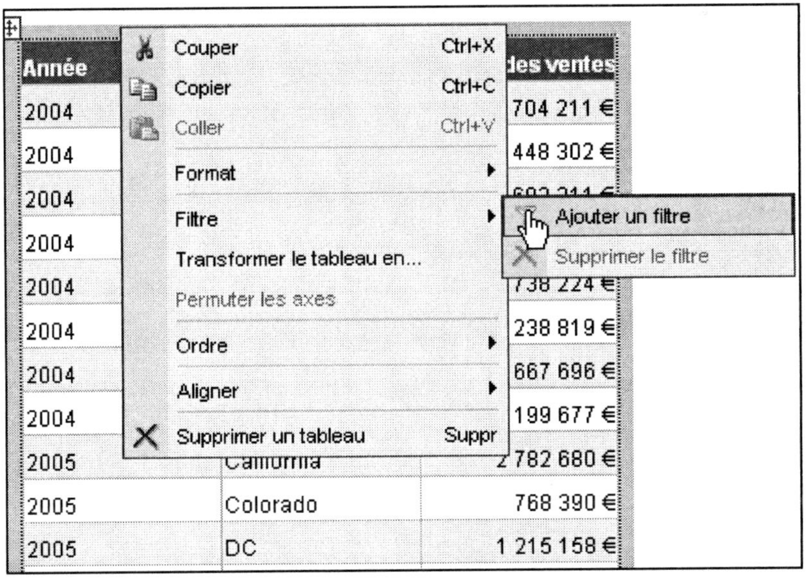

La boîte de dialogue **Editeur de filtre** s'affiche :

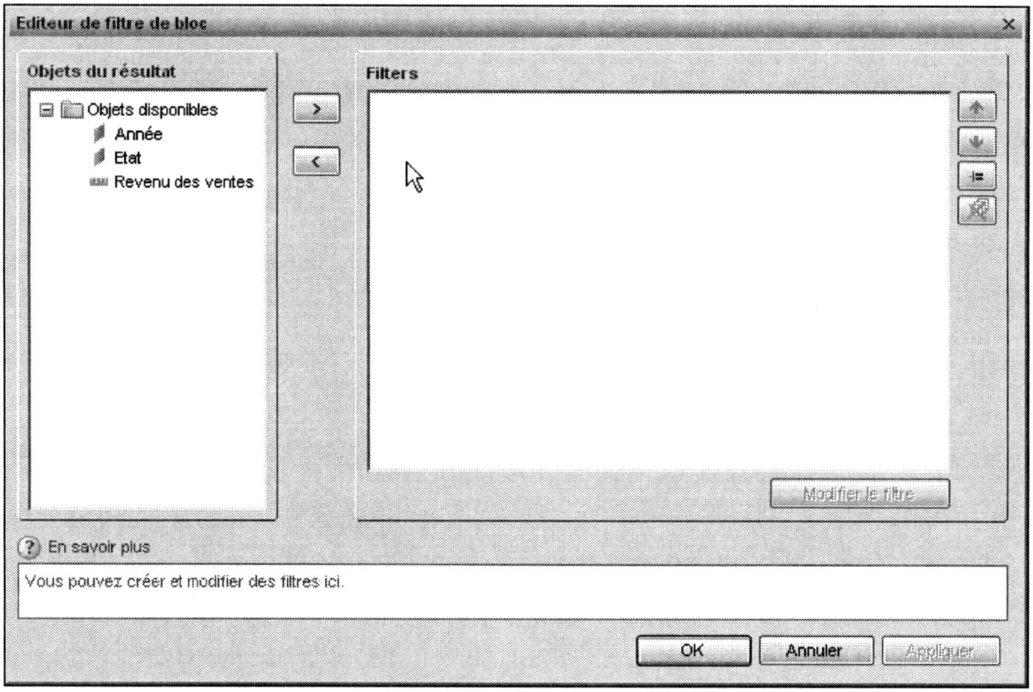

→ Sélectionnez un objet à filtrer (dans notre cas **Etat**) et déplacez-le dans la zone **Filtres** à droite. Une fenêtre affiche les valeurs possibles pour **Etat**. Vous pouvez sélectionner les valeurs qui vous intéressent puis cliquer sur [>] :

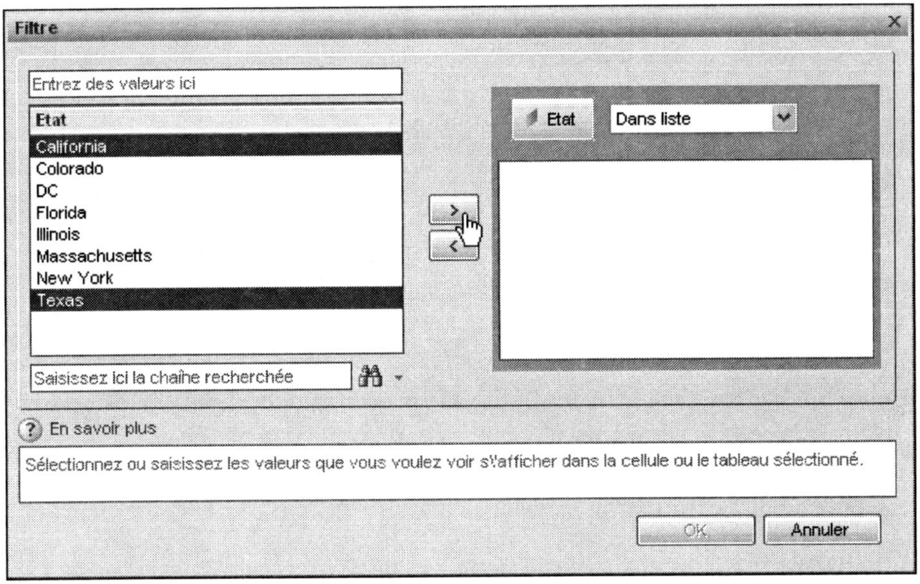

Figure 1 – Boîte de dialogue Editeur de Filtre

→ Vous pouvez modifier l'opérateur du filtre. Cette liste déroulante contient la liste des opérateurs disponibles. Cette liste a été détaillée dans le chapitre consacré aux requêtes.

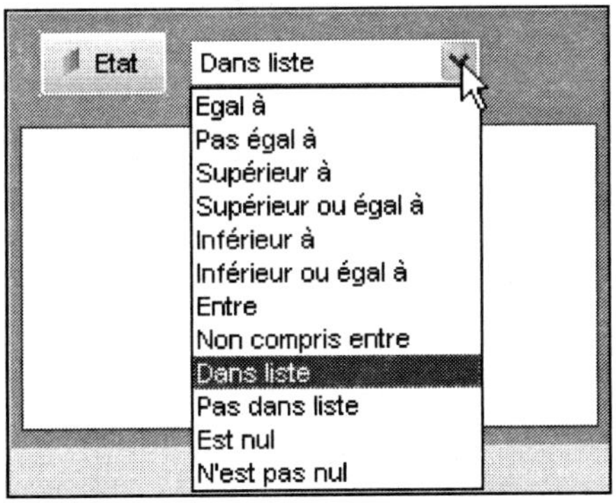

→ Le choix présenté par défaut par **Infoview (Dans liste)**, nous convient pour notre exemple.

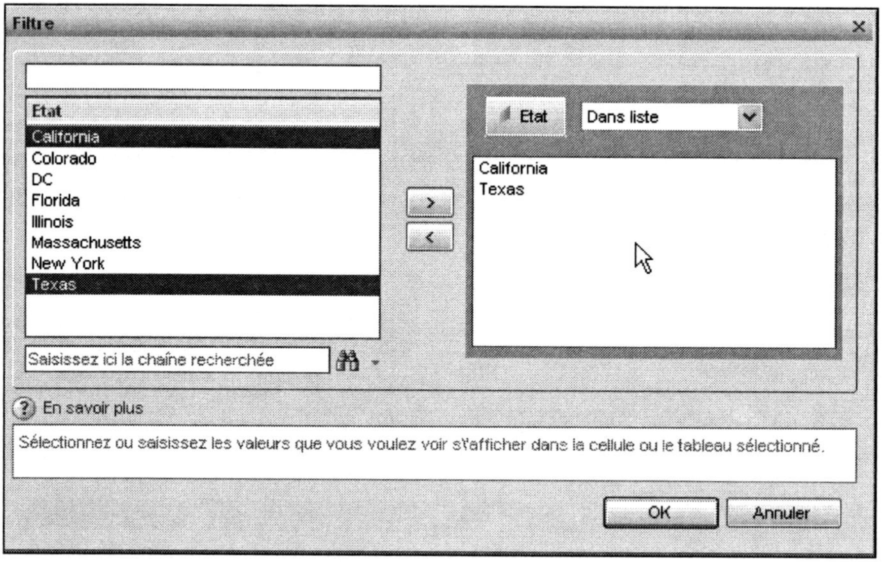

→) Validez avec le bouton **OK**. La boîte de dialogue précédente se ferme et vous revenez à la boîte de dialogue **Editeur de Filtre**.

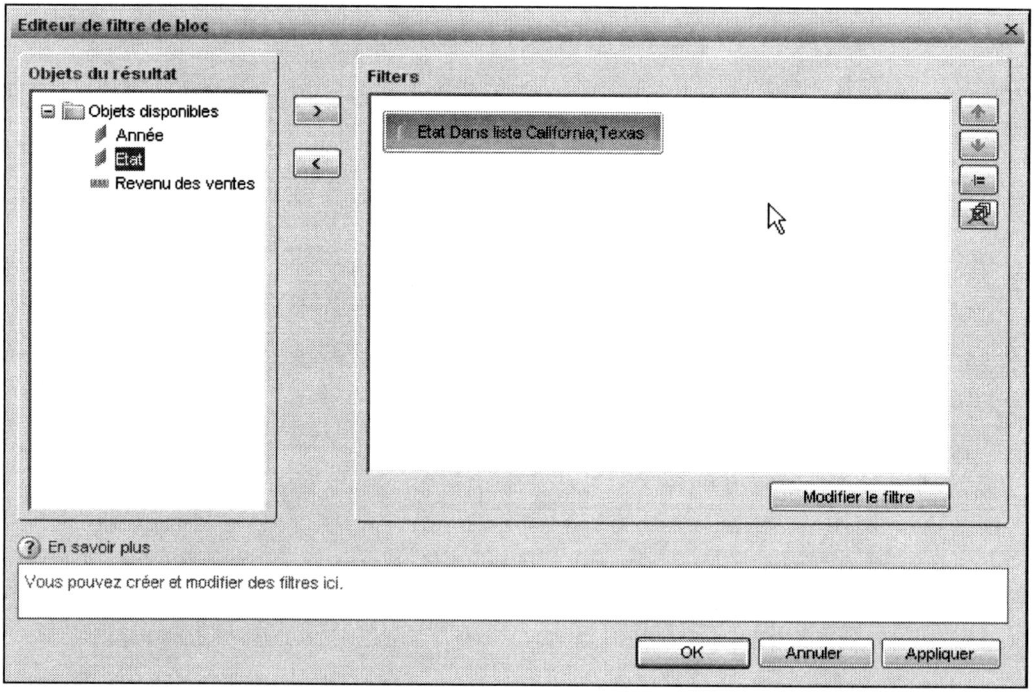

→) Validez à nouveau avec le bouton **OK**. Les données sont filtrées selon l'objectif initial.

Année	Etat	Revenu des ventes
2004	California	1 704 211 €
2004	Texas	2 199 677 €
2005	California	2 782 680 €
2005	Texas	3 732 889 €
2006	California	2 992 679 €
2006	Texas	4 185 098 €

6. Consultation des filtres du rapport

Vous pouvez visualiser les filtres de rapport en cliquant sur l'icône **Filtre et structure** du document dans le panneau de gauche, en bas.

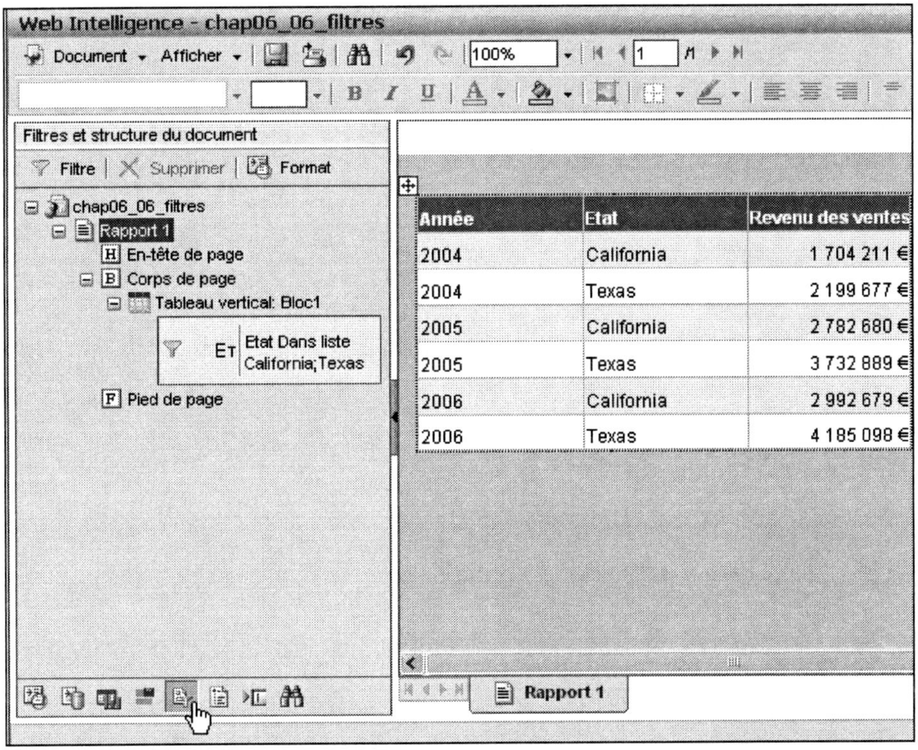

Il est à noter que si vous enregistrez ce document, en y revenant vous trouverez les données filtrées telles qu'elles étaient au moment de la sauvegarde.

7. Modifier un filtre de rapport

→ Sélectionnez la cible de ce filtre, par exemple un tableau auquel vous avez appliqué un filtre. Pour modifier un filtre de rapport, vous pouvez afficher la barre d'outils **Rapport** :

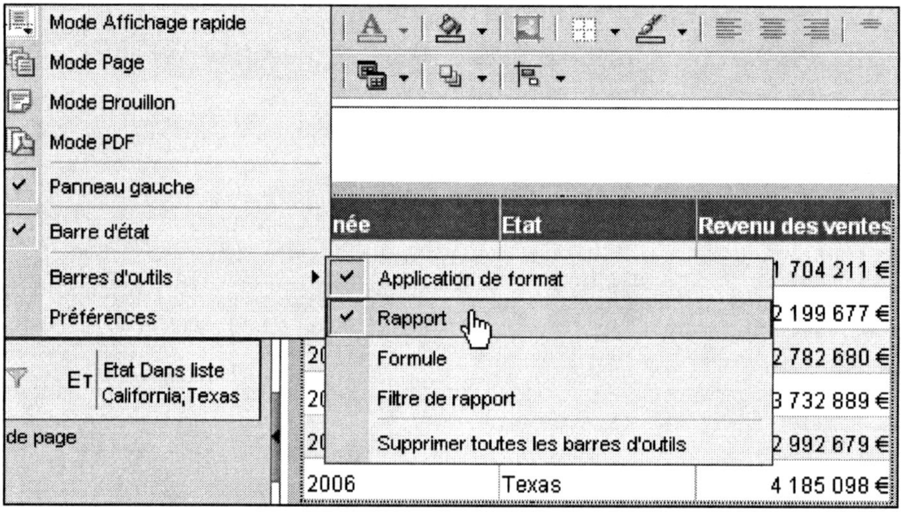

→ Cliquez ensuite sur l'icône **Filtre**.

Une autre méthode consiste à cliquer sur le bouton **Filtre** du panneau **Filtres et Structure**.

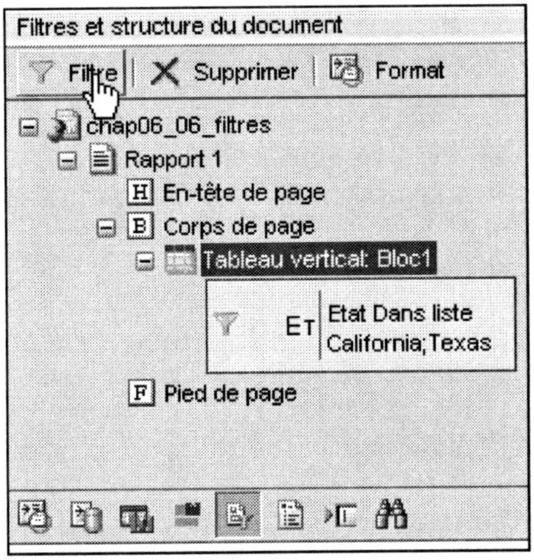

Dans les deux cas, le résultat est le même : la boîte de dialogue **Editeur de Filtre** s'ouvre avec les filtres que vous avez définis :

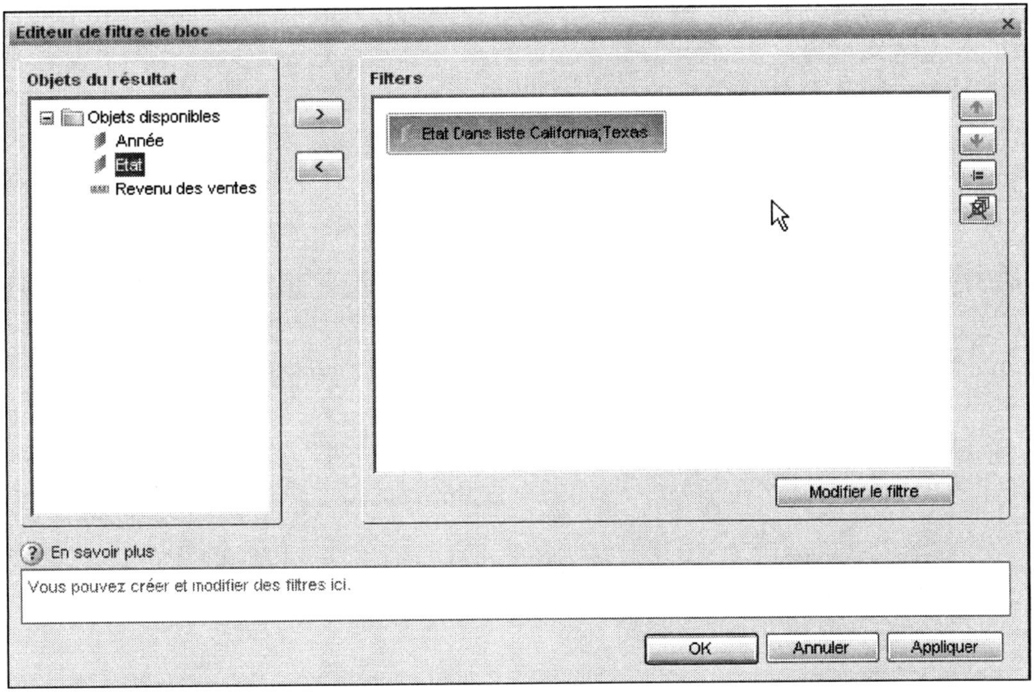

→ Faites les modifications souhaitées après avoir cliqué sur le bouton **Modifier le filtre**, puis validez avec le bouton **OK**.

8. Combiner plusieurs filtres

Il est possible d'utiliser plusieurs filtres dans un rapport. Lorsque vous créez plusieurs filtres dans **Infoview** ils sont reliés par défaut par l'opérateur ET : le résultat est constitué des enregistrements qui satisfont à tous les critères.

Exemple : trouver les états qui ont réalisé plus de 1 000 000 € de revenus en 2006. En appliquant la démarche précédente pour chacune des deux conditions vous obtenez :

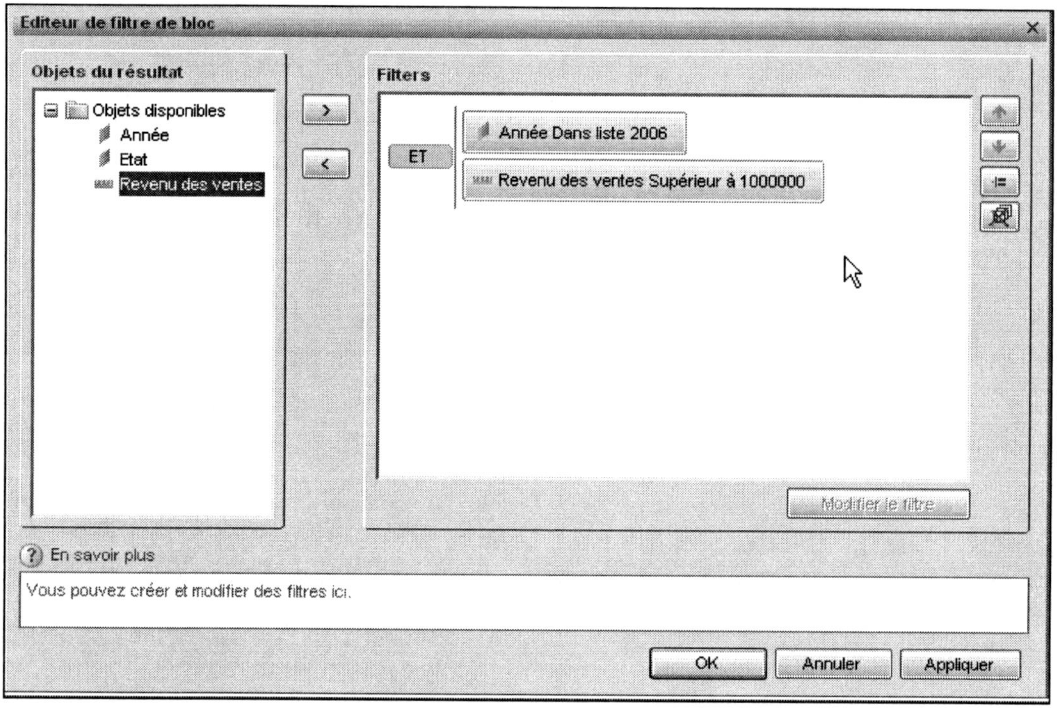

Si vous voulez combiner plusieurs filtres avec un opérateur OU, faites un double clic sur l'opérateur ET qui se transforme alors en OU.

Dans le cas d'un opérateur OU, le résultat est constitué des enregistrements qui satisfont à l'un des critères.

9. Supprimer un filtre de rapport

Pour supprimer un filtre de rapport :

→ Sélectionnez la cible qui contient le filtre.

→ Cliquez sur le bouton **Supprimer** du panneau **Filtres et Structure** du document après avoir sélectionné le filtre du tableau.

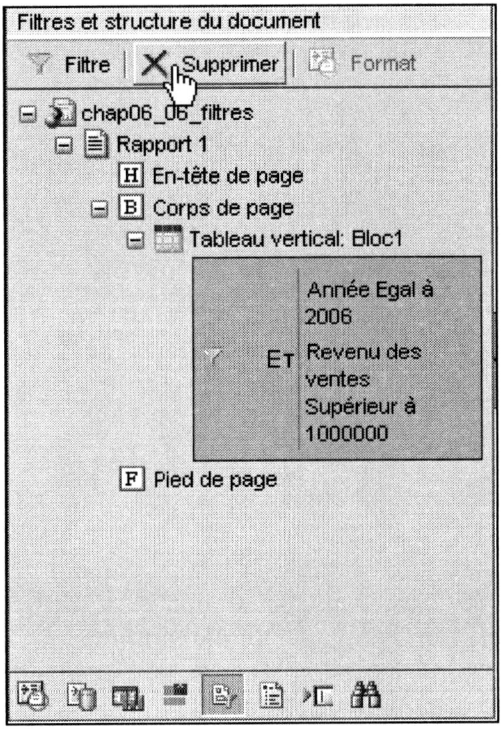

Un message de confirmation vous demande de valider la suppression du filtre.

En conclusion, la décision de faire des filtres dans la requête ou dans le rapport dépend des réponses à certaines questions comme :

- L'utilisateur a-t-il les droits de modifier un document au niveau conception ? Si oui alors il peut rajouter un filtre dans la requête, sinon non.
- Le même document est-il destiné à plusieurs catégories de personnes ayant des filtres différents ?
- La taille du document est-elle à optimiser ?

- Le trafic réseau est-il proche de la saturation ?

	Filtres de rapport	Filtres de requête
Rapatriement des données	Toutes les données +	Données filtrées -
Trafic réseau	Important -	Limité +
Taille rapport	Important -	Limité +
Filtres divers selon utilisateurs	Oui +	Limité aux données rapatriées -

Le signe + désigne un avantage et le - un désavantage selon le type de filtre utilisé.

G. Explorer les données

1. Définition

Web Intelligence propose un mode **Exploration** qui permet d'analyser les données selon différents axes et à différents niveaux de détail.

Le principe est de partir d'un tableau synthétique (par exemple, le revenu des ventes par année et par état) et d'exploiter les hiérarchies qui peuvent exister sur certaines dimensions pour effectuer une analyse en cascade.

Une hiérarchie ne comporte que des dimensions. Les hiérarchies usuelles que nous rencontrons dans de nombreux univers sont :

- Les hiérarchies temporelles (année, semestre, mois, semaine, date).
- Les hiérarchies géographiques (continent, pays, région, ville).
- Les hiérarchies sur les produits (gamme, famille, sous-famille, article).
- Les hiérarchies organisationnelles (département, service, groupe, vendeur).

Les hiérarchies sont normalement définies par le concepteur de l'univers. S'il n'y en a pas, **Web Intelligence** considère que chaque classe est une hiérarchie et que les dimensions de la classe sont ordonnées du plus synthétique (**Année** par exemple) au plus détaillé (**Semaine** par exemple).

L'univers **eMode** contient les hiérarchies suivantes :

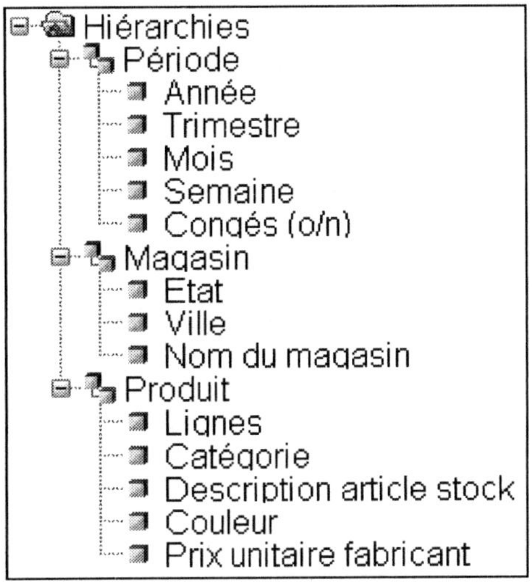

Lors de l'exploration des données, l'analyse peut être descendante, ascendante ou transversale. Une analyse descendante consiste à parcourir une hiérarchie de haut en bas **(Année -> Trimestre -> Mois ->**, etc.).

Une analyse ascendante parcourt la hiérarchie de bas en haut (**Semaine -> Mois ->**, etc.).

Une analyse transversale consiste à changer de hiérarchie à un moment donné de l'exploration (**Mois -> Ville**).

L'ensemble des hiérarchies utilisées dans un rapport pour effectuer une exploration s'appelle un **périmètre d'analyse**. Nous avons déjà vu rapidement ce qu'était la définition du périmètre d'analyse au chapitre Interroger : la gestion des requêtes sous InfoView - section Construction d'une requête Web Intelligence.

2. Définir un périmètre d'analyse

Le périmètre d'analyse se définit généralement en amont, dans l'éditeur de requête. Il peut aussi être défini ou modifié directement dans le rapport.

Pour préparer une exploration, il faut d'abord créer la requête qui va permettre de constituer le tableau de départ, qui donne une vision synthétique des données. En complément, il faut inclure les autres dimensions du périmètre d'analyse, pour qu'elles soient retournées par la requête, mais sans les afficher dans le rapport.

Nous allons créer un nouveau document pour illustrer les fonctionnalités de l'exploration :

➜ Créez un nouveau document **Web Intelligence** à l'aide de l'outil **Nouveau** de la barre d'outils principale d'**Infoview**.

➜ Dans l'éditeur de requêtes, constituez le résultat suivant :

➜ Pour accéder aux paramètres d'analyse, sélectionnez l'outil **Périmètre d'analyse** dans la barre d'outils principale (en mode **Requête**).

Le périmètre d'analyse s'affiche :

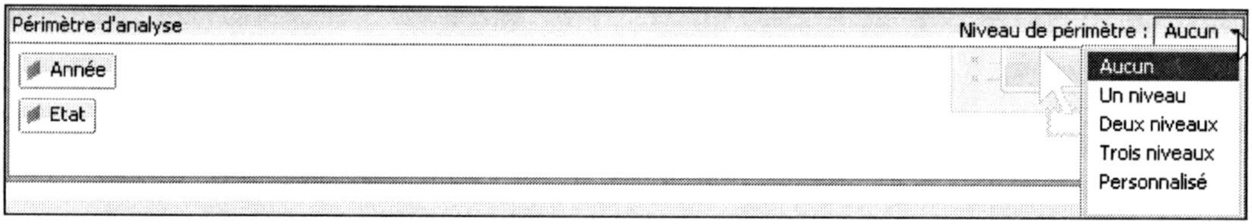

Les objets de l'onglet **Données** qui font partie des hiérarchies prédéfinies de l'univers courant sont automatiquement repris dans le périmètre d'analyse.

La liste déroulante contient les niveaux disponibles de la hiérarchie des objets :

Aucun, de un à trois niveaux et le niveau personnalisé.

Indiquez alors à **Web Intelligence** le nombre de niveaux souhaités dans la hiérarchie de chaque dimension présente dans les objets du résultat.

À titre d'exemple vous pouvez constater que si vous choisissez deux niveaux, les deux dimensions sous **année** et **état** (respectivement **Trimestre/mois** et **Ville/Nom du magasin**) sont ajoutées dans la liste des objets.

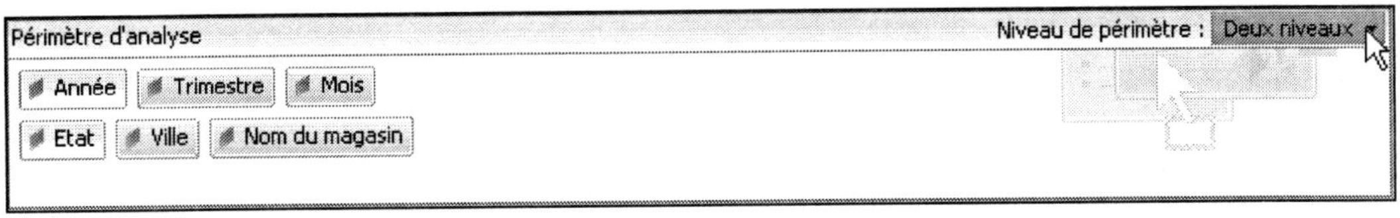

Les experts en SQL peuvent vérifier que le SQL généré est différent selon le périmètre d'analyse choisi.

Le périmètre d'analyse personnalisé est à utiliser dans les cas suivants :

- Éliminer des niveaux dans la hiérarchie.
- Inclure une hiérarchie qui n'a pas d'objet dans le résultat (en vue de faire une analyse transversale).
- Inclure des dimensions qui sont au-dessus de la dimension présente dans le résultat.
- Utiliser plus de 3 niveaux.
- Ne pas utiliser le même nombre de niveaux dans les différentes hiérarchies.

Pour définir un niveau personnalisé, il suffit de déplacer les objets de l'univers que vous désirez intégrer dans une hiérarchie déjà utilisée ou une nouvelle hiérarchie.

Attention, ceci n'est possible qu'avec l'éditeur Java, option définie dans les préférences de l'utilisateur.

Vous pouvez actualiser la requête, enregistrer le document et le fermer.

Nous allons y revenir après avoir défini quelques options liées à l'exploration.

3. Options d'exploration

Avant d'exposer le fonctionnement de l'exploration, sachez que pour les mettre en oeuvre, vous devez paramétrer la façon de gérer le mode **Exploration**.

Nous avons déjà présenté ceci au chapitre L'environnement : Infoview mais nous allons détailler un peu plus ici.

Affichez les préférences utilisateur en cliquant sur l'outil **Préférences** de la barre d'outils principale d'**Infoview**.

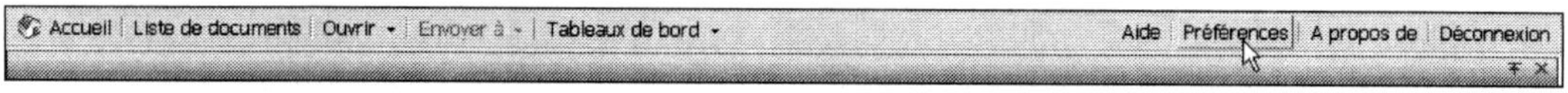

→) Accédez à la rubrique **Web Intelligence** du panneau **Préférences** :

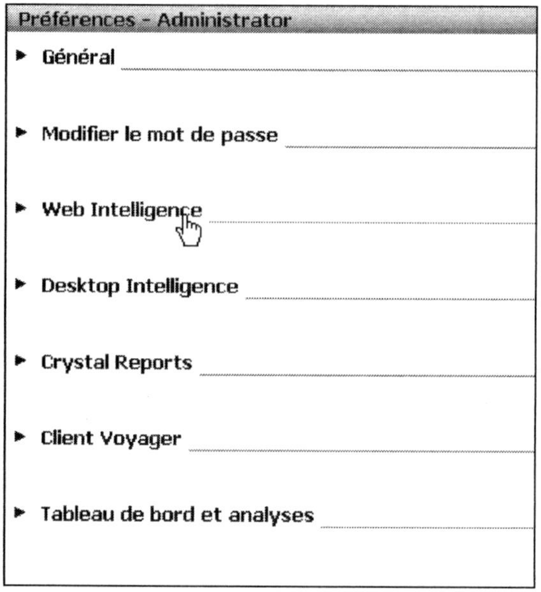

Vous avez alors accès aux différentes options de **Webi** et en particulier à celles concernant l'exploration dans les rapports.

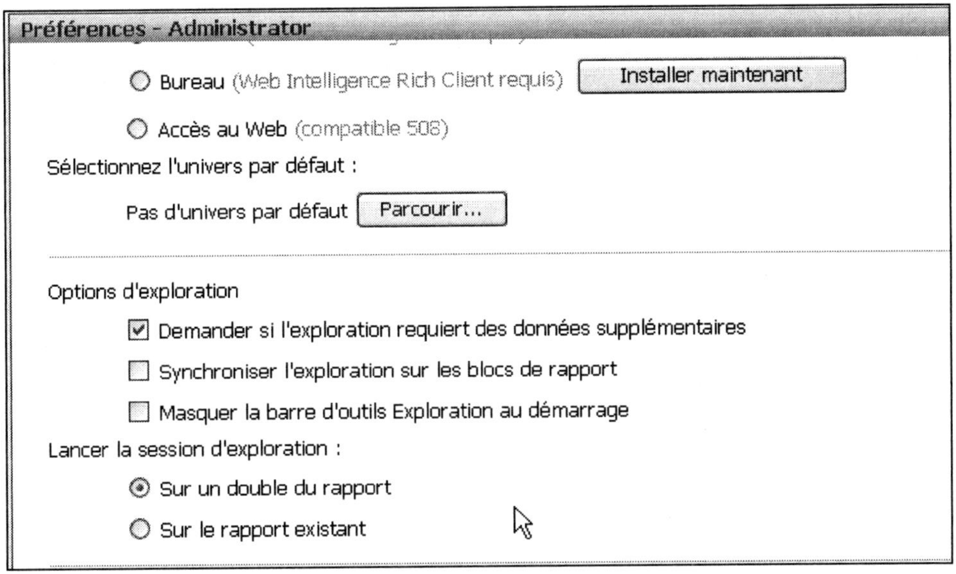

Les options d'exploration sont décrites dans le paragraphe suivant.

a. Explorer le rapport courant ou une copie du rapport

Si vous lancez l'exploration sur le rapport courant, à la sortie du mode exploration, les modifications dues à l'exploration sont conservées : les données affichées résultent de l'exploration effectuée.

Si vous lancez l'exploration sur une copie du rapport courant, à la sortie de l'exploration, le document contient aussi bien les données du rapport courant que celles générées par le mode exploration. Les données d'origine et celles après exploration sont dans deux onglets différents.

Pour mettre en oeuvre une de ces options :

→ Donnez votre choix dans la section **Pour chaque nouvelle session d'exploration** :

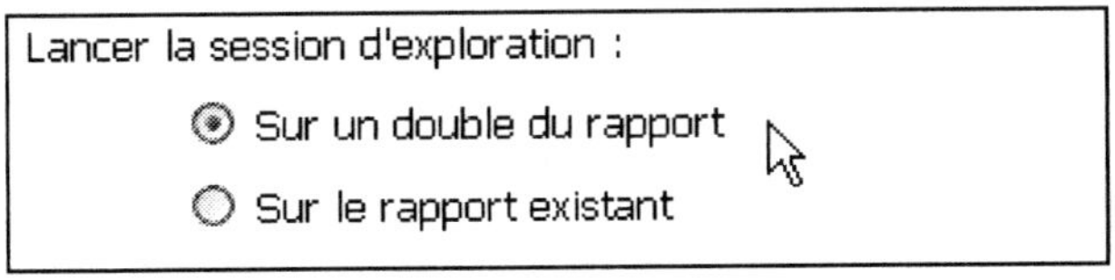

→ Sélectionnez l'option 1 puis cliquez sur bouton **OK** dans le bas de la page.

b. Que faire si des données supplémentaires sont nécessaires ?

Si l'exploration nécessite des données qui ne sont pas dans votre rapport, vous pouvez utiliser une invite qui vous propose d'exécuter une requête permettant d'extraire d'autres données et de les intégrer dans le rapport. Par exemple, si vous faites une exploration sur la dimension **Année** et que le périmètre d'analyse ne contient pas la dimension **Trimestre**, **Webi** peut vous demander si vous voulez effectuer une requête qui ramènera les données sur la dimension **Trimestre**. Vous pourrez aussi appliquer des filtres pour limiter le volume de nouvelles données.

Pour choisir la valeur à affecter à cette option :

➔ Accédez au cadre **Options d'exploration générales** dans l'onglet **Web Intelligence** de l'écran des préférences puis cochez la case **Demander si l'exploration requiert des données supplémentaires** :

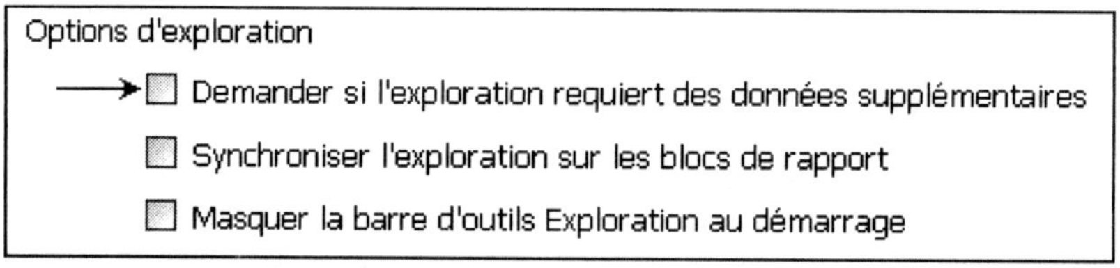

➔ Cliquez sur bouton **OK** dans le bas de la page.

c. Synchroniser l'exploration des blocs d'un rapport

Un rapport peut contenir plusieurs blocs. Lorsque vous explorez un bloc vous avez le choix entre deux options :

- Explorer tous les blocs d'un rapport.
- Explorer uniquement le bloc courant.

Pour choisir la valeur de cette option :

➔ Accédez au cadre **Options d'exploration générales** dans l'onglet **Web Intelligence** de l'écran des préférences puis cochez la case **Synchroniser l'exploration sur les blocs de rapport** :

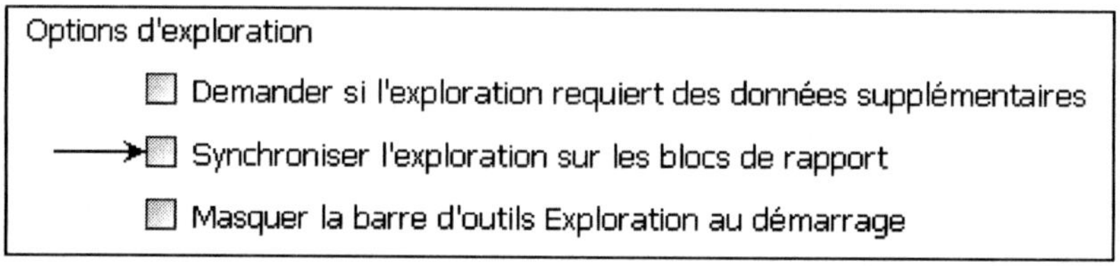

→ Cliquez sur le bouton **OK** dans le bas de la page.

d. Afficher ou masquer la barre d'outils exploration

Par défaut, chaque fois que vous lancez une exploration, une barre d'outils dédiée s'affiche en haut du rapport exploré. Vous pouvez choisir d'annuler ce comportement si vous prévoyez de ne pas l'utiliser.

Pour afficher ou cacher cette barre d'outils :

→ Cochez ou décochez la case **Masquer la barre d'outils Exploration au démarrage** dans le panneau **Options d'exploration générales** dans l'écran des préférences. Pour la suite de nos exemples ne cochez pas cette case.

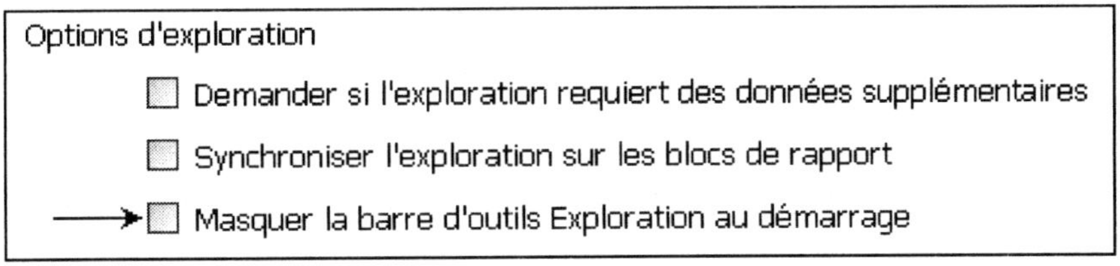

→ Cliquez sur le bouton **OK** en bas de la page.

4. Lancer/arrêter l'exploration

Maintenant que nous avons paramétré les options de l'exploration, nous pouvons explorer les données.

Avant toute chose, revenons dans **Infoview** avec l'exemple en cours d'élaboration.

Vous pouvez accéder au mode **Exploration** soit en mode lecture (hormis format pdf défini dans les préférences), soit en mode conception de document. Dans les deux cas, le fonctionnement est quasiment identique.

Les droits d'exploration doivent être accordés à l'utilisateur par l'administrateur BO.

Dans la suite de ce chapitre, nous allons nous mettre en mode **Conception**.

Cliquez avec le bouton droit sur le document que vous venez d'enregistrer et choisissez l'action **Modifier**.

Dans le rapport, pour activer le mode **Exploration** :

→ Cliquez sur l'outil **Explorer** dans la barre d'outils principale :

→ Ou faites un clic droit sur l'un des onglets **Rapport** (s'il y en a plusieurs) dans **Infoview** puis choisissez l'option **Explorer** dans le menu déroulant :

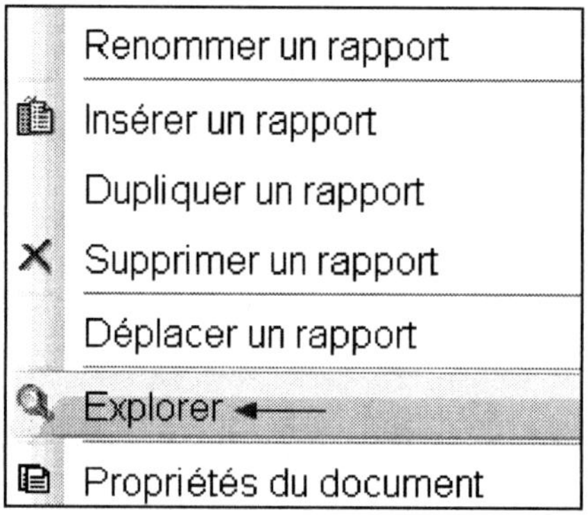

Un nouvel onglet apparaît (si cela a bien été paramétré ainsi dans les préférences). Cet onglet est une copie du rapport d'origine et l'exploration se fera sur ce rapport.

L'onglet correspondant au rapport à explorer contient une icône particulière (loupe) :

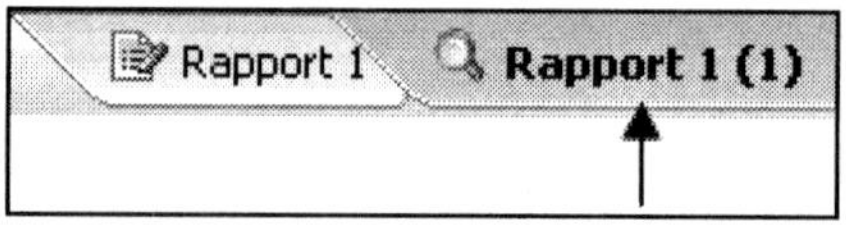

Les mêmes commandes permettent de désactiver le mode **Exploration**.

5. Effets du mode exploration

Le mode **Exploration** se caractérise par un certain nombre d'effets.

Les objets qui peuvent être explorés sont affichés comme des liens hypertextes (soulignés) :

Etat	Année	Revenu des ventes
California	2004	1 704 211 €
California	2005	2 782 680 €
California	2006	2 992 679 €
Colorado	2004	448 302 €
Colorado	2005	768 390 €
Colorado	2006	843 584 €
DC	2004	693 211 €
DC	2005	1 215 158 €

Lorsque le pointeur de la souris survole une cellule qui peut être explorée, le curseur change de forme (il se transforme en main). Si la cellule contient un objet de type **Dimension**, une info-bulle donne le nom de la dimension suivante ("en dessous") dans la hiérarchie correspondante :

Etat	Année	Revenu des ventes
California	2004	1 704 211 €
California	20[illegible]	[illegible] 680 €
California	2006	2 992 679 €
Colorado	2004	448 302 €
Colorado	2005	768 390 €
Colorado	2006	843 584 €
DC	2004	693 211 €
DC	2005	1 215 158 €

Exploration avant vers Trimestre

6. Analyse en avant

Une analyse en avant permet de visualiser les données de niveau inférieur. Généralement l'analyse en avant est utilisée pour affiner la répartition d'une valeur sur une dimension inférieure, notamment en cas de valeur "anormale". Par exemple, le revenu des ventes pour une année peut être décomposé au niveau des trimestres pour déterminer quel pourrait être le trimestre générant cette valeur "anormale".

Dans notre cas, le revenu de l'état Californie nous semble faible pour l'année 2004 par rapport à celui des autres années. Nous allons tenter de voir quels sont les revenus par ville pour cet état.

➔ Déplacez le curseur au-dessus de la cellule **California** sur la ligne de l'année 2004. Une info-bulle indique que la dimension **Ville** va être explorée :

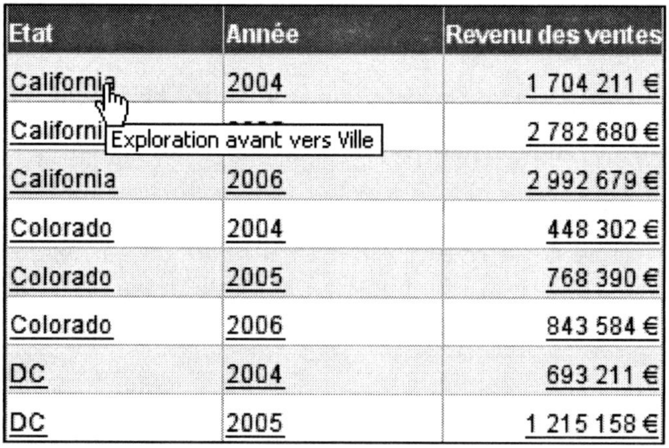

Etat	Année	Revenu des ventes
California	2004	1 704 211 €
Californi[illegible]	[illegible]	2 782 680 €
California	2006	2 992 679 €
Colorado	2004	448 302 €
Colorado	2005	768 390 €
Colorado	2006	843 584 €
DC	2004	693 211 €
DC	2005	1 215 158 €

➔ Cliquez sur la valeur dans la cellule. Le tableau ou la section affiche la dimension suivante. Dans l'exemple la dimension **Etat** est remplacée par la dimension **Ville** :

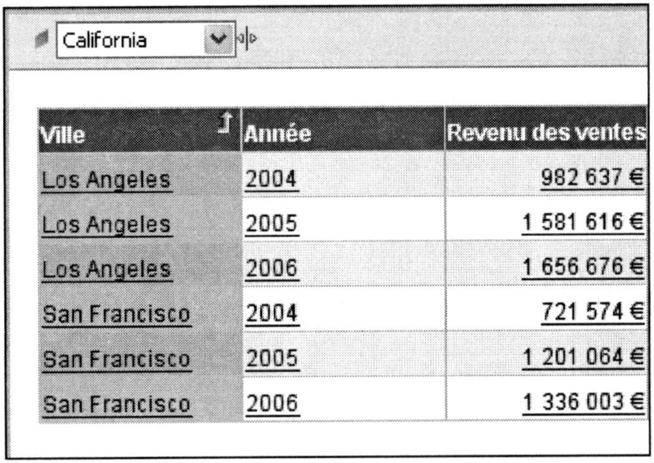

Ville	Année	Revenu des ventes
Los Angeles	2004	982 637 €
Los Angeles	2005	1 581 616 €
Los Angeles	2006	1 656 676 €
San Francisco	2004	721 574 €
San Francisco	2005	1 201 064 €
San Francisco	2006	1 336 003 €

Deux effets sont à noter :

- L'en-tête de colonne qui correspond à la dimension inférieure se pare d'une petite flèche qui permettra de remonter dans le chemin d'exploration :

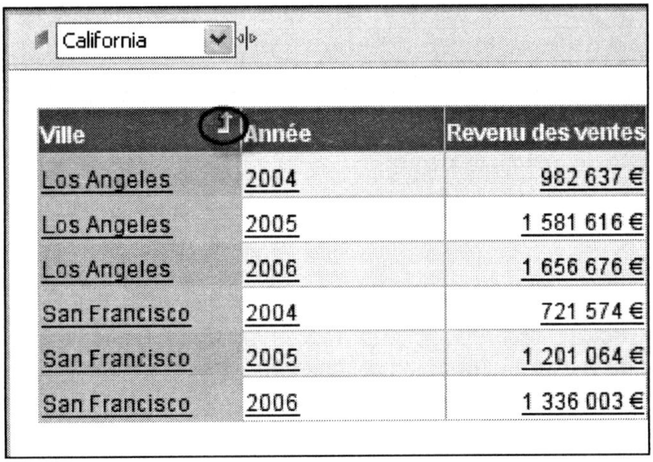

Ville	Année	Revenu des ventes
Los Angeles	2004	982 637 €
Los Angeles	2005	1 581 616 €
Los Angeles	2006	1 656 676 €
San Francisco	2004	721 574 €
San Francisco	2005	1 201 064 €
San Francisco	2006	1 336 003 €

- La barre d'outils **Exploration** contient une liste déroulante qui représente les valeurs qui ont servi à l'étape actuelle du tableau ou de la section explorée :

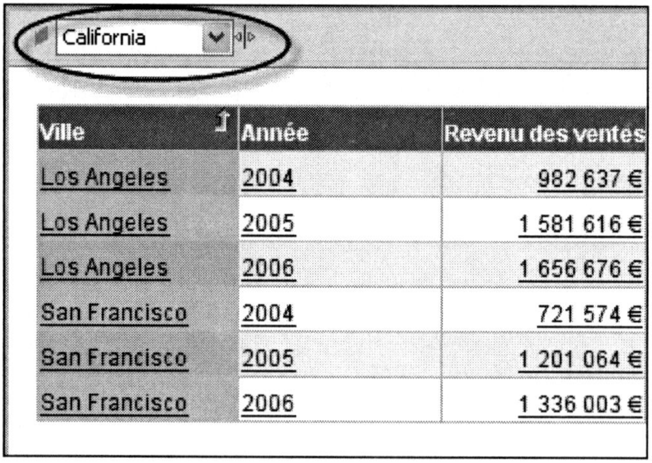

Ville	Année	Revenu des ventes
Los Angeles	2004	982 637 €
Los Angeles	2005	1 581 616 €
Los Angeles	2006	1 656 676 €
San Francisco	2004	721 574 €
San Francisco	2005	1 201 064 €
San Francisco	2006	1 336 003 €

Comme vous pouvez le constater, le revenu des ventes en 2004 est particulièrement faible par rapport aux autres années pour Los Angeles.

Il est possible de vérifier si cette observation est aussi valable pour les autres villes.

Il suffit de dérouler la liste déroulante qui contient les villes.

Chaque liste déroulante de ce type donne la valeur actuellement utilisée comme filtre à un niveau hiérarchique donné.

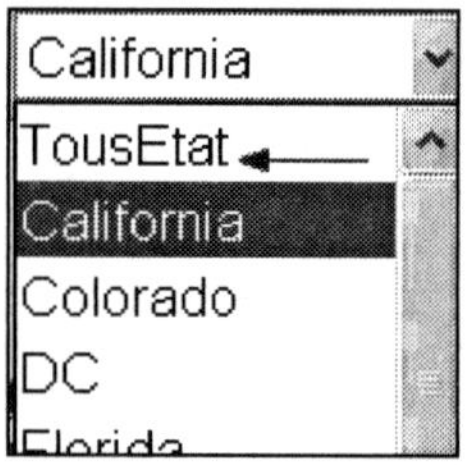

Cette liste déroulante permet :

- de changer de valeur à un niveau hiérarchique donné ;
- de prendre en compte toutes les valeurs à un niveau hiérarchique donné.

Il est également possible d'explorer les données sous l'objet **Année**, pour savoir quels seraient les trimestres les plus faibles pour 2004.

Ville	Année	Revenu des ventes
Los Angeles	2004	982 637 €
Los Angeles	200[illegible]	1 [illegible]16 €
Los Angeles	2006	1 656 676 €
San Francisco	2004	721 574 €
San Francisco	2005	1 201 064 €
San Francisco	2006	1 336 003 €

Exploration avant vers Trimestre

Ce qui entraîne l'écran suivant :

California | 2004

Ville	Trimestre	Revenu des ventes
Los Angeles	Q1	308 928 €
Los Angeles	Q2	252 558 €
Los Angeles	Q3	232 327 €
Los Angeles	Q4	188 824 €
San Francisco	Q1	210 292 €
San Francisco	Q2	188 936 €
San Francisco	Q3	161 982 €
San Francisco	Q4	160 364 €

Le Q4 2004 pour Los Angeles paraît assez bas.

Explorons cette donnée en regardant les mois.

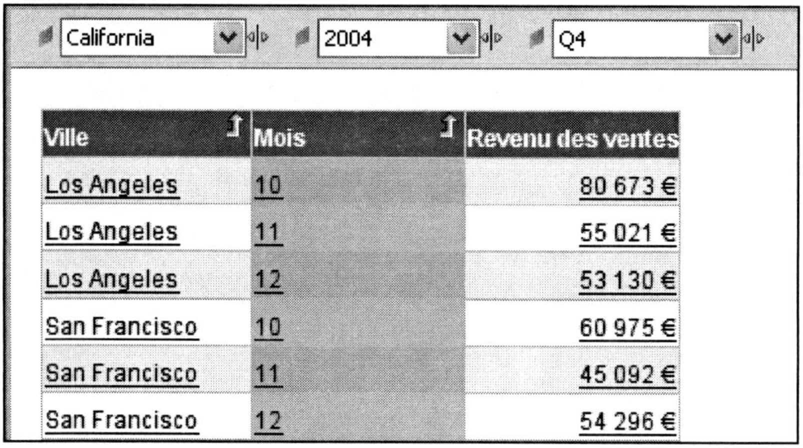

Ville	Mois	Revenu des ventes
Los Angeles	10	80 673 €
Los Angeles	11	55 021 €
Los Angeles	12	53 130 €
San Francisco	10	60 975 €
San Francisco	11	45 092 €
San Francisco	12	54 296 €

Si vous voulez aller plus loin, l'info-bulle indique qu'une nouvelle requête est nécessaire :

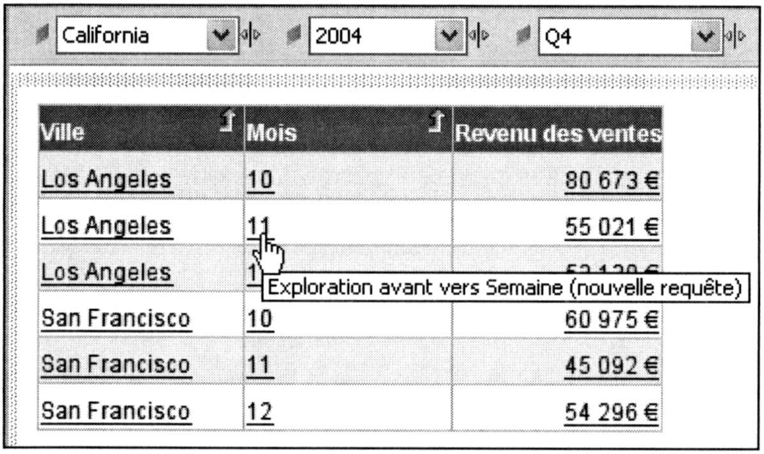

Ville	Mois	Revenu des ventes
Los Angeles	10	80 673 €
Los Angeles	11	55 021 €
Los Angeles	1[illegible]	[illegible]
San Francisco	10	60 975 €
San Francisco	11	45 092 €
San Francisco	12	54 296 €

Ceci se produit parce que nous avions défini deux niveaux dans le périmètre d'analyse. Les données concernant les semaines ne sont donc pas dans la requête du document.

Selon ce qui aura été défini dans les préférences (présentées au début de ce paragraphe) :

- Soit la requête est automatiquement modifiée et relancée si l'option **Demander si l'exploration requiert des données supplémentaires** n'est pas cochée.

- Soit la fenêtre suivante est présentée à l'utilisateur pour confirmer l'extension du périmètre et donc modifier la requête :

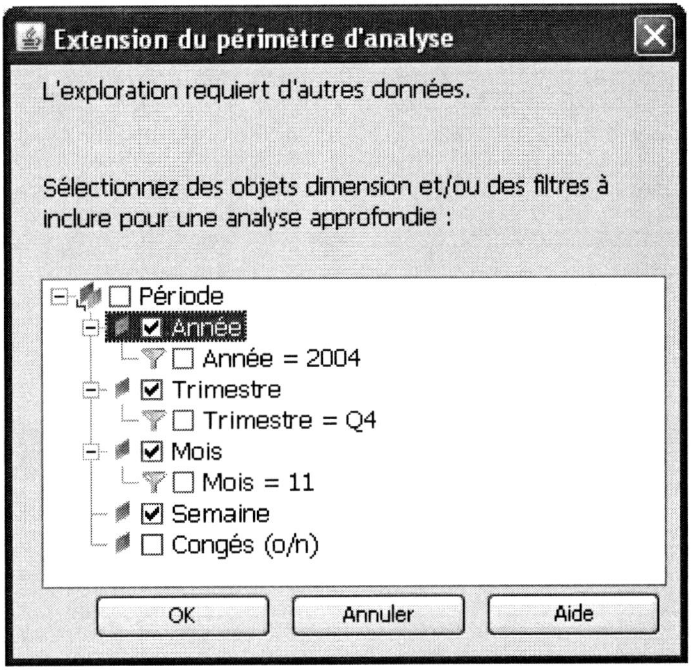

Cela donne (si vous acceptez dans le deuxième cas) la modification suivante du périmètre d'analyse :

7. Exploration arrière

Dans ce cas il s'agit de passer d'une dimension à une dimension supérieure. Par exemple passer de la dimension **Ville** à la dimension **Etat** ou encore de la dimension **Trimestre** à la dimension **Année**.

Pour que cela soit possible il faut être dans l'une des situations suivantes : vous venez de faire une analyse descendante et vous voulez remonter vers la dimension initiale.

Le périmètre d'analyse de votre rapport contient les deux objets de l'exploration arrière que vous voulez effectuer. Cela peut se faire même si vous n'avez pas fait d'exploration en avant. Par exemple une cellule contient la dimension **Mois** et vous voulez faire une exploration en arrière de **Mois** vers **Trimestre** et votre périmètre d'analyse contient **Trimestre -> Mois**, éventuellement avec une demande de la part de **Webi** de rajouter des objets (selon ce qui a été défini dans les préférences d'**Infoview**, cf. début de ce paragraphe).

Pour faire une exploration en arrière sur une cellule de type dimension :

→ Cliquez sur la flèche exploration arrière dans l'en-tête de colonne de la dimension explorée :

→ Ou faites un clic droit sur la dimension à "remonter" puis choisissez **Exploration arrière** dans le menu déroulant qui s'ouvre :

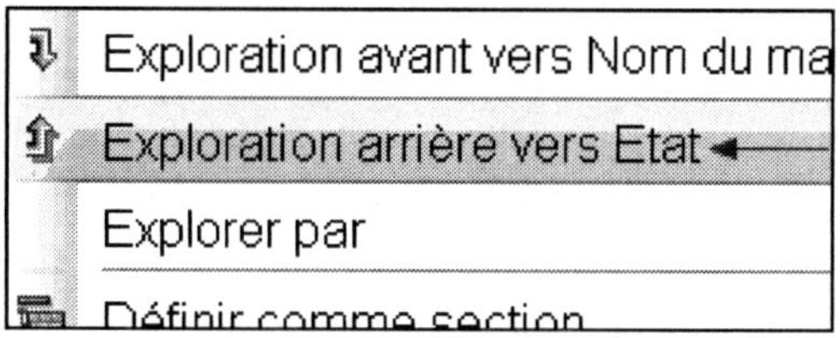

Les données qui avaient fait l'objet d'une exploration sont restituées :

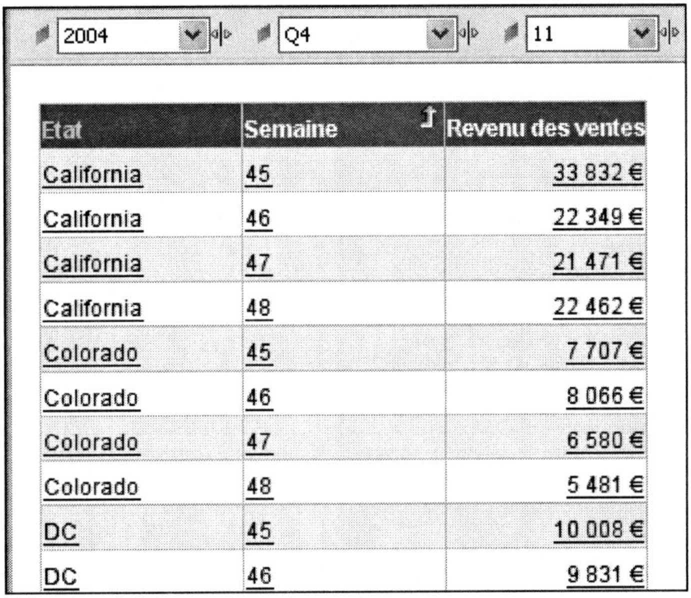

Vous constatez que la liste relative à la dimension explorée qui se trouvait dans la barre d'outils **Exploration** est supprimée.

Remontons les autres dimensions pour revenir à l'état initial en cliquant sur les en-têtes dépliés.

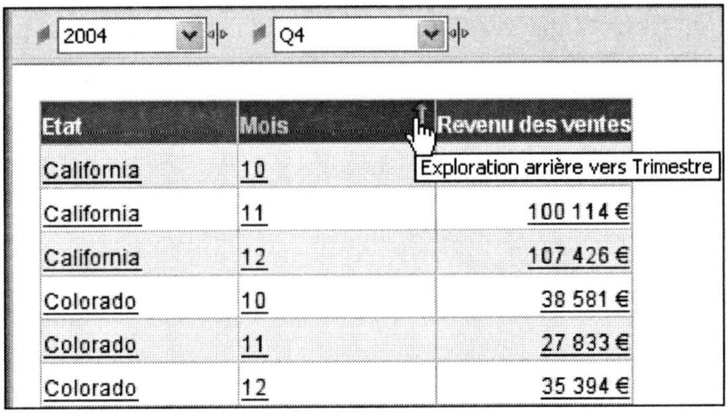

8. Explorer par

Permet d'effectuer une analyse en utilisant la dimension sélectionnée dans le menu. Plusieurs cas sont possibles :

- Analyse descendante (exploration avant) sur la même hiérarchie, avec la possibilité de sauter un ou plusieurs niveaux (par exemple, directement de **Année** à **Semaine**).
- Analyse ascendante (exploration arrière) sur une hiérarchie déjà présente dans le tableau ; la hiérarchie concernée aura donc deux niveaux présents dans le tableau.
- Analyse transversale sur une hiérarchie non présente dans le tableau (par exemple, sur **Ligne**). Il s'agit en fait d'une analyse transversale “descendante" car le niveau de la hiérarchie initiale est affiché dans une liste déroulante de la barre d'outils.

Web Intelligence mémorise les "chemins" d'une exploration. Ces trois analyses descendantes (exploration avant) peuvent être inversées par une analyse ascendante (exploration arrière).

9. Exemples

Analyse descendante dans la même hiérarchie mais en sautant un niveau :

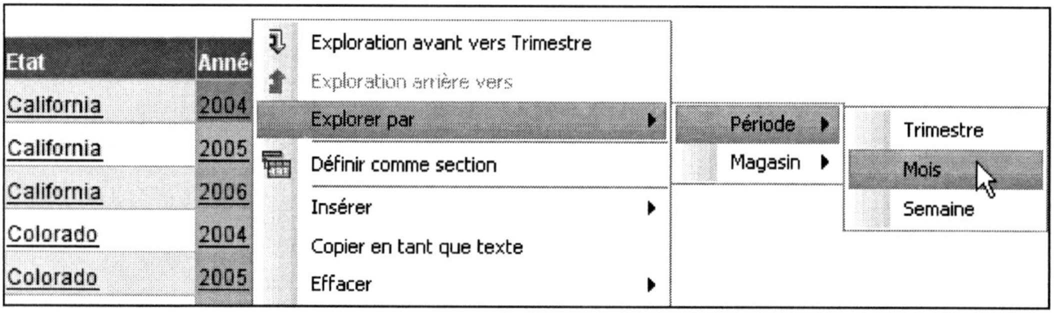

Résultat :

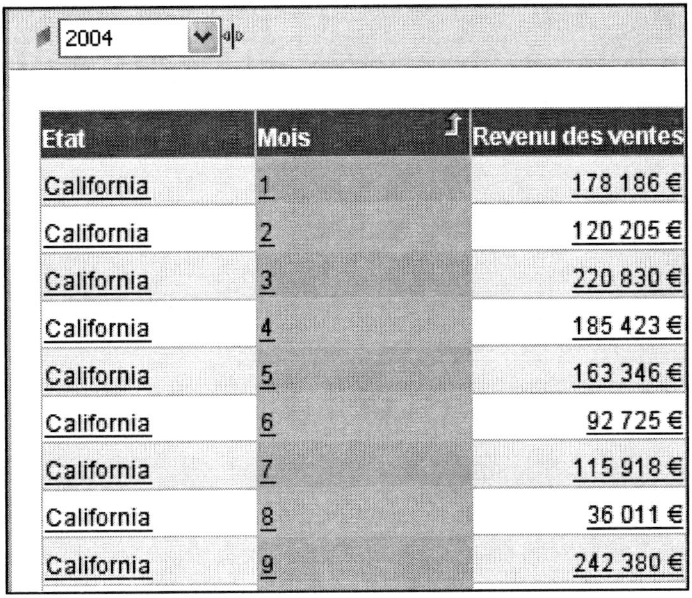

Etat	Mois	Revenu des ventes
California	1	178 186 €
California	2	120 205 €
California	3	220 830 €
California	4	185 423 €
California	5	163 346 €
California	6	92 725 €
California	7	115 918 €
California	8	36 011 €
California	9	242 380 €

La remontée se fait niveau par niveau.

Analyse transversale dans une hiérarchie non présente dans le tableau :

Pour mettre en place une analyse transversale, vous devez avoir ajouté un élément de la hiérarchie supplémentaire dans **le périmètre d'analyse**.

Ici nous avons ajouté l'objet **Lignes** de la hiérarchie **Produit**.

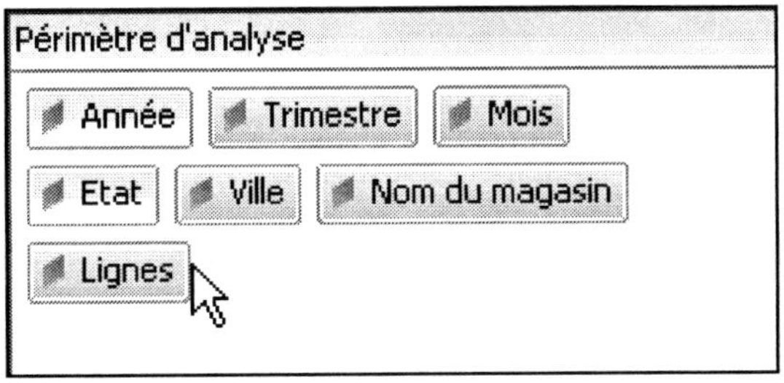

Maintenant vous pouvez faire une analyse transversale en choisissant **Explorer par** puis la dimension **Lignes** de la hiérarchie **Produit**.

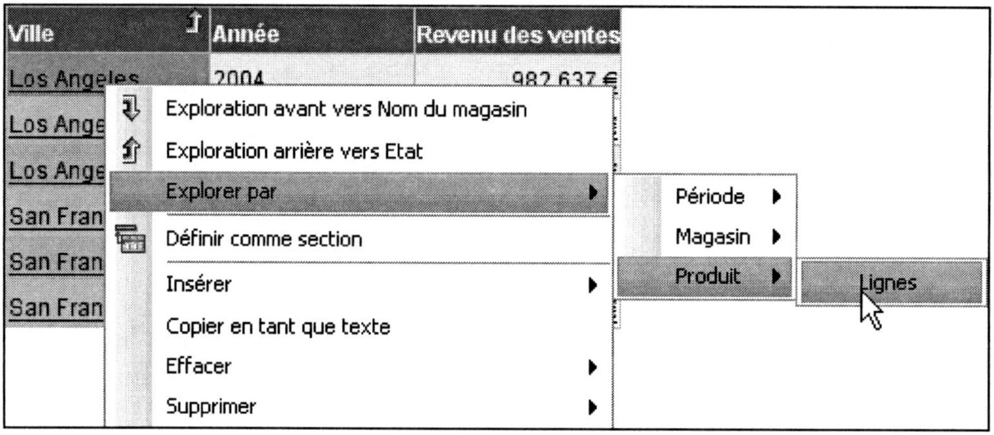

Résultat :

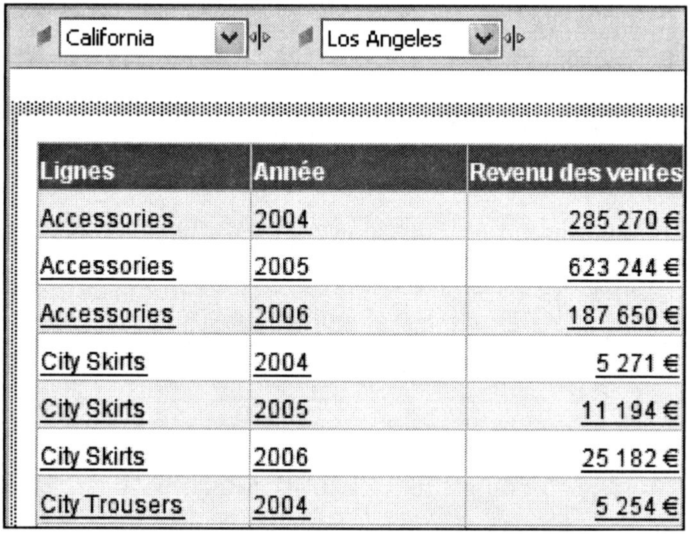

Le rapport présente les revenus détaillés par ligne de produit.

10.Synchroniser l'exploration de blocs

Comme cela a été écrit plus haut, lorsqu'un rapport contient plusieurs blocs, une option dans les préférences permet de paramétrer la façon dont l'exploration d'un des blocs influe sur les autres.

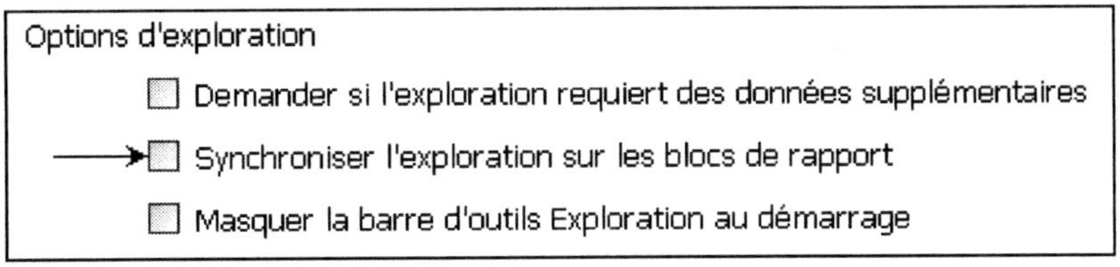

Pour illustrer cette notion, prenons le cas d'un rapport contenant un tableau et son équivalent diagramme :

Etat	Revenu des ventes
California	7 479 569 €
Colorado	2 060 275 €
DC	2 961 950 €
Florida	1 879 158 €
Illinois	3 022 658 €
Massachusetts	1 283 707 €
New York	7 582 221 €
Texas	10 117 664 €

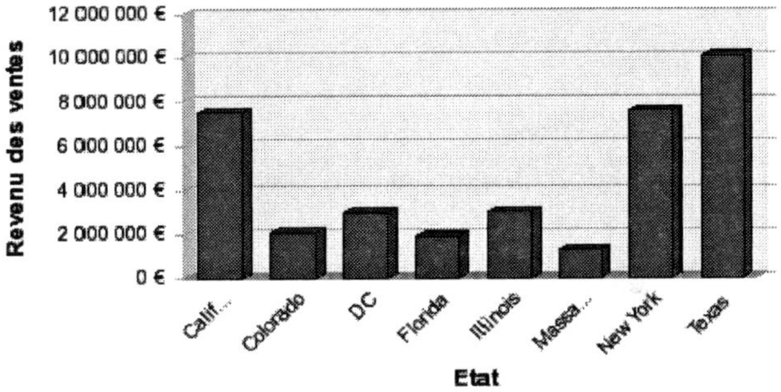

L'exploration de la valeur **California** dans le tableau donne les résultats suivants.

En cas de synchronisation :

Ville	Revenu des ventes
Los Angeles	4 220 929 €
San Francisco	3 258 640 €

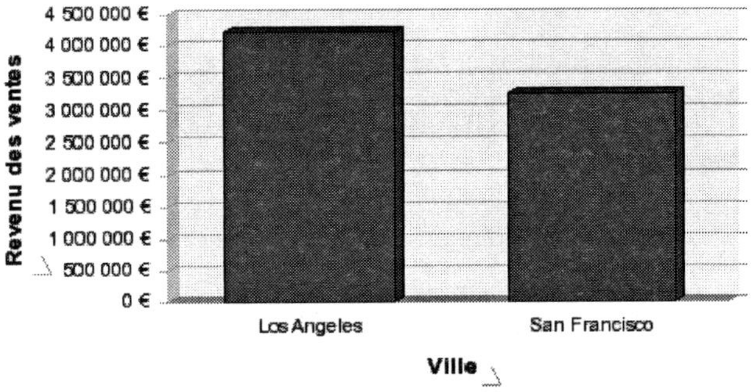

Sans synchronisation :

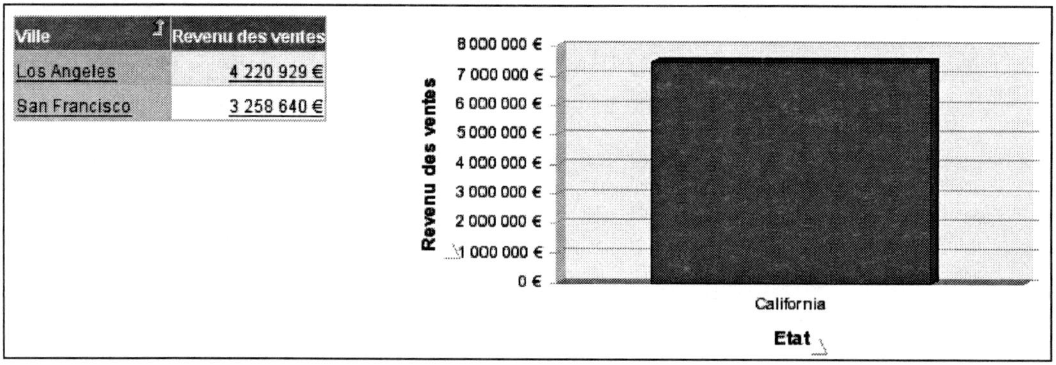

En cas de synchronisation, la dimension **Etat** est explorée dans les deux blocs, alors qu'elle ne l'est pas dans le cas contraire (seul le filtrage est appliqué).

11.Choix d'un chemin d'exploration

Dans le cas où une dimension appartient à plusieurs hiérarchies vous devez indiquer à **Webi** le chemin d'exploration que vous désirez suivre. En effet, il se peut que plusieurs chemins soient possibles pour passer d'une dimension à une autre. Si une telle situation se produit **Webi** affiche une boîte de dialogue contenant les chemins disponibles et l'utilisateur doit indiquer le chemin choisi avant de poursuivre l'exploration.

12.Enregistrer un instantané d'un rapport

Lorsque vous explorez un rapport, vous pouvez à tout moment en prendre une photo encore appelée un instantané de l'exploration en cours. Dans ce cas, **Webi** crée un double du rapport actuel et l'enregistre dans le document courant. Prendre un instantané d'un rapport est utile pour plusieurs raisons :

- Constituer un point de départ pour des explorations différenciées.
- Partager avec d'autres utilisateurs des informations à un moment donné de l'exploration.

Pour prendre un instantané d'un rapport procédez comme suit :

➔ Vérifiez que le rapport est en mode exploration.

➔ Cliquez sur l'option **Instantané du rapport analysé** dans la barre d'outils principale :

Webicrée une copie du rapport, lui attribue un nom et ajoute un onglet au document courant permettant ainsi d'accéder au nouveau rapport. Par exemple dans l'écran suivant un nouvel onglet Rapport7(1) est ajouté après la prise d'un instantané dans le rapport nommé Rapport7 :

Il est à noter que contrairement à la version **Desktop**, lors de la création du rapport instantané la dimension sur laquelle l'exploration est faite n'est pas transformée en section.

13. Exploration des indicateurs

a. Exploration en avant pour un indicateur

Lorsque vous effectuez une exploration sur une valeur de type indicateur, **Webi** recherche le niveau suivant pour les différentes dimensions du tableau ou de la section à explorer et réactualise les données affichées :

Par exemple, considérez le tableau suivant, sur lequel vous allez faire une exploration.

Etat	Année	Revenu des ventes
California	2004	1 704 211 €
California	2005	2 782 680 €
California	2006	2 992 679 €
Colorado	2004	448 301 €
Colorado	2005	768 390 €
Colorado	2006	843 584 €
DC	2004	693 211 €

→ Lorsque vous survolez un indicateur, **Webi** affiche une info-bulle qui indique quelles vont être les dimensions qui seront explorées :

Etat	Année	Revenu des ventes
California	2004	1 704 211 €
California	2005	782 680 €
California	2006	2 992 679 €
Colorado	2004	448 301 €
Colorado	2005	768 390 €
Colorado	2006	843 584 €
DC	2004	693 211 €

Exploration avant vers Ville / Trimestre

Dans le cas présent **Ville** (suit **Etat**) et **Trimestre** (suit **Année**).

→ Cliquez sur **Revenu des ventes** de la première ligne. Vous obtiendrez :

Ville	Trimestre	Revenu des ventes
Los Angeles	Q1	308 928 €
Los Angeles	Q2	252 558 €
Los Angeles	Q3	232 327 €
Los Angeles	Q4	188 824 €
San Francisco	Q1	210 292 €
San Francisco	Q2	188 936 €
San Francisco	Q3	161 982 €
San Francisco	Q4	160 364 €

L'indicateur est décomposé selon les dimensions **ville** et **trimestre**.

b. Exploration en arrière pour un indicateur

Faites un clic droit sur un indicateur. Un menu contextuel s'affiche :

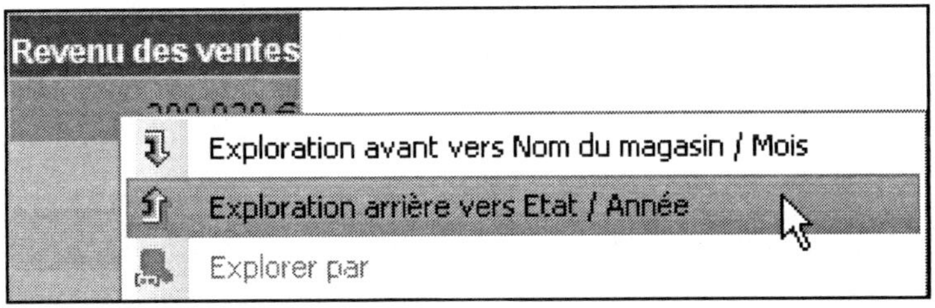

L'option **Exploration arrière** annule l'effet précédent. Une autre possibilité d'obtenir le même effet aurait été de faire l'exploration en arrière pour chaque dimension explorée.

H. Exploration de diagrammes

Explorer les données d'un rapport sur des diagrammes est un apport supplémentaire de **Webi** bien pratique. Une qualité particulièrement appréciable des diagrammes est de faire ressortir immédiatement des disparités importantes dans les données et repérer ces disparités est justement l'un des buts de l'exploration.

Comme pour les tableaux, les diagrammes peuvent être explorés par leurs dimensions ou leurs indicateurs.

Dans ses grandes lignes l'exploration d'un diagramme est très similaire à celle d'un tableau. Les mêmes procédures sont souvent valables dans les deux cas. D'ailleurs dans la plupart des cas, **Webi** permet sans problème majeur de passer d'un tableau en mode exploration à son équivalent diagramme sans changer de mode et ceci dans les deux sens (à condition, bien sûr, que la transformation soit possible).

1. Explorer une dimension de diagramme

Sur un diagramme il est possible d'explorer des dimensions en utilisant ses axes :

- Sur un diagramme 2D, cette exploration se fait via l'axe des X, un indicateur étant porté par l'axe des Y.
- Sur un diagramme 3D, les dimensions portées par l'axe des X ou l'axe des Z peuvent être utilisées, l'indicateur étant porté par l'axe des Y.

Vous allez voir comment réaliser l'exploration d'un diagramme en illustrant concrètement la démarche par un exemple pour ressortir clairement les éléments principaux à utiliser.

L'exemple contient un ensemble de données relativement simple : **Revenu des ventes** par **Année** et par **Etat**. Cet ensemble de données correspond au tableau suivant :

Etat	Année	Revenu des ventes
California	2004	1 704 211 €
California	2005	2 782 680 €
California	2006	2 992 679 €
Colorado	2004	448 301 €
Colorado	2005	768 390 €
Colorado	2006	843 584 €
DC	2004	693 211 €

Dans un premier temps, pour obtenir un diagramme, transformez ce tableau en diagramme comme cela a été expliqué dans le chapitre consacré aux tableaux :

→ Faites un clic droit sur un des cotés du tableau puis sélectionnez **Transformer en** dans le menu contextuel :

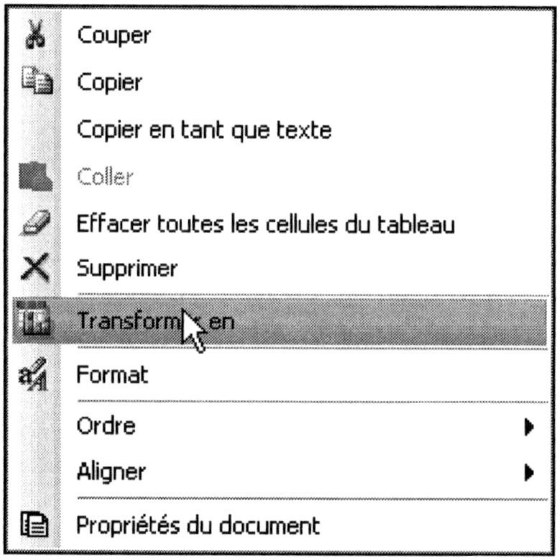

La boîte de dialogue **Transformation** en s'ouvre.

➜ Sélectionnez l'onglet **Histogramme** puis cliquez sur le type de diagramme **Vertical groupé** :

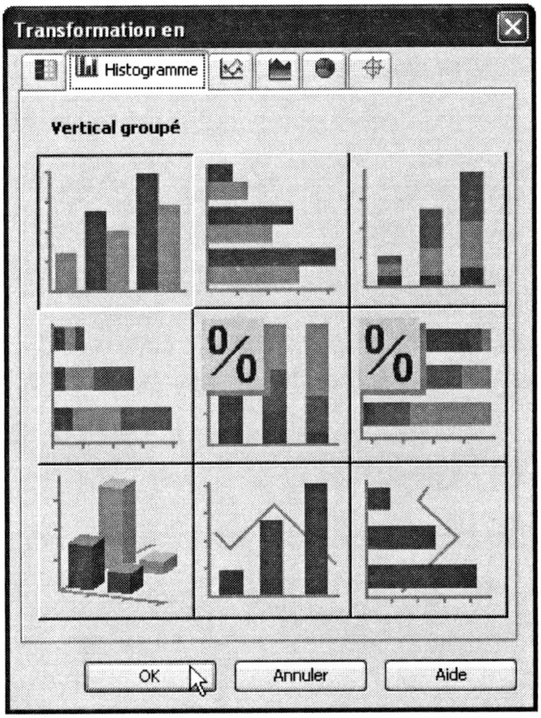

➜ Validez avec le bouton **OK**. Le tableau est remplacé par le diagramme suivant, après quelques mises en forme dont l'ajout de la légende (cf. le chapitre sur les diagrammes) :

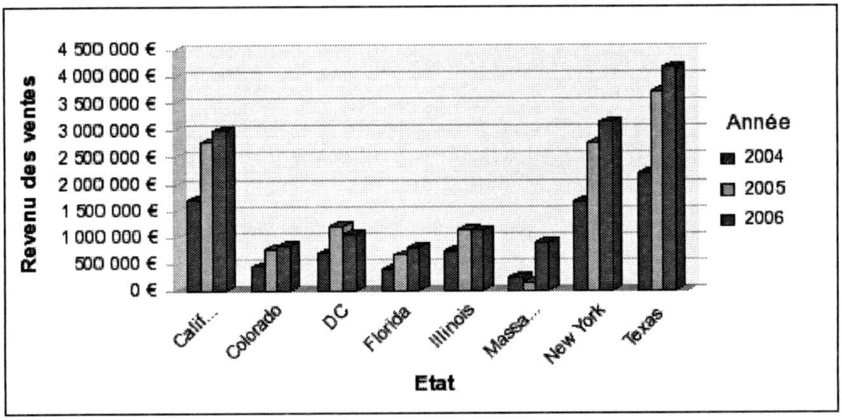

➔ Passez au mode exploration en sélectionnant l'outil **Explorer** de la barre d'outils **Gestion des rapports** :

Contrairement au cas des tableaux, il n'y a pas de changement visible sur le diagramme qui indique que le mode exploration est activé (dans les tableaux, les données pouvant être explorées sont soulignées).

2. Exploration en avant sur une valeur de dimension

Lorsque vous survolez une valeur de dimension dans un diagramme, une info-bulle indique la valeur suivante dans la hiérarchie des dimensions :

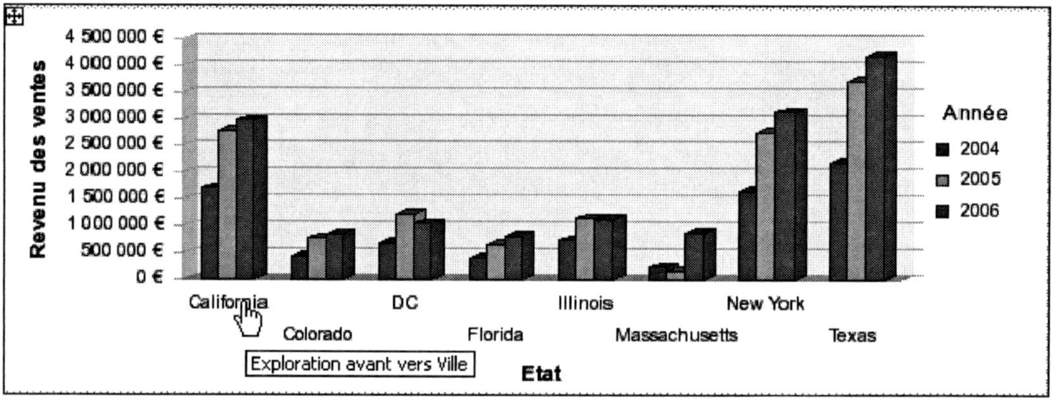

→ Pour réaliser une exploration en avant sur une valeur de dimension, cliquez sur cette valeur. Par exemple cliquez sur la valeur de dimension **California** portée par l'axe des abscisses. Un nouveau diagramme montre la répartition du **Revenu des ventes** par **Ville**, avec l'état placé dans la liste déroulante du bandeau du haut :

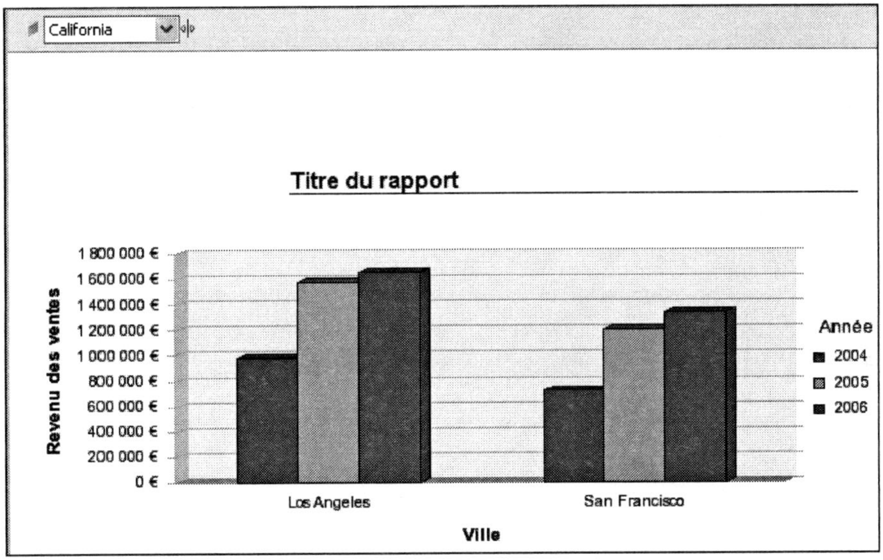

3. Exploration en arrière sur une dimension

Pour réaliser une exploration en arrière sur une dimension, vous avez deux possibilités :

→ Faites un clic droit sur une valeur de dimension à « remonter » puis choisissez **Exploration arrière** dans le menu contextuel qui s'affiche :

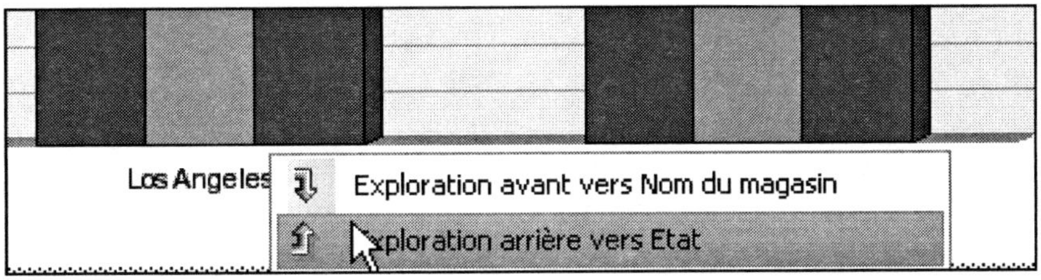

Vous retrouvez le diagramme initial.

→ Plus simple : cliquez sur la légende correspondant à la dimension à remonter. En clair dans notre exemple, passez sur le libellé **Ville**. Quand vous survolez ce libellé une info-bulle annonce la dimension supérieure :

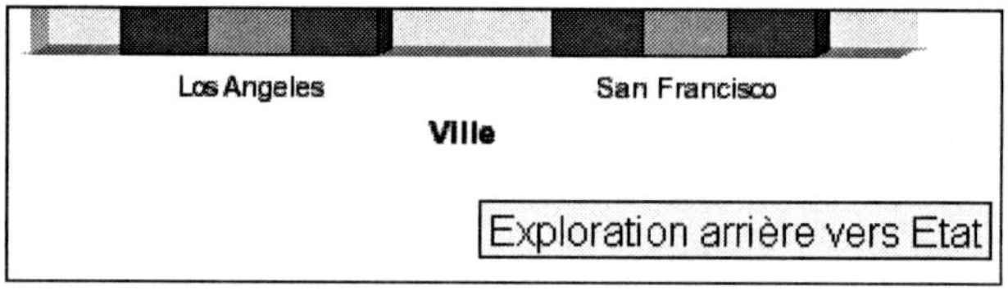

Comme dans le cas précédent vous retrouvez les données initiales.

4. Exploration transversale

Comme pour les tableaux, vous pouvez réaliser des explorations transversales et cela de la même manière en utilisant l'option **Explorer par** du menu contextuel qui apparaît après un clic droit sur une valeur de dimension.

À titre d'exemple, à partir du diagramme initial **Revenu des ventes** par **Etat** et par **Année**, faites un clic droit sur la valeur **California** puis sélectionnez **Lignes** dans la classe **Produit** (comme nous l'avons vu dans un paragraphe précédent, il faut que l'objet **Lignes** ait été ajouté dans le périmètre d'analyse) :

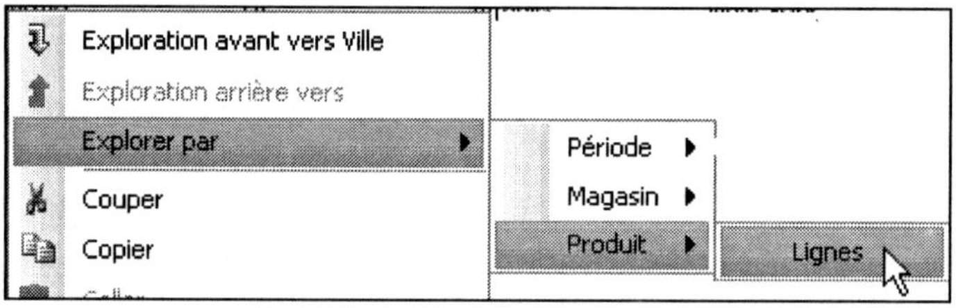

Vous obtenez le diagramme suivant :

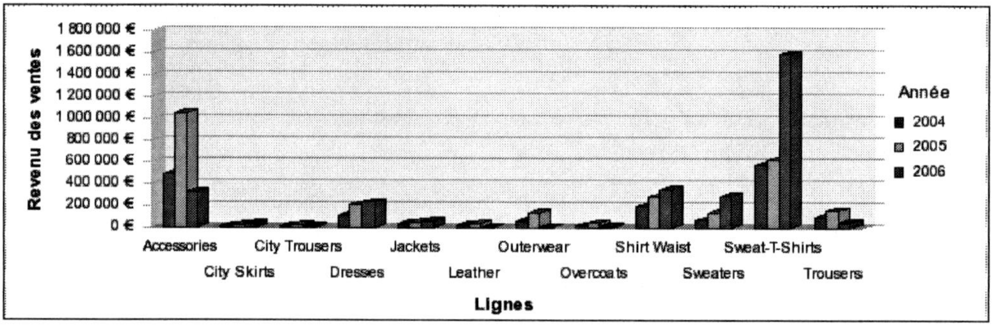

Vous pouvez remarquer que certains produits méritent une exploration plus poussée...

5. Explorer des indicateurs dans les diagrammes

Explorer des indicateurs est possible dans les types de diagrammes suivants :

- diagrammes à secteurs ;
- diagrammes à barres ;
- diagrammes à courbes et en radar.

Comme pour le cas des tableaux, lorsque vous explorez un indicateur, **Webi** utilise les niveaux suivants pour les dimensions correspondant aux autres axes du diagramme.

Par exemple, si nous reprenons le diagramme de l'exemple précédent et que nous survolons une valeur de l'indicateur (**Revenu des ventes**) une info-bulle affiche les dimensions qui seront affichées à l'issue de l'exploration :

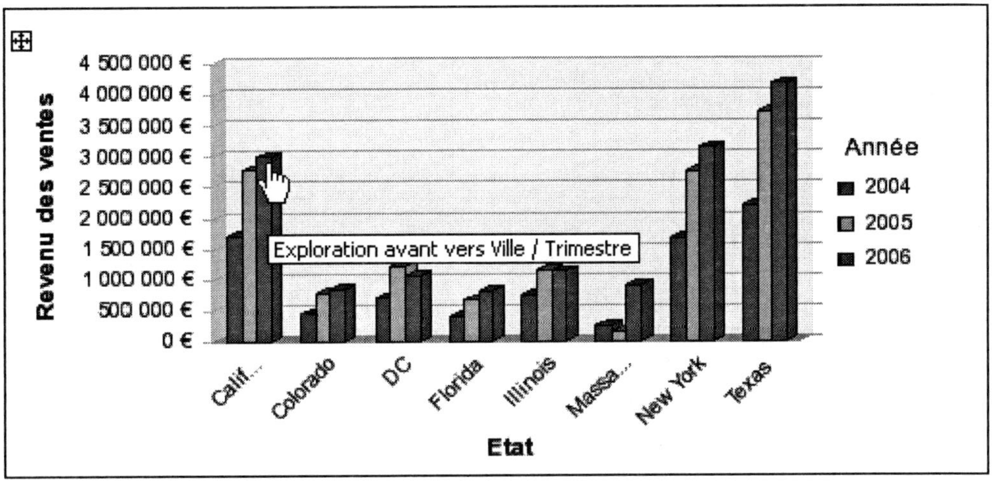

Soit **Ville** (qui suit **Etat**) et **Trimestre** (qui suit **Année**). Si vous explorez l'indicateur au niveau de la valeur **California/2006**, **Webi** affiche le diagramme résultat de l'exploration :

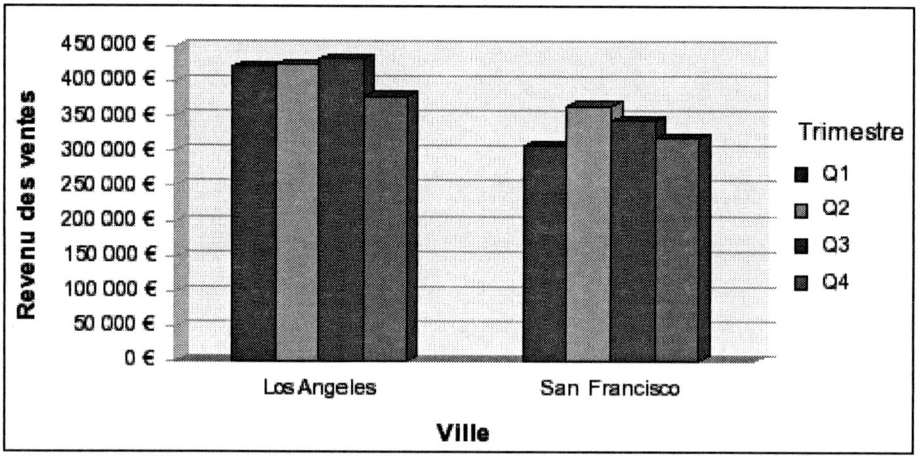

La barre d'outils **Exploration** contient les valeurs filtrées :

Voici un autre exemple qui montre un diagramme à secteurs 3D (Revenu des ventes par Etat) :

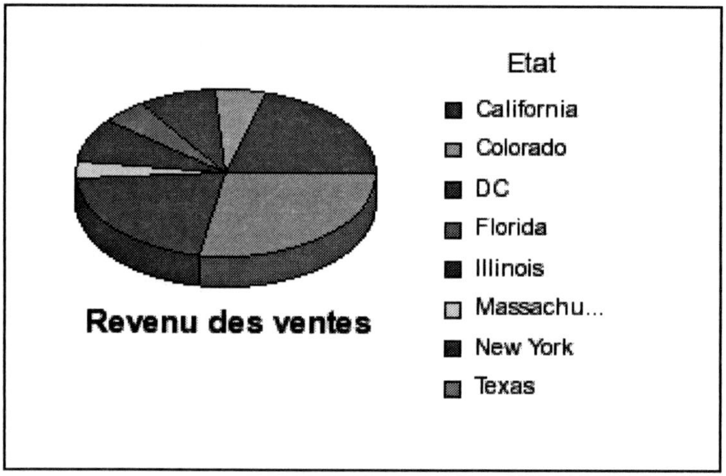

En cliquant sur l'indicateur pour l'état du **Texas** le diagramme suivant est affiché :

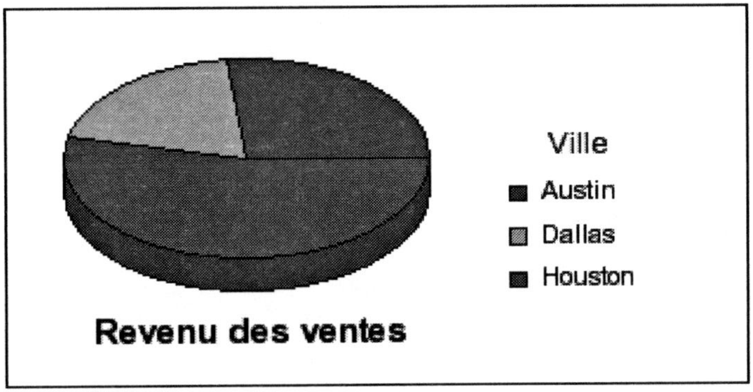

Vous pouvez cliquer sur l'indicateur aussi bien au niveau du graphique que de la légende. Utiliser la légende peut être très utile et même parfois indispensable car dans certains cas la valeur de l'indicateur étant trop faible, sa part dans le dessin est trop réduite ou même carrément absente, alors que la légende sera correctement affichée.

Chapitre 7 : Utilisation de plusieurs fournisseurs de données

A. Présentation

Jusqu'à présent le type de fournisseurs de données utilisé se réduisait essentiellement à une requête bâtie sur un univers.

Cependant **Web Intelligence** permet d'utiliser plusieurs fournisseurs de données dans un même document et éventuellement dans un même rapport. Deux cas principaux se présentent :

- plusieurs requêtes basées sur un même univers dans un même rapport ;
- réunir des données provenant de plusieurs univers dans un même rapport.

Cette réunion dans un document de données provenant de plusieurs univers distincts donc de plusieurs bases de données différentes est une fonctionnalité très importante puisqu'elle permet de croiser des informations issues de sources différentes sans avoir à faire appel aux services informatiques.

Cette possibilité de croisement de données est définie par l'administrateur via la console d'administration CMC, puisqu'il faut, a minima, posséder les droits de conception de requête.

B. Limitations

Le nombre maximal de fournisseurs de données dans un même document est limité à 15.

Webi ne permet pas d'utiliser plusieurs fournisseurs de données à l'intérieur d'un même bloc de données (comme un tableau par exemple) si les données n'ont pas été synchronisées auparavant. Nous verrons plus loin dans ce chapitre comment synchroniser les données issues de fournisseurs de données (requêtes) distincts.

C. Ajouter des fournisseurs de données

La création de plusieurs fournisseurs dans un même document se fait en deux temps :

- Création d'un premier fournisseur de données.
- Ajout d'un ou de plusieurs fournisseurs de données supplémentaires.

Nous nous concentrerons essentiellement sur le deuxième point, le premier point ayant été largement abordé.

D. Manipuler les fournisseurs de données correspondant à une requête

1. Créer une nouvelle requête

Le cas le plus fréquent d'ajout d'un fournisseur de données consiste à créer une nouvelle requête dans un document existant.

Supposons que nous avons déjà créé un document basé sur la requête donnant le revenu des ventes par ligne et catégorie de produits.

Nous voulons ajouter d'autres données que celles déjà présentes dans le document.

Nous devons donc créer une nouvelle requête.

Pour cela :

→ Vérifiez que vous êtes en mode **Requête**.

→ Cliquez sur le bouton **Ajouter la requête** sur la barre d'outils principale :

La boîte de dialogue **Univers** s'ouvre :

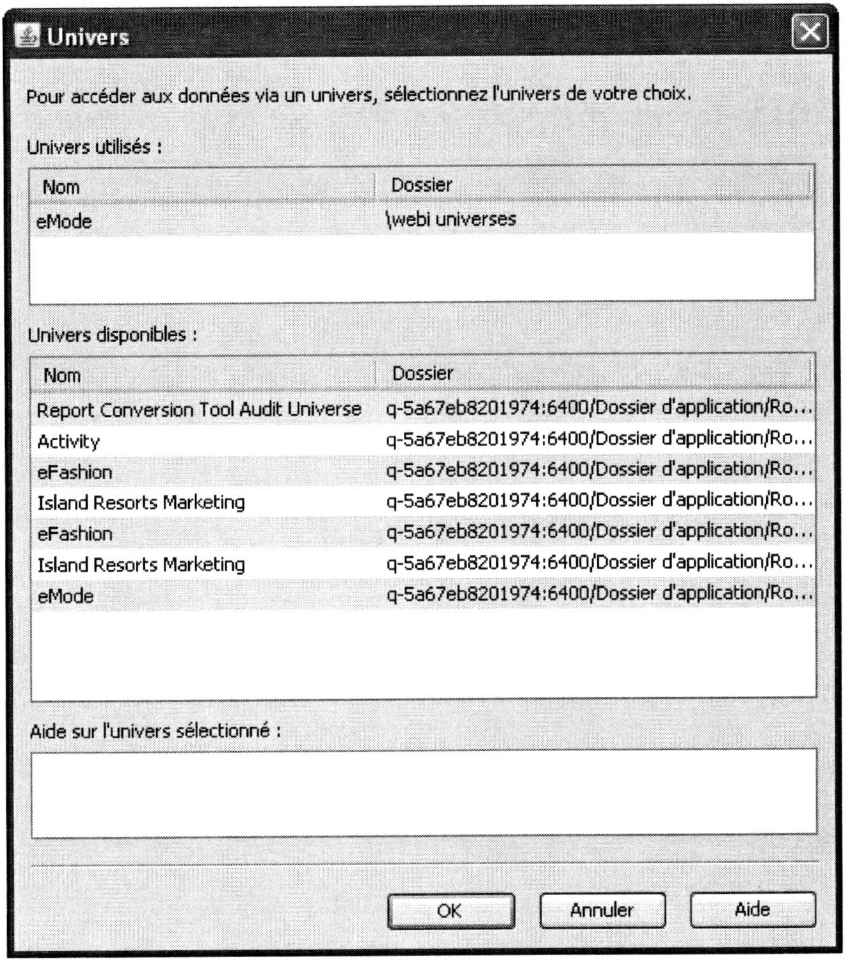

➔ Sélectionnez l'univers courant ou un des autres univers disponibles puis cliquez sur le bouton **OK**. Un onglet **Requête 2** est ajouté :

→ À titre d'exemple, choisissez l'univers **Island Resort Marketing**. Prenez de préférence le deuxième univers **Island Resort Marketing** (dans la version du livre, la 13 de octobre 2007). Il contient en effet des données plus récentes (au niveau des dates essentiellement) que l'autre. L'onglet **Données** de la nouvelle requête contient les classes et objets de l'univers choisi :

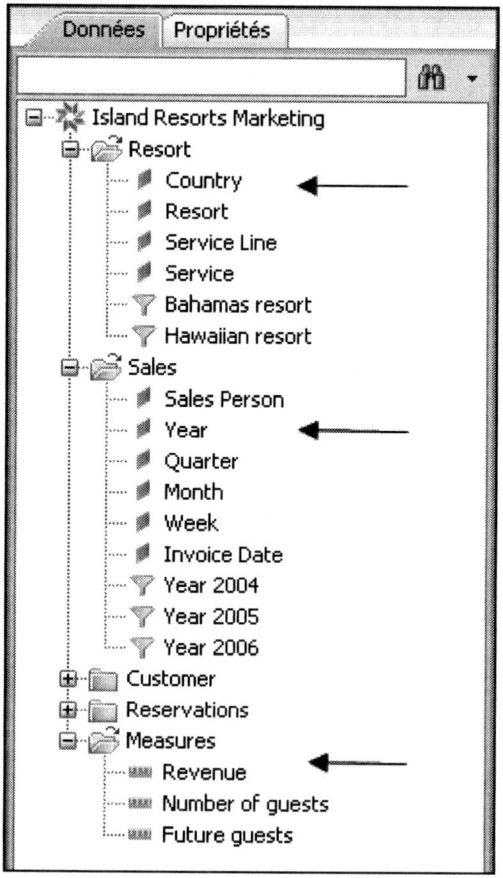

→ Construisez et paramétrez votre nouvelle requête comme cela a été expliqué dans les chapitres antérieurs (**Objets du résultat**, **filtres**, **périmètre d'analyse**...). Pour notre exemple :

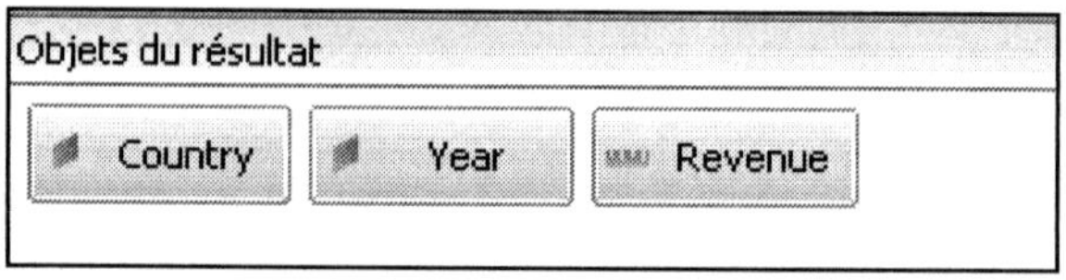

2. Exécuter une nouvelle requête

Lorsqu'un document comporte plusieurs requêtes, le bouton **Exécuter** qui permettait d'exécuter la requête courante se transforme en une liste déroulante contenant les noms des différentes requêtes présentes et d'un élément supplémentaire permettant d'exécuter toutes les requêtes présentes (**Exécuter toutes les requêtes**) :

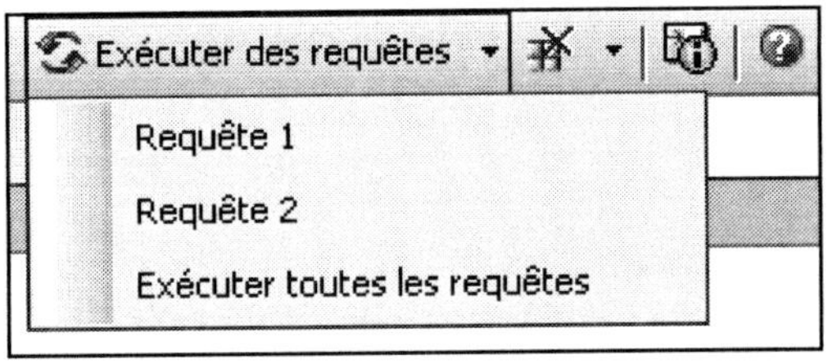

Lorsque le volume des données est important, il n'est pas forcément utile de recharger toutes les données mais seulement celles qui nous intéressent, c'est pourquoi il est possible de n'exécuter que l'une des requêtes.

Si vous sélectionnez les options **Exécuter la nouvelle requête** ou **Exécuter toutes les requêtes**, **Webi** affiche une boîte de dialogue indiquant la manière dont le bloc de données résultat de la requête courante s'intègre dans les rapports existants :

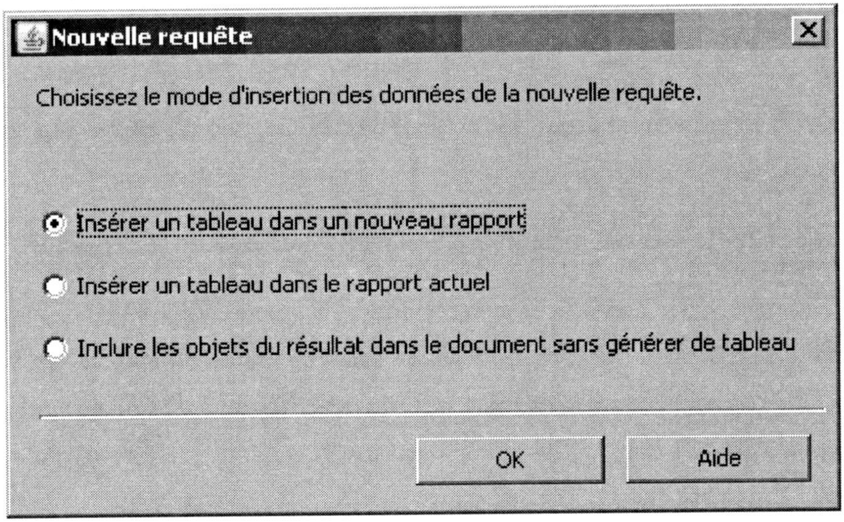

→ Sélectionnez l'option désirée puis cliquez sur le bouton **OK**.

Ces trois possibilités correspondent aux actions suivantes :

- Premier cas : le résultat de la nouvelle requête sera inséré dans un nouveau rapport. Pour notre exemple, les données sont insérées dans un nouveau rapport accessible via un nouvel onglet :

Country	Year	Revenue
France	FY2004	295 940
France	FY2005	280 310
France	FY2006	259 170
US	FY2004	767 614
US	FY2005	826 930
US	FY2006	856 560

Rapport 1 **Rapport 2**

- Deuxième cas : le résultat de la nouvelle requête sera inséré dans le rapport courant. Dans notre exemple le nouveau rapport est disposé à la suite du tableau résultat de la première requête :

Sweaters	Soft fabric	974 879 €
Sweaters	Turtleneck	942 362 €
Sweat-T-Shirts	Sweats	707 113 €
Sweat-T-Shirts	T-Shirts	11 972 779 €
Trousers	Jeans	276 583 €
Trousers	Party pants	626 737 €

Country	Year	Revenue
France	FY2004	295 940
France	FY2005	280 310
France	FY2006	259 170
US	FY2004	767 614
US	FY2005	826 930
US	FY2006	856 560

- Troisième cas : les données de la nouvelle requête seront insérées dans le document mais aucun rapport n'est généré pour la nouvelle requête. Les objets sont ajoutés à la liste des objets déjà utilisés :

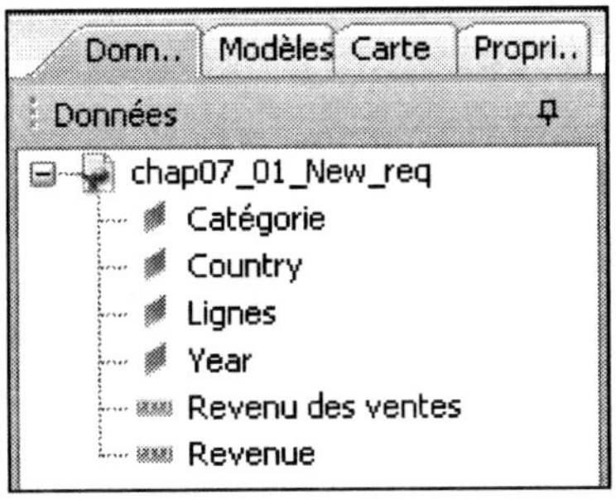

Quel que soit le choix fait pour l'insertion des nouvelles données (nouveau tableau dans nouveau rapport, nouveau tableau dans le rapport existant ou pas de nouveau tableau) les données sont ajoutées dans l'onglet **Données**. Il est d'ailleurs préférable pour distinguer les objets provenant des deux fournisseurs de données (requêtes) distincts d'utiliser le mode d'affichage **Requête** comme indiqué ci-dessous :

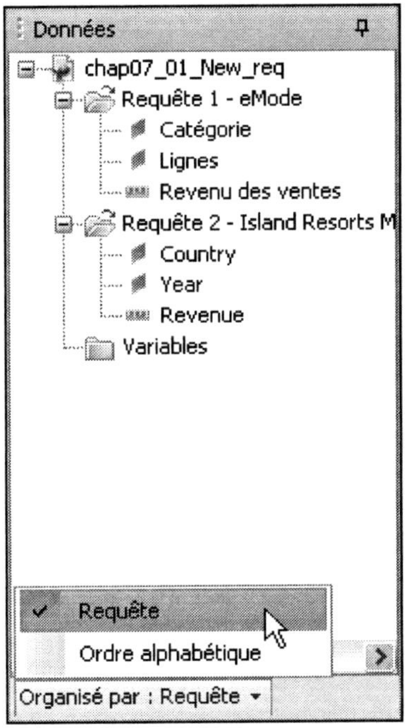

3. Supprimer un fournisseur de données correspondant à une requête

Pour supprimer une requête, procédez comme suit :

→ Cliquez sur l'onglet qui lui correspond sous l'onglet **Données**, dans le mode **Requête** puis choisissez l'option **Supprimer la requête** dans le menu déroulant :

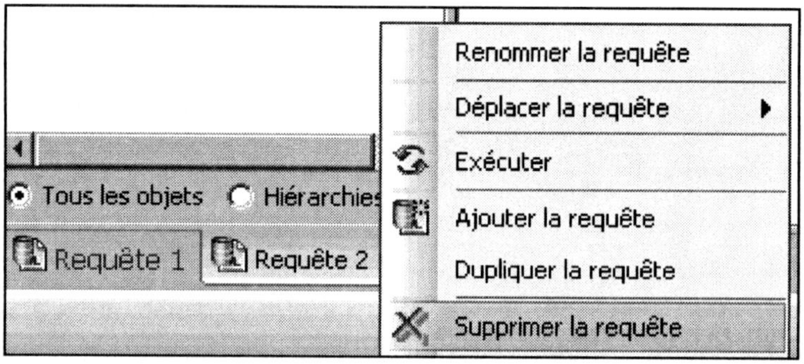

4. Créer un fournisseur de données en dupliquant une requête

Si vous voulez créer un nouveau fournisseur de données sous forme d'une nouvelle requête, il est parfois plus rapide de dupliquer une requête existante et de la modifier.

Pour dupliquer une requête :

→ Ouvrez le document qui contient la requête à dupliquer en mode **Requête**.

→ Faites un clic droit sur l'onglet correspondant à la requête à dupliquer puis choisissez **Dupliquer la requête** dans le menu déroulant :

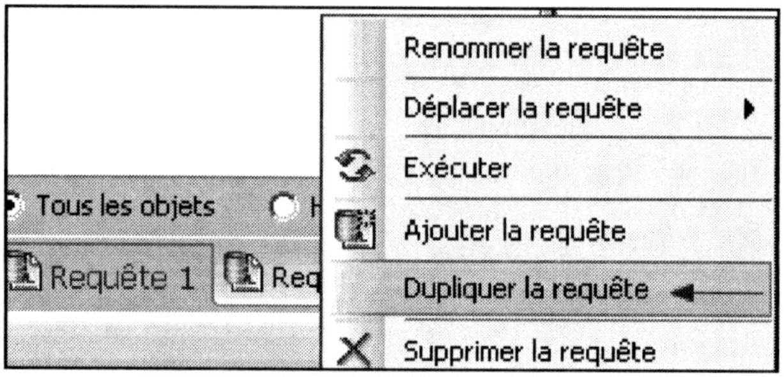

Une nouvelle requête est créée dans un nouvel onglet.

5. Modifier le nom d'un fournisseur de données

Pour modifier le nom d'un fournisseur de données correspondant à une requête, vous pouvez le faire d'une des manières suivantes :

a. En utilisant l'onglet Propriétés

→ Sélectionnez la requête cible en cliquant sur l'onglet qui lui correspond dans **Infoview** puis cliquez sur l'onglet **Propriétés**.

→ Saisissez le nom souhaité dans la zone de texte prévue à cet effet :

b. En utilisant un menu contextuel

→ Faites un clic droit sur l'onglet correspondant à la requête à renommer puis choisissez **Renommer la requête** dans le menu déroulant :

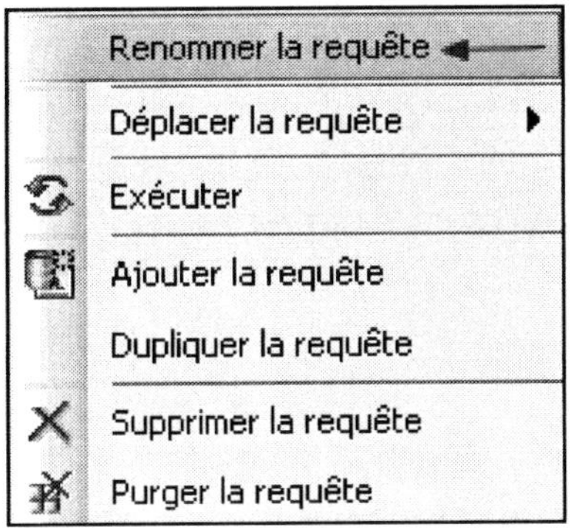

Vous pouvez ensuite saisir le nom de la requête dans la zone d'édition.

6. Ordre d'exécution de plusieurs requêtes

Si vous exécutez un ensemble de requêtes disponibles dans un document, comme cela a été expliqué plus haut, il peut arriver que l'ordre d'exécution influe sur le résultat final surtout si des requêtes contiennent des invites.

Par défaut, les requêtes sont exécutées dans l'ordre de positionnement des onglets qui les contiennent, de gauche à droite. Par exemple dans l'exemple suivant :

Requête 1 est exécutée avant Requête 2.

Si vous désirez modifier cet ordre :

→ Cliquez sur l'onglet d'une des requêtes :

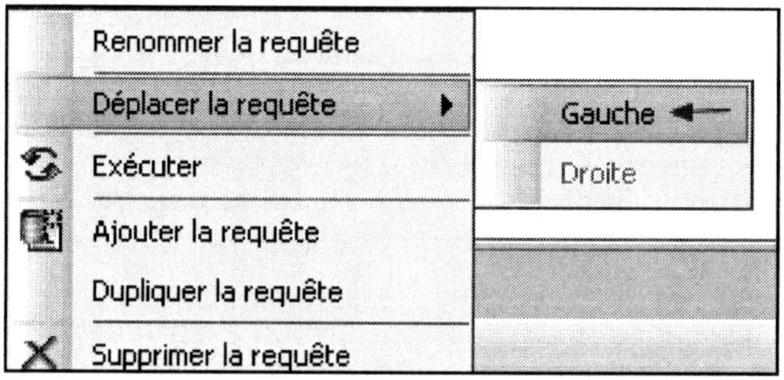

→ Dans le menu contextuel choisissez **Déplacer la requête** puis **Gauche** ou **Droite** selon le résultat désiré. L'ordre des requêtes est modifié :

E. Purger des documents

Purger un document consiste à supprimer tout ou une partie de ses données.

La purge est particulièrement utile pour deux raisons :

- Minimiser la taille des documents sur le serveur.

- Ne pas laisser afficher les données consultées par un utilisateur précédent, données qui peuvent ne pas être publiques à tous les utilisateurs.

Pour purger un fournisseur des données, deux moyens :

→ En mode **Requête**, cliquez sur l'onglet d'une des requêtes et choisissez l'option **Purger la requête** dans le menu déroulant :

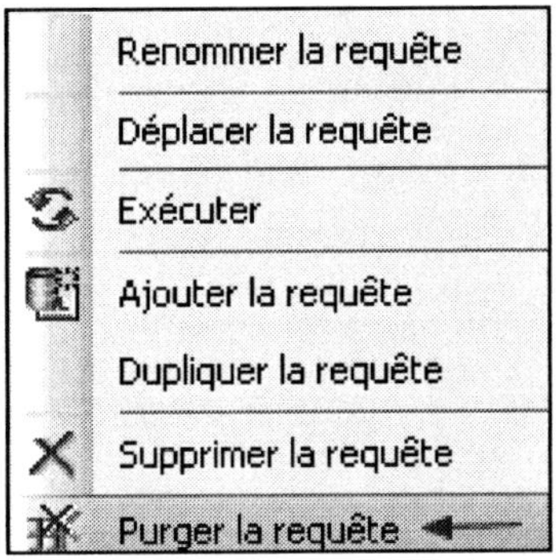

→ En mode **Rapport**, dans la barre d'outils principale, déroulez la liste **Purger les données** puis choisissez la requête à purger. Vous pouvez encore choisir de purger toutes les requêtes.

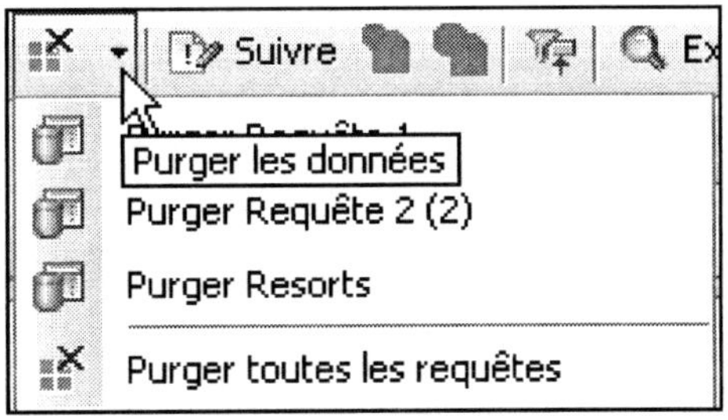

F. Fusion de dimensions

1. Le principe

La fusion de dimensions consiste à synchroniser plusieurs fournisseurs de données sur des dimensions communes. Plus précisément cela consiste à rapprocher des données issues de deux univers différents sur une ou des dimensions communes afin de les mélanger comme si elles provenaient d'une même et unique source.

Nous allons créer, à titre d'exemple, un tableau contenant des données issues de deux univers distincts.

Ce tableau contiendra les chiffres d'affaires réalisés par trimestre (Revenu par quarter en anglais), données provenant d'un des univers exemples fournis par SAP BO, **Island Resort Marketing**.

Il contiendra aussi les revenus des ventes par trimestre, cette fois issus de notre univers exemple habituel, **eMode**.

Ces données seront fusionnées par la dimension commune, le trimestre.

Ce document n'a qu'une valeur d'exemple et n'est pas significatif car les données ne sont pas synchronisées sur les mêmes années.

Nous nous plaçons dans la situation d'une société qui gère une agence de voyage (**Island Resort Marketing**) et des magasins de mode (**eMode**).

Pour comparer les chiffres d'affaires trimestriels générés par les réservations de clubs de vacances d'une part et les achats de vêtements d'autre part.

Créons un nouveau document basé sur l'univers **Island Resort Marketing**.

La requête détermine les chiffres d'affaires par trimestre de vente :

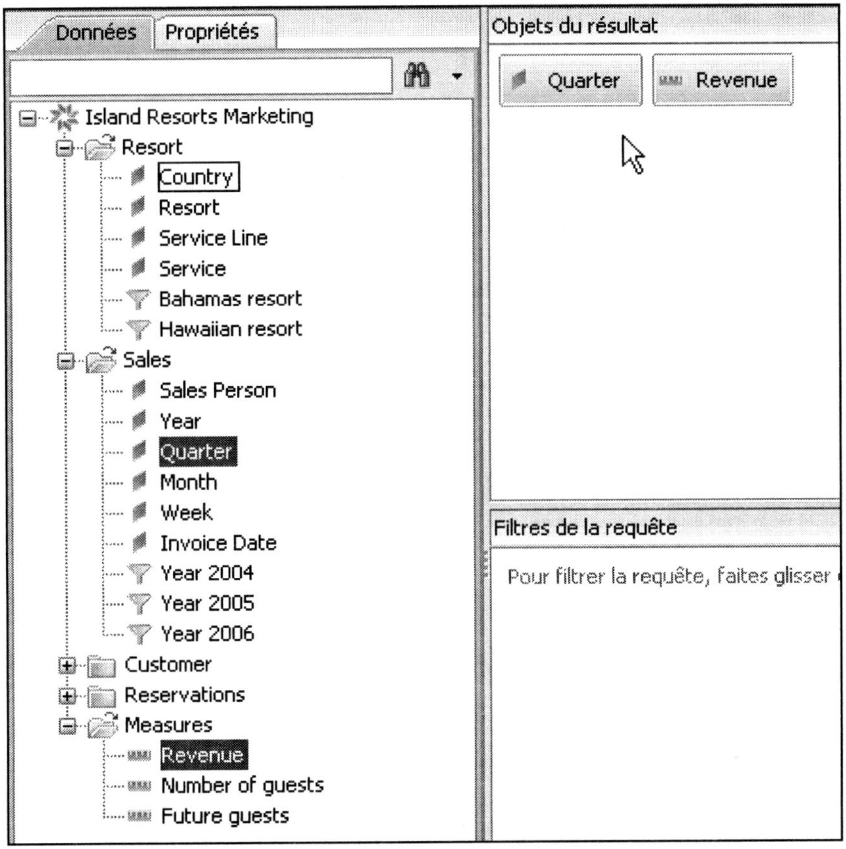

Et le résultat est le rapport suivant :

Quarter	Revenue
Q1	790 616
Q2	821 817
Q3	884 697
Q4	789 394

Créons maintenant une nouvelle requête sur l'univers **eMode**. En mode **Modifier la requête**, cliquez sur le bouton **Ajouter une requête** et choisissez l'univers **eMode**.

Sélectionnez les objets **Trimestre** et **Revenu des ventes**.

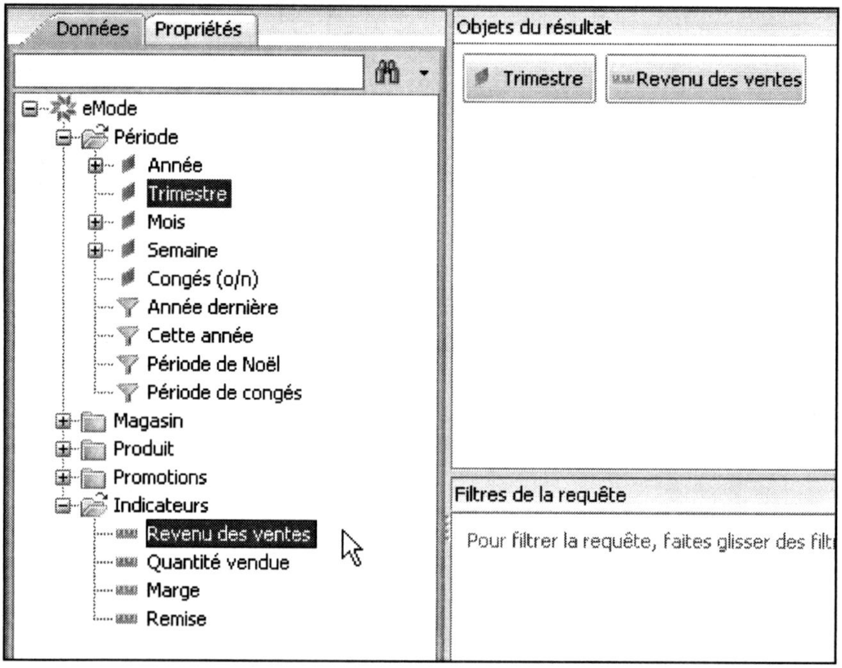

Après avoir cliqué sur le bouton **Exécuter les requêtes**, Webi demande où placer ces nouvelles données.

Nous allons les insérer dans le rapport actuel.

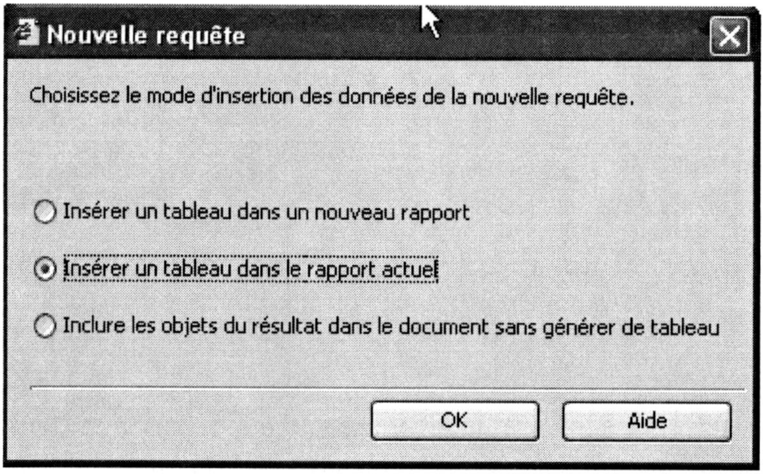

Nous obtenons les deux tableaux côte à côte.

Quarter	Revenue
Q1	790 616
Q2	821 817
Q3	884 697
Q4	789 394

Trimestre	Revenu des ventes
Q1	9 729 861 €
Q2	9 126 371 €
Q3	8 200 539 €
Q4	9 330 742 €

Insérons l'objet **Revenu des ventes** de la requête 2 (de l'univers **eMode**) vers le premier tableau (de l'univers **Island Resort Marketing**).

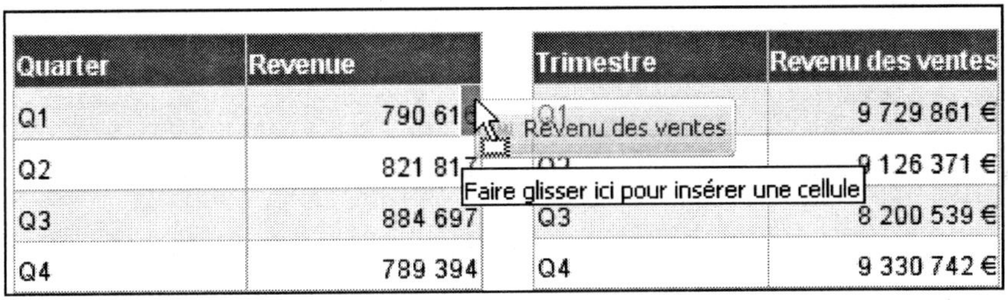

Nous obtenons :

Quarter	Revenue	Revenu des ventes
Q1	790 616	36 387 512 €
Q2	821 817	36 387 512 €
Q3	884 697	36 387 512 €
Q4	789 394	36 387 512 €

Trimestre	Revenu des ventes
Q1	9 729 861 €
Q2	9 126 371 €
Q3	8 200 539 €
Q4	9 330 742 €

Vous constatez que le revenu des ventes affiché dans le tableau de gauche n'est pas bon, il est la somme des revenus tous trimestres confondus.

Ceci parce que les requêtes ne sont pas synchronisées.

Pour synchroniser les requêtes, cliquez sur l'icône ci-dessous.

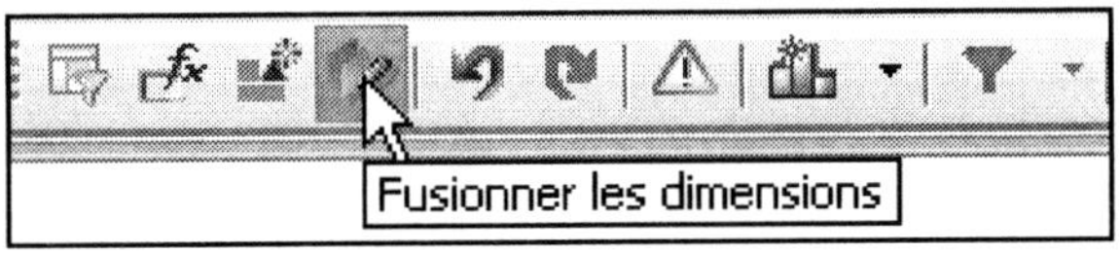

Nous obtenons la fenêtre permettant de synchroniser des dimensions.

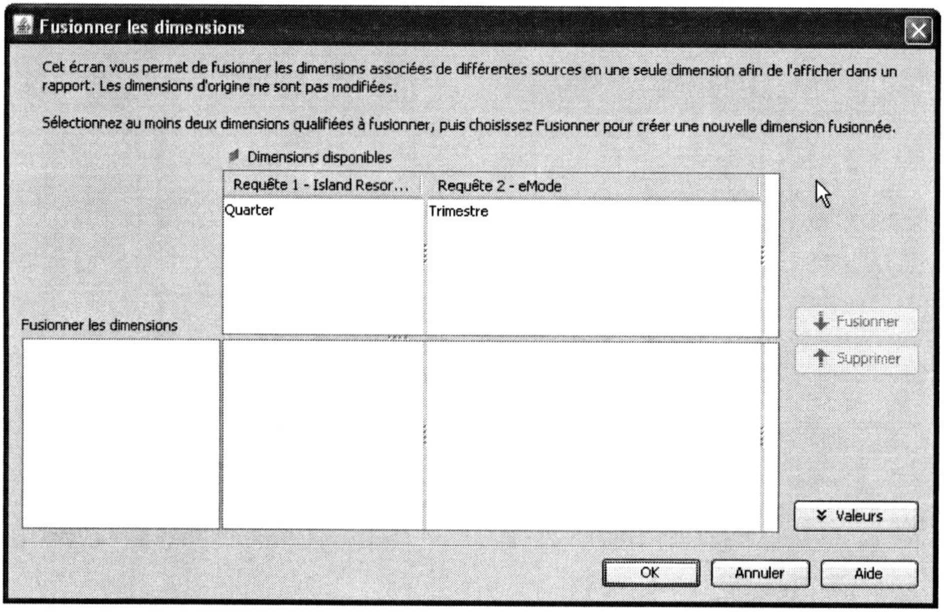

Il ne reste plus qu'à sélectionner les deux seules dimensions possibles (dans un exemple plus complet il peut y avoir, évidemment, beaucoup plus de dimensions par lesquelles faire un choix) et à cliquer sur le bouton **Fusionner**.

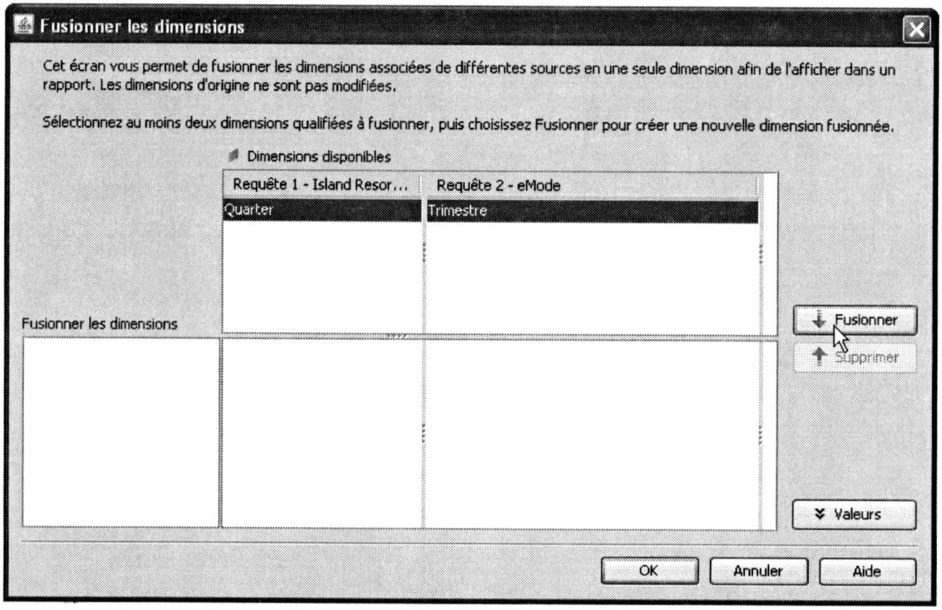

Validez la synchronisation en cliquant sur le bouton **OK**.

Le nom de la dimension commune peut être modifié dans la fenêtre qui s'affiche.

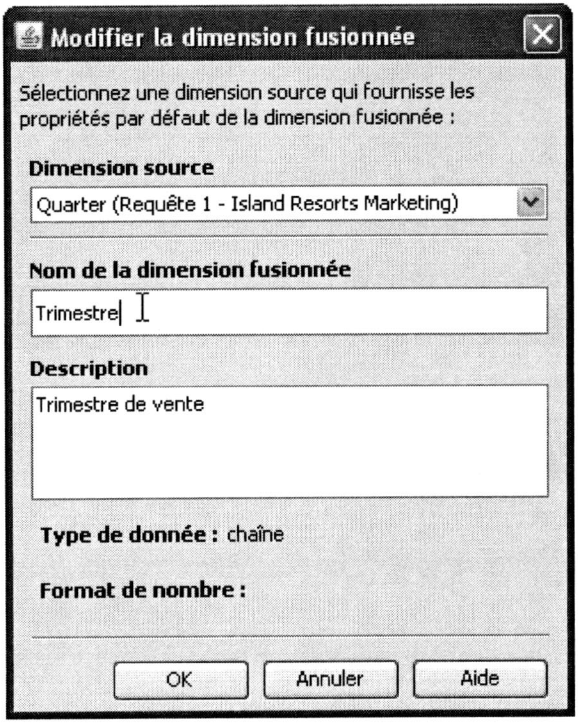

Validez en cliquant sur le bouton **OK** pour cette fenêtre et encore **OK** pour la fenêtre de fusion de dimensions.

Le tableau contient bien, maintenant, les revenus des ventes par trimestre et non le total.

Quarter	Revenue	Revenu des ventes
Q1	790 616	9 729 861 €
Q2	821 817	9 126 371 €
Q3	884 697	8 200 539 €
Q4	789 394	9 330 742 €

Les données sont synchronisées sous la dimension **Trimestre**.

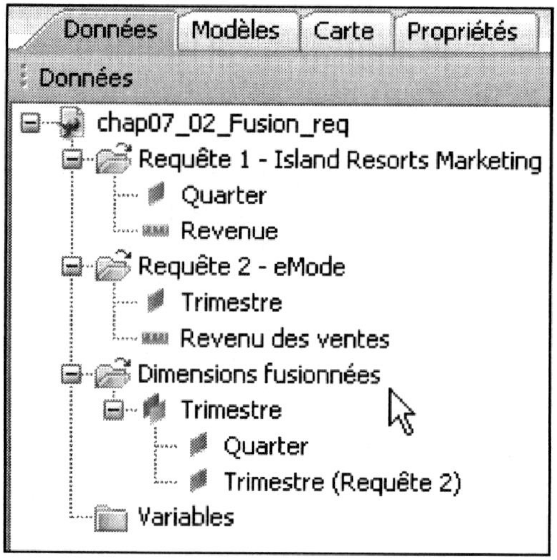

Ces synchronisations peuvent se faire même si les objets n'ont pas le même nom (c'est le cas : **Quarter** dans un cas, **Trimestre** dans l'autre).

Comme nous l'avons vu précédemment, le nom de la dimension qui regroupe les deux dimensions peut être différent des noms des dimensions synchronisées.

Les dimensions synchronisées ainsi que les objets informations liés à ces dimensions peuvent maintenant être mélangés dans des blocs communs (tableaux, tableaux croisés, diagrammes).

C'est la seule façon de faire des requêtes sur des univers différents et donc des bases de données distinctes.

Pour les spécialistes du SQL, la synchronisation des données est gérée en interne sous forme de jointure interne entre les dimensions communes. Le comportement est légèrement différent entre **Desktop Intelligence** et **Web Intelligence** (cf. la documentation SAP BusinessObject pour obtenir précisément ces différences). En résumé, dans **Desktop Intelligence**, la synchronisation entre deux tableaux se fait par une jointure externe entre les dimensions communes contrairement à **Webi**. Dans **Webi** seules les valeurs communes aux deux tableaux seront affichées. Attention à tenir compte de ceci lorsque des documents **Desktop** sont migrés en **Webi** !

2. Restrictions

La seule restriction que **Webi** impose pour fusionner deux dimensions est qu'elles doivent être du même type. Naturellement cela ne suffit pas dans la pratique. En effet les deux dimensions à fusionner doivent avoir la même sémantique. Par exemple cela n'a pas de sens de fusionner un objet **Ville** avec un objet **Magasin**.

Il n'est pas possible non plus de fusionner des données de différentes sources à partir de variables. Par exemple dans notre cas, pour synchroniser les données à la fois sur les trimestres mais aussi sur les années, il eut fallu que les années s'expriment de la même façon dans les deux univers. Or, dans l'univers **Island Resort Marketing**, les années sont sous la forme FY2005, FY2006. Une idée aurait été de créer une variable ne prenant en compte que les 4 derniers caractères des années et de fusionner la dimension **Année** de **eMode** avec cette dimension (en plus de la fusion entre **Quarter** et **Trimestre**) mais cela n'est pas possible.

3. Fusion automatique

Vous pouvez accélérer la fusion de dimension lorsque les conditions suivantes sont réunies :

- Les dimensions ont le même nom et le même type.
- Elles proviennent du même univers.

Pour activer la fusion automatique :

→ Affichez les propriétés du document. Pour cela, cliquez avec le bouton droit sur une zone vide d'un rapport. Le volet **Propriétés du document** s'ouvre :

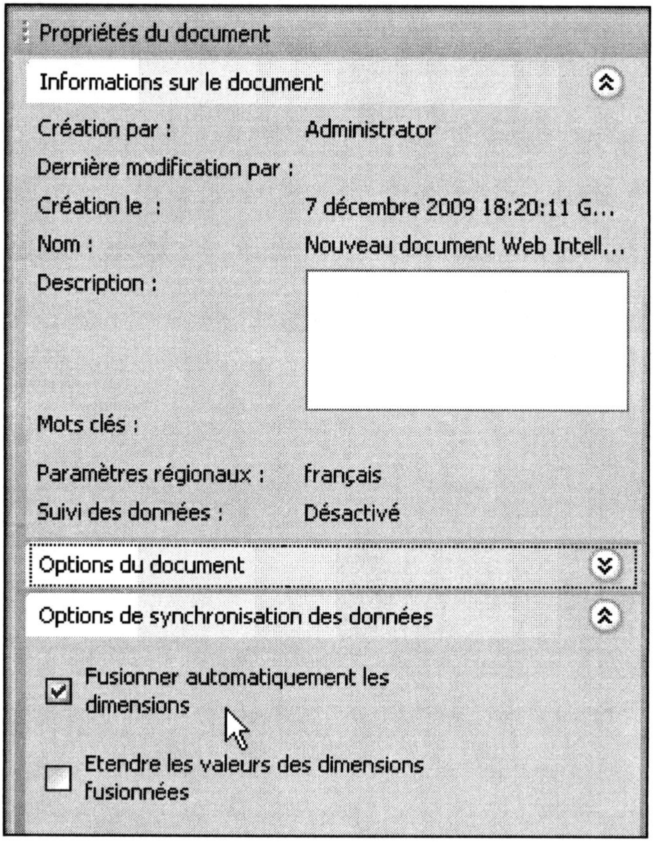

→ Cochez la case **Fusionner automatiquement les dimensions**.

4. Synchronisation avec des niveaux d'agrégat différents

Dans le cas où vous synchronisez des fournisseurs de données avec des niveaux agrégat différents, il se peut que les calculs sur les indicateurs soient incorrects. Prenons l'exemple suivant :

Premier fournisseur de données (Tableau A) :

Etat	Année	Revenu des ventes
California	2004	1 704 211 €
California	2005	2 782 680 €
California	2006	2 992 679 €
Colorado	2004	448 302 €
Colorado	2005	768 390 €
Colorado	2006	843 584 €

(Résultat partiel)

obtenu à partir de la requête suivante :

Deuxième fournisseur de données (Tableau B) :

Etat	Quantité vendue
California	46 074
Colorado	12 787

(Résultat partiel)

obtenu à partir de la requête :

Les deux fournisseurs sont automatiquement synchronisés par l'objet **Etat**.

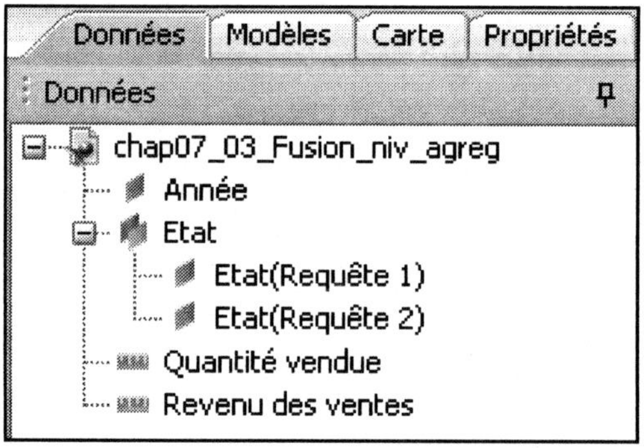

Si, maintenant, nous insérons l'objet **Quantité vendue** dans le premier tableau, le résultat obtenu est le tableau suivant (Tableau C) :

Etat	Année	Revenu des ventes	Quantité vendue
California	2004	1 704 211 €	46 074
California	2005	2 782 680 €	46 074
California	2006	2 992 679 €	46 074
Colorado	2004	448 302 €	12 787
Colorado	2005	768 390 €	12 787
Colorado	2006	843 584 €	12 787

(Résultat partiel)

Ce qui n'est pas correct.

Les données justes correspondent au tableau suivant (Tableau D) :

Etat	Année	Revenu des ventes	Quantité vendue
California	2004	1 704 211 €	11 304
California	2005	2 782 680 €	17 001
California	2006	2 992 679 €	17 769
Colorado	2004	448 302 €	2 971
Colorado	2005	768 390 €	4 700
Colorado	2006	843 584 €	5 116

(Résultat partiel)

Les résultats sont faux parce que **Webi** ne peut pas savoir la période sur laquelle les données sont agrégées.

Pour résoudre ce problème, le plus simple consiste à ajouter la dimension **Année** à la deuxième requête.

Vous pouvez aussi vérifier dans la fenêtre de fusion des dimensions que, après l'ajout de l'objet **Année** dans la deuxième requête, les fournisseurs de données sont fusionnés non seulement sur l'objet **Etat** mais aussi sur l'objet **Année**.

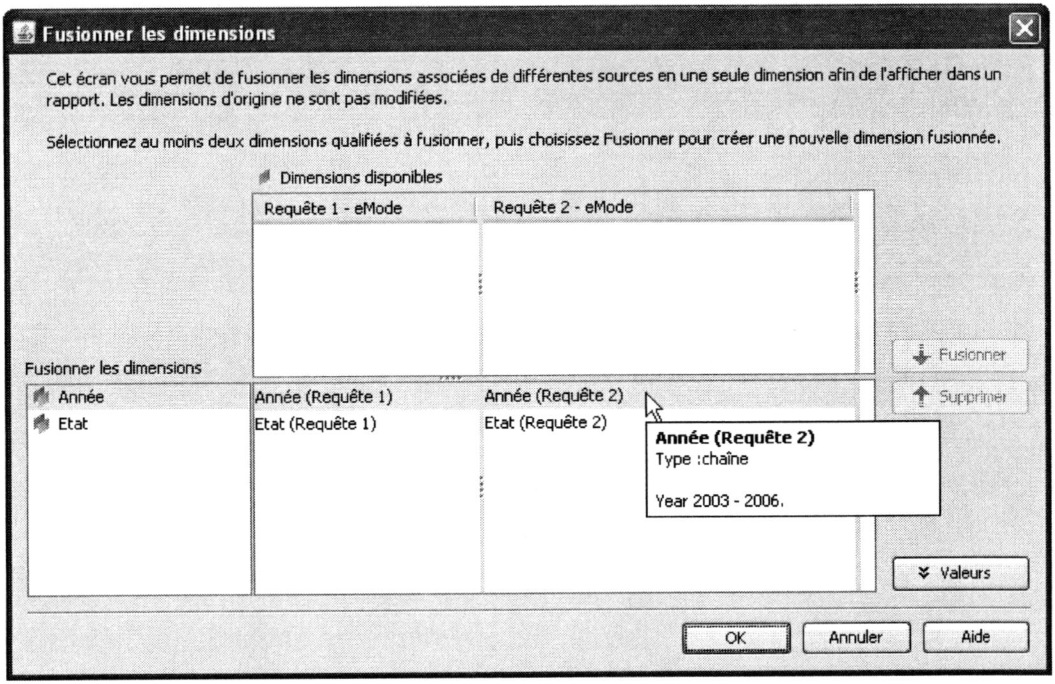

Chapitre 8 : Problèmes et solutions : fonctions avancées

A. Utilisation des sous-requêtes

Dans bien des cas, l'utilisation des filtres dans **Infoview** n'est pas suffisante pour certains types de requêtes relativement complexes et ceci même en utilisant des filtres combinés. De plus, même si cela est possible, il est parfois plus simple et même plus élégant de recourir à un autre moyen offert par **Web Intelligence** : les sous-requêtes.

1. Sous-requête et langage SQL

Formellement une sous-requête fait partie du langage SQL, langage standard d'interrogation des bases de données. En SQL, une sous-requête B est une requête dont le résultat est utilisé pour filtrer une requête englobante A via sa clause **Where**. La requête B est donc une sous-requête de la requête A.

2. Intérêt des sous-requêtes

Les sous-requêtes offrent un mécanisme d'interrogation plus puissant et plus flexible que l'utilisation des filtres ordinaires. Il y a notamment un certain nombre de cas qu'il est difficile de traiter avec des filtres standards. Un cas fréquent est l'utilisation de comparaisons entre éléments d'une même table ou de tables différentes.

3. Exemple de sous-requêtes

Ce paragraphe explique comment créer des sous-requêtes dans **Infoview** à travers un exemple simple :

Dans une recherche de ciblage des « bons produits », le directeur marketing de notre petite société aimerait trouver les catégories de produits qui ont généré plus de 500 000 € de revenu en 2005 et qui ont fait de même en 2006.

Il n'est pas possible de définir dans une même requête le CA en 2005 > 500000 et CA en 2006 > 500 000 car un même produit ne peut pas être commandé en même temps en 2005 et 2006.

Ainsi la requête...

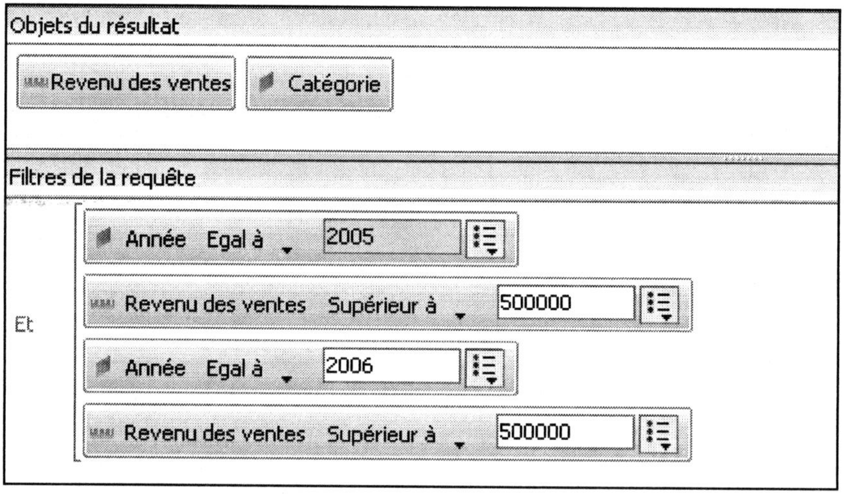

...donne un résultat vide.

Si les critères avaient été reliés par un **OU**, cela aurait donné les catégories ayant généré un CA > à 500 000 soit en 2005, soit en 2006.

Pour répondre à la demande de notre directeur il convient de créer une sous-requête.

→ Créez un nouveau document **Web Intelligence** basé sur l'univers **eMode**.

→ Ensuite définissez les objets du résultat souhaité avec les conditions :

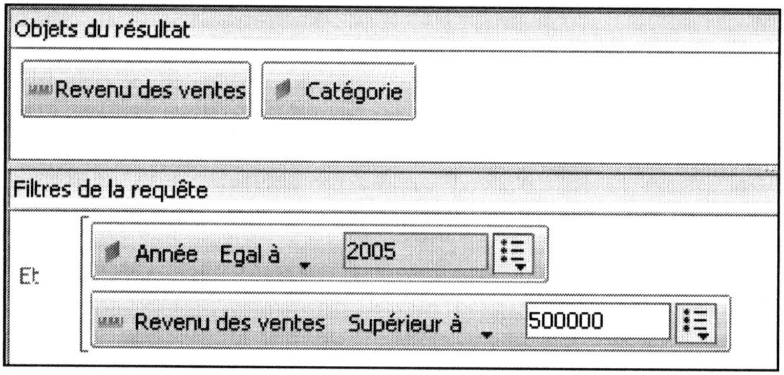

C'est là qu'intervient la sous-requête : parmi les résultats ne conserver que ceux qui satisfont le revenu souhaité pour 2006.

➜ Cliquez sur l'icône **sous-requête** dans la partie droite de la zone de définitions des filtres :

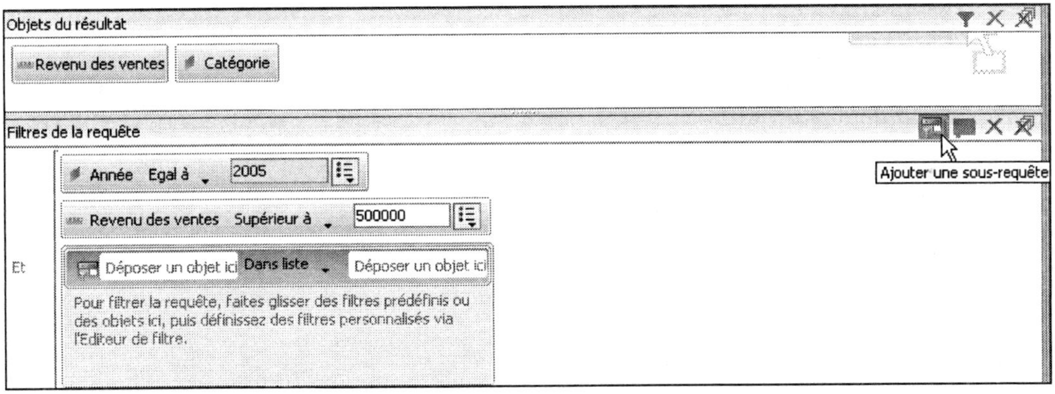

➜ Déplacez l'objet **Catégorie** à la place de l'opérande à gauche et à droite de l'opérateur **Dans liste**.

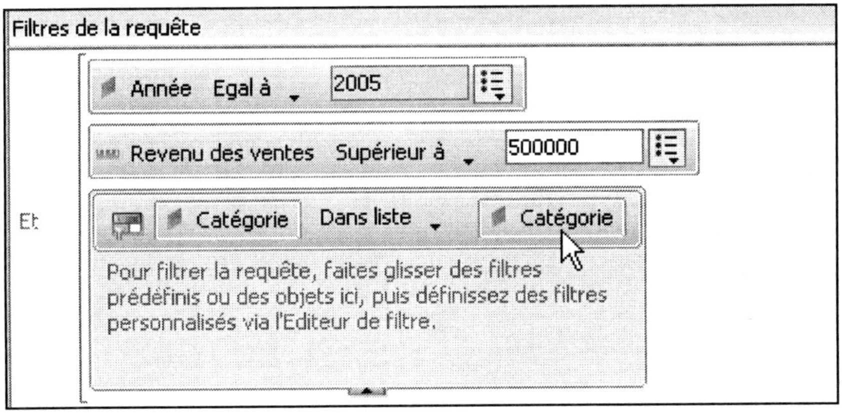

Un objet représentant une sous-requête s'affiche dans la zone **Filtres de la requête** :

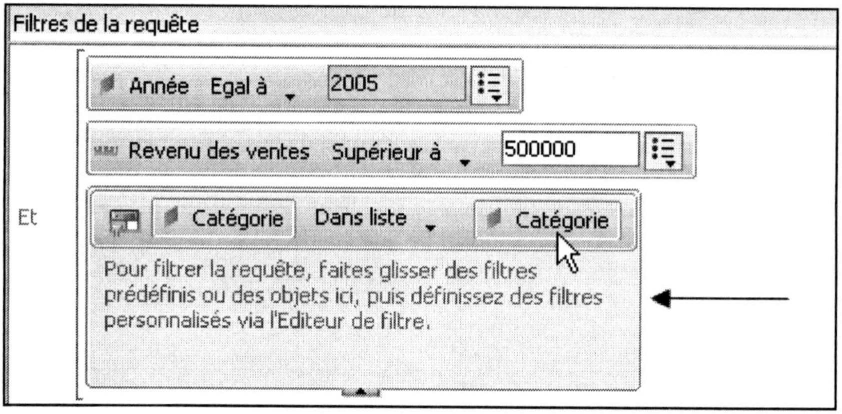

Parmi les réponses admises par les deux premiers filtres, nous devons sélectionner celles qui satisfont aux critères suivants :

Année = 2006

Revenu des ventes >= 500 000

➔ Pour cela, faites glisser les objets **Année** et **Revenu des ventes** dans la zone correspondant à la sous-requête (partie désignée par le libellé : *Pour filtrer la requête, faites glisser des filtres...*) :

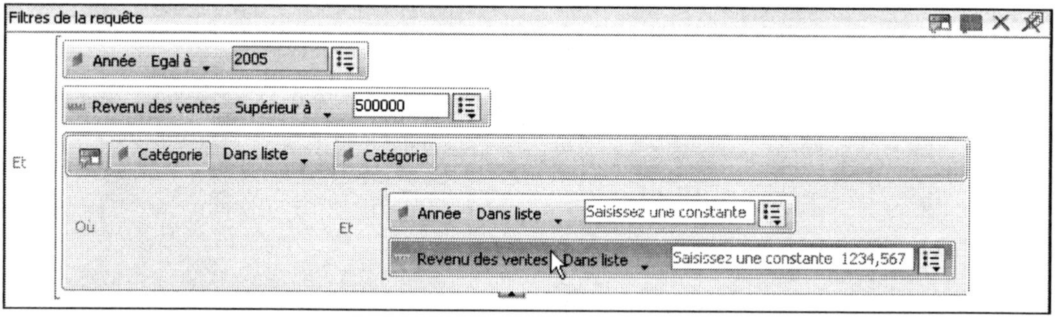

➔ Ensuite complétez avec les valeurs à affecter aux filtres sur **Année** et **Revenu des ventes**.

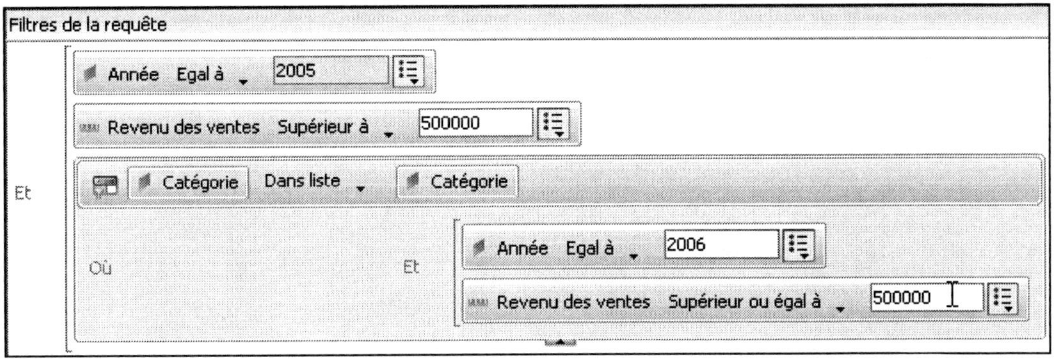

→ Le paramétrage de la sous-requête est terminé. Cliquez sur le bouton **Exécuter** de la barre d'outils principale :

Le résultat s'affiche dans un rapport :

Catégorie	Revenu des ventes
T-Shirts	2 587 073 €

Seule la catégorie T-Shirts a généré en 2005 et 2006 un chiffre d'affaires supérieur à 500 000 €.

À noter que ces revenus sont pour l'année 2005, comme vous pouvez le vérifier en ajoutant l'objet **Année** dans les objets du résultat :

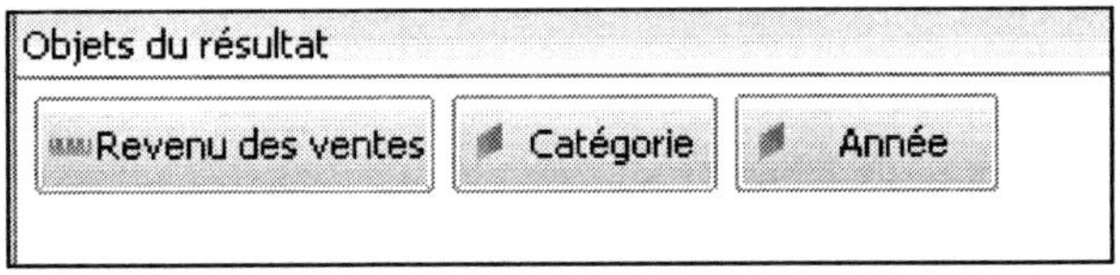

Et après avoir ajouté l'objet **Année** dans le tableau, le résultat désigne bien les catégories de produits ayant généré plus de 500 000 € de revenu en 2005 et 2006 avec le revenu en 2005.

Année	Catégorie	Revenu des ventes
2005	T-Shirts	2 587 073 €
2006	T-Shirts	6 813 854 €

B. Combinaison de requêtes

L'utilisateur peut parfois formuler des questions difficiles qui ne peuvent pas être traduites par une seule et unique requête SQL. Dans ces conditions, il faut parfois recourir à des combinaisons de requêtes.

Ces requêtes permettent de définir des ensembles de données et leur combinaison avec des opérateurs ensemblistes. Ce sont les requêtes dites ensemblistes.

On distingue trois types de combinaisons de requêtes :

- **Union**
- **Intersection**
- **Minus**

L'union permet d'obtenir l'ensemble des résultats issus des deux requêtes mais les données communes aux deux requêtes ne sont pas dupliquées.

L'intersection permet d'obtenir les données communes aux deux requêtes.

La combinaison **Minus** retient les données appartenant à une des requêtes mais pas à l'autre.

Pour illustrer ces notions sur exemple, supposons que l'on ait deux requêtes requête1 et requête2 renvoyant les résultats suivants (Lignes de produits traduites en français) :

- Requête1 : *Accessoires*, *Robes*, *Pantalons*
- Requête2 : *Accessoires*, *Robes*, *Chemises*

Les combinaisons de requêtes donnent les résultats suivants :

- **Union** : *Accessoires*, *Robes*, *Pantalons*, *Chemises*
- **Intersection** : *Accessoires*, *Robes*
- Requête1 : **Minus** Requête2 : *Pantalons*

Seul l'opérateur **Minus** n'est pas commutatif (Requête1 **Minus** Requête2 est différent de Requête2 **Minus** Requête1).

---

1. Gestion des combinaisons de requêtes dans BusinessObjects

Si votre système de gestion de base de données prend en charge les combinaisons de requêtes, SAP BusinessObjects laisse à votre système de base de données le soin de les exécuter. Si ce n'est pas le cas, alors SAP BusinessObjects le fait à son niveau. Bien entendu le premier cas est plus performant.

2. Création de requêtes combinées dans WEBI

Nous allons définir deux ensembles de la façon suivante :

A - les catégories ayant généré un revenu des ventes en 2006

B - les catégories ayant généré un revenu des ventes en 2005

Et nous allons voir les résultats des opérateurs ensemblistes (**Union**, **Intersect** et **Minus**).

Commençons par définir la requête A :

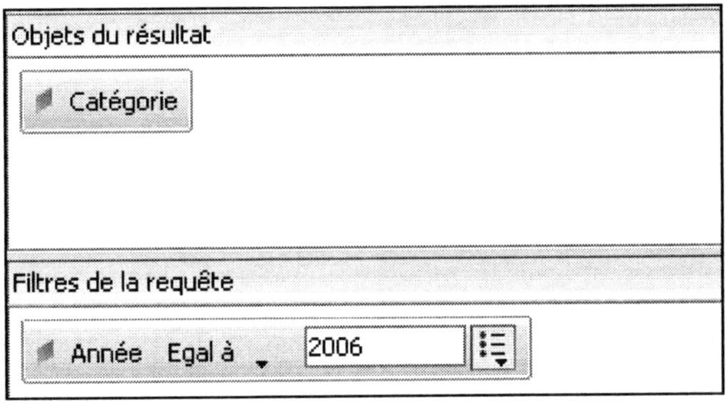

Vous pouvez vérifier que le nombre de catégorie vérifiant ce critère est 34 dans le tableau généré :

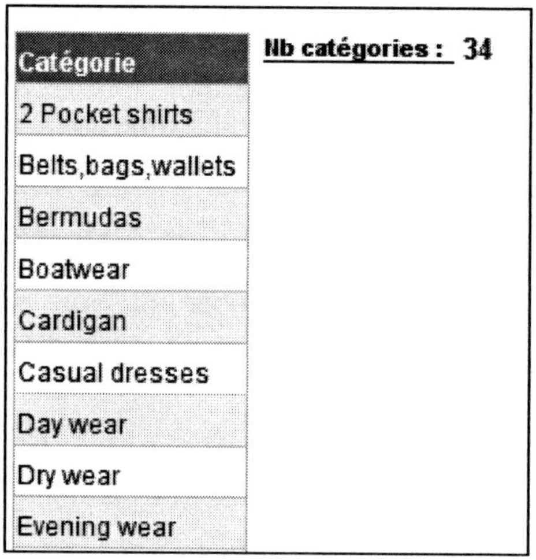

(résultat partiellement affiché)

Revenez en mode conception de la requête et cliquez sur le bouton **Requête Combinée** :

L'écran de conception est modifié et vous avez en bas à gauche les deux requêtes avec l'opérateur **Union**.

Vous pouvez constater que l'objet de la requête combiné est automatiquement mis à **Catégorie**. En effet des requêtes ensemblistes doivent avoir les mêmes objets pour être comparés, ici les **Catégories**.

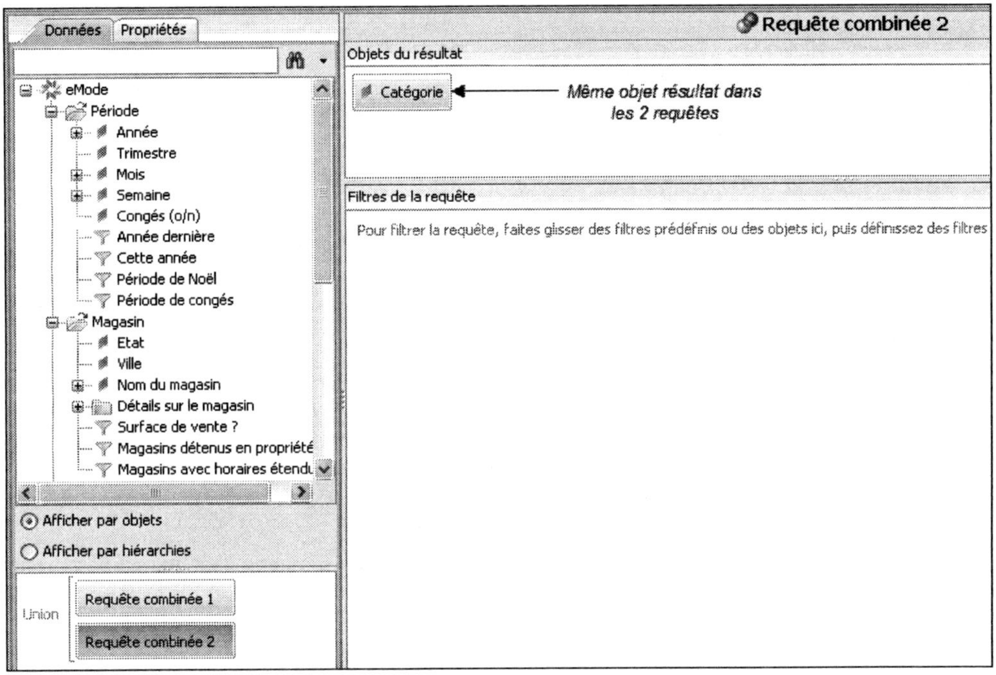

Il ne reste plus qu'à ajouter le nouveau critère (année = 2005) pour définir l'ensemble B.

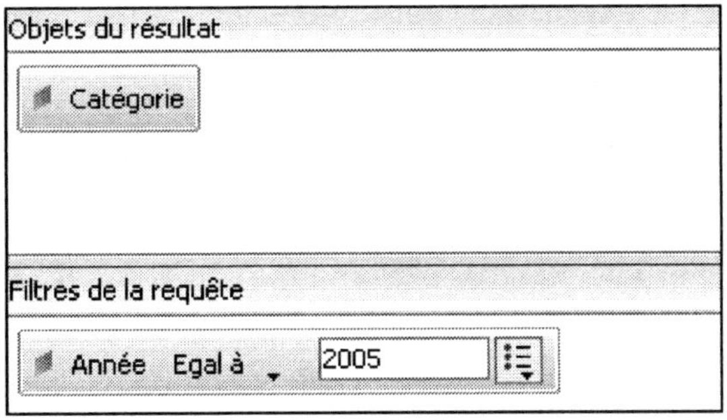

Vous pouvez exécuter la requête.

Cela donne le même nombre de catégories (toutes les catégories ayant eu des revenus en 2005 ont généré des revenus en 2006).

Retournez en mode conception de la requête. Pour modifier l'opérateur ensembliste, il vous suffit de double cliquer dessus et l'opérateur passe à **Intersection**, **Minus**, **Union**...

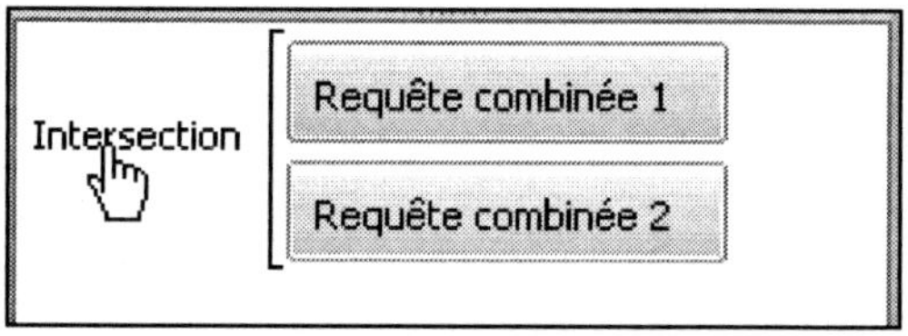

Avec **Intersection** le nombre de catégories est 32, c'est-à-dire que 32 catégories ont généré des revenus en 2006 et en 2005.

Pour supprimer l'une des requêtes de la combinaison, il suffit de cliquer avec le bouton droit sur la requête à enlever. Un menu flottant contenant l'option **Supprimer** apparaît et une confirmation est demandée si cette option est sélectionnée.

3. Cohérence dans les requêtes combinées

Les requêtes qui font partie d'une combinaison doivent satisfaire un certain nombre de conditions : tout d'abord elles doivent être constituées des mêmes types de champs et dans le même ordre. Par exemple il n'est pas possible d'avoir un champ date pour une des requêtes et un champ numérique dans l'autre requête si ces deux champs occupent la même position dans les deux requêtes.

A priori, il est donc possible d'avoir deux champs de même type à la même position dans les deux requêtes. Cependant cela n'a pas toujours de sens. La sémantique des champs doit être de même nature. Par exemple il n'est pas sensé d'avoir un nom de magasin dans l'une des requêtes et un nom de produit dans l'autre requête même si les deux champs occupent le même rang dans les deux requêtes.

4. Combinaison de requêtes multiples

Web Intelligence permet de combiner plus de deux requêtes. Dans ce cas, il convient de savoir comment **SAP BusinessObjects** opère pour obtenir le résultat final. **SAP BusinessObjects** traite les combinaisons de requêtes de gauche à droite. Il commence par combiner les deux premières requêtes. Ensuite il combine le résultat précédent avec la troisième requête et ainsi de suite jusqu'à la dernière requête.

C. Contexte de calcul

1. Principes

Comme nous l'avons vu dans le chapitre consacré aux variables et formules, les calculs sur les indicateurs dépendent, par défaut, du contexte dans lequel ils sont employés.

Nous savons aussi que ce comportement par défaut peut être modifié à l'aide d'opérateurs utilisés dans les formules.

De même, il est parfois souhaitable, dans des formules, de faire référence à des éléments particuliers d'un tableau.

Nous allons illustrer ceci avec des exemples sur des calculs de ratio et d'opération d'agrégation.

2. Opérateur Où

Commençons par l'opérateur **Where** qui permet de faire référence à une valeur particulière d'un tableau. Nous avons déjà vu cet opérateur au chapitre Analyser les données mais nous allons l'utiliser avec plusieurs conditions.

Supposons que nous voulons visualiser les revenus des ventes par magasin avec le nom de l'état du magasin et le ratio du revenu des ventes par rapport à un magasin de référence le **e-Fashion New-York 5th** de l'état de **New York**.

La requête est simple :

Voici le tableau résultat :

Etat	Nom du magasin	Revenu des ventes
California	e-Fashion Los Angeles	4 220 929 €
California	e-Fashion San Francisco	3 258 641 €
Colorado	e-Fashion Colorado Springs	2 060 275 €
DC	e-Fashion Washington Tolbooth	2 961 950 €
Florida	e-Fashion Miami Sundance	1 879 159 €
Illinois	e-Fashion Chicago 33rd	3 022 658 €
Massachusetts	e-Fashion Boston Newbury	1 283 707 €
New York	e-Fashion New York 5th	2 960 367 €
New York	e-Fashion New York Magnolia	4 621 854 €
Texas	e-Fashion Austin	2 699 673 €
Texas	e-Fashion Dallas	1 970 034 €
Texas	e-Fashion Houston	2 303 183 €
Texas	e-Fashion Houston Leighton	3 144 774 €

Nous souhaitons, maintenant, calculer le ratio du revenu des magasins par rapport au magasin de référence, le fameux **e-Fashion New-York 5th** de l'état de **New York**.

Insérons une nouvelle colonne :

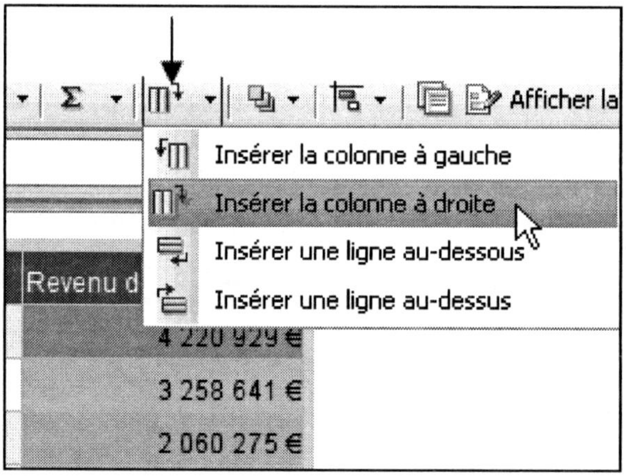

Nouveau tableau :

Etat	Nom du magasin	Revenu des ventes	
California	e-Fashion Los Angeles	4 220 929 €	
California	e-Fashion San Francisco	3 258 641 €	
Colorado	e-Fashion Colorado Springs	2 060 275 €	
DC	e-Fashion Washington Tolbooth	2 961 950 €	
Florida	e-Fashion Miami Sundance	1 879 159 €	
Illinois	e-Fashion Chicago 33rd	3 022 658 €	
Massachusetts	e-Fashion Boston Newbury	1 283 707 €	
New York	e-Fashion New York 5th	2 960 367 €	
New York	e-Fashion New York Magnolia	4 621 854 €	
Texas	e-Fashion Austin	2 699 673 €	
Texas	e-Fashion Dallas	1 970 034 €	
Texas	e-Fashion Houston	2 303 183 €	
Texas	e-Fashion Houston Leighton	3 144 774 €	

Le calcul du ratio se fait avec l'opérateur **Where**.

Pour avoir le revenu du magasin **e-Fashion New-York 5th** de New York, il suffit de définir la formule ainsi :

```
[Revenu des ventes] Where ([Etat]= "New York" And [Nom du magasin]=
"e-Fashion New-York 5th")
```

Le ratio est donc déterminé par ligne avec la formule :

```
[Revenu des ventes] / [Revenu des ventes] where ([Etat]= "New York" and
[Nom du magasin]= "e-Fashion New-York 5th")
```

Dans cette formule nous utilisons le même objet **Revenu des ventes** mais dans deux contextes différents. En numérateur le contexte est générique, la valeur dépend de l'endroit où elle se trouve, en dénominateur le contexte est précisé par l'opérateur **Where**.

Pour définir cette formule, vous pouvez au choix :

- la saisir dans la barre de formule ;
- la saisir avec l'éditeur de formule.

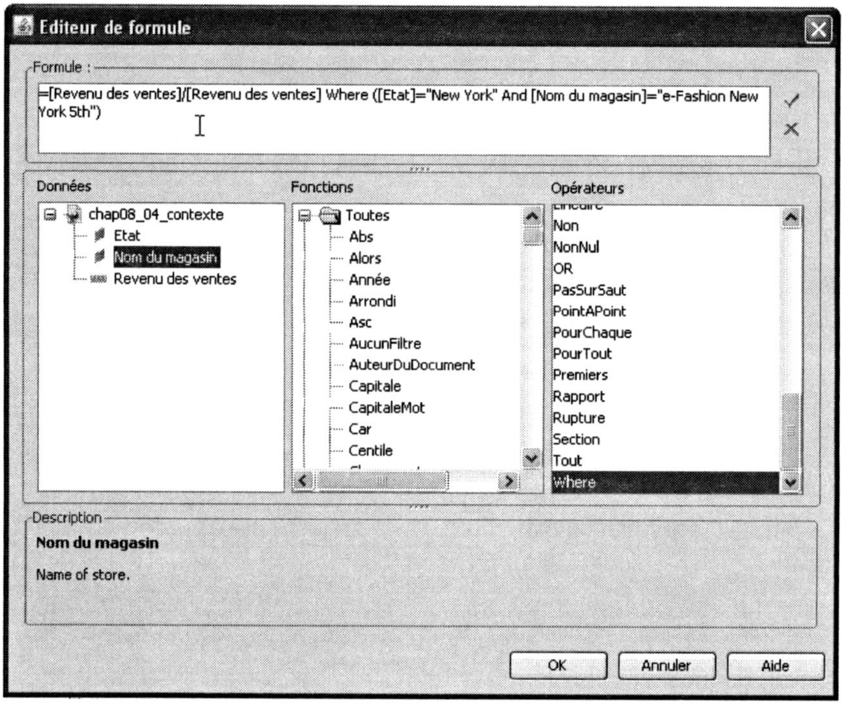

Il faut ensuite formater la nouvelle colonne avec le format pourcentage et ajouter un titre à cette nouvelle colonne pour obtenir le tableau suivant.

Etat	Nom du magasin	Revenu des ventes	% e-Fashion NYC
California	e-Fashion Los Angeles	4 220 929 €	142,58%
California	e-Fashion San Francisco	3 258 641 €	110,08%
Colorado	e-Fashion Colorado Springs	2 060 275 €	69,60%
DC	e-Fashion Washington Tolbooth	2 961 950 €	100,05%
Florida	e-Fashion Miami Sundance	1 879 159 €	63,48%
Illinois	e-Fashion Chicago 33rd	3 022 658 €	102,10%
Massachusetts	e-Fashion Boston Newbury	1 283 707 €	43,36%
New York	e-Fashion New York 5th	2 960 367 €	100,00%
New York	e-Fashion New York Magnolia	4 621 854 €	156,12%
Texas	e-Fashion Austin	2 699 673 €	91,19%
Texas	e-Fashion Dallas	1 970 034 €	66,55%
Texas	e-Fashion Houston	2 303 183 €	77,80%
Texas	e-Fashion Houston Leighton	3 144 774 €	106,23%

Pour définir plusieurs opérandes après l'opérateur **Where**, il faut utiliser le **And** et non "**;**" comme en **Desktop Intelligence**.

Nous allons étudier maintenant les opérateurs pour modifier le contexte par défaut.

Il y a plusieurs façons d'arriver au même résultat.

3. Opérateur DANS

Cet opérateur permet de préciser le contexte de calcul en donnant les dimensions utilisées dans le calcul.

L'indicateur est suivi de l'opérateur **Dans** et de la liste des dimensions utilisées.

Attention à toujours mettre des parenthèses autour des dimensions utilisées même s'il n'y en a qu'une.

Prenons l'exemple précédent en dupliquant le rapport, et en enlevant la colonne ratio par rapport au magasin de référence.

Après avoir mis la rupture sur la colonne **Etat**, nous ajoutons une nouvelle colonne en lui affectant la formule calculant le ratio du revenu des ventes du magasin par rapport au chiffre d'affaires de l'état (et après ajout d'un titre de colonne et application d'un format pourcentage).

=[Revenu des ventes]/[Revenu des ventes] Dans ([Etat])

Etat	Nom du magasin	Revenu des ventes	% magasin / etat
California	e-Fashion Los Angeles	4 220 929 €	56,43%
	e-Fashion San Francisco	3 258 641 €	43,57%
Colorado	e-Fashion Colorado Springs	2 060 275 €	100,00%
DC	e-Fashion Washington Tolbooth	2 961 950 €	100,00%
Florida	e-Fashion Miami Sundance	1 879 159 €	100,00%
Illinois	e-Fashion Chicago 33rd	3 022 658 €	100,00%
Massachusetts	e-Fashion Boston Newbury	1 283 707 €	100,00%
New York	e-Fashion New York 5th	2 960 367 €	39,04%
	e-Fashion New York Magnolia	4 621 854 €	60,96%
Texas	e-Fashion Austin	2 699 673 €	26,68%
	e-Fashion Dallas	1 970 034 €	19,47%
	e-Fashion Houston	2 303 183 €	22,76%
	e-Fashion Houston Leighton	3 144 774 €	31,08%

Attention, le contexte doit avoir un sens où il est utilisé, ainsi en dehors d'une zone **état**, il n'est pas possible d'avoir un contexte étendu.

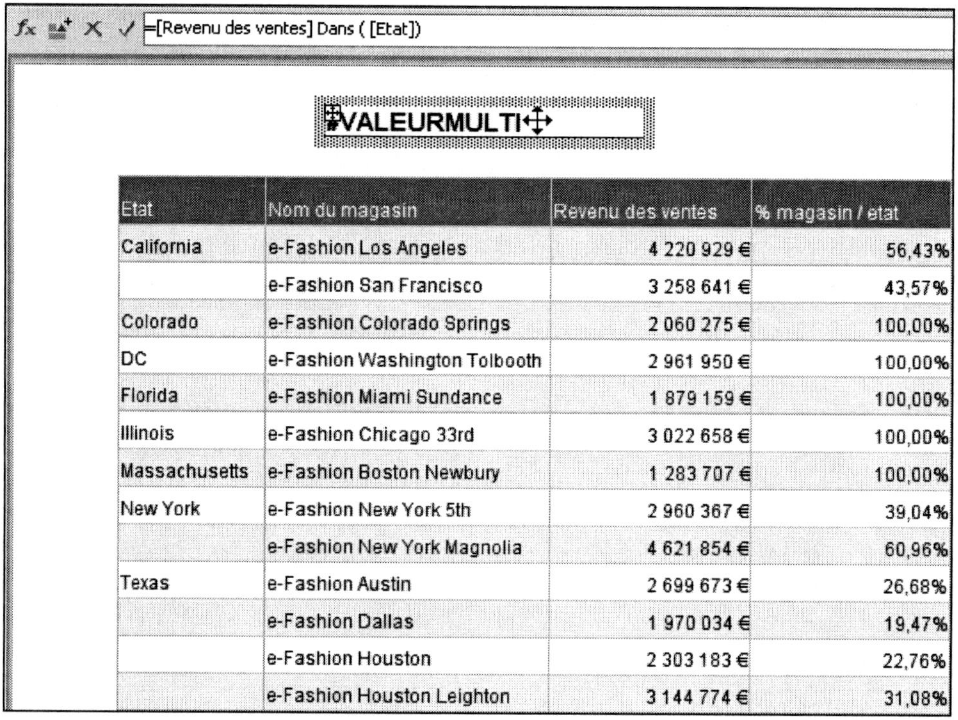

Etat	Nom du magasin	Revenu des ventes	% magasin / etat
California	e-Fashion Los Angeles	4 220 929 €	56,43%
	e-Fashion San Francisco	3 258 641 €	43,57%
Colorado	e-Fashion Colorado Springs	2 060 275 €	100,00%
DC	e-Fashion Washington Tolbooth	2 961 950 €	100,00%
Florida	e-Fashion Miami Sundance	1 879 159 €	100,00%
Illinois	e-Fashion Chicago 33rd	3 022 658 €	100,00%
Massachusetts	e-Fashion Boston Newbury	1 283 707 €	100,00%
New York	e-Fashion New York 5th	2 960 367 €	39,04%
	e-Fashion New York Magnolia	4 621 854 €	60,96%
Texas	e-Fashion Austin	2 699 673 €	26,68%
	e-Fashion Dallas	1 970 034 €	19,47%
	e-Fashion Houston	2 303 183 €	22,76%
	e-Fashion Houston Leighton	3 144 774 €	31,08%

4. Opérateur avec mot clé

Il est souvent plus rapide, dans les cas où il y a plusieurs dimensions dans un rapport ou une partie du rapport, d'utiliser des mots clés comme **Rapport**.

Rapport fait référence au niveau principal du rapport.

Les avantages sont :

- D'éviter d'oublier des dimensions lors de la définition de la formule.
- Si le rapport (ou bloc) est modifié avec des ajouts ou suppressions de dimensions, il n'est pas nécessaire de modifier la formule qui fera toujours référence aux dimensions utilisées dans le rapport ou bloc.

- Dans l'exemple suivant, la colonne rajoutée calcule le ratio du revenu des ventes des magasins sur le total des revenus des ventes tous magasins confondus (dans le rapport il n'y a que le bloc tableau **Etat/nom du magasin/revenu des ventes**).

=[Revenu des ventes]/[Revenu des ventes] Dans Rapport

Etat	Nom du magasin	Revenu des ventes	% magasin / Total
California	e-Fashion Los Angeles	4 220 929 €	11,60%
	e-Fashion San Francisco	3 258 641 €	8,96%
Colorado	e-Fashion Colorado Springs	2 060 275 €	5,66%
DC	e-Fashion Washington Tolbooth	2 961 950 €	8,14%
Florida	e-Fashion Miami Sundance	1 879 159 €	5,16%
Illinois	e-Fashion Chicago 33rd	3 022 658 €	8,31%
Massachusetts	e-Fashion Boston Newbury	1 283 707 €	3,53%
New York	e-Fashion New York 5th	2 960 367 €	8,14%
	e-Fashion New York Magnolia	4 621 854 €	12,70%
Texas	e-Fashion Austin	2 699 673 €	7,42%
	e-Fashion Dallas	1 970 034 €	5,41%
	e-Fashion Houston	2 303 183 €	6,33%
	e-Fashion Houston Leighton	3 144 774 €	8,64%
	Somme :	36 387 203 €	

D'autres mots clés sont utilisables dans les calculs avec précision de contexte comme : **Corps**, **Bloc**.

Ces mots clés correspondent à la ou aux dimensions utilisées dans une partie spécifique du rapport.

Ainsi le mot clé **Corps** donne les dimensions utilisées au niveau le plus fin dans un bloc (tableau, diagramme) ou dans une section, alors que le mot clé **Bloc** donne le niveau maximal du bloc, c'est-à-dire les dimensions utilisées au niveau de la section ou du rapport dans sa totalité.

Ainsi dans le cas d'un rapport avec un seul tableau comme dans l'exemple ci-dessus, la formule `[Revenu des ventes]/ [Revenu des ventes] Dans Bloc` aurait donné les mêmes résultats.

Alors que [Revenu des ventes]/ [Revenu des ventes] Dans Corps aurait donné une colonne d'inutiles 100 % puisque **Revenu** dans **Corps** fait référence à [Revenu des ventes] au plus fin, c'est-à-dire la ligne.

5. Fonctions d'agrégation et les contextes

La syntaxe étendue pour préciser les contextes est souvent utilisée pour modifier les résultats des fonctions d'agrégation.

La syntaxe précise pour définir une fonction avec les contextes est :

```
Fonction d'agrégation ([indicateur] Dans [Contexte de calcul]) Dans
[contexte d'affichage]
```

Ainsi la formule :

```
Min([Revenu des ventes] Dans ([etat]; [ville])) Dans [etat].
```

Le contexte de calcul est défini par les dimensions **Etat** et **ville**. Cela donne le minimum des revenus par (Etat, ville) c'est-à-dire le minimum pour les villes d'un état. Le contexte d'affichage est l'état, c'est-à-dire affiché au niveau de la dimension Etat.

Le contexte d'affichage est optionnel puisque la formule est souvent créée dans un tableau et au niveau de l'état.

Dans l'exemple qui suit, nous voulons un tableau avec les objets ; **Etat**, **Ville**, **Nom du magasin**, **Revenu des ventes** avec le minimum des revenus des ventes par ville.

La requête est la suivante :

Après avoir ajouté une colonne et mis la formule de contexte avec **Dans**, nous obtenons le tableau suivant :

```
=Min([Revenu des ventes] Dans ([Etat];[Ville];[Nom du magasin])) Dans ([Etat];[Ville] )
```

Etat	Ville	Nom du magasin	Revenu des ventes	Min par ville
California	Los Angeles	e-Fashion Los Angeles	4 220 929 €	4 220 929 €
	San Francisco	e-Fashion San Francisco	3 258 641 €	3 258 641 €
Colorado	Colorado Springs	e-Fashion Colorado Springs	2 060 275 €	2 060 275 €
DC	Washington	e-Fashion Washington Tolbooth	2 961 950 €	2 961 950 €
Florida	Miami	e-Fashion Miami Sundance	1 879 159 €	1 879 159 €
Illinois	Chicago	e-Fashion Chicago 33rd	3 022 658 €	3 022 658 €
Massachusetts	Boston	e-Fashion Boston Newbury	1 283 707 €	1 283 707 €
New York	New York	e-Fashion New York 5th	2 960 367 €	2 960 367 €
	New York	e-Fashion New York Magnolia	4 621 854 €	2 960 367 €
Texas	Austin	e-Fashion Austin	2 699 673 €	2 699 673 €
	Dallas	e-Fashion Dallas	1 970 034 €	1 970 034 €
	Houston	e-Fashion Houston	2 303 183 €	2 303 183 €
	Houston	e-Fashion Houston Leighton	3 144 774 €	2 303 183 €
		Somme :	36 387 203 €	

Les effets de la formule ne se voient que pour les villes ayant plus d'un magasin (New-York, Houston).

Les opérateurs que nous allons voir ensuite (**PourTout** et **PourChaque**) ont le même rôle que l'opérateur **Dans**, celui de modifier le contexte.

La syntaxe est plus courte que le **Dans**, car il n'est besoin de spécifier que les dimensions à rajouter ou à supprimer.

Tableau résumé :

Opérateur	Mode de fonctionnement
Dans	Spécifier précisément le contexte de calcul, avec la ou les dimensions utilisées.
PourChaque	Ajouter des dimensions au contexte de calcul par défaut (il faut écrire les dimensions en plus).
PourTout	Retirer des dimensions au contexte de calcul par défaut (il faut écrire les dimensions en moins).

6. Opérateur de contexte PourChaque

Cet opérateur permet d'ajouter une dimension présente dans la requête mais non affichée dans le bloc.

Dans l'exemple suivant, nous voulons obtenir les quantités vendues par magasin avec le max des quantités par année.

Commençons par définir notre requête :

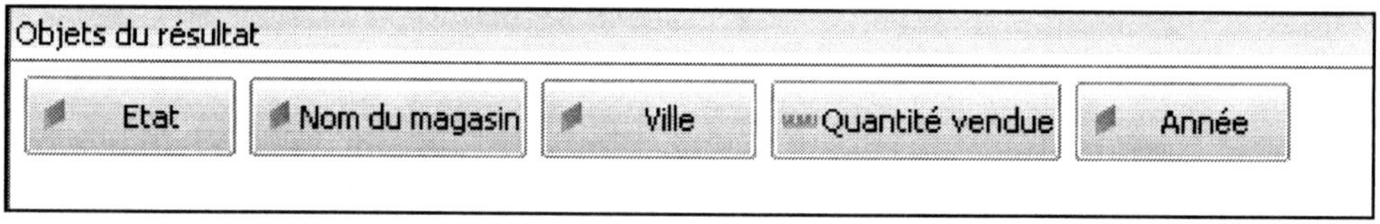

Définissons le tableau avec les objets **Etat**, **Ville**, **Nom du magasin**, **Quantité vendue**.

Rajoutons une colonne nommée **Max Qté par an**.

Et définissons cette colonne avec la formule :

```
Max(Quantité vendue] Pourchaque ([année]))
```

Nous obtenons bien au niveau du magasin et à côté de la quantité vendue toutes années confondues la quantité maximale vendue en une année.

=Max([Quantité vendue] PourChaque ([Année]))

Etat	Ville	Nom du magasin	Quantité vendue	Max Qté par an
California	Los Angeles	e-Fashion Los Angeles	26 244	9 869
California	San Francisco	e-Fashion San Francisco	19 830	7 900
Colorado	Colorado Springs	e-Fashion Colorado Springs	12 787	5 116
DC	Washington	e-Fashion Washington Tolbooth	18 744	7 572
Florida	Miami	e-Fashion Miami Sundance	11 267	4 830
Illinois	Chicago	e-Fashion Chicago 33rd	17 976	6 744
Massachusetts	Boston	e-Fashion Boston Newbury	7 676	5 269
New York	New York	e-Fashion New York 5th	18 094	7 458
New York	New York	e-Fashion New York Magnolia	28 264	11 651
Texas	Austin	e-Fashion Austin	17 078	6 919
Texas	Dallas	e-Fashion Dallas	12 365	4 932
Texas	Houston	e-Fashion Houston	13 916	5 419
Texas	Houston	e-Fashion Houston Leighton	18 988	7 923
		Somme :	223 229	

Vous pouvez vérifier le calcul du max pour les années, en créant un autre tableau qui contient la dimension **Année**.

Etat	Ville	Nom du magasin	Année	Quantité vendue
California	Los Angeles	e-Fashion Los Angeles	2004	6 583
California	Los Angeles	e-Fashion Los Angeles	2005	9 792
California	Los Angeles	e-Fashion Los Angeles	2006	9 869
California	San Francisco	e-Fashion San Francisco	2004	4 721
California	San Francisco	e-Fashion San Francisco	2005	7 209
California	San Francisco	e-Fashion San Francisco	2006	7 900
Colorado	Colorado Springs	e-Fashion Colorado Springs	2004	2 971
Colorado	Colorado Springs	e-Fashion Colorado Springs	2005	4 700
Colorado	Colorado Springs	e-Fashion Colorado Springs	2006	5 116
DC	Washington	e-Fashion Washington Tolbooth	2004	4 681
DC	Washington	e-Fashion Washington Tolbooth	2005	7 572

Attention à bien rajouter des parenthèses (et) autour des dimensions à rajouter même s'il n'y en a qu'une. Cette formule est équivalente à `Max([Quantité vendue] Dans([Etat] ; [Ville] ; [Nom du magasin] ; [année]))`.

7. Opérateur de contexte PourTout

Comme **PourChaque**, cet opérateur permet de modifier le contexte de calcul avec une syntaxe plus courte que celle du **Dans**.

Contrairement à **PourChaque** il faut spécifier ici la dimension à retirer du contexte par défaut.

Dans l'exemple suivant, nous obtenons le ratio de la quantité vendue d'un magasin par rapport à l'ensemble des quantités de l'état.

Le terme `[Quantité vendue] PourTout ([Nom du magasin];[Ville])` définit le total des quantités par état, les dimensions **Ville** et **magasin** ne sont pas prises en compte.

=[Quantité vendue] / ([Quantité vendue] PourTout ([Nom du magasin];[Ville]))

Etat	Ville	Nom du magasin	Quantité vendue	% sur Etat
California	Los Angeles	e-Fashion Los Angeles	26 244	56,96%
California	San Francisco	e-Fashion San Francisco	19 830	43,04%
Colorado	Colorado Springs	e-Fashion Colorado Springs	12 787	100,00%
DC	Washington	e-Fashion Washington Tolb	18 744	100,00%
Florida	Miami	e-Fashion Miami Sundance	11 267	100,00%
Illinois	Chicago	e-Fashion Chicago 33rd	17 976	100,00%
Massachusetts	Boston	e-Fashion Boston Newbury	7 676	100,00%
New York	New York	e-Fashion New York 5th	18 094	39,03%
New York	New York	e-Fashion New York Magno	28 264	60,97%
Texas	Austin	e-Fashion Austin	17 078	27,39%
Texas	Dallas	e-Fashion Dallas	12 365	19,83%
Texas	Houston	e-Fashion Houston	13 916	22,32%
Texas	Houston	e-Fashion Houston Leightoı	18 988	30,46%

La formule est équivalente à :

```
[Quantité vendue] Dans([Etat])
```

D. Divers

1. Opérateur de contexte et alerteurs

Pour terminer ce chapitre, nous allons revenir sur les alerteurs, présentés dans un chapitre précédent, et voir comment comparer les valeurs d'un tableau avec des valeurs moyennes ou maximales.

Reprenons un tableau précédent des quantités vendues par **Etat/ville/Magasin**.

➔ Ajoutez, par calcul, total vendu ainsi que la quantité maximum :

Etat	Ville	Nom du magasin	Quantité vendue
California	Los Angeles	e-Fashion Los Angeles	26 244
California	San Francisco	e-Fashion San Francisco	19 830
Colorado	Colorado Springs	e-Fashion Colorado Springs	12 787
DC	Washington	e-Fashion Washington Tolbooth	18 744
Florida	Miami	e-Fashion Miami Sundance	11 267
Illinois	Chicago	e-Fashion Chicago 33rd	17 976
Massachusetts	Boston	e-Fashion Boston Newbury	7 676
New York	New York	e-Fashion New York 5th	18 094
New York	New York	e-Fashion New York Magnolia	28 264
Texas	Austin	e-Fashion Austin	17 078
Texas	Dallas	e-Fashion Dallas	12 365
Texas	Houston	e-Fashion Houston	13 916
Texas	Houston	e-Fashion Houston Leighton	18 988
		Somme :	223 229
		Max :	28 264

→ Ajoutez une colonne à droite et saisissez la formule de calcul de la moyenne des quantités vendues par état avec l'opérateur `PourTout` :

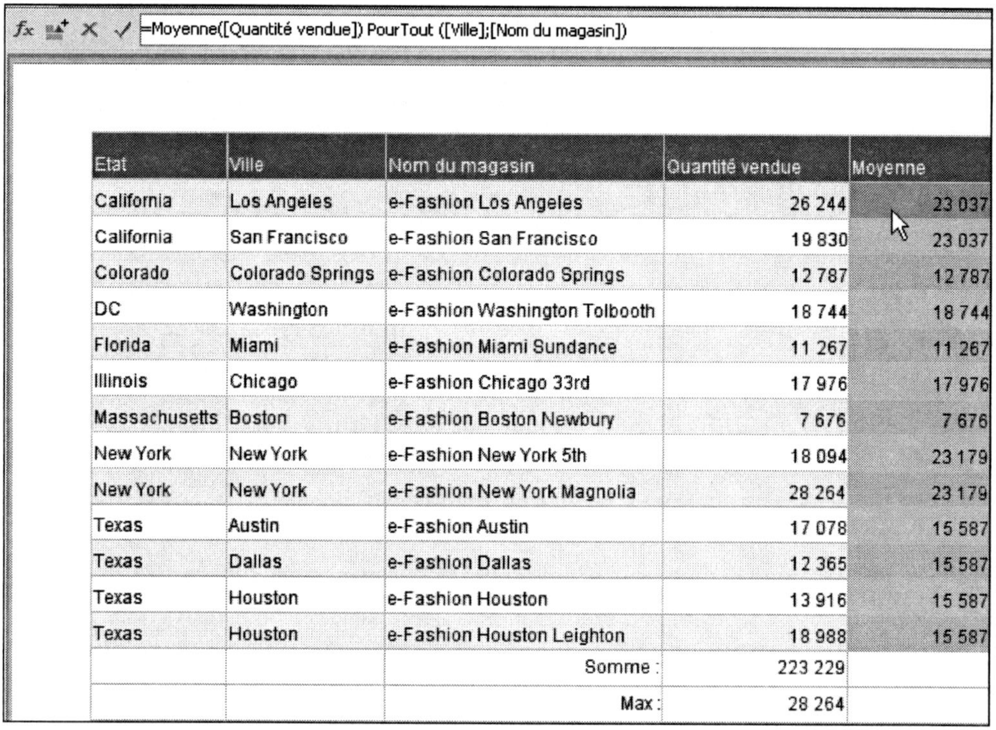

Etat	Ville	Nom du magasin	Quantité vendue	Moyenne
California	Los Angeles	e-Fashion Los Angeles	26 244	23 037
California	San Francisco	e-Fashion San Francisco	19 830	23 037
Colorado	Colorado Springs	e-Fashion Colorado Springs	12 787	12 787
DC	Washington	e-Fashion Washington Tolbooth	18 744	18 744
Florida	Miami	e-Fashion Miami Sundance	11 267	11 267
Illinois	Chicago	e-Fashion Chicago 33rd	17 976	17 976
Massachusetts	Boston	e-Fashion Boston Newbury	7 676	7 676
New York	New York	e-Fashion New York 5th	18 094	23 179
New York	New York	e-Fashion New York Magnolia	28 264	23 179
Texas	Austin	e-Fashion Austin	17 078	15 587
Texas	Dallas	e-Fashion Dallas	12 365	15 587
Texas	Houston	e-Fashion Houston	13 916	15 587
Texas	Houston	e-Fashion Houston Leighton	18 988	15 587
		Somme :	223 229	
		Max :	28 264	

Vous pouvez observer que l'opérateur `PourTout` est utilisé avec les dimensions **Ville** et **Nom du magasin**. Ceci retire ces dimensions du contexte par défaut et donne donc bien la moyenne des quantités par état. Attention à la place des parenthèses.

→ Transformez cette formule en variable :

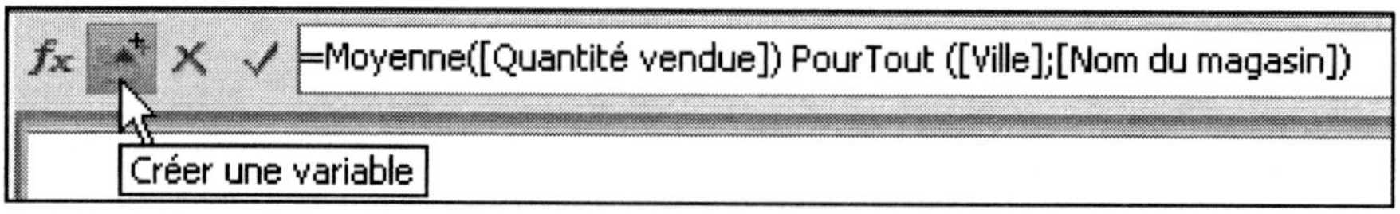

➜ Nommez cette variable `Moyenne_qte_etat`.

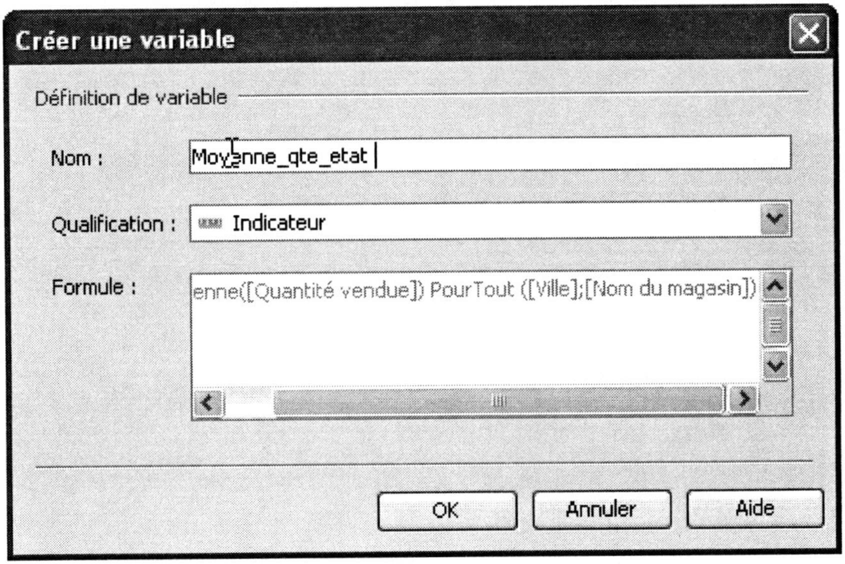

➜ Validez par **OK**.

Maintenant nous allons créer un alerteur pour signaler toutes les ventes supérieures à la moyenne de l'état.

Pour ceci :

➜ Cliquez sur le bouton **Alerteur**.

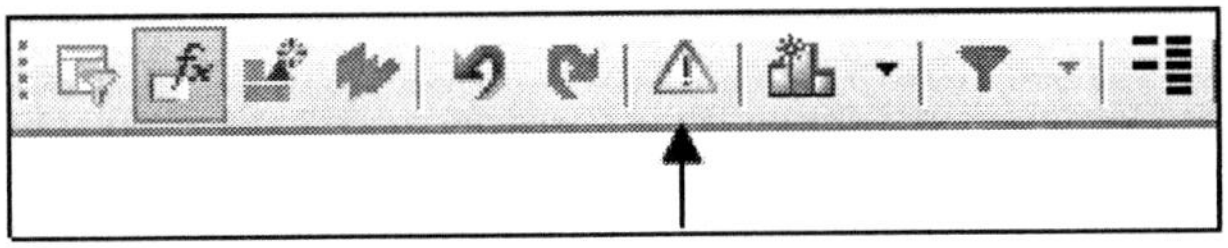

➜ Cliquez sur le bouton **Nouveau**.

➜ Saisissez la définition de cet alerteur.

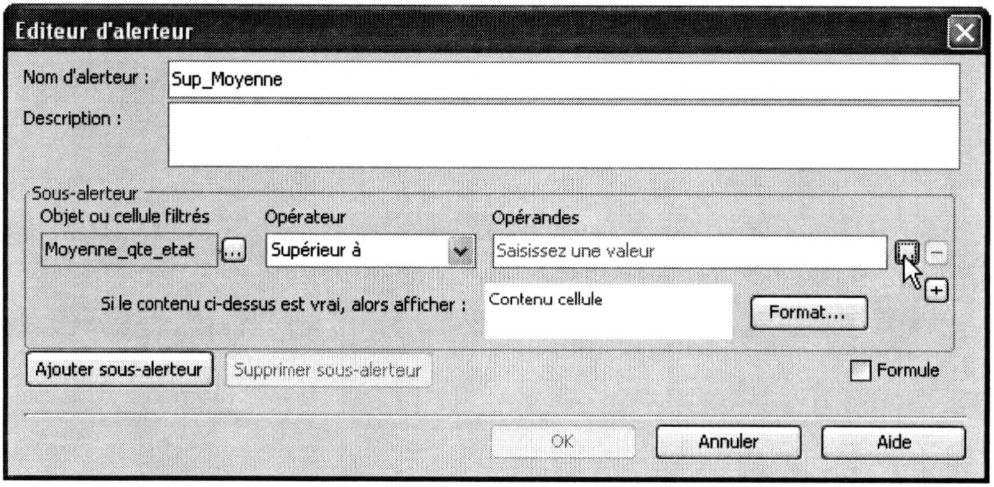

→) Cliquez sur le bouton .

→) Choisissez la variable que vous venez de créer : `Moyenne_qte_etat`.

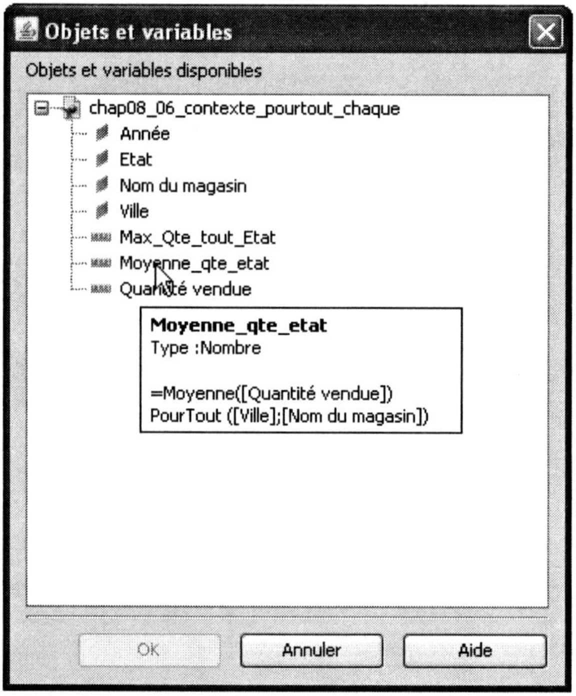

→) Enfin, appliquez le format que vous souhaitez.

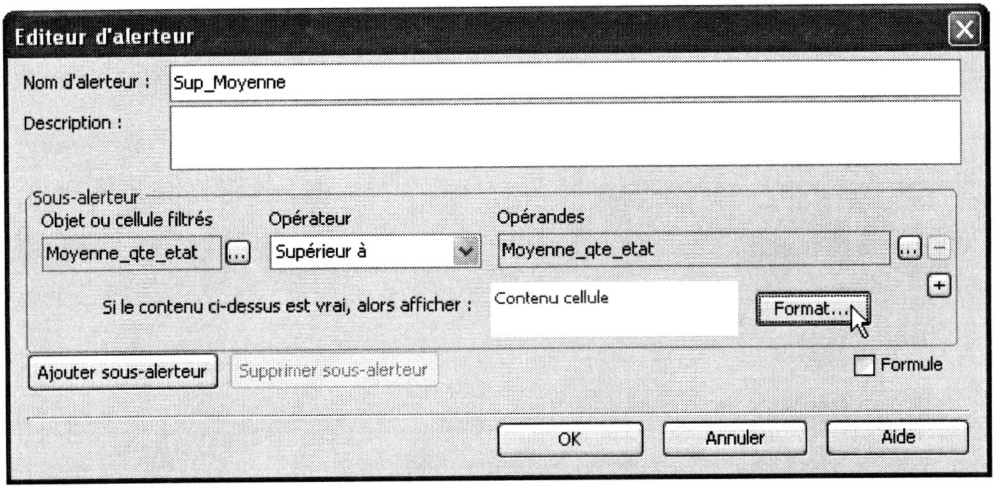

➔ Vous obtenez plus ou moins (selon le formatage choisi) le tableau suivant.

Etat	Ville	Nom du magasin	Quantité vendue	Moyenne
California	Los Angeles	e-Fashion Los Angeles	26 244	23 037
California	San Francisco	e-Fashion San Francisco	19 830	23 037
Colorado	Colorado Springs	e-Fashion Colorado Springs	12 787	12 787
DC	Washington	e-Fashion Washington Tolbooth	18 744	18 744
Florida	Miami	e-Fashion Miami Sundance	11 267	11 267
Illinois	Chicago	e-Fashion Chicago 33rd	17 976	17 976
Massachusetts	Boston	e-Fashion Boston Newbury	7 676	7 676
New York	New York	e-Fashion New York 5th	18 094	23 179
New York	New York	e-Fashion New York Magnolia	28 264	23 179
Texas	Austin	e-Fashion Austin	17 078	15 587
Texas	Dallas	e-Fashion Dallas	12 365	15 587
Texas	Houston	e-Fashion Houston	13 916	15 587
Texas	Houston	e-Fashion Houston Leighton	18 988	15 587
		Somme :	223 229	
		Max :	28 264	

Enfin, pour parfaire ce résultat, nous voulons souligner le magasin ayant le plus de quantité vendue.

Dans un premier temps, modifiez la formule du max des quantités avec la formule suivante pour rendre cette formule indépendante du contexte d'utilisation :

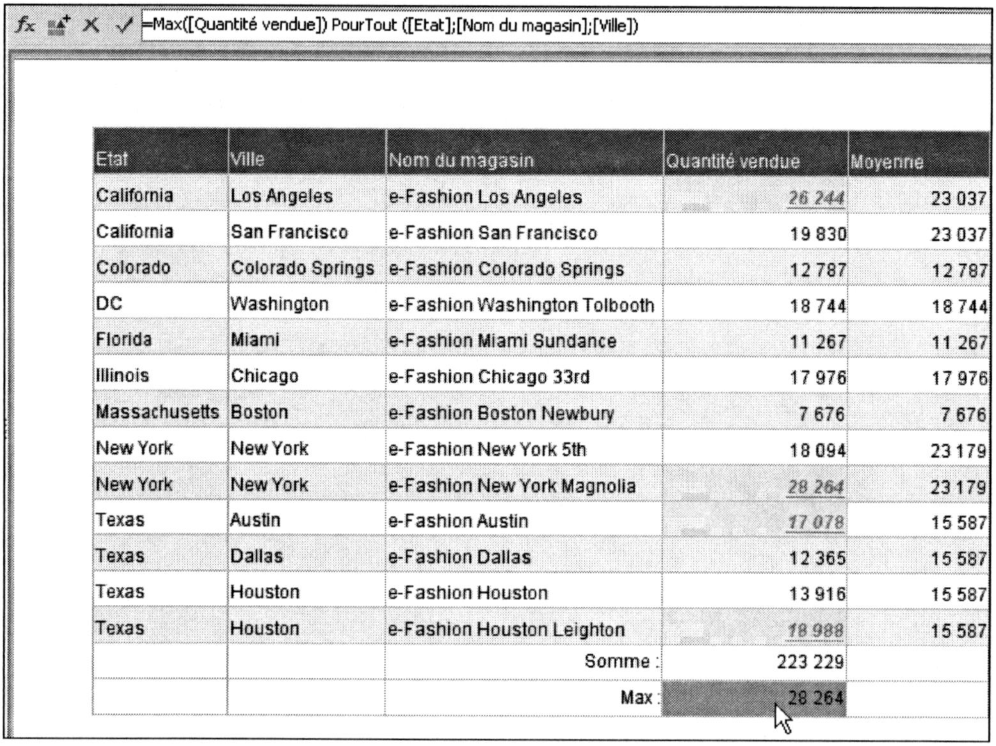

Etat	Ville	Nom du magasin	Quantité vendue	Moyenne
California	Los Angeles	e-Fashion Los Angeles	26 244	23 037
California	San Francisco	e-Fashion San Francisco	19 830	23 037
Colorado	Colorado Springs	e-Fashion Colorado Springs	12 787	12 787
DC	Washington	e-Fashion Washington Tolbooth	18 744	18 744
Florida	Miami	e-Fashion Miami Sundance	11 267	11 267
Illinois	Chicago	e-Fashion Chicago 33rd	17 976	17 976
Massachusetts	Boston	e-Fashion Boston Newbury	7 676	7 676
New York	New York	e-Fashion New York 5th	18 094	23 179
New York	New York	e-Fashion New York Magnolia	28 264	23 179
Texas	Austin	e-Fashion Austin	17 078	15 587
Texas	Dallas	e-Fashion Dallas	12 365	15 587
Texas	Houston	e-Fashion Houston	13 916	15 587
Texas	Houston	e-Fashion Houston Leighton	18 988	15 587
		Somme :	223 229	
		Max :	28 264	

Le maximum est appliqué à **Quantité Vendue** pour toutes les dimensions.

Comme précédemment, transformez cette formule en une variable nommée `Max_Qte_tout_Etat`.

Puis, créez l'alerteur défini par la comparaison de la quantité vendue avec la variable `Max_Qte_tout_Etat`.

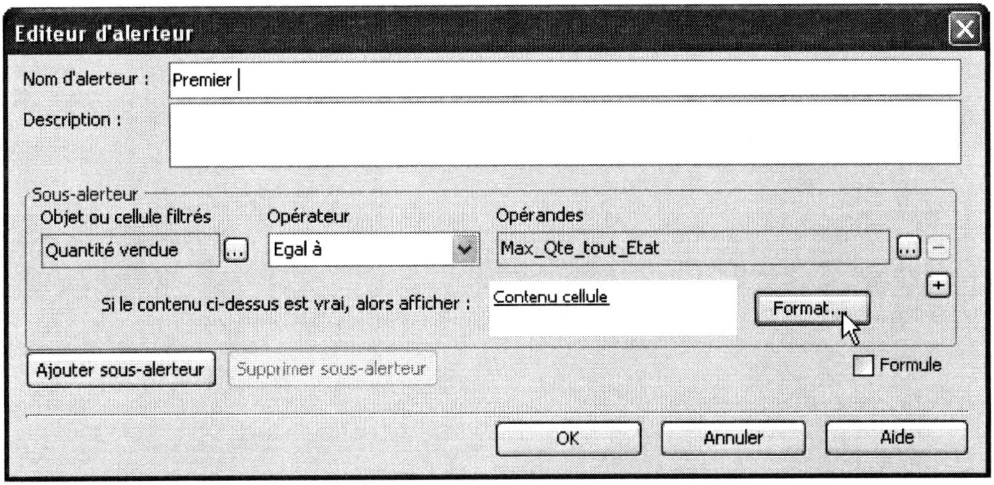

Il ne vous reste plus qu'à appliquer ce nouvel alerteur à la colonne ou les colonnes souhaitées (ici les colonnes **Etat**, **Ville** et **Nom du magasin**).

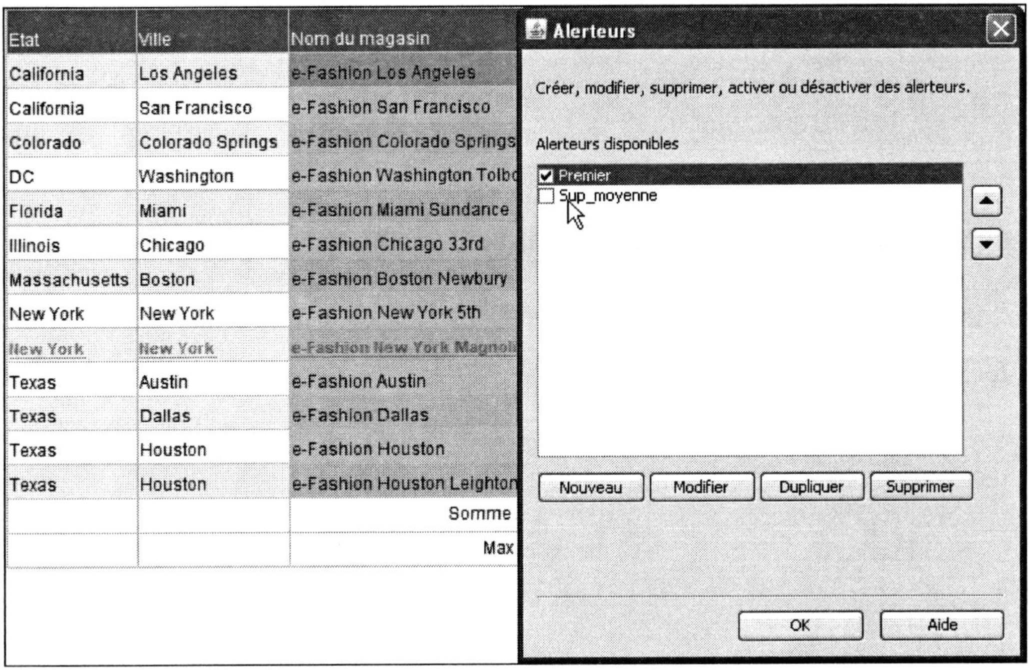

... et bravo au magasin de **New-York, eFashion New-York Magnolia** qui a vendu le plus !

Chapitre 9 : Nouveautés XI 3

A. Préambule

Les nouveautés présentées dans ce chapitre concernent les versions 3.0 et 3.1. L'objectif de ce chapitre n'est pas d'être exhaustif dans la présentation de ces nouveautés mais d'en distinguer quelques-unes qui nous paraissent plus importantes.

B. Nouveautés XI 3

1. Indicateurs intelligents

Les univers de **Web Intelligence XI 3** permettent la gestion des indicateurs intelligents.

Ces indicateurs intelligents sont des agrégats de la base de données. Cela peut être une base multidimensionnelle OLAP ou une base relationnelle.

Contrairement aux indicateurs « classiques » de **Webi** qui sont dynamiques, ces indicateurs sont précalculés dans la base de données (souvent pendant les phases d'alimentation).

Ceci permet un gain de temps appréciable lors des requêtes avec un gros volume de données.

Ces agrégats sont souvent précalculés selon un certain nombre de dimensions.

Par exemple, il peut y avoir un agrégat des **Revenus des ventes** par **Pays**, par (**Pays**, **Ville**) ou bien encore par (**Pays**, **Ville**, **Magasin**). C'est **Webi** qui, selon la requête faite par l'utilisateur, ira chercher l'agrégat du bon contexte.

De plus, même après la requête si une colonne d'un tableau est supprimée, **Webi** ira rechercher la nouvelle donnée.

Par exemple, la première requête utilise l'indicateur intelligent **Revenu des ventes** calculé par (**Pays**, **Ville**, **Magasin**). Si la colonne **Magasin** est supprimée, comme l'indicateur n'est pas dynamique alors **Webi** modifiera sa requête pour rapatrier l'indicateur **Revenu des Ventes** correspondant à (**Pays**, **Ville**).

Cette notion d'indicateur intelligent, outre un accroissement des performances, permet d'afficher les calculs non pris en charge directement par l'univers sous-jacent et d'utiliser des indicateurs non agrégatifs ou semi-agrégatifs, comme les stocks qui sont additifs pour certaines dimensions (le stock d'un article par état est égal à la somme des stocks de cet article pour toutes les villes) mais pas pour d'autres (le stock d'un article sur un an n'est pas égal à la somme des stocks par mois).

2. Invites facultatives

Les invites facultatives sont une nouveauté particulièrement intéressante de **Webi XI 3**. Jusqu'à présent, si une invite était faite dans un document, il fallait renseigner une ou plusieurs valeurs à partir d'une liste de données. Si on voulait laisser le choix à l'utilisateur de saisir ou non des valeurs pour l'invite, il fallait créer des invites complexes dans l'univers.

Avec cette notion d'invite facultative, cela peut se faire directement dans le document. Si vous ne spécifiez pas de valeur, l'invite n'applique pas de filtre aux données.

Nous allons illustrer ceci avec un exemple.

Nous désirons avoir le revenu des ventes par année et par état pour une ou plusieurs années ou pour toutes les années.

→ Créez classiquement votre requête avec une invite.

→ Cliquez sur le bouton des propriétés de l'invite :

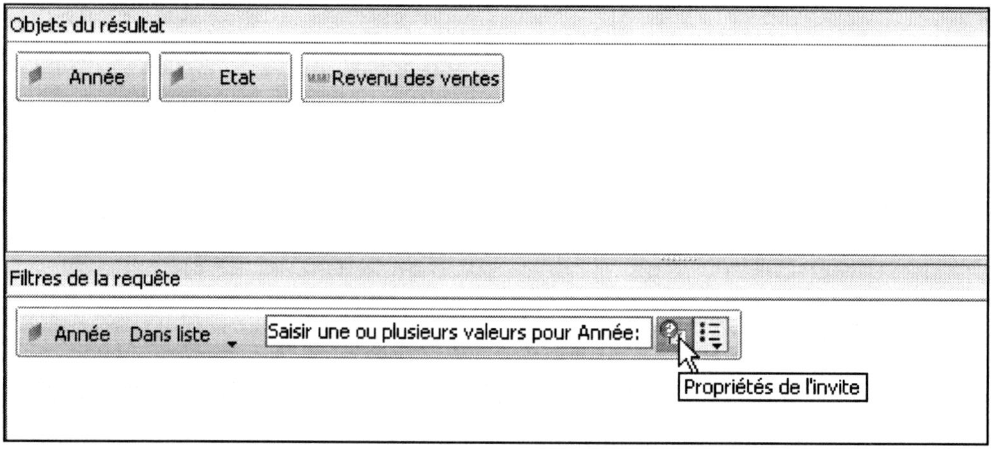

➜ Cochez la case **Invite facultative**.

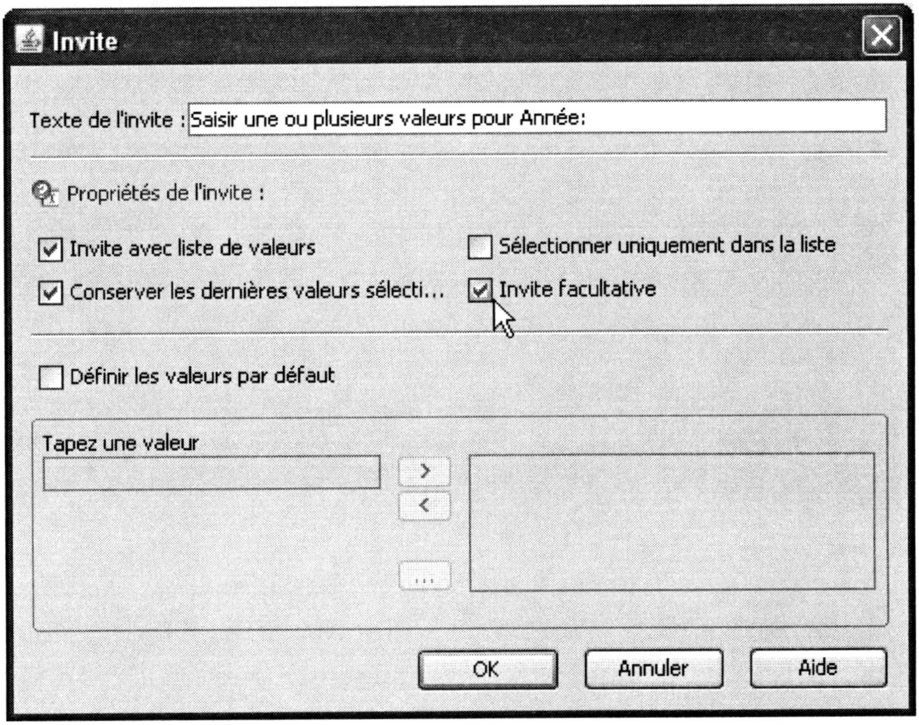

➜ Validez par **OK**.

Lors de l'exécution de la requête, vous pourrez ne pas filtrer les années.

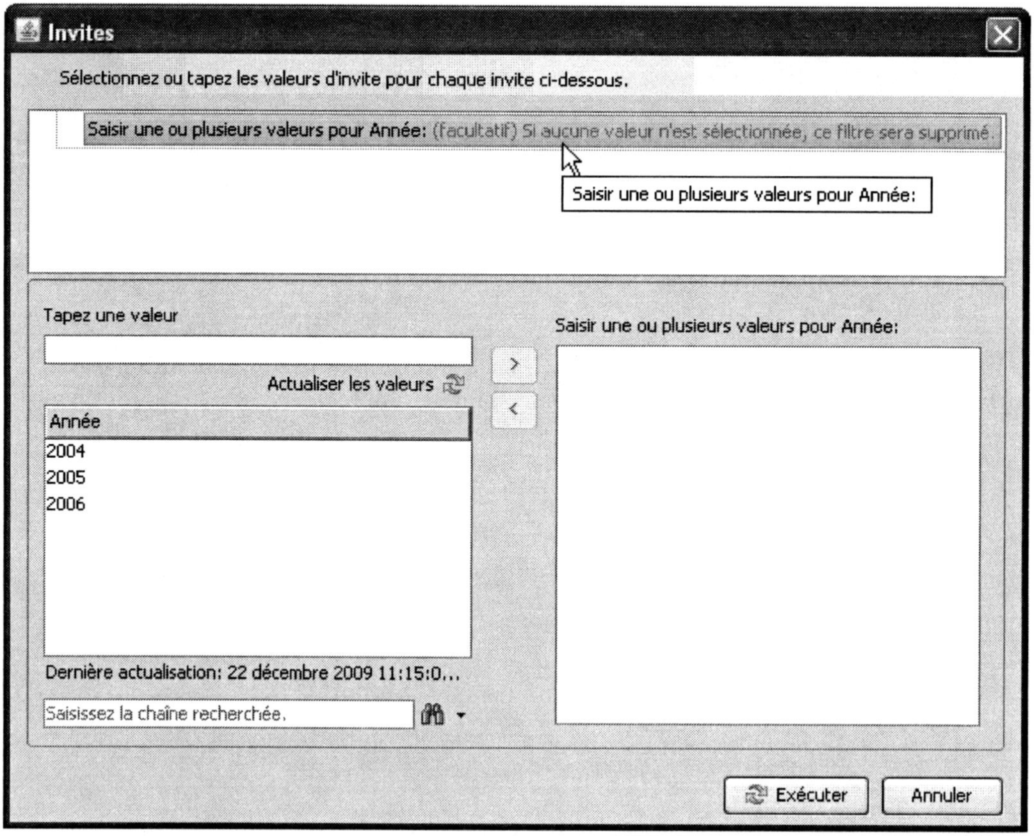

... et ainsi toutes les années seront affichées dans le tableau (résultat partiel).

Année	Etat	Revenu des vente
2004	California	1 704 211 €
2004	Colorado	448 302 €
2004	DC	693 211 €
2004	Florida	405 985 €
2004	Illinois	738 224 €
2004	Massachusetts	238 819 €
2004	New York	1 667 696 €
2004	Texas	2 199 677 €
2005	California	2 782 680 €
2005	Colorado	768 390 €
2005	DC	1 215 158 €
2005	Florida	661 250 €
2005	Illinois	1 150 659 €
2005	Massachusetts	157 719 €
2005	New York	2 763 503 €
2005	Texas	3 732 889 €
2006	California	2 992 679 €

3. Suivi des données

Le suivi des données permet de mettre en évidence les données modifiées entre deux actualisations ou à partir d'une date de référence.

La mise en forme des données modifiées est définie par des paramètres que vous contrôlez.

Cette fonctionnalité est très importante puisque cela permet de comprendre comment les données sont modifiées avec le temps et par conséquent cela facilite la prise de décision pertinente ce qui est un des objectifs de la Business Intelligence.

Webi permet de suivre les données :

- Augmentées
- Diminuées

- Ajoutées
- Supprimées
- Modifiées (dimension)

Pour expliciter ce suivi des données avec un exemple, nous vous proposons de créer un document initial donnant les **Revenus des ventes** par **ligne de produit**.

Lignes	Revenu des vente
Accessories	9 914 546 €
City Skirts	347 775 €
City Trousers	284 734 €
Dresses	2 915 620 €
Jackets	677 616 €
Leather	187 413 €
Outerwear	1 183 083 €
Overcoats	436 258 €
Shirt Waist	4 018 220 €
Sweaters	2 839 035 €
Sweat-T-Shirts	12 679 893 €
Trousers	903 320 €

Afin de voir les valeurs modifiées d'une actualisation à l'autre, nous allons modifier la base de données source de notre univers exemple (**eMode**).

C'est une base **MS Access** qui s'appelle **eFashion.mdb**.

Nous vous proposons d'en faire une copie dans un premier temps pour pouvoir revenir aux données initiales après la mise à jour des données que nous allons faire.

La table qui sert de base à la requête de ce tableau est :
`Agg_yr_qt_rn_st_ln_ca_sr`

Pour illustrer tous les cas, nous allons :

1. Augmenter de 10 % les revenus de la ligne **Accessories**.
2. Supprimer la ligne **City Skirts**.
3. Diminuer de 5 % la ligne **City Trouser**.

4. Ajouter une ligne Costume avec un revenu à 1 000 000.

Ces requêtes de mise à jour peuvent se faire en **MS Access** avec l'éditeur de requête interactif ou en SQL. Si vous n'êtes pas familier de Access, référez-vous à la documentation de l'éditeur (Microsoft).

Voici les requêtes associées :

1.
```
UPDATE Agg_yr_qt_rn_st_ln_ca_sr SET
Agg_yr_qt_rn_st_ln_ca_sr.Sales_revenue = [Sales_revenue]*1.1 WHERE
(((Agg_yr_qt_rn_st_ln_ca_sr.Line) Like "Accessories*"));
```

2.
```
DELETE Agg_yr_qt_rn_st_ln_ca_sr.Line FROM Agg_yr_qt_rn_st_ln_ca_sr WHERE
(((Agg_yr_qt_rn_st_ln_ca_sr.Line)="City Skirts"));
```

3.
```
UPDATE Agg_yr_qt_rn_st_ln_ca_sr SET
Agg_yr_qt_rn_st_ln_ca_sr.Sales_revenue = [Sales_revenue]*0.95 WHERE
(((Agg_yr_qt_rn_st_ln_ca_sr.Line)="City Trousers"));
```

→) Exécutez ces différentes requêtes.

Quant à l'ajout d'une ligne, le plus simple est d'ajouter une ligne et de saisir quelque chose comme ci-dessous :

	920	2005	Q2	DC	Trousers	Jeans	1 109,20 €
	1781	2006	Q2	Illinois	Trousers	Party pants	3 834,60 €
	1071	2005	Q3	New York	Trousers	Party pants	5 778,20 €
	1070	2005	Q3	New York	Trousers	Jeans	7 302,00 €
	237	2004	Q2	Illinois	Trousers	Party pants	2 863,30 €
	1935	2006	Q3	DC	Trousers	Jeans	1 852,80 €
	1936	2006	Q3	DC	Trousers	Party pants	4 827,10 €
	999	2005	Q2	California	Trousers	Jeans	758,80 €
	1042	2005	Q3	DC	Trousers	Jeans	2 577,00 €
	2157	2006	Q4	Massachusetts	Trousers	Party pants	3 665,50 €
	1015	2005	Q2	Colorado	Trousers	Party pants	2 189,00 €
	1014	2005	Q2	Colorado	Trousers	Jeans	795,50 €
	256	2004	Q2	Florida	Trousers	Party pants	423,60 €
	1097	2005	Q3	Illinois	Trousers	Jeans	2 908,20 €
	834	2005	Q1	New York	Trousers	Party pants	9 751,00 €
	4736	2006			Costume		1 000 000,00 €
*	(NuméroAuto)						

→) Fermez la base **Access** et rouvrez le document en mode lecture.

→) Activez le mode **Suivi des données** :

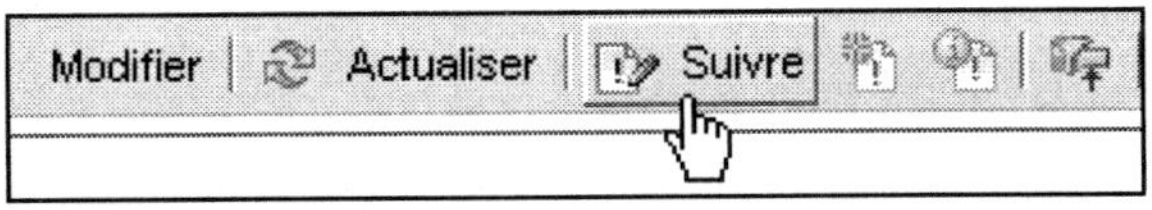

La première option permet d'afficher les différences de données entre deux actualisations, alors que la deuxième affiche les différences par rapport à une date de référence, ici le 22 décembre 2009.

➔ Choisissez la première option et activez la case **Actualiser maintenant**.

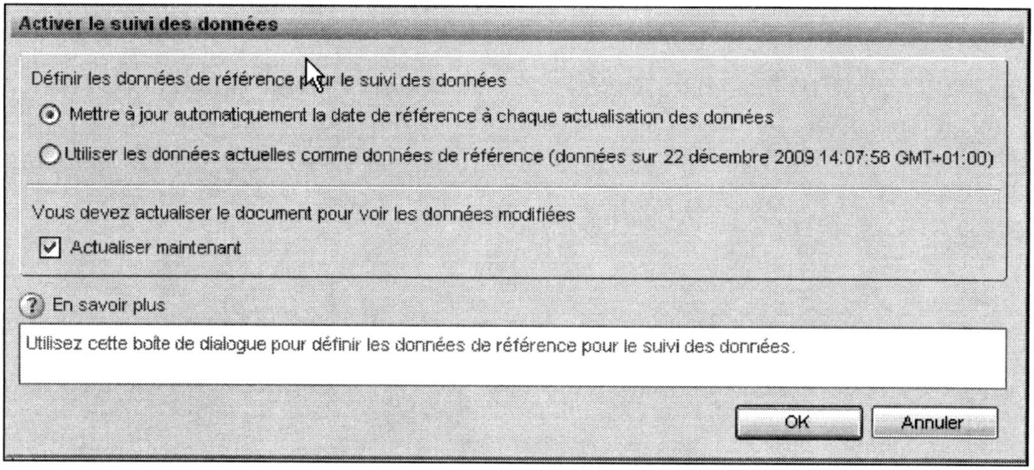

Vous obtenez le tableau suivant avec les différences présentées ainsi :

Lignes	Revenu des ventes
Accessories	**10 906 000 €**
~~City Skirts~~	~~347 775 €~~
City Trousers	270 497 €
Costume	**1 000 000 €**
Dresses	2 915 620 €
Jackets	677 616 €
Leather	187 413 €
Outerwear	1 183 083 €
Overcoats	436 258 €
Shirt Waist	4 018 220 €
Sweaters	2 839 035 €
Sweat-T-Shirts	12 679 893 €
Trousers	903 320 €

Vous pouvez visualiser ou masquer les mises à jour des données en cliquant sur le bouton à droite de **Suivre les données**.

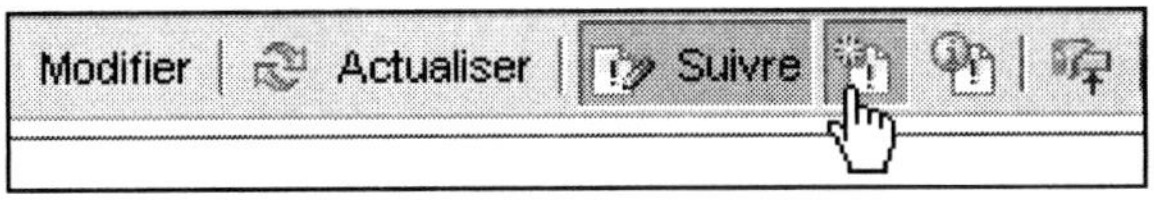

De plus, vous pouvez choisir le formatage des données modifiées :

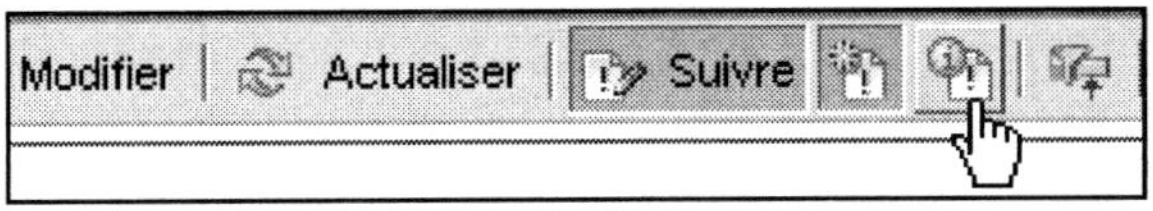

... et mettre à jour la mise en forme.

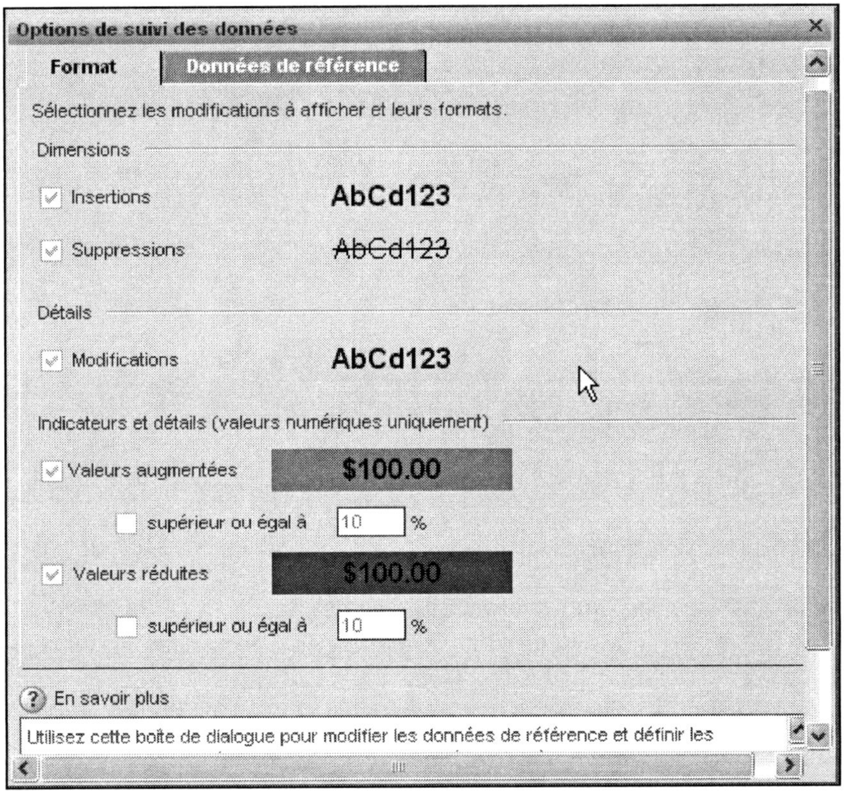

Vous pouvez remarquer que dans notre exemple aucune donnée dimension **Lignes** n'a été modifiée.

4. Liaison de document

À l'aide de **Webi XI 3**, vous pouvez maintenant créer des liens vers d'autres documents **Web Intelligence**, des sites Web ou des ressources accessibles à partir d'un rapport **Web Intelligence**, par le biais d'une simple interface utilisateur.

Il est possible de définir une liaison par un lien hypertexte dynamique.

Dans ce cas, la liaison dépend des données du document contenant le lien.

Attention, il faut se positionner en mode Webi Interactive dans les préférences **Web Intelligence**.

Nous allons montrer ceci avec un petit exemple :

- Ajoutez une cellule dans laquelle vous allez effectuer un clic droit et sélectionner **Lien Hypertexte - Nouveau**.
- Dans la boîte de dialogue **Créer un lien hypertexte**, cliquez sur la zone **Lien vers une page Web**.
- Copiez-collez ou saisissez un lien hypertexte.

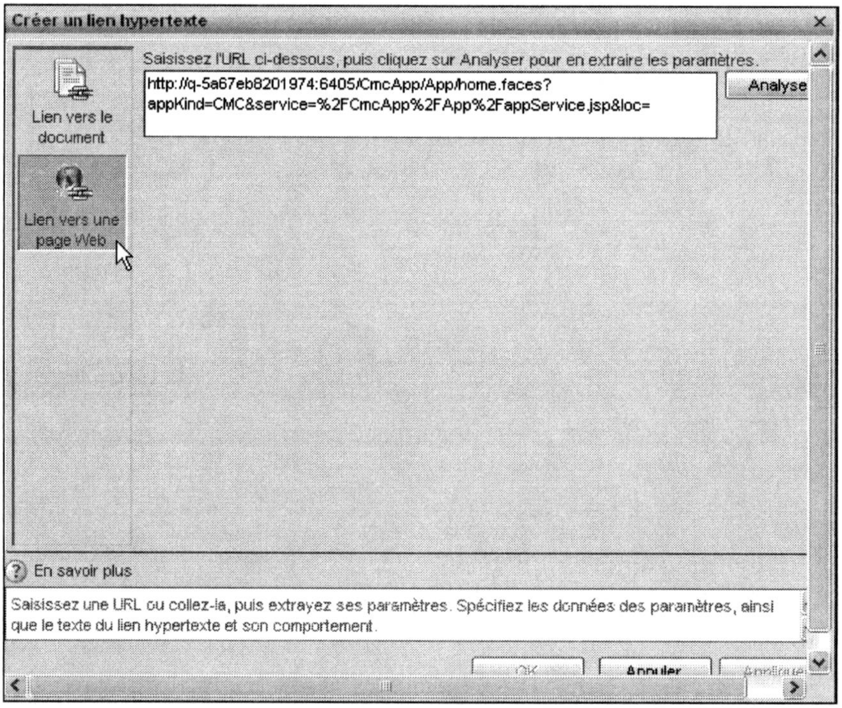

→) Cliquez ensuite sur le bouton **Analyser** à droite de la zone d'édition.

Les paramètres du lien hypertexte s'affichent chacun sur une ligne.

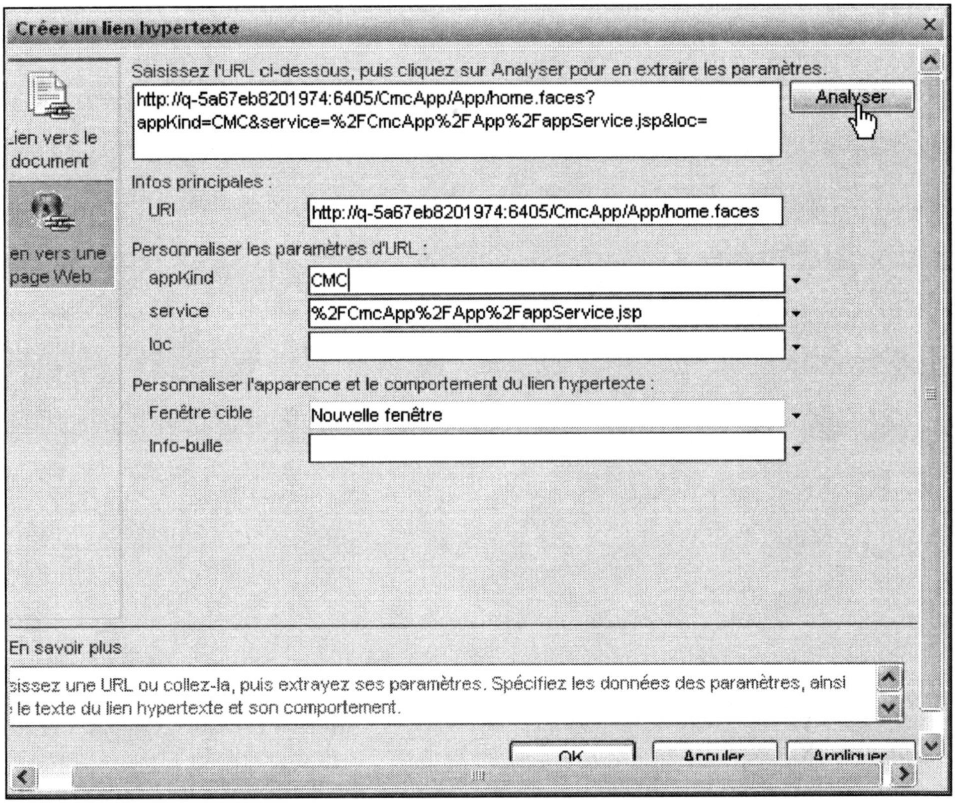

À l'exécution, le document renseigné dans l'hypertexte s'ouvrira avec les bons paramètres.

Il est possible de la même façon d'établir des liens avec d'autres documents de la CMS.

→) De la même façon que précédemment, créez un lien hypertexte dans une nouvelle cellule et dans la fenêtre **Créer un lien hypertexte**, sélectionnez la zone **lien vers le document** puis activez le bouton **Parcourir**.

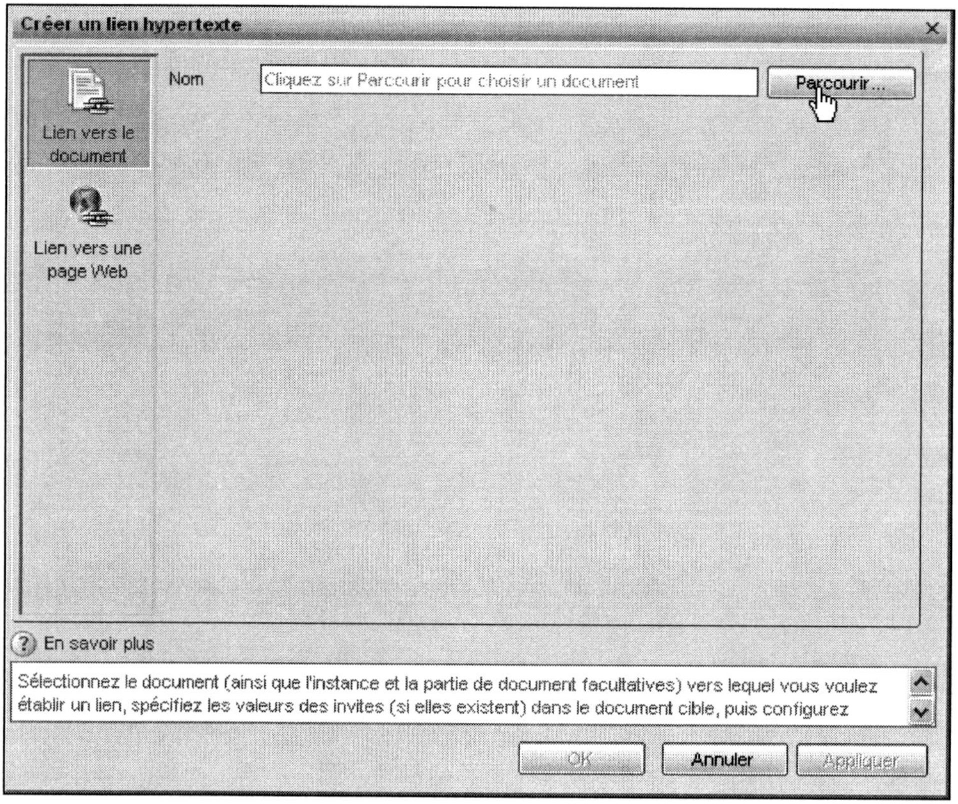

→ Choisissez un document de la **CMS**.

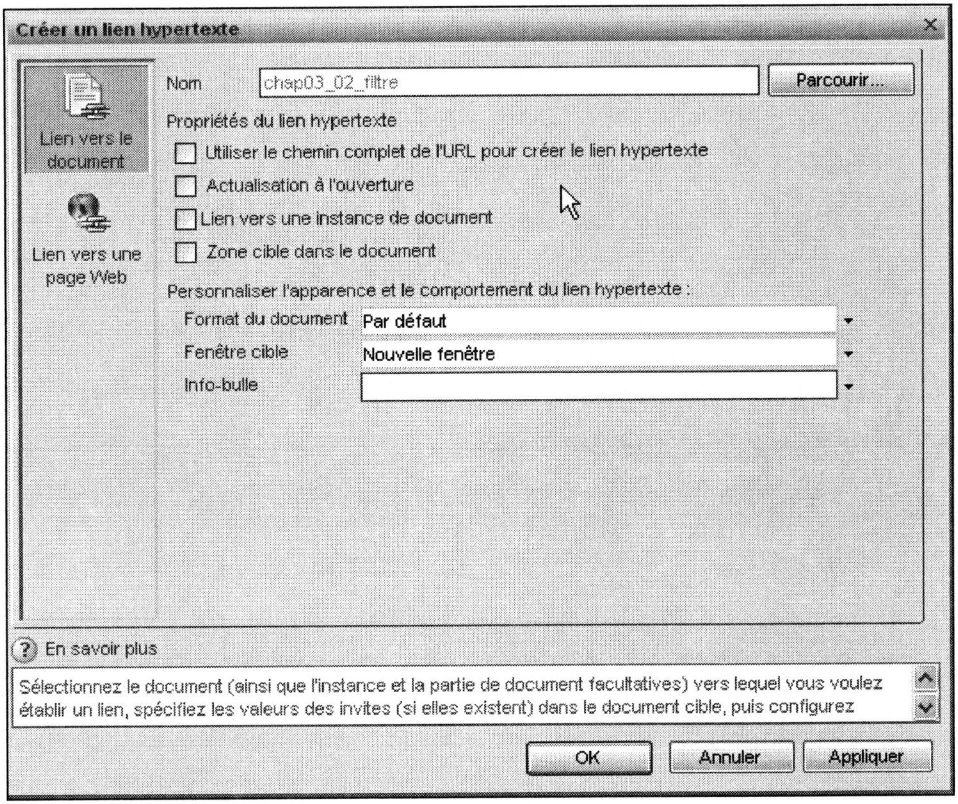

Les différentes propriétés du lien hypertexte sont :

Actualisation à l'ouverture : Webi exécute la requête du document cible lorsque le lien hypertexte est activé.

Lien vers une instance de document

Les options sont les suivantes :

Le plus récent : le lien hypertexte ouvre l'instance la plus récente ;

Le plus récent - utilisateur actuel : le lien hypertexte ouvre l'instance la plus récente de l'utilisateur actuel ;

Le plus récent - valeurs d'invite correspondantes : le lien hypertexte ouvre l'instance la plus récente dont les valeurs d'invite correspondent aux valeurs transmises par le lien hypertexte.

Cette dernière option est utile pour établir un lien avec un document volumineux contenant des invites.

Dans les deux premières options, vous ne pouvez pas spécifier de valeurs de paramètre dans le lien hypertexte.

Nom du rapport: permet de sélectionner le rapport parmi les possibles différents rapports du document. Il est même possible de ne sélectionner qu'une partie du rapport à l'aide de la souris, par exemple un tableau dans le rapport.

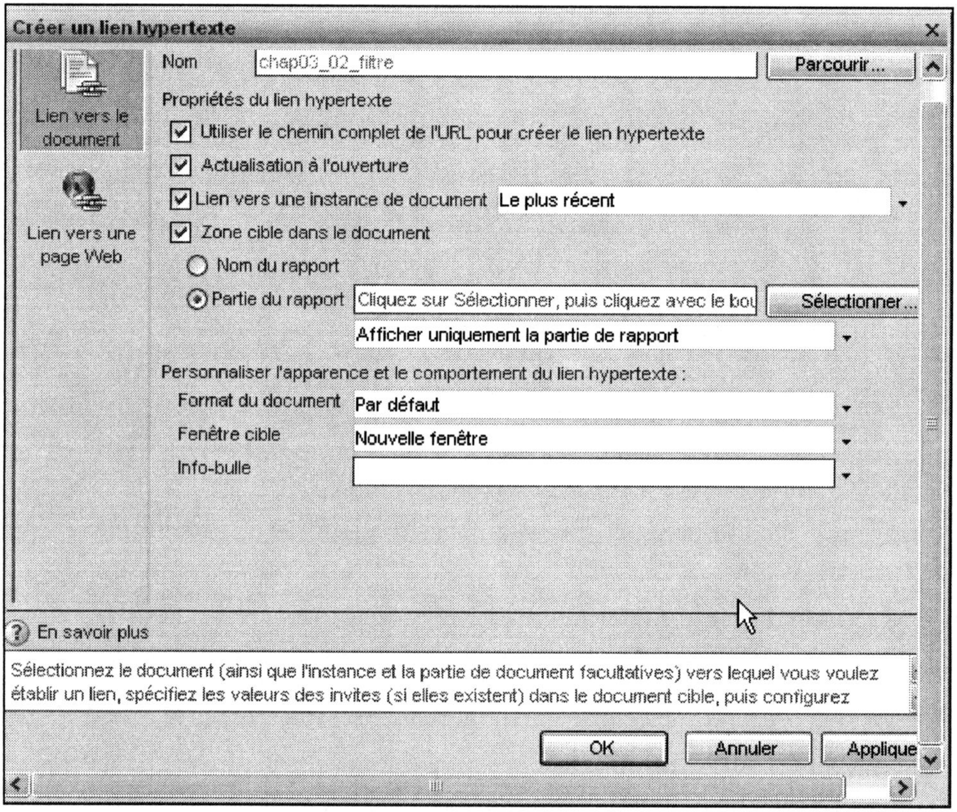

Pour les documents avec invite, d'autres options permettent de définir comment des valeurs sont passées aux invites via le lien hypertexte.

Il est également possible d'utiliser la fonction **GpuDocument** dont vous trouverez les arguments dans l'aide en ligne de Webi.

Pour en savoir plus sur la liaison de documents, vous pouvez consulter le chapitre Liaison à d'autres documents du guide Analyse en direct avec Web Intelligence.

5. Prise en charge multilingue

Le **gestionnaire de traduction** est une application permettant de créer des rapports **Webi** multilingues.

Dans un même document, il est possible de choisir dans quelle langue les invites seront affichées. Vous pouvez ajouter des traductions à l'univers dans lequel le rapport est créé, ou traduire le document lui-même à l'aide du **Gestionnaire de traduction**.

Après traduction, le document est publié et mis à la disposition des utilisateurs dans la langue d'affichage de leur choix.

Les données qui apparaissent dans le rapport dépendent de la source de base de données et ne sont pas traduisibles à l'aide du **Gestionnaire de traduction**.

Dans le SP2 de Web Intelligence 3.1 de nouveaux éléments peuvent être traduits :

- Nom de la requête
- Nom du rapport
- Contenu de cellule libre
- Nom de variable locale
- Nom d'alerte, description et message d'alerte
- Nom de l'objet dans la structure du rapport
- Texte dans la nouvelle fonction ObtentionTraduction()

Pour plus de précisions sur cette application, voir le document *Guide de l'utilisateur pour le Gestionnaire de traduction*, de votre version de **Web Intelligence**.

6. Divers

Un certain nombre de fonctionnements ont été améliorés dans cette version, notamment un mode d'affichage rapide (conçu pour améliorer les performances lorsque les rapports contiennent d'importants volumes de données), des modifications des barres d'outils, l'alignement, les images incorporées et de nouveaux workflows de filtre.

L'éditeur de requête **Web Intelligence HTML** comporte des améliorations qui le rendent plus proche de **l'Editeur de rapport Java**.

Ces nouveautés concernent essentiellement le SQL modifiable, la possibilité de changer les univers sur lesquels les requêtes et documents sont créés.

→ Pour ceci, allez dans l'éditeur de requête, activez l'onglet **Propriétés**.

→ Puis cliquez sur le bouton  dans la rubrique **Univers**.

Ceci n'a bien sûr de sens que si l'univers choisi a la même structure que le précédent (par exemple un univers en test et un univers en production).

Il est également possible dans les versions 3.x d'enregistrer et de fermer les requêtes.

L'accès à **Web Intelligence** via **InfoView** a été revu. Les nouvelles options d'**InfoView** permettent de simplifier la sélection du logiciel approprié pour la création, l'affichage et la modification de documents. Nous avons vu dans le chapitre sur les préférences de **Web Intelligence** comment paramétrer les différentes méthodes d'accès à **Web Intelligence**.

Parmi les autres nouveautés, citons sans entrer dans les détails :

- Le visualiseur **HTML Web Intelligence** qui est maintenant disponible sur la plate-forme .NET.
- L'enregistrement de documents au format CSV et Excel. Il est possible à partir de la 3.1 d'enregistrer localement des documents **Webi** au format CSV (données uniquement, pas la mise en forme des rapports) à partir de l'**Editeur de rapport Java Web Intelligence** et de **Web Intelligence Rich Client**. De plus, lorsqu'un document est enregistré au format **Excel**, **Web Intelligence** crée dorénavant une feuille de calcul distincte pour chaque tranche de 65 000 lignes de données ce qui permet de s'affranchir des limites des 65 000 lignes d'une feuille de calcul Excel.
- L'enregistrement automatique et récupération de document. **Web Intelligence** protège maintenant la réalisation d'un document en enregistrant automatiquement les documents avant expiration du serveur et à intervalles réguliers lorsqu'ils sont ouverts.
- Les filtres de rapport simples ont été simplifiés dans les versions 3.x. Se rapporter au chapitre Analyser les données.
- Les listes de valeurs dans les invites ont un affichage amélioré. **Web Intelligence** présente la liste des réponses possibles à une invite si elle est disponible. Sinon, l'utilisateur est invité à actualiser cette liste. Si cela est possible, **Webi** affiche également la dernière date d'actualisation de la liste.
- Les mises à jour de certaines fonctions de **Web Intelligence**. Par exemple la fonction **Précédent** permet maintenant de comparer une valeur à une valeur précédente quelconque. La nouvelle fonction **ValeurRelative** permet d'effectuer des comparaisons complexes par tranches de données, quelle que soit la présentation du rapport. Les calculs cumulatifs (par exemple **MoyenneCumulative**) ne sont pas réinitialisés dans une nouvelle section (si vous désirez le faire, vous devez utiliser la syntaxe vue au chapitre Analyser les données). L'opérateur **Où / Where** prend maintenant en charge les conditions booléennes sur les indicateurs.

C. Web Rich Client

Web Intelligence Rich Client est une version autonome de l'Editeur de rapport Java Web Intelligence, qui vous permet de manipuler des documents **Web Intelligence** sans avoir à accéder à la CMS.

Avec cette application vous pouvez donc continuer à travailler sur des documents Web Intelligence en mode autonome. Cela ressemble un peu à l'autre application cliente de **SAP Business Objects**, **Desktop Intelligence** présentée dans le premier chapitre de ce livre.

Le **Web Rich Client** génère des documents au format **Web Intelligence** (document avec extension WID).

C'est particulièrement utile quand vous n'avez pas de **CMS** ni de serveur d'application.

Cela permet aussi de travailler en mode local sans surcharger le serveur.

Les documents créés en local peuvent être lus et modifiés ensuite avec **Webi** puisque c'est le même format (extension WID).

Vous pouvez également vous connecter à la **CMS** et utiliser le client **Web Intelligence Rich Client** comme alternative en ligne à l'**Editeur de rapport Java** (ceci est défini dans les préférences utilisateurs comme cela a été présenté au chapitre L'environnement : Infoview).

Une autre fonctionnalité intéressante du client **Web Intelligence Rich Client** est la possibilité de créer des documents basés sur des fournisseurs de données personnelles, notamment des fichiers texte ou Excel, comme en **Desktop Intelligence**.

Nous allons illustrer ce point avec l'exemple suivant.

Le commercial de notre entreprise affecté à l'état du Texas veut visualiser dans **Business Objects** les objectifs de vente des magasins de l'état par catégorie (pour l'année en cours) et les comparer aux résultats réels de ces magasins.

Ces objectifs sont définis dans un fichier Excel (accessible sur le site http://www.editions-eni.fr).

Ce commercial a récupéré sur son portable la base de données (ou une partie de la base) et l'univers **eMode** mais il n'est pas connecté à la CMS.

Il pourra toutefois élaborer un document qu'il pourra, plus tard, exporter en tant que document d'entreprise.

➔ Choisissez l'application **Web Intelligence Rich Client** par le menu **Démarrer** puis **Business Objects XI 3.x**.

L'écran suivant vous demande les paramètres de connexion.

➔ Choisissez le mode **Standalone** (ou autonome en français).

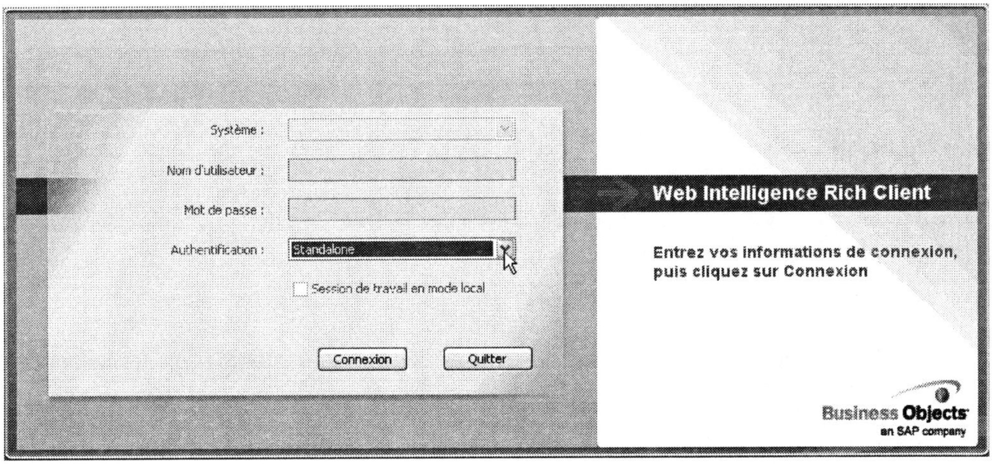

➔ Choisissez le bouton **Créer un document** et **Rechercher d'autres sources de données**.

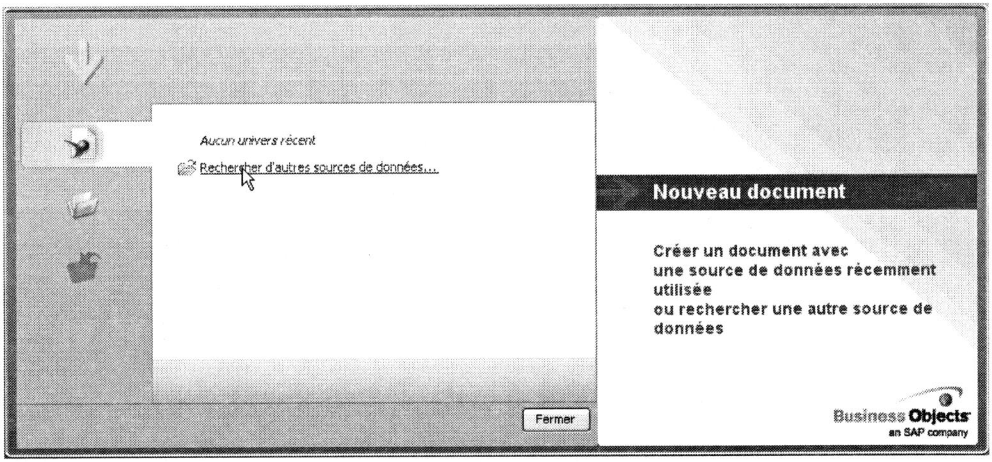

➔ Pour le type d'accès aux données, sélectionnez **Source de données locale**.

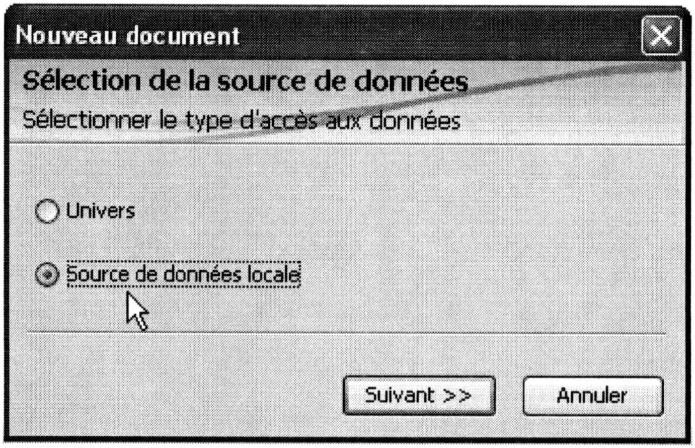

→ Dans l'écran suivant, cliquez sur le bouton **Parcourir** et choisissez le fichier Excel contenant vos données.

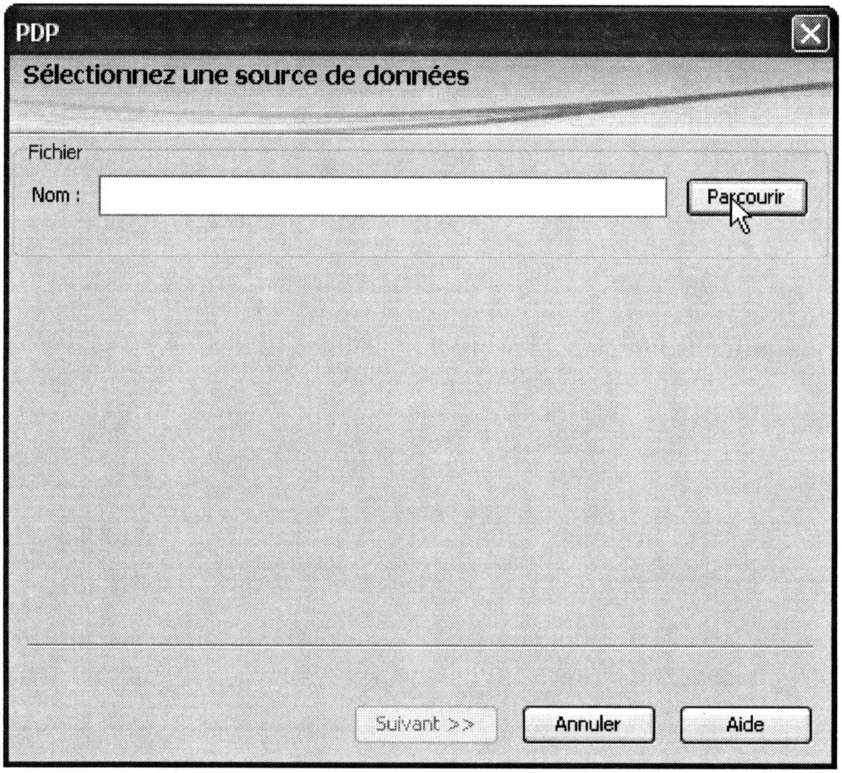

→) Parmi les paramètres d'importation, choisissez la plage contenant les données "A1 :C130". Vérifiez aussi que la case **La première ligne contient les noms de colonne** est bien cochée.

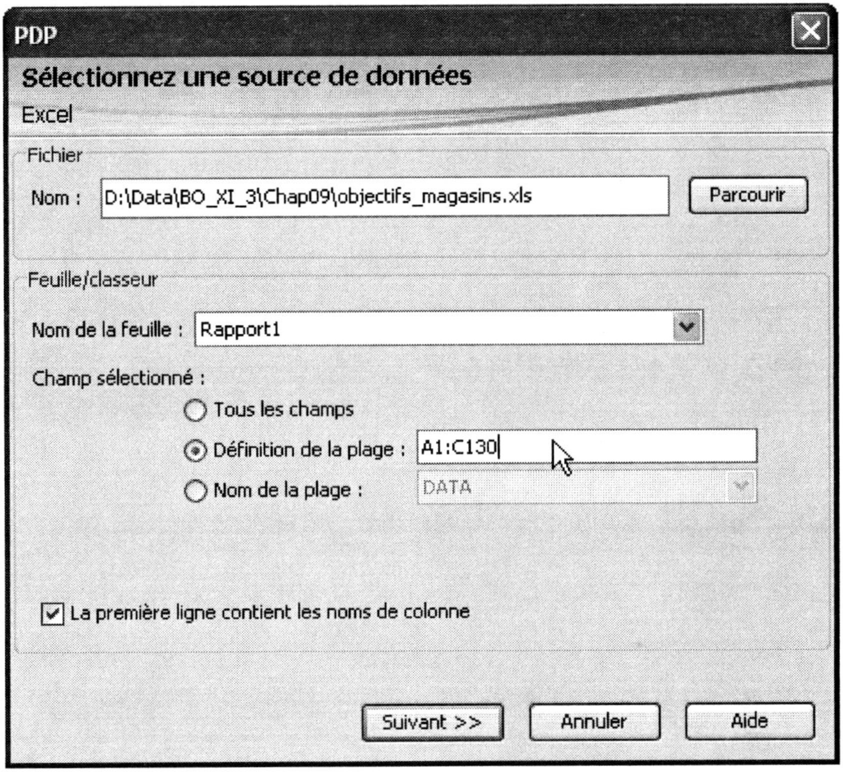

→) Cliquez sur **Suivant**.

Vous obtenez l'éditeur de requête de données externes.

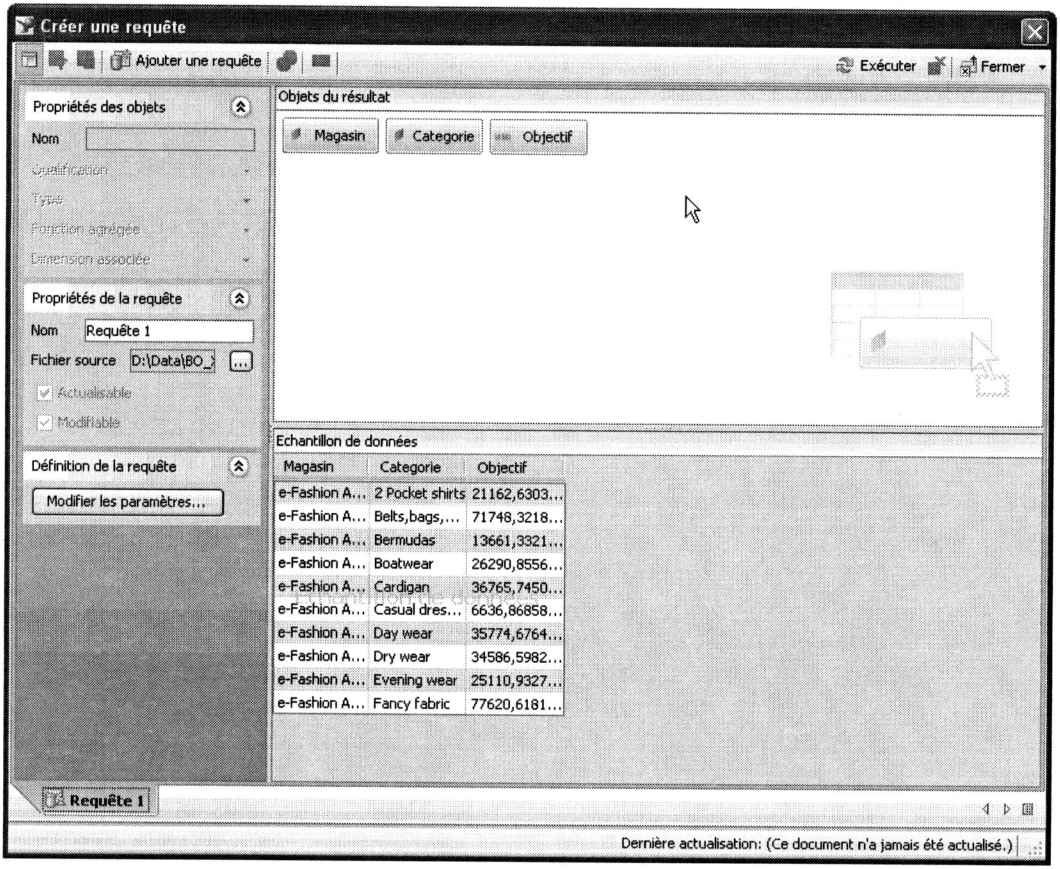

→) Cliquez sur le bouton **Exécuter**.

Voici un extrait des résultats obtenus :

Magasin	Categorie	Objectif
e-Fashion Austin	2 Pocket shirts	21 162,63
e-Fashion Austin	Belts,bags,wallets	71 748,32
e-Fashion Austin	Bermudas	13 661,33
e-Fashion Austin	Boatwear	26 290,86
e-Fashion Austin	Cardigan	36 765,75
e-Fashion Austin	Casual dresses	6 636,87
e-Fashion Austin	Day wear	35 774,68
e-Fashion Austin	Dry wear	34 586,6
e-Fashion Austin	Evening wear	25 110,93
e-Fashion Austin	Fancy fabric	77 620,62
e-Fashion Austin	Full length	35 283,44
e-Fashion Austin	Hair accessories	93 294,89
e-Fashion Austin	Hats,gloves,scarve:	14 783,57
e-Fashion Austin	Jeans	80 969,5

Vous pouvez maintenant croiser les informations sur les objectifs par rapport aux résultats réels obtenus par les magasins.

Comme nous l'avons vu au chapitre Problèmes et solutions : fonctions avancées, nous pouvons créer une nouvelle requête et synchroniser les résultats des deux requêtes.

→ Allez dans l'éditeur de requête et cliquez sur le bouton **Ajouter une requête**.

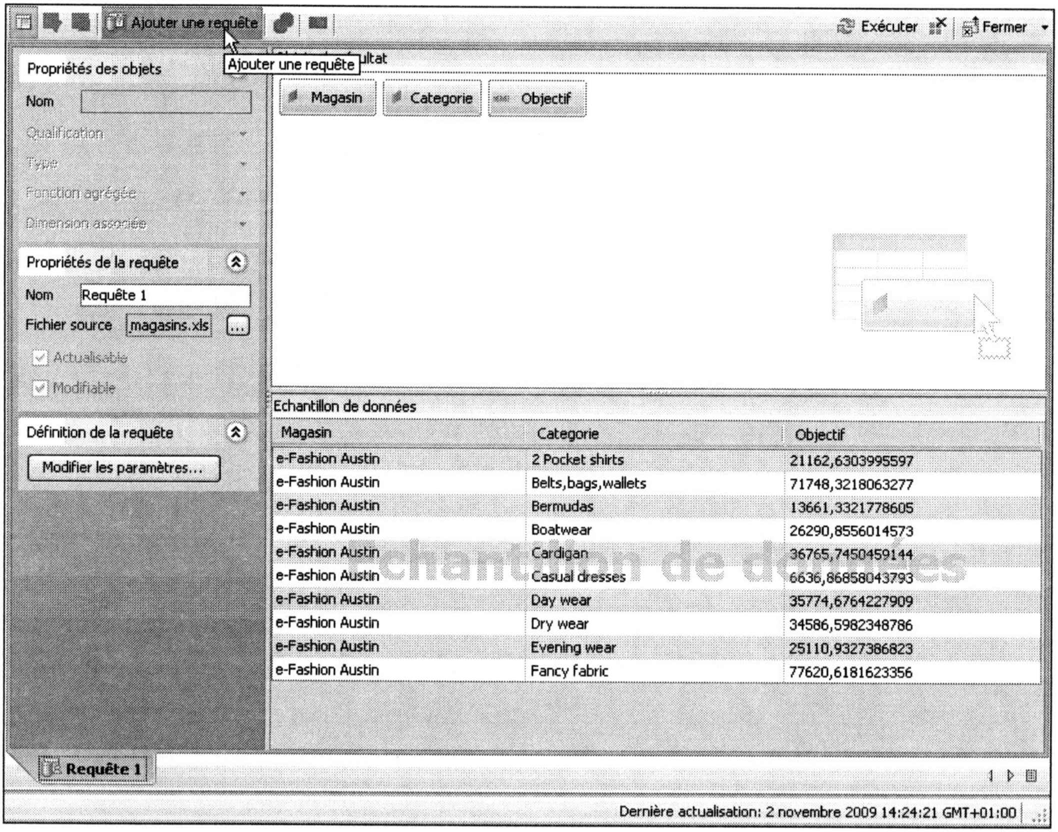

→ Choisissez le mode **Univers** pour accéder aux données.

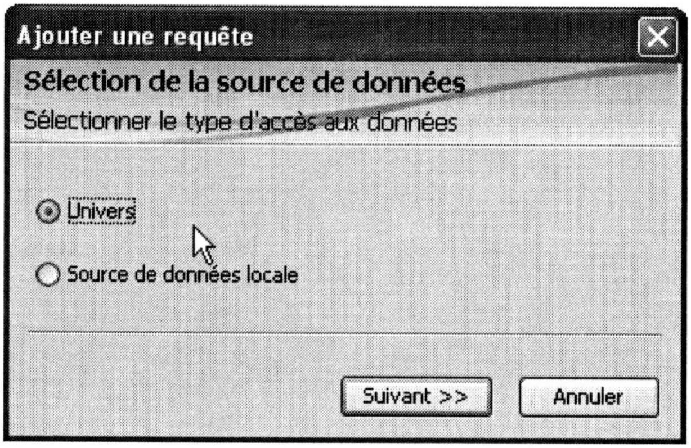

→ Sélectionnez l'univers **eMode_Local**.

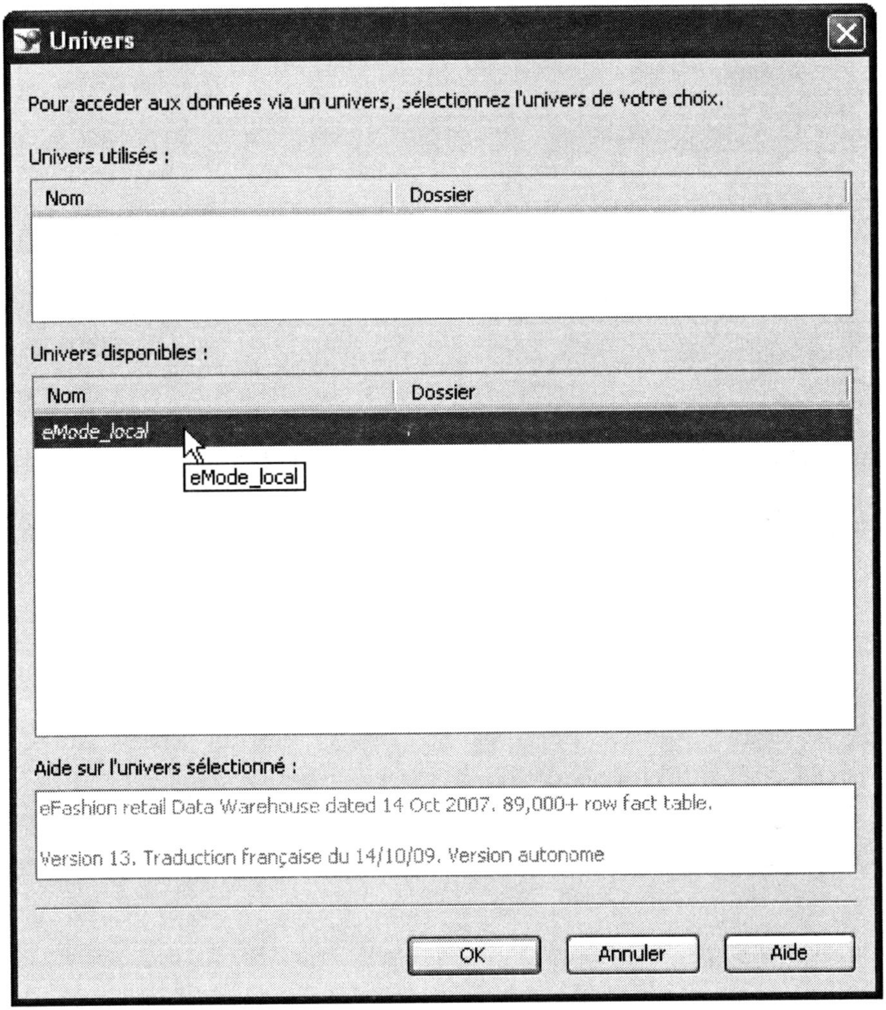

J'ai créé cet univers **eMode_local** à partir de l'univers **eMode**. La différence entre les deux est la modification de la connexion (faite dans le logiciel Business Objects Designer) de sécurisée en partagée. Ceci permet d'avoir un univers en mode local pour l'interroger sans la CMS. Pour plus d'informations sur ce sujet, vous pouvez consulter l'ouvrage Business Objects Designer version 6 et XI aux Editions ENI. L'univers **eMode_local** est accessible sur le site ENI (http://www.editions-eni.fr).

→ Faites la requête suivante.

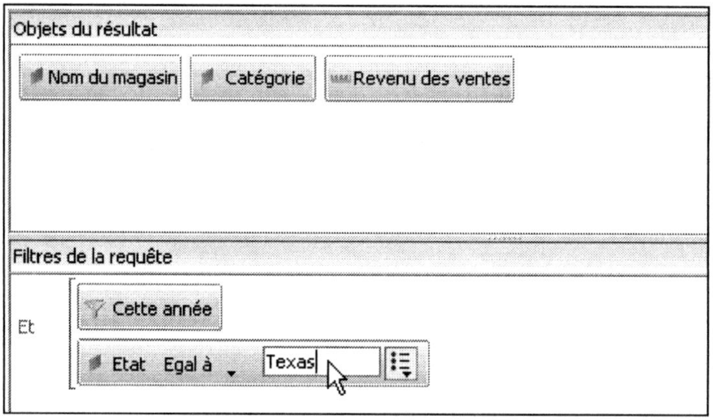

Cette requête récupère les revenus des ventes par catégorie réalisés par les magasins du Texas cette année.

→ Choisissez d'intégrer ensuite le tableau résultat dans le même rapport.

→ Il ne reste plus qu'à fusionner les dimensions **Catégorie** et **Nom du Magasin** pour pouvoir croiser les données.

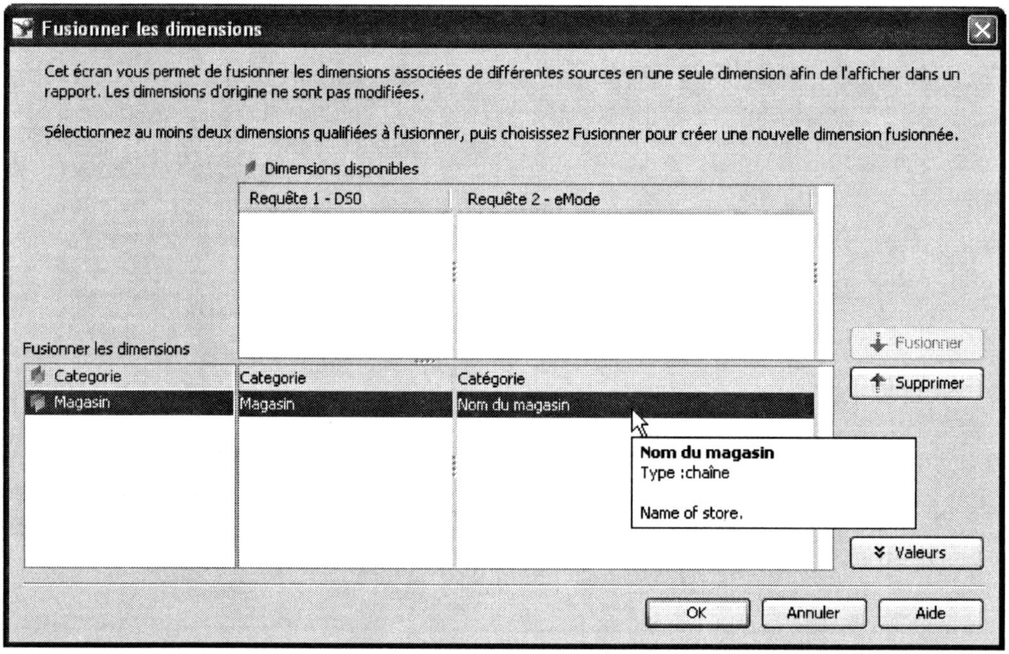

➜ Ensuite, vous pouvez déplacer l'indicateur **Revenu des ventes** dans le tableau donnant les objectifs des magasins.

Magasin	Categorie	Objectif
e-Fashion Austin	2 Pocket shirts	21 162,63
e-Fashion Austin	Belts,bags,wallets	71 748,32
e-Fashion Austin	Bermudas	13 661,33
e-Fashion Austin	Boatwear	26 290,86
e-Fashion Austin	Cardigan	36 765,75
e-Fashion Austin	Casual dresses	6 636,87
e-Fashion Austin	Day wear	35 774,68

Revenu des ventes

Faire glisser ici pour insérer une cellule

Vous avez dans le même tableau la colonne des objectifs provenant d'un fichier Excel et le **Revenu des ventes** provenant d'un univers BusinessObjects.

Vous pouvez également ajouter une colonne calculant la différence entre les revenus des ventes réalisés et les objectifs.

=[Revenu des ventes]-[Objectif]

Magasin	Categorie	Objectif	Revenu des ventes	Ecart
e-Fashion Austin	2 Pocket shirts	21 162,63	49 509 €	28 346,27
e-Fashion Austin	Belts,bags,wallets	71 748,32	57 982 €	-13 766,72
e-Fashion Austin	Bermudas	13 661,33	1 785 €	-11 876,73
e-Fashion Austin	Boatwear	26 290,86	18 562 €	-7 728,86
e-Fashion Austin	Cardigan	36 765,75	3 177 €	-33 588,55
e-Fashion Austin	Casual dresses	6 636,87	19 764 €	13 127,43
e-Fashion Austin	Day wear	35 774,68	109 €	-35 665,68

Ce fonctionnement en mode autonome peut être sécurisé sans être connecté à la CMS. C'est ce que l'on appelle le mode local.

Dans ce mode, l'utilisateur ne peut toujours pas importer ou exporter des documents mais ceux-ci restent sécurisés s'ils ont été créés via la CMS.

Attention, pour pouvoir être lancé en mode local, le **Web Rich Intelligence Client** doit préalablement avoir été lancé au moins une fois avec la CMS.

Vous trouverez davantage d'informations sur les aspects de ces différents modes dans le *Guide de l'utilisateur de Web Intelligence Rich Client*.

A

B

C

E

F

G

I

L

M

N

O

P

R

S

T

U

V

W

X